이펙티브 **타입스크립트** 2판

동작 원리의 이해와 구체적인 조언 83가지

Effective TypeScript 2/E
by Dan Vanderkam

Authorized Korean translation of the English edition of Effective TypeScript, 2nd Edition ISBN 9781098155063

이펙티브 타입스크립트 2판
동작 원리의 이해와 구체적인 조언 83가지

초판 1쇄 발행 **2025년 12월 17일**

지은이 **댄 밴더캄** 옮긴이 **장원호** 펴낸이 **한기성** 편집 **백주옥** 표지 디자인 **윤영준**
내지 디자인 **윤영준** 제작·관리 **이유현** 영업·마케팅 **김진불** 경영지원 **박미경** 용지 **월드페이퍼**
인쇄·제본 **천광인쇄사**

펴낸곳 **(주)도서출판인사이트** 등록번호 **제2002-000049호** 등록일자 **2002년 2월 19일**
주소 **서울특별시 마포구 연남로5길 19-5** 전화 **02-322-5143** 팩스 **02-3143-5579**
이메일 **insight@insightbook.co.kr**

 ISBN **978-89-6626-504-6** 93000

책값은 뒤표지에 있습니다. 잘못 만들어진 책은 구입처에서 교환하실 수 있습니다.
이 책의 정오표는 https://blog.insightbook.co.kr에서 확인하실 수 있습니다.

글쓰기는 더 큰 배움에 이르는 보람 있는 여정입니다.
독자 여러분의 소중한 원고를 기다립니다. submit@insightbook.co.kr

이펙티브 타입스크립트 2판

동작 원리의 이해와
구체적인 조언 83가지

댄 밴더캄 지음 | 장원호 옮김

인사이트

차례

4장 타입 설계 181

5장 불안전한 any 타입 245

옮긴이의 글

번역서 초판이 발행된 지 4년이 흐른 지금, 마침내 2판을 소개하게 되었습니다. 초판에 이어 2판의 번역까지 맡게 되어 영광입니다. 또한 제가 좋아하는 도서출판인사이트에 기여를 하게 되어 영광입니다. 한편으로는 더 많은 분이 사용하는 유명한 프로그래밍 언어에 대한 책인 만큼, 2판의 내용도 국내 독자분들에게 '이펙티브'하게 전달되었으면 하는 마음에 어깨가 무겁습니다.

초판이 발행된 때와 다르게, 타입스크립트는 이미 대중적 프로그래밍 언어로 자리매김했습니다. 타입스크립트에 대한 필요성이나 중요성은 더 이상 논의의 대상이 아닙니다. 이제는 타입스크립트와 모던 자바스크립트가 상호보완적인 관계로서, 서로 긍정적인 영향을 끼치며 계속 건강하게 발전하고 있다고 생각합니다. 국내 독자분들도 아마 미래에 대한 기대와 설렘으로 이 책을 펼치셨으리라 생각합니다.

이 책이 부디 국내 독자분들의 효율적인 타입스크립트 사용에 보탬이 될 수 있기를 바랍니다. 다만, 이 책과 같은 기술적 노하우나 팁을 담은 서적은 좋은 지침서가 될 수 있지만, 절대적인 정답을 담고 있지는 않다고 생각합니다. 독자분들께서 비판적 사고로 책을 읽으며 실제 활용해 볼 만한 곳을 발견하고, 더 나은 정답을 찾아가며 자신만의 이펙티브 타입스크립트를 만들어 가기 바랍니다.

미사여구를 배제하고 오로지 정확한 내용 전달에 집중하며 번역했습니다. 다소 단조롭게 느껴질 수도 있지만, '이펙티브' 시리즈의 본질을 지키는 것이 더 중요하다고 판단했기 때문입니다. 그리고 설명이 부족하거나 용어가 어색한 경우, 이해를 돕기 위해 옮긴이 주석을 많이 삽입했습니다.

2판 번역 작업을 하며 새롭게 바뀐 부분들을 되짚어 보며 저 역시 많은 배움을 얻었습니다. 그동안 더욱 강력하게 변모한 타입스크립트에 대한 새로운 지식을 알게 되었을 뿐만 아니라, 저만의 '이펙티브'한 코드 패턴들이 실제로 유효하다는 것을 확인하는 계기가 되었습니다.

부족한 실력으로 번역 작업을 하는 동안 많은 도움을 받았기에 감사드려야 할 분들이 너무도 많습니다. 먼저, 초판에 이어 2판까지 번역할 기회를 주신 인사이트 한기성 대표님께 감사드립니다. 부족한 실력에도 끝까지 믿고 맡겨 주신, 그리고 친절하고 배려심 넘치는 백주옥 편집자님께 깊은 감사 인사를 전합니다. 인사이트와 인연을 맺을 수 있게 해 준 이재승 님에게도 다시 한번 감사드립니다. 직간접적으로 많이 도와주시고 응원해 주신 김창준 님, 변신철 님, 박소현 님, 최경철 님, 오종택 님, 김관영 님, 정수연 님, 김도현 님, 이정연 님, 김병호 님, 김유진 님, 정은혜 님, 박수석 님, 박혜민 님, 이수민 님, 김정윤 님, 강수정 님, 이학준 님, 정현호 님, 최재원 님, 이영곤 님, 이원희 님, 김성근 님, 조범승 님께 감사드립니다. 작업 시간을 배려해 준 아내 나라와 귀염둥이 세 아들 준우, 건우, 선우에게 사랑하고 고맙다는 말 전합니다. 존경하는 아버지, 어머니, 그리고 큰 누나, 작은 누나의 건강과 안녕을 기원하며 감사 인사를 마무리합니다. 도움 주신 분들과 제가 아끼는 소중한 분들께 진심 어린 감사와 함께, 지면의 한계로 인해 모두 언급하지 못한 점에 대해 양해 부탁드립니다.

장원호

추천의 글

《이펙티브 타입스크립트》는 타입스크립트를 사용할 때 자주 마주하는 질문에 깊이 있는 해답을 제시하며, 실용적이고 구체적인 조언을 제공합니다. 타입스크립트 경험이 많든 적든, 이 책에서 배울 점이 분명히 있을 것입니다.

라이언 캐버나(Ryan Cavanaugh)_마이크로소프트의 타입스크립트 엔지니어링 리더

이번 2판은 이미 훌륭했던 책에 한층 더 깊이를 더했습니다. 기존의 탁월한 팁과 요령에 더해, 지난 몇 년 동안 축적된 실무 사례들을 바탕으로 한 심도 있는 제안들이 자연스럽게 녹아 있습니다. 이 책이 담고 있는 지식은 프로젝트 규모와 무관하게 타입스크립트 작업에 필수적인 내용들입니다. 특히 많은 권장사항이 단순한 제안에 그치지 않고, 왜 그리고 언제 적용해야 하는지를 함께 설명하고 있다는 점이 인상적입니다. 숙련된 타입스크립트 개발자로 성장하고자 하는 분들에게 이 책을 두 번 이상 정독하며 익히기를 권합니다.

조시 골드버그(Josh Goldberg)_오픈 소스 개발자 겸
《러닝 타입스크립트(Learning TypeScript)》(한빛미디어, 2023)의 저자

이 책은 유명한 프로그래밍 언어 중 하나인 타입스크립트에 대한 단순한 가이드북이 아닙니다. 실무에 적용할 수 있는 조언을 바탕으로 타입의 관점으로 생각하는 방법을 가르쳐 줍니다. 모든 페이지에서 느껴지는 댄의 담대한 경험들이 타입스크립트를 넘어 독자 여러분의 프로그래밍 관점을 바꿔 줄 것입니다.

슈테판 바움가르트너(Stefan Baumgartner)_Dynatrace의 시니어 프로덕트 아키텍트,
《실무로 통하는 타입스크립트(TypeScript Cookbook)》(한빛미디어, 2024)의 저자

《이펙티브 타입스크립트》은 이미 타입스크립트 기초를 습득한 사람들, 매일 타입스크립트로 코드를 작성하는 사람들, 코드 베이스를 타입스크립트로 전환하려는 사람들 모두에게 훌륭한 동반자가 되어 줄 것입니다.

보리스 체르니(Boris Cherny)
《타입스크립트 프로그래밍(Programming TypeScript)》(인사이트, 2020)의 저자

저는 10년 넘게 타입스크립트 업계에서 교육과 실무에 관여해 왔습니다. 《이펙티브 타입스크립트》는 제가 겪어온 경험과 일맥상통하는 훌륭한 조언들을 제시합니다. 또한 타입스크립트 문법을 이해하는 것과 그것을 활용하는 시점을 아는 것은 별개의 문제임을 효과적으로 서술합니다. 이미 타입스크립트에 익숙하지만, 더욱 효과적으로 활용하려는 사람들에게 유용할 것입니다.

티티안-코르넬 체르니코바-드라고미르(Titian-Cornel Cernicova-Dragomir)
Bloomberg LP의 소프트웨어 엔지니어

이 책의 예시들은 매우 실용적입니다. 타입스크립트 개발자라면 누구나 책상 위에 구비해 두어야 합니다. 타입스크립트를 이미 알고 있더라도, 이 책을 선택한 것을 후회하지 않을 것입니다.

야코프 페인(Yakov Fain)_자바 챔피언

이 책은 단지 타입스크립트로 할 수 있는 것만을 다루지는 않습니다. 각 언어 기능이 유용한 이유와 효율적으로 패턴을 적용할 수 있는 곳을 알려 줍니다. 이 책은 일상 업무에 실용적인 조언과 함께, 모든 것이 어떻게 동작하는지에 대한 깊은 이해를, 독자에게 제공하기 위한 충분한 이론에 중점을 두고 있습니다. 저는 제 자신을 타입스크립트 전문가라고 생각하지만, 이 책에서 몇 가지 새로운 것을 배웠습니다.

제시 핼릿(Jesse Hallett)_Hasura의 시니어 소프트웨어 엔지니어

2판 서문

《이펙티브 타입스크립트》 초판이 출간되고 나서 거의 5년이 지났다는 것이 믿기지 않습니다. 그동안 이 책과 관련 웹사이트(*https://effectivetypescript.com*)는 좋은 평가를 받으며, 수많은 개발자가 타입스크립트를 이해하고 사용하는 데 도움이 되었습니다.

초판이 출간되고 나서 겨우 6개월이 지났음에도 책이 오래되지 않았느냐는 질문을 받기 시작할 정도로 타입스크립트의 변화 속도는 놀라웠습니다. 그래서 초판이 나오고 나서 몇 년이 지났을 때 걱정이 많이 되었습니다. 그러나 금세 오래된 지식이 되지 않도록 노력했고 라이브러리와 프레임워크보다는 언어 기본과 프로그램 설계 같은 오래도록 변하지 않을 주제에 초점을 맞추었기 때문에 큰 관점에서 《이펙티브 타입스크립트》 초판의 내용은 여전히 유효합니다.

그동안 타입스크립트가 발전하고 새로운 기능이 추가되었지만, 그 본질은 초판에서 다루는 내용에서 크게 벗어나지 않습니다. 책의 각 아이템이 '효율적으로' 설명되기 위해서는 단순히 기능 동작을 이해하는 것 이상을 필요로 했습니다. 어떠한 패턴이 잘 동작하고 어떠한 것들이 무의미한지 시간과 공을 들여 익히고 사용해 보는 경험이 필요했습니다. 조건부 타입은 2019년에 도입되었기 때문에 초판에는 많은 내용을 싣지 못했습니다만, 이번 2판에서는 더욱 많은 내용을 다룰 수 있었습니다. 다양한 발전 가능성을 보여 준 템플릿 리터럴 타입은 지난 5년간 타입스크립트에 도입된 기능 중 가장 큰 기능이며, 아이템 54에서 다룹니다.

그리고 타입 시스템을 개선함으로써 타입스크립트 개발자들을 몰입할 수 있게 해 주는, 타입 챌린지(Type Challenges, *https://tsch.js.org*) 같은 프로젝트에 감사드립니다. 초판에서 제네릭과 타입 레벨 프로그래밍은 가볍게 언급하고 넘어갔지만, 이제는 6장에서 제대로 다루게 되었습니다.

타입스크립트를 다룬지 8년이 넘었지만, 최신 릴리스 노트를 확인하는 것이 즐겁고, 안데르스 헤일스베리(Anders Hejlsberg)가 만드는 새로운 PR(풀 리퀘스트)을 보면 여전히 흥미롭습니다. 또한 다른 개발자들이 타입스크립트를 배우거나 실력을 향상하도록 돕는 것도 즐겁습니다. 이 책을 통해 독자 여러분께서도 저 못지않게 즐거운 타입스크립트 생활을 하기를 소망합니다!

2024년 3월
뉴욕 월킬(Wallkill)에서

대상 독자

'이펙티브' 시리즈는 특정 주제에 대한 '두 번째 표준 책'을 지향하고 있습니다. 이전에 자바스크립트와 타입스크립트로 작업해 본 경험이 있다면 이 책이 매우 유용할 것입니다. 이 책의 목표는 독자에게 타입스크립트나 자바스크립트를 가르치는 것이 아니라, 초급자나 중급자가 전문가로 발전할 수 있게 돕는 것입니다. 이 책의 아이템들은 타입스크립트와 그 생태계가 어떻게 작동하는지 개념을 알려 주며, 피해야 할 함정들을 알게 해 주고, 타입스크립트의 기능을 효과적으로 사용할 수 있게 안내합니다. 예를 들어, 보통의 다른 책들은 언어가 할 수 있는 다섯 가지 방법을 설명하지만, '이펙티브' 시리즈는 다섯 가지 중 어떠한 방법을 사용해야 하고, 왜 그래야 하는지를 알려 줍니다.

타입스크립트는 지난 몇 년 동안 빠르게 발전했지만, 이 책의 내용이 향후 몇 년 동안 유효할 만큼 충분히 안정화되었으면 좋겠습니다. 이 책은 프레임워크나 빌드 도구보다는 주로 언어 자체에 중점을 둡니다. 타입스크립트로 리액트(React)나 뷰(Vue)를 사용하는 방법이나, 웹팩(Webpack), 비트(Vite)가 동작하도록 타입스크립트를 설정하는 예제는 찾을 수 없을 것입니다. 이 책의 조언은 모든 타입스크립트 사용자를 대상으로 합니다.

책을 쓴 이유

제가 구글에서 일하기 시작했을 때, 《이펙티브 C++(Effective C++)》(프로텍미디어, 2015)의 3판을 접했습니다. 《이펙티브 C++》는 그동안 제가 읽어 왔던 다른 프로그래밍 서적과는 달랐습니다. 《이펙티브 C++》는 초급자를 위해 내용을 쉽게 설명하거나 언어 전체를 알려 주려고 하지 않았습니다. C++에 어떤 기능이 있으며, 어떤 역할을 하는지 알려 주기보다는 어떻게 사용해야 하는지와 사용하지 말아야 하는 것이 무엇인지를 알려 줬습니다. 구체적인 예제들로부터 비롯되는 수십 개의 짧고 명확한 아이템을 통해서 말이죠.

책을 읽으면서 저의 C++ 코드가 매일매일 달라지는 것을 느꼈습니다. C++를 계속 사용해 왔지만, 언어에서 느껴지는 익숙함과 코드에서 드러나는 결정 사항에 대해 어떻게 생각해야 하는지 알게 된 것은 처음이었습니다. 나중에 읽은 《이펙티브 자바(Effective Java)》(인사이트, 2018)와 《이펙티브 자바스크립트(Effective JavaScript)》(인사이트, 2013)에서도 비슷한 경험을 했습니다.

이미 다른 프로그래밍 언어로 작업하는 것에 익숙하다면, 새로운 언어를 향한 미지의 세계로 뛰어들어 보기에 적절한 시기일지도 모릅니다. 이 경험이 여러분의 사고를 자극하고 다른 언어와의 차이점으로부터 배우는 효과적인 계기가 될 것입니다. 저는 이 책을 쓰면서 타입스크립트에 대해 매우 많은 것을 배웠습니다. 여러분도 이 책을 읽으면서 같은 경험을 하기 바랍니다!

책의 구성

이 책은 '아이템'의 모음으로 되어 있습니다. 각 아이템은 타입스크립트의 어떠한 측면에 대한 구체적 조언을 담고 있는 짧은 길이의 기술적인 에세이입니다. 각 장은 주제별 아이템으로 묶여 있지만, 관심이 가는 아이템을 먼저 읽어도 무방합니다.

아이템의 제목은 핵심 내용, 즉 타입스크립트를 사용하면서 기억해야 할 것들을 나타냅니다. 그러므로 목차를 훑어보고 기억해 두는 것이 좋습니다. 그러면 주석을 작성 중인데 타입 정보를 작성해서는 안 될 것 같다는 느낌이 들 때, '아이템 31: 문서에 타입 정보 쓰지 않기'를 읽어야 한다는 사실을 알게 될 것입니다.

아이템의 본문은, 제목에서 말하는 조언이 왜 필요한지 구체적인 예제와 기술적인 논거를 들어 설명합니다. 이 책에서 말하는 대부분의 요점은 예제 코드를 통해서 설명됩니다. 저는 기술 서적을 읽을 때 예제를 먼저 꼼꼼히 살펴보고 설명은 가볍게 훑어보는 경향이 있습니다. 이 책을 보는 독자들도 비슷한 방식으로 기술 서적을 읽을 거라 가정하고 글을 썼습니다. 가급적 예제뿐 아니라 문장과 설명까지 꼼꼼히 읽기 바랍니다. 그럼에도 예제만을 훑어보았을 때 핵심은 드러나도록 노력했습니다.

아이템을 읽은 후에는, 그 아이템이 타입스크립트를 더 효과적으로 사용하는 데 도움이 되는 이유를 납득할 수 있을 것입니다. 설령 지금 당장 필요 없는 아이템이더라도 말이죠. 이와 관련해 《이펙티브 C++》의 저자인 스콧 마이어스(Scott Meyers)는 인상적인 예시를 남겼습니다. 그는 미사일에 사용되는 소프트웨어를 다루는 엔지니어들을 만나 리소스 누수에 관한 조언을 한 적이 있습니다. 그러나 미사일은 목표물을 공격하면서 폭발해 버리기 때문에, 엔지니어들은 그의 조언을 무시해 버렸습니다. 자신들에게 필요 없는 조언은 신경 쓰지 않았던 것이죠. 자바스크립트로 동작하는 미사일은 존재하지 않겠지만, 제임스 웹 우주 망원경(James Webb Space Telescope)에는 자바스크립트가 들어가 있습니다. 이처럼 당장은 나에게 필요 없는 아이템이라고 생각할지 모르지만, 언젠가 유용하게 쓰일 때가 있을지도 모르는 일입니다!

각 아이템은 '요약'으로 끝납니다. 요약은 아이템을 정리하는 몇 가지 글머리 기호로 되어 있습니다. 요약을 훑어보면, 아이템이 말하고자 하는 바와 복습이 필요한지를 깨달을 수 있습니다. 그렇다고 요약만 읽고 끝내지 말고, 가급적 본문까지 읽기 바랍니다.

코드 샘플의 규칙

코드 샘플들은 JSON, HTML, 그 밖의 다른 프로그래밍 언어라고 명확히 표기한 경우를 제외하고는 모두 타입스크립트입니다. 타입스크립트 코드는 대부분 편집기에서 작성되기 때문에 타입스크립트를 사용할 때 편집기와 상호작용하는 경험이 매우 중요하지만, 이를 지면에 표현하는 데는 한계가 있었습니다. 이를 보완하기 위해 몇 가지 규칙을 정했습니다.

대부분의 편집기는 오류 위치에 물결표로 밑줄을 긋습니다. 전체 오류 메시지를 보려면, 밑줄이 그어진 곳에 마우스 커서를 올려 놓으면 됩니다. 이 책에서는 오류가 발생한 위치 바로 아래 줄에 주석으로 물결표를 넣었습니다.

```
let str = 'not a number';
let num: number = str;
//  ~~~ 'string' 형식은 'number' 형식에 할당할 수 없습니다.
```

명확하고 간결한 표현을 위해 가끔 오류 메시지를 수정하기도 하지만, 오류 자체를 제거하지는 않았습니다. 코드 샘플을 그대로 편집기에 복사/붙여넣기 하면, 정확히 같은 오류를 보게 될 것입니다.

오류가 발생하지 않은 상황을 강조해야 할 때는 주석으로 **정상**이라고 표기합니다.

```
let str = 'not a number';
let num: number = str as any;  // 정상
```

타입스크립트가 추론하는 타입이 무엇인지 보려면 편집기에서 해당 심벌에 마우스 커서를 올리면 됩니다. 이를 지면에 표현하기 위해 투슬래시(Twoslash, ^?) 문법으로 주석을 씁니다.

```
let v = {str: 'hello', num: 42};
//  ^? let v: { str: string; num: number; }
```

해당 주석은 편집기에서 캐럿(^) 기호 위의 심벌을 마우스 커서로 가리켰을 때 표시되는 내용입니다. 이는 타입스크립트 플레이그라운드에서 사용되는 규칙과 동일한데, 코드 샘플을 그대로 플레이그라운드에 붙여 넣고 ^? 기호 다음의 내용을 삭제한 후 잠시 기다려 보면 컴파일러가 나머지 부분을 자동으로 채워 줍니다. 플레이그라운드에서 확인한 모습은 그림 P-1과 정확히 일치할 것입니다.

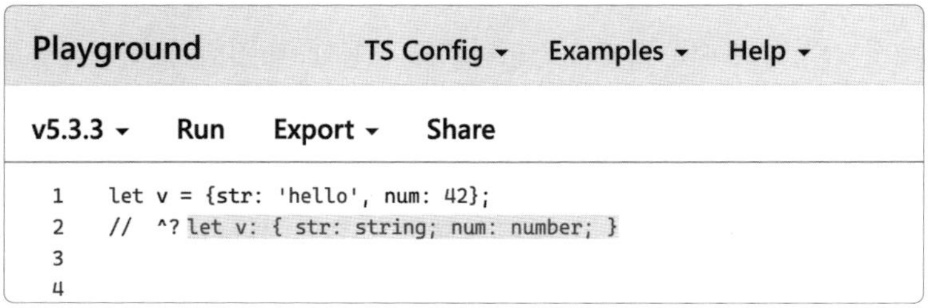

그림 P-1 타입스크립트 플레이그라운드에서의 투슬래시 문법

코드의 특정 줄에서 변수의 타입을 확인하기 위해 가끔은 그냥 아무 동작 없이 변수 타입만 출력하는 구문을 도입했습니다.

```
function foo(value: string | string[]) {
  if (Array.isArray(value)) {
    value;
    // ^? (parameter) value: string[]
  } else {
    value;
    // ^? (parameter) value: string
  }
}
```

세 번째 줄의 `value;` 같은 구문은 분기문 내에서 각 타입을 보여 주기 위한 예시일 뿐입니다. 실제 코드에서는 이러한 구문을 사용할 필요가 없으며, 사용해서도 안 됩니다.

문맥상 생략되었거나 명시되지 않았다면 `--strict` 플래그를 사용해서 코드 샘플을 체크했다고 간주하면 됩니다. 출력된 인쇄본은 바뀌지 않지만, 타입스크립트는 계속 발전할 것이므로 미래에는 코드 샘플의 타입이나 오류 형태가 달라질 수 있습니다. 이 책에 있는 예제들의 최신 버전은 이펙티브 타입스크립트 저장소(*https://github.com/danvk/effective-typescript*)를 확인하면 됩니다. 모든 샘플은 타입스크립트 5.4에서 `literate-ts`(*https://github.com/danvk/literate-ts*)를 사용해서 검증되었습니다.

표기 규칙

다음의 표기 규칙을 사용했습니다.

이탤릭체

URL, 이메일 주소, 파일명, 확장자를 나타냅니다.

코드체

프로그램 목록뿐 아니라 변수, 함수명, 데이터베이스, 데이터 타입, 환경 변수, 구문, 키워드 같은 문단 내의 프로그래밍 요소의 참조를 나타냅니다.

코드 볼드체

사용자가 문자 그대로 입력해야 하는 명령어나 기타 텍스트를 나타냅니다.

코드 이탤릭체

사용자가 입력하는 값이나 맥락에 따라 결정되는 값으로 대체되는 부분을 나타냅니다.

이 요소는 팁이나 제안을 나타냅니다.

이 요소는 일반적인 참고 사항을 나타냅니다.

이 요소는 경고나 주의를 나타냅니다.

코드 예제 사용하기

코드, 연습문제 등 이 책에서 사용하는 부가 자료는 *https://github.com/danvk/effective-typescript*에서 다운로드할 수 있습니다.

이 책은 업무에 실질적인 도움을 줄 목적으로 쓰였으므로 예제 코드를 자신의 프로그램이나 문서에 재사용해도 문제가 없습니다. 가령, 예제 코드를 짜깁기해서 프로그램을 짜는 것은 허락을 받을 필요가 없습니다. 특정 질문에 관해 답변할 때 이 책을 인용하면서 예제 코드를 활용하는 것도 마찬가지입니다. 하지만 책에 수록된 예제들을 판매하거나 재배포하는 경우와 예제 코드의 상당량을 다른 문서에 활용할 때는 허락이 필요합니다.

출처(attribution) 표기는 권고하지만, 강제하지는 않습니다. 출처는 일반적으로 제목, 저자, 출판사 등을 포함하고, ISBN이 있는 경우 병기합니다. 예를 들어, 《이펙티브 타입스크립트 2판》(댄 밴더캄 지음, 장원호 옮김, 인사이트, 2025)과 같은 방식으로 표기하면 됩니다.

감사의 글

2판을 쓰는 일은 초판에 비해 더 쉽거나 시간이 적게 걸리는 작업이 결코 아니었습니다. 2판에서는 62개였던 아이템이 83개로 늘어났습니다. 22개 아이템을 새로 작성했고, 아이템 45와 55는 거의 새로 작성한 것과 다름없으며, 기존 아이템 중 하나는 다른 아이템으로 통합되었습니다. 그리고 원본 자료를 철저히 검토해 모든 내용을 새로이 다듬었습니다.

새로 추가된 아이템들은 이펙티브 타입스크립트 블로그(*https://effectivetypescript.com*)에 올린 자료를 기반으로 하지만 상당한 수정을 거쳤습니다. 그리고 6장은 주로 사이드워크 랩스(Sidewalk Labs)의 델브(Delve) 프로젝트의 일부였던 크로스워크(Crosswalk) 라이브러리(*https://github.com/danvk/crosswalk*)와 crudely-typed 라이브러리(*https://github.com/danvk/crudely-typed*)의 초안을 쓰면서 경험했던 것들을 기반으로 작성되었습니다.

2판에 새로 추가된 아이템들의 출처는 다음과 같습니다.

- 아이템 28은 블로그 포스트 'Use Classes and Currying to Create New Inference Sites(클래스와 커링을 사용해서 추론 사이트 만들기)'(*https://effectivetypescript.com/2020/12/04/gentips-1-curry/*)를 참고했습니다.
- 아이템 32는 코드 리뷰 도중에 새로이 알게 된 규칙을 바탕으로 작성했습니다.
- 아이템 36은 수많은 코드 리뷰 피드백을 작성하며 얻은 영감을 바탕으로 합니다.
- 아이템 37은 개인적인 경험과 에반 마틴(Evan Martin)의 블로그 포스트 'Why Not Add an Option for That?(옵션을 추가해야 하는 이유?)'(*https://neugierig.org/software/blog/2018/07/options.html*)을 바탕으로 합니다.
- 아이템 38은 앨런 펄리스(Alan Perlis)의 인용문과 스콧 마이어스의 법칙에서 영감을 받았습니다.
- 아이템 39는 우리 팀이 Jsonify 어댑터를 사용했던 경험을 바탕으로 작성했습니다. Jsonify 어댑터를 적용할 때도 기뻤지만, 걷어 낼 때는 더욱 기뻤습니다. 관련한 경험은 블로그 포스트 'The Trouble with Jsonify: Unify Types Instead of Modeling Small Differences(Jsonify의 문제: 작은 차이는 모델링하지 말고 타입을 통합하자)'(*https://effectivetypescript.com/2021/04/09/unify-over-model/*)에도 담겨 있습니다.

- 아이템 48은 블로그 포스트 'The Seven Sources of Unsoundness in TypeScript(타입스크립트가 불안정한 7가지 원인)'(*https://effectivetypescript.com/2021/05/06/unsoundness/*) 중 라이언 캐버나의 중요한 의견을 참고했습니다.
- 아이템 50은 타입이란 도대체 무엇인가에 대한 수많은 고찰과 함께 스택오버플로의 종속 타입에 대한 설명에서 영감을 받았습니다.
- 아이템 51은 타입스크립트 핸드북의 조언을 적용한 블로그 포스트 'The Golden Rule of Generics(제네릭의 정석)'(*https://effectivetypescript.com/2020/08/12/generics-golden-rule/*)를 참고했습니다.
- 아이템 53은 제가 작업했던 크로스워크 라이브러리 초안과 `[T]` 래핑에 대한 호기심에서 영감을 받았습니다.
- 아이템 54는 타입스크립트 4.1이 출시된 이후 템플릿 리터럴 타입에 대한 고찰로부터 영감을 받았고, 블로그 포스트 'TypeScript Splits the Atom!(타입스크립트는 더 쪼갤 수 있다!)'(*https://effectivetypescript.com/2020/11/05/template-literal-types/*)을 참고해 완성했습니다.
- 아이템 56은 저의 오랜 관심사의 결과물입니다. 이 주제의 경우에는 처음에 `_.invert`에 대한 스택오버플로의 한 질문에 티티안 체르니코바-드라고미르가 답변을 달면서 시작되었습니다. 이후 저의 크로스워크 라이브러리 초안의 경험으로 이어졌으며, 블로그 포스트 'The Display of Types(타입의 겉모습)'(*https://effectivetypescript.com/2022/02/25/gentips-4-display/*)까지 작성하게 되었습니다.
- 아이템 57은 꼬리 재귀가 추가되었던 타입스크립트 4.5 버전의 릴리스 노트에서 영감을 받았습니다.
- 아이템 58은 타입스크립트로 데이터베이스까지 연결했던 경험에서 영감을 받았습니다. 타입스크립트 회의 2022의 강연(TypeScript Congress 2022 talk) 중 'TypeScript and SQL: Six Ways to Bridge the Divide(타입스크립트와 SQL을 연결하는 6가지 방법)'(*https://effectivetypescript.com/2023/08/29/sql/*)까지 이어졌습니다.
- 아이템 59는 초판을 검토하던 시기에 제시 핼릿이 저에게 소개했던, 널리

쓰이는 요령을 담았습니다. '쌍' 변형은 2021년 톰 힉스(Tom Hicks)의 트윗에서 시작되었습니다.

- 아이템 62는 Artsy의 블로그 포스트 'Conditional Types in TypeScript(타입스크립트의 조건부 타입)'(*https://artsy.github.io/blog/2018/11/21/conditional-types-in-typescript/*)에서 영감을 받았습니다.
- 아이템 63은 라이언 캐버나가 초판에 대한 피드백을 하면서 시작되었고, 블로그 포스트 'Exclusive Or and the Optional never Trick(XOR와 선택적 never 트릭)'(*https://effectivetypescript.com/2021/11/11/optional-never/*)에서 정리되었습니다. 《실무로 통하는 타입스크립트》의 저자 슈테판 바움가르트너의 권유로 이 책에도 포함하게 되었습니다.
- 아이템 71은 레딧(reddit)에서 벌어진 에반 마틴과의 토론에서 영감을 받았습니다. 토론의 주제는 `new Set("string")`에서 발생한 어이없는 버그였고, 블로그 포스트 'In Defense of Interface: Using Declaration Merging to Disable Bad Parts(선언 병합으로 잘못된 부분을 비활성화해 인터페이스 지키기)'가 되었습니다.
- 아이템 74는 특히 타입스크립트에 대한 개념이 부족할 때 자주 발생하는 내용을 주제로 다뤘습니다.
- 아이템 76은 런타임 환경의 잘못된 모델로부터 발생하는 수많은 디버깅 사례에서 영감을 받았습니다.
- 아이템 77은 게리 번하트(Gary Bernhardt)의 강연과 그에 관련된 몇 가지 스택오버플로의 질문에 대한 개인적 호기심을 바탕으로 합니다.
- 아이템 78은 타입스크립트가 느려져서 괴로웠던 개인적인 경험을 바탕으로 합니다. 타입스크립트 위키와 블로그 포스트 'What's Typescript Compiling? Use a Treemap to Find Out(트리맵을 사용해 타입스크립트 컴파일 원리 파헤치기)'을 참고했습니다.

기술 감수자인 조시 골드버그, 슈테판 바움가르트너, 라이언 캐버나, 보리스 체르니, 티티안 체르니코바-드라고미르에게 감사드립니다. 여러분의 피드백으로 이 책을 더욱 훌륭하게 만들 수 있었습니다. 모든 코드 리뷰와 타입스크립트에 대한 끝없는 열정을 이해해 준 델브의 스쿼드 동료들, 특히 스테퍼니 츄(Stephanie Chew), 루다 자오(Luda Zhao), 하 위(Ha Vu), 아만다 모이러(Amanda Meurer)에게 감사드립니다. 이 책이 나올 수 있게 도와준 오라일리 출판사의 안젤라 루피노(Angela Rufino), 애슐리 스터시(Ashley Stussy), 아만다 퀸(Amanda Quinn), 클레어 레이락(Clare Laylock), 소니아 사루바(Sonia Saruba)에게 감사드립니다. 마지막 검수를 해 준 크리스 미샤이코프(Chris Mischaikow)에게도 감사드립니다. 아르타 포팅(Arta Porting)의 '뷰티풀 선라이즈(Beautiful Sunrise)'로 시작하는 스포티파이(Spotify)의 모닝 재즈풍 플레이리스트가 저에게는 작문과 편집을 꾸준히 할 수 있게 하는 사운드트랙이 되어 주었습니다.

마지막으로 팬데믹, 온오프라인 결혼식, 이직, 이사를 함께한 알렉스(Alex)의 모든 지원에 감사드립니다.

초판 서문

2016년 봄, 저는 구글 샌프란시스코에 있는 옛 동료 에반 마틴의 사무실을 방문했습니다. 그때 에반 마틴은 상당히 들떠 있었습니다. 평소 그는 C++ 빌드 도구, 리눅스 오디오 드라이버, 온라인 십자말 풀이, 이맥스(emacs) 플러그인 등, 광범위하고 예측하기 어려운 것들에 심취해 있었습니다. 주제가 항상 흥미로웠기 때문에 저는 만날 때마다 그의 관심사를 묻곤 했습니다. 이번에 그의 관심사는 타입스크립트와 비주얼 스튜디오 코드(Visual Studio Code)였습니다.

저는 깜짝 놀랐습니다! 전에 타입스크립트에 대해 들어 본 적은 있지만, 마이크로소프트에서 만들었기에 닷넷(.NET)과 관련이 있다고 잘못 생각하고 있었습니다. 게다가 일생 동안 리눅스만 사용해 온 에반 마틴이 마이크로소프트가 만든 언어에 관심을 가진다는 것이 믿기지 않았습니다.

에반 마틴은 저에게 비주얼 스튜디오 코드와 타입스크립트 플레이그라운드를 보여 주었고, 저는 이 상황을 완전히 이해할 수 있게 되었습니다. 타입스크립트로 작성한 코드는 굉장히 빨랐고, 코드 인텔리전스는 타입 시스템의 개념을 쉽게 알 수 있게 해 줬습니다. 클로저 컴파일러(Closure Compiler)로 작업하기 위해 JSDoc 주석에 타입 구문을 작성한 지 수년이 지난 지금, 타입스크립트야말로 실제로 동작하는, 타입을 가진 자바스크립트라는 느낌을 받았습니다. 그리고 마이크로소프트는 그동안 크로미움(Chromium) 위에서 동작하는 크로스 플랫폼 텍스트 편집기를 만들어 왔습니다. 그러므로 타입스크립트와 비주얼 스튜디오 코드는 배울 만한 가치가 있는 언어와 툴체인이라는 생각이 들었습니다.

저는 그 당시 사이드워크 연구소에 합류해 첫 번째 자바스크립트를 작성 중이었습니다. 코드 베이스가 꽤 작았기 때문에 에반 마틴과 함께 모든 코드를 단 며칠 만에 타입스크립트로 전환할 수 있었습니다.

그 일을 계기로 저는 타입스크립트에 완전히 매료되고 말았습니다. 타입스크립트는 단순한 타입 시스템 그 이상입니다. 빠르고 사용하기 쉬운 전체 언어 서비스 모음을 제공합니다. 게다가 타입스크립트는 자바스크립트 개발을 더 안전하고 즐겁게 만듭니다.

2019년 10월

뉴욕 브루클린에서

감사의 글

이 책을 완성하기까지 많은 사람이 도움을 주셨습니다. 타입스크립트를 소개해 주고 타입스크립트에 대한 개념을 잡게 해 준 에반 마틴에게 특히 감사드립니다. 오라일리와 연결해 주고 프로젝트를 지원해 준 다우어 오싱아(Douwe Osinga)에게도 감사드립니다. 브렛 슬랫킨(Brett Slatkin)은 책 구조에 대해 조언해 주고, 제가 '이펙티브' 책을 쓸 수 있음을 일깨워 주었습니다. 이 책의 지침이 되었던 '이펙티브한' 《Effective C++》를 집필한 스콧 마이어스에게도 감사드립니다.

이 책을 리뷰해 준 릭 바타글린(Rick Battagline), 라이언 캐버나, 보리스 체르니, 야코프 페인, 제시 핼릿, 제이슨 킬리언(Jason Killian)에게 감사드립니다. 수년 동안 저와 함께 타입스크립트를 공부한 사이드워크의 동료들에게도 감사를 전합니다. 이 책을 만들 수 있게 도와주신 오라일리의 안젤라 루피노, 제니퍼 폴록(Jennifer Pollock), 데보라 베이커(Deborah Baker), 닉 아담스(Nick Adams), 재스민 퀴틴(Jasmine Kwityn)에게도 감사드립니다. 타입스크립트 NYC 미트업 강연에서 많은 영감을 받았습니다. 제이슨(Jason), 오르타(Orta), 키릴(Kirill) 등 모든 발표자에게 감사드립니다. 다음과 같은 많은 아이템은 설명에서 알 수 있듯이 미트업에서 나눈 대화로부터 영감을 받았습니다.

- 아이템 3은 에반 마틴의 블로그 포스트에서 영감을 받았습니다.

- 아이템 7은 TSConf 2018에서 구조적 타이핑과 `keyof` 관계에 대한 앤더스(Anders)의 강연과 2019년 4월 타입스크립트 NYC 미트업에서 있었던 제시 핼릿의 강연에서 영감을 받았습니다.
- 아이템 9를 작성하는 데는 스택오버플로에서 발견한 DeeV와 GPicazo의 답변과 바사라트(Basarat)의 지침이 필수적이었습니다.
- 아이템 10은 《이펙티브 자바스크립트》에 있는 아이템 4의 조언을 바탕으로 합니다.
- 아이템 11은 2019년 8월 타입스크립트 NYC 미트업에서 참가자들을 혼란에 빠뜨렸던 주제에서 영감을 받았습니다.
- 아이템 13은 'type vs. interface'에 대한 스택오버플로의 질문에서 큰 도움을 받았습니다. 여기서 제시 할렛은 확장성에 대한 형식을 제안했습니다.
- 아이템 15는 제이콥 배스킨(Jacob Baskin)에게 격려와 피드백을 받아 작성했습니다.
- 아이템 18은 r/typescript 서브레딧(subreddit)에 올라온 몇 가지 코드 샘플에서 영감을 받았습니다.
- 아이템 24는 제가 미디엄(Medium)에 쓴 글과 2018년 10월 타입스크립트 NYC 미트업에서 강연한 내용을 바탕으로 합니다.
- 아이템 29는 하스켈(Haskell)의 일반적인 조언을 기반으로 합니다(무효한 상태를 표현할 수 없도록 만들기). 에어프랑스 447 이야기는 2011년도 〈Popular Mechanics〉에 실린 제프 와이즈(Jeff Wise)의 엄청난 글에서 영감을 받았습니다.
- 아이템 30은 제가 Mapbox 타입 선언에서 마주친 문제를 기반으로 합니다. 제이슨 킬리언은 아이템의 제목을 지어 줬습니다.
- 아이템 41의 이름 짓기에 대한 조언은 《자바 개발자를 위한 97가지 제안(97 Things Every Programmer Should Know)》(제이펍, 2020)에 있는 댄 노스(Dan North)의 짧은 글에서 영감을 받았습니다.
- 아이템 64는 2017년 9월 첫 번째 타입스크립트 NYC 미트업에서 제이슨 킬리언의 강연에서 영감을 받았습니다.
- 아이템 25는 타입스크립트 2.1 릴리스 노트를 기반으로 합니다. '진화하는

any'라는 용어는 타입스크립트 컴파일러 외에는 잘 쓰이지 않지만, 이러한 비정상적인 패턴에 이름을 붙이는 것이 유용하다고 생각했습니다.

- 아이템 46은 제시 할렛의 블로그 포스트에서 영감을 받았습니다.
- 아이템 47은 타입스크립트 이슈 #33128에서 티티안 체르니코바-드라고미르의 피드백으로 큰 도움을 받았습니다.
- 아이템 49는 `type-coverage` 도구에 요크 야오(York Yao)가 작업한 것을 기반으로 합니다. 이러한 도구가 필요하다고 느꼈는데, 이미 존재했습니다.
- 아이템 66은 제가 2017년 12월 타입스크립트 NYC 미트업에서 강연한 내용을 바탕으로 합니다.
- 아이템 52를 쓰기 위해 조건부 타입이라는 주제를 매우 쉽게 이해할 수 있게 해 준 Artsy 블로그의 데이비드 셸드릭(David Sheldrick)의 포스트에 큰 감사를 드립니다.
- 아이템 70은 일명 남극 스티브(southpolesteve)라 불리는 스티브 폴크너(Steve Faulkner)의 2019년 2월 미트업 강연에서 영감을 받았습니다.
- 아이템 55는 제가 미디엄에 쓴 글과 (결국 `dtslint` 때문에 좌절되긴 했지만) 제가 만들었던 타이핑 체커 도구에 기반합니다.
- 아이템 72는 타입스크립트의 다양한 열거형 타입에 대한 캣 부쉬(Kat Busch)의 미디엄 포스트와 《타입스크립트 프로그래밍》에서 영감을 받고 보충했습니다.
- 아이템 60은 저와 동료가 겪었던 실제 경험을 토대로 작성했습니다. 해결책은 타입스크립트 PR #12253에서 앤더스(Anders)가 제시했습니다.
- 아이템 75를 쓰는 데 MDN 문서가 필수적이었습니다.
- 10장은 오래된 라이브러리인 dygraphs를 실제 마이그레이션했을 때의 경험을 기반으로 합니다.

이 책을 쓰기 위해 훌륭한 사이트인 r/typescript 서브레딧에서 도움을 많이 얻었습니다. 서브레딧을 통해 많은 블로그 포스트와 대화를 찾을 수 있었습니다. 특히 코드 샘플을 올려 준 개발자들에게 감사합니다. 초급 타입스크립트 개발자들이 당면하고 있는 일반적인 문제를 이해하는 데 큰 도움이 되었습니다.

지면을 빌려 타입스크립트 주간 뉴스레터를 보내 주신 마리우스 슐츠(Marius Schulz)에게도 감사 인사를 드립니다. 뉴스레터에서 책에 쓸 훌륭한 소재를 찾을 수 있었고, 타입스크립트 소식도 따라잡을 수 있었습니다. 그리고 여러 의견과 이슈에 대한 피드백을 제공해 주신 앤더스(Anders), 다니엘(Daniel), 라이언(Ryan) 그리고 마이크로소프트의 타입스크립트 팀 전체에게 감사드립니다. 제가 제기한 이슈는 대부분 오해에서 비롯된 것들이었지만, 버그를 고칠 수 있는 이슈를 제기했을 때 안데르스 헤일스베리가 직접 고치는 것을 지켜보는 것만큼 즐거운 일은 없었습니다!

마지막으로, 책을 쓰는 동안 물심양면으로 지원해 주고, 작업을 완료할 수 있게 휴가, 아침, 저녁, 주말 시간을 이해해 준 알렉스에게 감사드립니다.

1장

Effective TypeScript Second Edition

타입스크립트 소개

이번 장에서는 타입스크립트의 큰 그림을 이해하는 데 도움이 될 내용을 다룹니다. 본격적인 내용에 앞서 타입스크립트란 무엇이고, 타입스크립트를 어떻게 여겨야 하는지, 자바스크립트와는 어떠한 관계인지, 타입스크립트의 타입들은 `null`이 가능한지, any 타입에서는 어떨지, 덕 타이핑이 가능한지 등을 알아봅니다.

타입스크립트는 사용 방식 면에서 조금 독특한 언어입니다. 인터프리터(예: 파이썬, 루비 등)로 실행되는 것도 아니고, 저수준 언어로 컴파일(예: 자바, C 등)되는 것도 아닙니다. 또 다른 고수준 언어인 자바스크립트로 컴파일되며, 실행 역시 타입스크립트가 아닌 자바스크립트로 이루어집니다. 그래서 타입스크립트와 자바스크립트는 떼려야 뗄 수 없는 관계이며, 이 밀접한 관계 때문에 혼란스러운 일이 벌어지기도 합니다. 이러한 타입스크립트와 자바스크립트의 관계를 잘 이해한다면 타입스크립트 개발자로서 한 단계 성장할 수 있습니다.

타입스크립트의 타입 시스템도 조금 독특한 특징을 가지고 있는데, 이 특징들은 자세히 알아 두어야 합니다. 타입 시스템에 관해서는 뒤에서 자세히 다룰 텐데, 여기서는 몇 가지 주목할 만한 점을 미리 짚고 넘어가겠습니다.

이미 수많은 타입스크립트 코드를 작성해 봤더라도 이번 장은 읽어 보기 바랍니다. 타입스크립트가 무엇인지, 타입 시스템이 어떻게 동작하는지에 대한 개념을 되새길 수 있을 것입니다. 그리고 지금까지 인지하지 못했던 오해가 있었다면 해소할 수 있는 계기가 될 것입니다.

아이템 1 타입스크립트와 자바스크립트의 관계 이해하기

타입스크립트를 사용 중인 분이라면 "타입스크립트는 자바스크립트의 상위집합(superset)[1]이다" 또는 "타입스크립트는 타입이 정의된 자바스크립트의 상위집합이다"라는 말을 한 번쯤은 들어 봤을 것입니다. 이 문장들이 정확히 무슨 의미인지, 그리고 타입스크립트와 자바스크립트는 어떠한 관계인지 자세히 알아보겠습니다. 타입스크립트는 자바스크립트와 굉장히 밀접한 관계에 있으므로 서로 어떻게 연관되어 있는지 제대로 이해하는 것이 중요합니다.

B의 모든 것이 A에도 있다면 A는 B의 상위집합입니다. 타입스크립트는 문법적으로도 자바스크립트의 상위집합입니다. 자바스크립트 프로그램에 문법 오류가 없다면, 유효한 타입스크립트 프로그램이라고 할 수 있습니다. 그런데 자바스크립트 프로그램에 어떠한 이슈가 존재한다면 문법 오류가 아니라도 타입 체커에게 지적당할 가능성이 높습니다. 그러나 문법의 유효성과 동작의 이슈는 독립적인 문제입니다. 타입스크립트는 여전히 작성된 코드를 파싱하고 자바스크립트로 변환할 수 있습니다(이것은 두 언어의 관계에 대한 또 다른 중요한 점이며, 아이템 3에서 자세히 다룹니다).

자바스크립트 파일이 *.js* 확장자를 사용하는 반면, 타입스크립트 파일은 *.ts* 확장자를 사용합니다.[2] 그렇다고 자바스크립트와 타입스크립트가 완전히 다른 언어라는 의미는 아닙니다. 타입스크립트는 자바스크립트의 상위집합이기 때문에 *.js* 파일에 있는 코드는 이미 타입스크립트라고 할 수 있습니다. *main.js* 파일명을 *main.ts*로 바꾼다고 해도 달라지는 것은 없습니다.

이러한 특성은 기존에 존재하는 자바스크립트 코드를 타입스크립트로 마이그레이션(migration)하는 데 엄청난 이점이 됩니다. 기존 코드를 그대로 유지하

1 (옮긴이) 상위집합(superset)은 수학 용어에서 유래한 말입니다. 자주 사용되지 않는 단어이므로 뜻이 잘 와닿지 않을 수 있습니다. '자바스크립트는 타입스크립트의 부분집합(subset)이다'라는 뜻으로 이해하면 됩니다.

2 *.tsx, .jsx, .mts, .mjs* 같은 확장자를 사용할 수도 있습니다. 이들 모두 타입스크립트와 자바스크립트 파일입니다.

면서 일부 코드에만 타입스크립트를 적용할 수 있기 때문입니다. 이에 비해 자바스크립트로 만든 프로그램을 자바 같은 완전히 다른 언어로 바꾸려면 처음부터 다시 작성하는 편이 빠를 것입니다. 마이그레이션은 10장에서 자세히 다룹니다.

모든 자바스크립트 프로그램이 타입스크립트라는 명제는 참이지만, 그 반대는 성립하지 않습니다. 타입스크립트 프로그램이지만, 자바스크립트가 아닌 프로그램이 존재합니다. 이는 타입스크립트가 타입을 명시하는 추가 문법을 가지기 때문입니다(과거 논란이 되었던 몇 가지 이유로 인해 추가된 다른 문법들도 존재합니다. 이는 아이템 72에서 다룹니다).

예를 들어 보겠습니다. 다음 코드는 유효한 타입스크립트 프로그램입니다.

```
function greet(who: string) {
  console.log('Hello', who);
}
```

그러나 자바스크립트를 구동하는 노드(node) 같은 프로그램으로 앞의 코드를 실행하면 오류를 출력합니다.

```
function greet(who: string) {
                   ^

SyntaxError: Unexpected token  :
```

`: string`은 타입스크립트에서 쓰이는 타입 구문입니다. 타입 구문을 사용하는 순간부터 자바스크립트는 타입스크립트 영역으로 들어가게 됩니다(그림 1-1 참고).

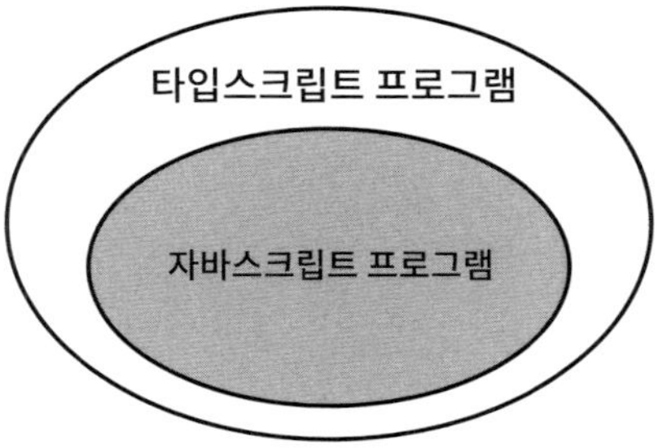

그림 1-1 모든 자바스크립트는 타입스크립트이지만, 모든 타입스크립트가 자바스크립트는 아닙니다.

타입스크립트 컴파일러는 타입스크립트뿐 아니라 일반 자바스크립트 프로그램에도 유용합니다. 다음 자바스크립트 프로그램을 예로 들어 보겠습니다.

```
let city = 'new york city';
console.log(city.toUppercase());
```

이 코드를 실행하면 다음과 같은 오류가 발생합니다.

```
TypeError: city.toUppercase is not a function
```

앞의 코드에는 타입 구문이 없지만, 타입스크립트의 타입 체커는 문제점을 찾아냅니다.

```
let city = 'new york city';
console.log(city.toUppercase());
//               ~~~~~~~~~~~ 'toUppercase' 속성이 'string' 형식에 없습니다.
//                           'toUpperCase'을(를) 사용하시겠습니까?
```

city 변수가 문자열이라는 사실을 알려 주지 않아도 타입스크립트는 초깃값으로부터 타입을 추론합니다. 타입 추론은 타입스크립트에서 중요한 부분입니다. 어떻게 사용해야 하는지는 3장에서 살펴봅니다.

타입 시스템의 목표 중 하나는 런타임에 오류를 발생시킬 코드를 미리 찾아내는 것입니다. 타입스크립트가 정적 타입 시스템으로 불리는 이유는 바로 이러한 특징 때문입니다. 그러나 타입 체커가 모든 오류를 찾아내지는 않습니다.

오류가 발생하지는 않지만, 의도와 다르게 동작하는 코드도 있습니다. 타입스크립트는 이러한 문제 중 몇 가지를 찾아내기도 합니다. 다음 자바스크립트 프로그램을 보겠습니다.

```
const states = [
  {name: 'Alabama', capital: 'Montgomery'},
  {name: 'Alaska',  capital: 'Juneau'},
  {name: 'Arizona', capital: 'Phoenix'},
  // ...
];
for (const state of states) {
  console.log(state.capitol);
}
```

실행 결과는 다음처럼 출력됩니다.

```
undefined
undefined
undefined
```

앞의 코드는 유효한 자바스크립트(또한 타입스크립트)이며 어떠한 오류도 없이 실행됩니다. 그러나 루프 내의 `state.capitol`은 의도한 코드가 아닌 것이 분명합니다. 이러한 경우에 타입스크립트 타입 체커는 추가적인 타입 구문 없이도 오류를 찾아내며, 꽤 훌륭한 해결책도 제시해 줍니다.

```
for (const state of states) {
  console.log(state.capitol);
  //                ~~~~~~~ 'capitol' 속성이 ... 형식에 없습니다.
  //                        'capital'을(를) 사용하시겠습니까?
}
```

실제 사용된 글자는 'o'를 포함한 국회 의사당(capitol)이지만, 원래 의도는 'a'를 포함한 수도(capital)입니다. 타입스크립트는 타입 구문 없이도 오류를 잡을 수 있지만, 타입 구문을 추가한다면 훨씬 더 많은 오류를 찾아낼 수 있습니다. 코드의 의도가 무엇인지 타입 구문을 통해 타입스크립트에게 알려 줄 수 있기 때문에 코드의 동작과 의도가 다른 부분을 찾을 수 있습니다. 예를 들어, 다음과 같이 `capital`과 `capitol`을 맞바꾸어 보겠습니다.

```
const states = [
  {name: 'Alabama', capitol: 'Montgomery'},
  {name: 'Alaska',  capitol: 'Juneau'},
  {name: 'Arizona', capitol: 'Phoenix'},
  // ...
];
for (const state of states) {
  console.log(state.capital);
  //                ~~~~~~~ 'capital' 속성이 ... 형식에 없습니다.
  //                        'capitol'을(를) 사용하시겠습니까?
}
```

그런데 타입스크립트가 제시한 해결책은 잘못되었습니다. 보다시피 한 곳에서는 * 뒤에 capital이 안 짤리게 `capital`로, 다른 한 곳에서는 `capitol`로 다르게 타이핑했지만, 타입스크립트는 어느 쪽이 오타인지 판단하지 못합니다. 오류의 원인을 추측할 수는 있지만, 항상 정확하지는 않습니다. 따라서 명시적으로 states를 선언해 의도를 분명하게 하는 것이 좋습니다.

```
interface State {
  name: string;
  capital: string;
}
const states: State[] = [
  {name: 'Alabama', capitol: 'Montgomery'},
  //                ~~~~~~~
  {name: 'Alaska',  capitol: 'Juneau'},
  //                ~~~~~~~
  {name: 'Arizona', capitol: 'Phoenix'},
  //                ~~~~~~~ 개체 리터럴은 알려진 속성만 지정할 수 있지만
  //                        'State' 형식에 'capitol'이(가) 없습니다.
  //                        'capital'을(를) 쓰려고 했습니까?
  // ...
];
for (const state of states) {
  console.log(state.capital);
}
```

이제 오류가 어디에서 발생했는지 찾을 수 있고, 제시된 해결책도 올바릅니다. 의도를 명확히 해서 타입스크립트가 잠재적 문제점을 찾을 수 있게 했습니다. 예를 들어, 타입 구문 없이 배열 안에서 딱 한 번 capitol이라고 오타를 썼다면 오류가 되지 않았을 것입니다. 그런데 타입 구문을 추가하면 오류를 찾을 수 있습니다.

```
const states: State[] = [
  {name: 'Alabama', capital: 'Montgomery'},
  {name: 'Alaska',  capitol: 'Juneau'},
  //                ~~~~~~~ 'capital'을(를) 쓰려고 했습니까?
  {name: 'Arizona', capital: 'Phoenix'},
  // ...
];
```

이 예제의 오류 메시지가 타입 체커에게 기대했던 결과일 것입니다. 구체적인 정보를 명시할수록 더 많은 문제점을 찾아낼 수 있습니다.

이 내용을 정리하면, 그림 1-1의 벤 다이어그램에 다음 그림 1-2와 같이 '타입 체커를 통과한 타입스크립트 프로그램' 영역을 추가할 수 있습니다.

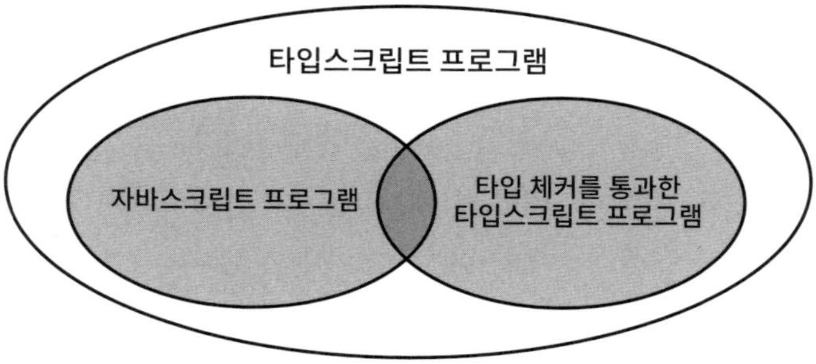

그림 1-2 모든 자바스크립트는 타입스크립트이지만,
일부 자바스크립트(그리고 타입스크립트)만이 타입 체크를 통과합니다.

'타입스크립트는 자바스크립트의 상위집합이다'라는 문장이 잘못된 것처럼 느껴진다면, 아마도 '타입 체커를 통과한 타입스크립트 프로그램' 영역 때문일 것입니다. 평소 작성하는 타입스크립트 코드가 바로 이 영역에 해당합니다. 보통은 타입 체크에서 오류가 발생하지 않도록 신경을 쓰며 타입스크립트 코드를 작성하기 때문입니다.

타입스크립트 타입 시스템은 자바스크립트의 런타임 동작을 **모델링**합니다. 런타임 체크를 엄격하게 하는 언어를 사용해 왔다면 다음과 같은 프로그램 실행 결과가 꽤 당황스럽게 느껴질 수 있습니다.

```
const x = 2 + '3';  // 정상
//    ^? const x: string
const y = '2' + 3;  // 정상
//    ^? const y: string
```

이 예제는 다른 언어였다면 런타임 오류가 발생할 만한 코드입니다. 하지만 타입스크립트의 타입 체커는 정상으로 인식합니다. 두 줄 모두 문자열 "23"이 되는 자바스크립트 런타임 동작으로 모델링됩니다.

반대로 정상 동작하는 코드에 오류를 표시하기도 합니다. 다음은 런타임 오류가 발생하지 않는 코드인데, 타입 체커는 문제점을 표시합니다.

```
const a = null + 7;          // 자바스크립트에서는 a 값이 7이 됩니다.
//        ~~~~ 여기서는 'null' 값을 사용할 수 없습니다.
const b = [] + 12;           // 자바스크립트에서는 b 값이 '12'가 됩니다.
//        ~~~~~~~ '+' 연산자를 ... 형식에 적용할 수 없습니다.
alert('Hello', 'TypeScript');  // "Hello" 경고를 표시합니다.
//             ~~~~~~~~~~~~ 0-1개의 인수가 필요한데 2개를 가져왔습니다.
```

자바스크립트의 런타임 동작을 모델링하는 것은 타입스크립트 타입 시스템의 기본 원칙입니다. 그러나 앞에서 봤던 경우들처럼 단순히 런타임 동작을 모델링하는 것뿐 아니라 의도치 않은 이상한 코드가 오류로 이어질 수도 있다는 점까지 고려해야 합니다. 앞서 capital과 capitol 예제에서도 보았듯이, 프로그램에 오류가 발생하지 않더라도(대신 undefined를 출력) 타입 체커가 오류를 표시합니다.

언제 자바스크립트 런타임 동작을 그대로 모델링할지, 또는 추가적인 타입 체크를 할지 분명하지 않다면 과연 타입스크립트를 사용해도 되는지 의문이 들 수 있습니다. 타입스크립트 채택 여부는 온전히 여러분의 선택에 달렸습니다. 타입스크립트의 도움을 받으면 오류가 적은 코드를 작성할 수 있습니다. 그러나 앞의 이상한 코드들처럼 null과 7을 더하거나, []과 12를 더하거나, 불필요한 매개변수를 추가해서 함수 호출하는 것을 당연하게 여긴다면 차라리 타입스크립트를 쓰지 않는 것이 낫습니다.

작성된 프로그램이 타입 체크를 통과하더라도 여전히 런타임에 오류가 발생할 수 있습니다. 다음 예제를 보겠습니다.

```
const names = ['Alice', 'Bob'];
console.log(names[2].toUpperCase());
```

프로그램을 실행하면 다음과 같은 오류가 발생합니다.

```
TypeError: Cannot read property 'toUpperCase' of undefined
```

타입스크립트는 앞의 배열이 범위 내에서 사용될 것이라 가정했지만 실제로는 그렇지 않았고, 오류가 발생했습니다.

우리가 any 타입을 사용할 때도 예상치 못한 오류가 자주 발생합니다. 이 오류에 대해서는 아이템 5에서 간단히 살펴보고, 5장에서 더욱 자세히 다룹니다.

앞서 등장한 오류들이 발생하는 근본 원인은 타입스크립트가 이해하는 값의 타입과 실제 값에 차이가 있기 때문입니다. 일반적으로 타입 시스템은 정적 타입 판정에 대한 정확성을 보장해야 하지만, 상황에 따라 타입스크립트의 타입 판정이 이상해 보이거나 의도와 다른 경우가 발생할 수 있습니다. 이러한 불안정성에 대한 내용은 아이템 48에서 다룹니다.

타입 판정의 안정성이 중요한 경우라면 리즌(Reason), 퓨어스크립트(PureScript), 다트(Dart) 같은 언어를 사용하는 편이 나을 수 있습니다. 그러나 앞서 언급한 언어들은 런타임의 안정성이 더욱 보장되는 반면, 다른 문제점이 존재합니다. 타입 체크가 더욱 강제되므로 작업량이 늘어나고, 자바스크립트의 상위집합이 아니기 때문에 마이그레이션 과정이 훨씬 복잡합니다.

요약

- 타입스크립트는 자바스크립트의 상위집합입니다. 즉, 모든 자바스크립트 프로그램은 문법적으로 유효한 타입스크립트 프로그램입니다. 그러나 타입스크립트는 별도의 문법을 가지고 있기 때문에 일반적으로는 유효한 자바스크립트 프로그램은 아닙니다.
- 타입스크립트는 자바스크립트 런타임 동작을 모델링하는 타입 시스템을 가지고 있고, 런타임 오류를 발생시키는 코드를 컴파일 시점에 찾아내려고 합니다.
- 타입 체커를 통과하지만, 런타임 오류를 발생시키는 코드는 충분히 존재할 수 있습니다.
- 자바스크립트에서는 허용되는 문법이지만, 논란의 여지가 있는 코드라면 타입스크립트에서는 허용되지 않을 수 있습니다. 예로, 매개변수의 개수가 맞지 않는 함수 호출을 들 수 있습니다.
- 타입 어노테이션은 타입스크립트에게 개발자의 의도를 전달해 타입 체커가 올바른 코드와 그렇지 않은 코드를 구분하게 도와주는 수단입니다.

아이템 2 타입스크립트 설정 이해하기

다음 코드가 오류 없이 타입 체커를 통과할 수 있을지 생각해 보겠습니다.

```
function add(a, b) {
  return a + b;
}
add(10, null);
```

설정이 어떻게 되어 있는지 모른다면 대답할 수 없는 질문입니다. 타입스크립트 컴파일러는 매우 많은 설정을 가지고 있습니다. 현재 시점에는 설정이 100개가 넘습니다.

이 설정들을 커맨드 라인에서 사용할 수 있습니다.

```
$ tsc --noImplicitAny program.ts
```

tsconfig.json 설정 파일을 통해서도 사용할 수 있습니다.

```
{
  "compilerOptions": {
    "noImplicitAny": true
  }
}
```

가급적 설정 파일을 사용하는 것이 좋습니다. 그래야만 타입스크립트를 어떻게 사용할 계획인지 동료들이나 다른 도구들에서 알 수 있습니다. 설정 파일은 `tsc --init`만 실행하면 간단히 생성됩니다.

타입스크립트의 설정들은 어디서 소스 파일을 찾을지, 어떠한 종류의 출력을 생성할지 제어하는 내용이 대부분입니다. 그런데 언어 자체의 핵심 요소들을 제어하는 설정도 있습니다. 대부분의 언어에서는 허용하지 않는 고수준 설계의 설정입니다. 타입스크립트는 어떻게 설정하느냐에 따라 완전히 다른 언어처럼 느껴질 수 있습니다. 설정을 제대로 사용하려면, `noImplicitAny`와 `strictNullChecks`를 이해해야 합니다.

noImplicitAny

noImplicitAny는 변수들이 미리 정의된 타입을 가져야 하는지를 제어합니다. 다음 코드는 noImplicitAny가 해제되어 있을 때에는 유효합니다.

```
function add(a, b) {
  return a + b;
}
```

편집기에서 add 부분에 마우스 커서를 올려 보면, 타입스크립트가 추론한 함수의 타입을 알 수 있습니다.

```
function add(a: any, b: any): any
```

any 타입을 매개변수에 사용하면 타입 체커는 속절없이 무력해집니다. any는 유용하지만, 매우 주의해서 사용해야 합니다. 아이템 5와 5장에서 any에 대해 더 자세히 다룹니다.

any를 코드에 넣지 않았지만, any 타입으로 간주하기 때문에 이를 암시적 any[3] 라고 부릅니다. 그런데 같은 코드임에도 noImplicitAny가 설정되었다면 오류가 됩니다.

```
function add(a, b) {
  //         ~    'a' 매개변수에는 암시적으로 'any' 형식이 포함됩니다.
  //            ~ 'b' 매개변수에는 암시적으로 'any' 형식이 포함됩니다.
  return a + b;
}
```

이 오류들은 명시적으로 : any라고 선언해 주거나 더 분명한 타입을 사용해 해결할 수 있습니다.

```
function add(a: number, b: number) {
  return a + b;
}
```

3 (옮긴이) 한글판 컴파일러는 '명시적(explicit)'의 반대말로 '암시적(implicit)'이라는 단어를 사용합니다. 이에 맞게 이 책에서도 '암시적'으로 번역했습니다. '암묵적으로 합의된' 정도의 의미로 생각하면 됩니다.

타입스크립트는 타입 정보를 가질 때 가장 효과적이기 때문에 가능한 경우라면 noImplicitAny를 설정해야 합니다. 모든 변수에 타입을 명시하는 것에 익숙해지면, noImplicitAny가 없는 채로 작성된 타입스크립트가 완전히 다른 언어처럼 느껴질 것입니다.

새 프로젝트를 시작한다면 처음부터 noImplicitAny를 설정해서 코드를 작성할 때마다 타입을 명시하도록 해야 합니다. 그러면 타입스크립트가 문제를 발견하기 수월해지고, 코드의 가독성이 좋아지며, 개발자의 생산성이 향상됩니다(아이템 6에서 자세히 살펴볼 수 있습니다).

noImplicitAny 설정 해제는, 자바스크립트로 되어 있는 기존 프로젝트를 타입스크립트로 전환하는 상황에만 필요합니다(10장에서 자세히 다룹니다). 주의할 점은 이러한 설정이 임시라는 것이며 최대한 빨리 설정을 복원해야 한다는 것입니다. noImplicitAny 설정이 없는 타입스크립트는 무용지물에 가깝습니다. noImplicitAny 설정 해제가 어떠한 문제를 일으키는지 아이템 83에서 다룹니다.

strictNullChecks

strictNullChecks는 null과 undefined가 모든 타입에서 허용되는지 확인하는 설정입니다.

다음은 strictNullChecks가 해제되었을 때 유효한 코드입니다.

```
const x: number = null;  // 정상, null은 유효한 값입니다.
```

그러나 strictNullChecks를 설정하면 오류가 발생합니다.

```
const x: number = null;
//    ~ 'null' 형식은 'number' 형식에 할당할 수 없습니다.
```

null 대신 undefined를 써도 같은 오류가 발생합니다. 만약 null을 허용하려고 한다면, 의도를 명시적으로 드러냄으로써 오류를 고칠 수 있습니다.

```
const x: number | null = null;
```

만약 null을 허용하지 않으려면 이 값이 어디서부터 왔는지 찾아야 하고, null을 체크하는 코드나 단언문(assertion)을 추가해야 합니다.

```
const statusEl = document.getElementById('status');
statusEl.textContent = 'Ready';
// ~~~~ 'statusEl'은(는) 'null'일 수 있습니다.

if (statusEl) {
  statusEl.textContent = 'Ready';  // 정상, null은 제외됩니다.
}
statusEl!.textContent = 'Ready';   // 정상, el이 null이 아님을 단언합니다.
```

이러한 형태로 if 구문을 사용하는 것을 **타입 좁히기** 또는 **타입 정제**라고 부르며 아이템 22에서 살펴봅니다. 마지막 줄의 ! 문법은 'null 아님 단언문'입니다. 타입 단언은 타입스크립트 역할이지만, 런타임에도 영향을 미칠 수 있습니다. 아이템 9에서 타입 단언을 사용해야 하는 경우와 그 반대의 경우를 다룹니다.

strictNullChecks는 null과 undefined 관련된 오류를 잡아내는 데 많은 도움이 되지만, 코드 작성을 어렵게 합니다. 새 프로젝트를 시작한다면 가급적 strictNullChecks를 설정하는 것이 좋지만, 타입스크립트가 처음이거나 자바스크립트 코드를 마이그레이션하는 중이라면 설정하지 않아도 괜찮습니다. strictNullChecks를 설정하려면 noImplicitAny를 먼저 설정해야 합니다.

strictNullChecks 설정 없이 개발하기로 선택했다면, 'undefined는 객체가 아닙니다'라는 끔찍한 런타임 오류를 주의하기 바랍니다. 결국은 이 오류 때문에 엄격한 체크를 설정할 수밖에 없을 것입니다. 프로젝트가 거대해질수록 설정 변경은 어려워질 것이므로, 가능한 한 초반에 설정하는 것이 좋습니다. 대부분의 타입스크립트 코드는 strictNullChecks를 사용하며, 여러분의 코드도 그렇게 되어야 합니다.

다른 설정들

언어에 의미상 영향을 미치는 설정들(예: noImplicitThis와 strictFunctionTypes)이 많지만, noImplicitAny와 strictNullChecks만큼 중요한 것은 없습니다. 이 모든 체크를 설정하고 싶다면 strict 설정을 하면 됩니다. 타입스크립트에 strict 설정을 하면 대부분의 오류를 잡아냅니다.

tsc --init로 프로젝트를 생성한다면 기본적으로 strict 모드가 설정됩니다.

strict 모드보다 더 엄격한 설정도 있습니다. 코드에서 더 많은 오류를 찾아낼 수 있도록 설정을 추가할 수 있습니다. 예를 들면, noUncheckedIndexedAccess 옵션은 객체와 배열 접근에 관련된 오류를 잡는 데 도움이 됩니다. 아래 예제는 strict 모드에서 오류가 없습니다.

```
const tenses = ['past', 'present', 'future'];
tenses[3].toUpperCase();
```

noUncheckedIndexedAccess 옵션을 설정하면 오류가 발견됩니다.

```
const tenses = ['past', 'present', 'future'];
tenses[3].toUpperCase();
// ~~~~~~ 개체가 'undefined'인 것 같습니다.
```

그러나 반대급부로 유효한 코드에도 오류의 가능성이 있다고 표시됩니다.

```
tenses[0].toUpperCase();
// ~~~~~~ 개체가 'undefined'인 것 같습니다.
```

이러한 설정은 일부 타입스크립트 프로젝트에서만 사용되는데, 일단 최소한 이러한 설정이 있다는 것은 알고 있어야 합니다. 이 설정에 대한 내용은 아이템 48에서 다룹니다.

공동 프로젝트를 진행하는 도중 동료에게 타입스크립트 예제를 공유했는데 오류가 재현되지 않는다면, 컴파일러 설정이 동일한지 먼저 확인해야 합니다.

요약

- 타입스크립트 컴파일러는 언어의 핵심 요소에 영향을 미치는 몇 가지 설정을 포함하고 있습니다.
- 타입스크립트 설정은 커맨드 라인을 이용하기보다는 *tsconfig.json*을 사용하는 것이 좋습니다.
- 자바스크립트 프로젝트를 타입스크립트로 전환하는 것이 아니라면 noImplicitAny를 설정하는 것이 좋습니다.

- 'undefined는 객체가 아닙니다' 같은 런타임 오류를 방지하기 위해 `strictNullChecks`를 설정하는 것이 좋습니다.
- 타입스크립트의 타입 체크를 충분히 활용하기 위해 `strict` 설정 사용을 권장합니다.

아이템 3 코드 생성과 타입이 관계없음을 이해하기

크게 보면 타입스크립트 컴파일러는 두 가지 역할을 수행합니다.

- 최신 타입스크립트(와 자바스크립트)를 웹 브라우저에서 동작할 수 있도록 구버전의 자바스크립트로 트랜스파일(transpile)[4]합니다.
- 코드의 타입 오류를 체크합니다.

여기서 놀라운 점은 이 두 가지가 서로 완벽히 독립적이라는 것입니다. 다시 말해서, 타입스크립트가 자바스크립트로 변환될 때 코드 내의 타입에는 영향을 주지 않습니다. 또한 그 자바스크립트의 실행 시점에도 타입은 영향을 미치지 않습니다.

타입스크립트 컴파일러가 수행하는 두 가지 역할을 되짚어 보면, 타입스크립트가 할 수 있는 일과 할 수 없는 일을 짐작할 수 있습니다.

런타임에는 타입스크립트가 동작하지 않습니다

다음과 같은 코드가 있다고 가정해 보겠습니다.

```
interface Square {
  width: number;
}
interface Rectangle extends Square {
  height: number;
}
type Shape = Square | Rectangle;
```

4 (옮긴이) 번역(translate)과 컴파일(compile)이 합쳐져 트랜스파일이라는 신조어가 탄생했습니다. 소스 코드를 동일한 동작을 하는 다른 형태의 소스 코드(다른 버전, 다른 프로그래밍 언어 등)로 변환하는 행위를 의미합니다. 결과물이 여전히 컴파일되어야 하는 소스 코드이기 때문에 컴파일과는 구분해서 부릅니다.

```
function calculateArea(shape: Shape) {
  if (shape instanceof Rectangle) {
    //                    ~~~~~~~~~ 'Rectangle'은(는) 형식만 참조하지만,
    //                              여기서는 값으로 사용되고 있습니다.
    return shape.height * shape.width;
    //           ~~~~~~ 'Shape' 형식에 'height' 속성이 없습니다.
  } else {
    return shape.width * shape.width;
  }
}
```

instanceof 체크는 런타임에서 수행되지만, Rectangle은 타입이며 런타임 동작에 영향을 주지 못합니다. 타입스크립트가 자바스크립트로 컴파일되면서 interface, type 또는 타입 어노테이션 같은 타입 정보는 코드에서 제거됩니다. 자바스크립트로 컴파일된 다음 샘플 코드를 보면 쉽게 이해할 수 있습니다.

```
function calculateArea(shape) {
  if (shape instanceof Rectangle) {
    return shape.height * shape.width;
  } else {
    return shape.width * shape.width;
  }
}
```

instanceof에 사용된, Rectangle에 대한 정보가 없기 때문에 오류가 발생합니다.[5] 런타임 시점에 shape의 타입을 확인하려면, 타입스크립트가 아닌 컴파일된 자바스크립트 결과물에서 동작할 수 있게 해야 합니다.

한 가지 방법은 height 속성이 존재하는지 확인하는 것입니다.

```
function calculateArea(shape: Shape) {
  if ('height' in shape) {
    return shape.width * shape.height;
    //     ^? (parameter) shape: Rectangle
  } else {
    return shape.width * shape.width;
  }
}
```

5 타입스크립트와 자바스크립트 버전을 나란히 보여 주는 타입스크립트 플레이그라운드에 코드를 올려 보면 쉽게 이해할 수 있습니다.

속성 체크는 타입이 아닌 값을 대상으로 하므로 런타임에 여전히 동작하면서도, 컴파일 시점의 타입 체커 역시 shape의 타입을 Rectangle로 추론합니다.

또 다른 방법은 태그를 도입해 타입 정보가 런타임에 남아 있도록 명시하는 것입니다.

```
interface Square {
  kind: 'square';
  width: number;
}
interface Rectangle {
  kind: 'rectangle';
  height: number;
  width: number;
}
type Shape = Square | Rectangle;

function calculateArea(shape: Shape) {
  if (shape.kind === 'rectangle') {
    return shape.width * shape.height;
    //     ^? (parameter) shape: Rectangle
  } else {
    return shape.width * shape.width;
    //     ^? (parameter) shape: Square
  }
}
```

여기서 kind 속성은 태그의 역할을 하는데, 이때 Shape의 타입을 태그된 유니온이라고 부릅니다. 또 다른 이름으로 가끔 구분된 유니온이라고도 하는데, kind가 '구분'의 역할도 하기 때문입니다. 이 기법은 간단하면서도 런타임에 타입 정보를 사용할 수 있게 해 주기 때문에 흔하게 사용됩니다.

class 키워드는 컴파일과 런타임 시점 모두에서 사용되는 구문 중 하나입니다. Square와 Rectangle을 클래스로 선언하는 것도 해결법 중 하나입니다.

```
class Square {
  width: number;
  constructor(width: number) {
    this.width = width;
  }
}
```

```
class Rectangle extends Square {
  height: number;
  constructor(width: number, height: number) {
    super(width);
    this.height = height;
  }
}
type Shape = Square | Rectangle;

function calculateArea(shape: Shape) {
  if (shape instanceof Rectangle) {
    return shape.width * shape.height;
    //     ^? (parameter) shape: Rectangle
  } else {
    return shape.width * shape.width;
    //     ^? (parameter) shape: Square
  }
}
```

interface는 타입만 해당되지만, class는 타입이면서도 값이므로 Rectangle 클래스는 잘 동작합니다.

type Shape = Shape | Rectangle 구문의 Rectangle은 타입으로 쓰이지만, shape instanceof Rectangle 구문의 Rectangle은 생성자 함수로서 값으로 쓰입니다. 어렵게 느껴질 수 있지만, 이 차이점을 이해하는 것은 매우 중요합니다. 자세한 내용은 아이템 8에서 다루겠습니다.

타입 오류가 있는 코드도 컴파일이 가능합니다

컴파일은 타입 체크와 독립적으로 동작하기 때문에 타입 오류가 있는 코드도 컴파일이 가능합니다.

```
$ cat test.ts
let x = 'hello';
x = 1234;
$ tsc test.ts
test.ts:2:1 - error TS2322: '1234' 형식은 'string' 형식에 할당할 수 없습니다.

2 x = 1234;
  ~
```

```
$ cat test.js
var x = 'hello';
x = 1234;
```

타입 체크와 컴파일이 동시에 이루어지는 C나 자바 같은 프로그래밍 언어를 사용하던 사람이라면 이러한 상황이 매우 황당하게 느껴질 것입니다. 타입스크립트 오류는 C나 자바 같은 프로그래밍 언어의 경고(warning)와 비슷합니다. 문제가 될 만한 부분을 알려 주지만, 그렇다고 빌드를 멈추지는 않습니다.

컴파일과 타입 체크

코드에 오류가 있을 때 "컴파일에 문제가 있다"라고 말하는 경우를 보았을 것입니다. 그러나 이는 기술적으로 틀린 말입니다. 엄밀히 말하면 오직 코드 생성만을 '컴파일'이라고 부를 수 있기 때문입니다. 작성한 타입스크립트가 유효한 자바스크립트라면 타입스크립트 컴파일러는 컴파일을 해 냅니다. 그러므로 코드에 오류가 있을 때 "타입 체크에 문제가 있다"라고 말하는 것이 더 정확한 표현입니다.

코드에 오류가 있더라도 컴파일된 산출물이 나오는 것이 실제로 도움이 됩니다. 웹 애플리케이션을 만들면서 어떠한 부분에 문제가 발생했다고 가정해 보겠습니다. 타입스크립트는 여전히 컴파일된 산출물을 생성하기 때문에, 문제가 된 오류를 수정하지 않더라도 애플리케이션의 다른 부분을 테스트할 수 있습니다.

만약 오류가 있을 때 컴파일하지 않고 싶다면 *tsconfig.json*에 `noEmitOnError`를 설정하거나 빌드 도구에서 이와 같은 역할을 하는 옵션을 사용하면 됩니다.

타입 연산은 런타임에 영향을 주지 않습니다

`string` 또는 `number` 타입인 값을 항상 `number`로 정제하는 경우를 가정해 보겠습니다. 다음은 타입 체커를 통과하지만, 잘못된 방법을 사용한 코드입니다.

```
function asNumber(val: number | string): number {
  return val as number;
}
```

변환된 자바스크립트 코드를 보면 이 함수가 실제로 어떻게 동작하는지 알 수 있습니다.

```
function asNumber(val) {
  return val;
}
```

코드에 아무런 정제 과정이 없습니다. as number는 타입 연산이고 런타임 동작에는 아무런 영향을 미치지 않습니다. 값을 정제하기 위해서는 런타임의 타입을 체크해야 하고 자바스크립트 연산을 통해 변환을 수행해야 합니다.

```
function asNumber(val: number | string): number {
  return Number(val);
}
```

as number는 타입 단언문입니다. 이러한 문법이 언제 적절히 사용될 수 있는지는 아이템 9에서 다룹니다.

런타임 타입은 선언된 타입과 다를 수 있습니다

다음 함수를 보고 마지막의 console.log까지 실행될 수 있을지 생각해 보기 바랍니다.

```
function setLightSwitch(value: boolean) {
  switch (value) {
    case true:
      turnLightOn();
      break;
    case false:
      turnLightOff();
      break;
    default:
      console.log(`실행되지 않을까 봐 걱정됩니다.`);
  }
}
```

타입스크립트는 일반적으로 실행되지 못하는 죽은(dead) 코드를 찾아내지만, 여기서는 strict를 설정하더라도 찾아내지 못합니다. 그러면 마지막 부분을 실행할 수 있는 경우는 언제일까요?

: boolean이 타입 선언문이라는 것에 주목하기 바랍니다. 타입스크립트의 타입이기 때문에 : boolean은 런타임에 제거됩니다. 자바스크립트였다면 실수로

setLightSwitch를 "ON"으로 호출할 수도 있었을 것입니다.

순수 타입스크립트에서도 마지막 코드를 실행하는 방법이 존재합니다. 예로, 네트워크 호출로부터 받아온 값으로 함수를 실행하는 경우를 들 수 있습니다.

```
interface LightApiResponse {
  lightSwitchValue: boolean;
}
async function setLight() {
  const response = await fetch('/light');
  const result: LightApiResponse = await response.json();
  setLightSwitch(result.lightSwitchValue);
}
```

/light를 요청하면 그 결과로 LightApiResponse를 반환하라고 선언했지만, 실제로 그렇게 되리라는 보장은 없습니다. API를 잘못 파악해서 lightSwitchValue가 실제로는 문자열이었다면, 런타임에는 setLightSwitch 함수까지 전달될 것입니다. 또는 배포된 후에 API가 변경되어 lightSwitchValue가 문자열이 되는 경우도 있을 것입니다.

타입스크립트에서는 런타임 타입과 선언된 타입이 맞지 않을 수 있기 때문에 시점에 따라 타입이 달라지는 혼란스러운 상황을 가능한 한 피해야 합니다. 그리고 주의하지 않으면 선언된 타입이 런타임 타입과 달라질 수 있다는 사실을 명심해야 합니다. 타입의 안정성에 대해서는 아이템 48에서 자세히 설명합니다.

타입스크립트 타입으로는 함수를 오버로드할 수 없습니다

C++ 같은 프로그래밍 언어는 동일한 이름에 매개변수만 다른 여러 버전의 함수를 허용합니다. 이를 함수 오버로딩이라고 합니다. 그러나 타입스크립트에서는 타입과 런타임의 동작이 무관하기 때문에 함수 오버로딩은 불가능합니다.

```
function add(a: number, b: number) { return a + b; }
//       ~~~ 중복된 함수 구현입니다.
function add(a: string, b: string) { return a + b; }
//       ~~~ 중복된 함수 구현입니다.
```

타입스크립트가 함수 오버로딩 기능을 지원하기는 하지만, 온전히 타입 수준에서만 동작합니다. 하나의 함수에 대해 여러 개의 선언문을 작성할 수 있지만, 구현체(implementation)는 오직 하나뿐입니다.

```
function add(a: number, b: number): number;
function add(a: string, b: string): string;

function add(a, b) {
  return a + b;
}

const three = add(1, 2);
//    ^? const three: number
const twelve = add('1', '2');
//    ^? const twelve: string
```

add에 대한 처음 두 개의 선언문은 타입 정보를 제공할 뿐입니다. 이 두 선언문은 타입스크립트가 자바스크립트로 변환되면서 제거되며, 구현체만 남게 됩니다. 구현체에 매개변수를 any 타입으로 선언한 것은 좋은 방법이 아닙니다. 타입스크립트의 함수 오버로딩에는 주의할 사항이 있는데 이는 아이템 52에서 자세히 다루겠습니다.

타입스크립트 타입은 런타임 성능에 영향을 주지 않습니다

타입과 타입 연산자는 자바스크립트 변환 시점에 제거되기 때문에 런타임의 성능에 아무런 영향을 주지 않습니다. 타입스크립트의 정적 타입은 실제로 비용이 전혀 들지 않습니다. 타입스크립트를 쓰는 대신 런타임 오버헤드를 감수하며 타입 체크를 해 본다면, 타입스크립트 팀이 다음 주의 사항을 얼마나 잘 테스트해 왔는지 몸소 느끼게 될 것입니다.

- 런타임 오버헤드가 없는 대신, 타입스크립트 컴파일러에는 빌드타임 오버헤드가 있습니다. 타입스크립트 팀은 컴파일러 성능을 매우 중요하게 생각합니다. 따라서 컴파일은 일반적으로 상당히 빠르게 진행되는 편이며 특히 증분(incremental) 빌드 시에 속도가 더욱 체감됩니다. 오버헤드가 커지면, 빌드 도구에서 '트랜스파일만(transpile only)'을 설정해 타입 체크를 건너뛸 수 있

습니다. 컴파일러 성능에 대한 내용은 아이템 78에서 더욱 자세히 다룹니다.

- 타입스크립트가 코드를 컴파일할 때 오래된 런타임 환경을 지원하기 위해 호환성을 높이고 성능 오버헤드를 감안할지, 아니면 호환성을 포기하고 성능 중심의 네이티브 구현체를 선택할지 결정해야 하는 문제에 맞닥뜨릴 수도 있습니다. 예를 들어, 제너레이터 함수가 ES5 타깃으로 컴파일되려면, 타입스크립트 컴파일러는 호환성을 위한 특정 헬퍼 코드를 추가할 것입니다. 이러한 경우가 제너레이터의 호환성을 위한 오버헤드 또는 성능을 위한 네이티브 구현체 선택의 문제입니다. 어떠한 경우든지 호환성과 성능 사이의 선택은 컴파일 타깃과 언어 레벨의 문제이며 여전히 타입과는 무관합니다.

요약

- 코드 생성은 타입 시스템과 무관합니다. 즉, 타입스크립트 타입은 런타임 동작에 영향을 주지 않습니다.
- 타입 오류가 존재하더라도 코드 생성(컴파일)은 가능합니다.
- 타입스크립트 타입은 런타임에 사용할 수 없습니다. 런타임에 타입을 사용하려면, 타입 정보 유지를 위한 별도의 방법이 필요합니다. 일반적으로는 태그된 유니온과 속성 체크 방법을 사용합니다.
- `class` 키워드처럼 타입스크립트 타입이면서 런타임의 값으로 사용되는 구문도 존재합니다.
- 타입스크립트 타입은 컴파일 과정에서 제거되므로 런타임 성능에 영향을 주지 않습니다.

아이템 4 구조적 타이핑에 익숙해지기

자바스크립트는 본질적으로 덕 타이핑(duck typing)[6] 기반입니다. 만약 어떠한 함수의 매개변수 값이 모두 제대로 주어진다면, 그 값이 어떻게 만들어졌는지

6 (옮긴이) 덕 타이핑이란, 객체가 어떠한 타입에 부합하는 변수와 메서드를 가질 경우 객체를 해당 타입에 속하는 것으로 간주하는 방식입니다. 본문에서 언급된 명제로 정의되는 덕 테스트(The Duck Test)에서 유래되었습니다.

신경 쓰지 않고 사용합니다(참고로 덕 타이핑은 "만약 오리처럼 걷고, 오리처럼 소리를 낸다면, 그것은 아마도 오리일 것이다"라는 명제에서 유래한 용어입니다).

타입스크립트는 이러한 동작, 즉 매개변수 값이 요구 사항을 만족한다면 타입이 무엇인지 신경 쓰지 않는 동작을 그대로 모델링합니다. 그런데 타입 체커의 타입에 대한 이해도가 사람과 조금 다르기 때문에 가끔 예상치 못한 결과가 나오기도 합니다. 구조적 타이핑을 제대로 이해한다면 오류인 경우와 오류가 아닌 경우의 차이를 알 수 있고, 더욱 견고한 코드를 작성할 수 있습니다.

물리 라이브러리와 2D 벡터 타입을 다루는 경우를 가정해 보겠습니다.

```
interface Vector2D {
  x: number;
  y: number;
}
```

벡터의 길이를 계산하는 함수는 다음과 같습니다.

```
function calculateLength(v: Vector2D) {
  return Math.sqrt(v.x ** 2 + v.y ** 2);
}
```

이제 이름이 들어간 벡터를 추가합니다.

```
interface NamedVector {
  name: string;
  x: number;
  y: number;
}
```

NamedVector는 number 타입의 x와 y 속성이 있기 때문에 calculateLength 함수로 호출 가능합니다. 타입스크립트는 다음 코드를 이해할 수 있을 정도로 충분히 영리합니다.

```
const v: NamedVector = { x: 3, y: 4, name: 'Pythagoras' };
calculateLength(v);  // 정상, 결과는 5
```

흥미로운 점은 Vector2D와 NamedVector의 관계를 전혀 선언하지 않았다는 것입니다. 그리고 NamedVector를 위한 별도의 calculateLength를 구현할 필요도 없습니다. 타입스크립트 타입 시스템은 자바스크립트의 런타임 동작을 모델링합니다(아이템 1을 다시 살펴보세요). NamedVector의 구조가 Vector2D와 호환되기 때문에 calculateLength 호출이 가능합니다. 여기서 **구조적 타이핑**(structural typing)이라는 용어가 사용됩니다.

이러한 구조적 타이핑 때문에 문제가 발생하기도 합니다. 3D 벡터를 만들어 보겠습니다.

```
interface Vector3D {
  x: number;
  y: number;
  z: number;
}
```

그리고 벡터의 길이를 1로 만드는 정규화 함수를 작성합니다.

```
function normalize(v: Vector3D) {
  const length = calculateLength(v);
  return {
    x: v.x / length,
    y: v.y / length,
    z: v.z / length,
  };
}
```

그러나 이 함수는 1보다 조금 더 긴(1.4) 길이를 가진 결과를 출력합니다.

```
> normalize({x: 3, y: 4, z: 5})
{ x: 0.6, y: 0.8, z: 1 }
```

타입스크립트가 오류를 잡지 못한 이유를 생각해 보겠습니다.

calculateLength는 2D 벡터를 기반으로 연산하는데, 버그로 인해 normalize가 3D 벡터로 연산되었습니다. z가 정규화에서 무시된 것입니다.

그런데 타입 체커가 이 문제를 잡아내지 못했습니다. calculateLength가 2D 벡터를 받도록 선언되었음에도 3D 벡터를 받는 데 문제가 없었던 이유는 무엇일까요?

Vector3D와 호환되는 {x, y, z} 객체로 calculateLength를 호출하면, 구조적 타이핑 관점에서 x와 y가 있어서 Vector2D와 호환됩니다. 따라서 오류가 발생하지 않았고, 타입 체커가 문제로 인식하지 않았습니다.

이러한 경우를 오류로 처리하기 위한 방법이 존재합니다. 원하는 속성 z를 선택적으로 제어하는 기법을 아이템 63에서 소개합니다. 아이템 64에서는 구조적 타이핑 문제를 방지할 수 있는 상표 기법을 소개합니다.

함수를 작성할 때, 호출에 사용되는 매개변수의 속성들이 매개변수의 타입에 선언된 속성만을 가질 것이라 생각하기 쉽습니다. 이러한 타입을 닫힌(closed), 봉인된(sealed) 또는 정확한(precise) 타입이라고 부르며, 타입스크립트의 타입 시스템에서는 표현할 수 없습니다. 좋든 싫든 타입은 '열려(open)'[7] 있습니다.

이러한 특성 때문에 가끔 당황스러운 결과가 발생합니다.

```
function calculateLengthL1(v: Vector3D) {
  let length = 0;
  for (const axis of Object.keys(v)) {
    const coord = v[axis];
    //            ~~~~~~~ 'string'은 'Vector3D'의 인덱스로 사용할 수 없기에
    //                    엘리먼트는 암시적으로 'any' 타입입니다.
    length += Math.abs(coord);
  }
  return length;
}
```

오류를 납득하기 어렵습니다. axis는 Vector3D 타입인 v의 키 중 하나이기 때문에 "x", "y", "z" 중 하나여야 합니다. 그리고 Vector3D의 선언에 따르면, 이들은 모두 number이므로 coord의 타입이 number가 되어야 한다고 예상할 수 있습니다.

그러나 사실은 타입스크립트가 오류를 정확히 찾아낸 것이 맞습니다. 앞에서 Vector3D는 봉인(다른 속성이 없음)되었다고 가정했습니다. 그런데 다음 코드처럼 작성할 수도 있습니다.

7 (옮긴이) 타입이 열려 있다는 말은, 타입의 확장에 열려 있다는 의미입니다. 즉, 타입에 선언된 속성 외에 임의의 속성을 추가하더라도 오류가 발생하지 않는다는 뜻입니다. 예를 들어, 고양이라는 타입에 크기 속성을 추가해 '작은 고양이'가 되어도 고양이라는 사실은 변하지 않습니다. 그래도 이해하기가 어렵다면 아이템 7을 참고하기 바랍니다.

```
const vec3D = {x: 3, y: 4, z: 1, address: '123 Broadway'};
calculateLengthL1(vec3D);  // 정상, NaN을 반환합니다.
```

v는 어떠한 속성이든 가질 수 있기 때문에 axis의 타입은 string이 될 수도 있습니다. 그러므로 앞서 본 것처럼 타입스크립트는 v[axis]가 어떠한 속성이 될지 알 수 없기 때문에 number라고 확신할 수 없습니다(참고로 vec3D 변수에는 잉여 속성 체크가 통하지 않았습니다. 잉여 속성 체크는 아이템 11에서 자세히 다룹니다).

정확한 타입으로 객체를 순회하도록 만드는 일은 까다롭습니다. 이 주제는 아이템 60에서 다시 다루겠지만, 이번 경우의 결론을 말하자면 루프보다는 모든 속성을 각각 더하도록 구현하는 편이 더 낫습니다.

```
function calculateLengthL1(v: Vector3D) {
  return Math.abs(v.x) + Math.abs(v.y) + Math.abs(v.z);
}
```

구조적 타이핑은 클래스와 관련된 할당문에서도 당황스러운 결과를 보여 줍니다.

```
class SmallNumContainer {
  num: number;
  constructor(num: number) {
    if (num < 0 || num >= 10) {
      throw new Error(`You gave me ${num} but I want something 0-9.`)
    }
    this.num = num;
  }
}

const a = new SmallNumContainer(5);
const b: SmallNumContainer = { num: 2024 };  // 정상!
```

b를 SmallNumContainer 타입에 할당할 수 있는 이유는 다음과 같습니다. SmallNumContainer 타입에는 number 타입의 num 속성이 있고, 이는 b 객체와 구조적으로 동일하기 때문입니다.[8] 클래스의 생성자가 호출되어 그 안의 검증 로

8 (옮긴이) 이해하기 어렵다면 class 키워드가 도입된 이유와 함께 자바스크립트가 순수 객체 지향이 아닌 프로토타입 기반이라는 사실을 참고하기 바랍니다.

직이 실행되리라고 예상했다면 당황스러울 것입니다. 더 많은 속성과 메서드가 존재하는 실제 코드에서 이러한 상황이 발생할 가능성은 적지만, 주의할 필요가 있습니다. 만약 C++나 자바 같은 언어였다면 매개변수의 개수에 맞는 생성자의 호출을 보장하며 `SmallNumContainer` 클래스이거나 서브클래스임을 컴파일 시점에 알 수 있었을 것입니다.

테스트를 작성할 때는 구조적 타이핑이 유리합니다. 데이터베이스에 쿼리(query)하고 결과를 처리하는 함수를 가정해 보겠습니다.

```
interface Author {
  first: string;
  last: string;
}
function getAuthors(database: PostgresDB): Author[] {
  const authorRows = database.runQuery(`SELECT first, last FROM authors`);
  return authorRows.map(row => ({first: row[0], last: row[1]}));
}
```

`getAuthors` 함수를 테스트하기 위해서는 모킹(mocking)한 `PostgresDB`를 생성해야 합니다. 그러나 구조적 타이핑을 활용해 더 구체적인 인터페이스를 정의하는 방법이 더 낫습니다.

```
interface DB {
  runQuery: (sql: string) => any[];
}
function getAuthors(database: DB): Author[] {
  const authorRows = database.runQuery(`SELECT first, last FROM authors`);
  return authorRows.map(row => ({first: row[0], last: row[1]}));
}
```

`runQuery` 메서드가 있기 때문에 실제 환경에서도 `getAuthors`에 `PostgresDB`를 사용할 수 있습니다. 구조적 타이핑 덕분에, `PostgresDB`가 `DB` 인터페이스를 구현하는지 명확히 선언할 필요가 없습니다. 타입스크립트는 그렇게 동작할 것이라고 알아차립니다.

테스트를 작성할 때, 더 간단한 객체를 매개변수로 사용할 수도 있습니다.

```
test('getAuthors', () => {
  const authors = getAuthors({
```

```
    runQuery(sql: string) {
      return [['Toni', 'Morrison'], ['Maya', 'Angelou']];
    }
  });
  expect(authors).toEqual([
    {first: 'Toni', last: 'Morrison'},
    {first: 'Maya', last: 'Angelou'}
  ]);
});
```

타입스크립트는 테스트 DB가 해당 인터페이스를 충족하는지 확인합니다. 그리고 테스트 코드에는 실제 환경의 데이터베이스에 대한 정보가 불필요합니다. 심지어 모킹 라이브러리도 필요 없습니다. 추상화(DB)를 함으로써 로직과 테스트를 특정한 구현(PostgresDB)으로부터 분리한 것입니다.

테스트 이외에 구조적 타이핑의 또 다른 장점은 라이브러리 간 의존성을 완벽히 분리할 수 있다는 것입니다. 이 내용은 아이템 70에서 더 자세히 다룹니다.

요약

- 자바스크립트가 덕 타이핑 기반이고 타입스크립트가 이를 모델링하기 위해 구조적 타이핑을 사용함을 이해해야 합니다. 어떠한 인터페이스에 할당 가능한 값이라면 타입 선언에 명시적으로 나열된 속성들을 가지고 있을 것입니다. 타입은 '봉인'되어 있지 않습니다.
- 클래스 역시 구조적 타이핑 규칙을 따른다는 사실을 명심해야 합니다. 클래스의 인스턴스가 예상과 다를 수 있습니다.
- 구조적 타이핑을 사용하면 유닛 테스트를 손쉽게 할 수 있습니다.

아이템 5 any 타입 지양하기

타입스크립트의 타입 시스템은 점진적(gradual)이고 선택적(optional)입니다. 코드에 타입을 조금씩 추가할 수 있기 때문에 점진적이며, 언제든지 타입 체커를 해제할 수 있기 때문에 선택적입니다. 이 기능의 핵심 역할을 하는 것은 any 타입입니다.

```
let ageInYears: number;
ageInYears = '12';
// ~~~~~~~ 'string' 형식은 'number' 형식에 할당할 수 없습니다.
ageInYears = '12' as any;  // 정상
```

타입 체커를 통해 앞의 코드에서 오류를 찾아냈습니다. 오류는 as any를 추가해 해결할 수 있습니다. 타입스크립트를 처음 접했다면 오류가 이해되지 않거나, 타입 체커가 틀렸다고 생각할 수도 있습니다. 타입 선언을 추가하는 데 시간을 쏟고 싶지 않아서 any 타입이나 타입 단언문(as any)을 사용하고 싶기도 할 것입니다.

그러나 일부 특별한 경우를 제외하고는 any를 사용하면 타입스크립트의 수많은 장점을 누릴 수 없게 됩니다. 부득이하게 any를 사용하더라도 그 위험성을 알고 있어야 합니다.

any 타입에는 타입 안전성이 없습니다

앞의 예제에서 age는 number 타입으로 선언되었습니다. 그러나 as any를 사용하면 string 타입을 할당할 수 있게 됩니다. 타입 체커는 선언에 따라 number 타입으로 판단할 것이고, 이로 인한 혼돈은 걷잡을 수 없게 될 것입니다.

```
ageInYears += 1;  // 런타임에 정상, ageInYears는 "121"
```

any는 함수 시그니처를 무시해 버립니다

함수를 작성할 때는 시그니처[9]를 명시해야 합니다. 호출하는 쪽은 약속된 타입의 입력을 제공하고, 함수는 약속된 타입의 출력을 반환합니다. 그러나 any 타입을 사용하면 이러한 약속을 어길 수 있습니다.

```
function calculateAge(birthDate: Date): number {
  // ...
}
```

9 (옮긴이) 원서에는 시그니처가 아닌 contract로 표기되어 있습니다. contract를 직역하면 계약, 약속 정도가 될 것입니다. 그러나 이 문맥에서 계약이나 약속이란 단어는 다소 어색합니다. 따라서 이 책에서는 더 이해하기 좋은 시그니처라는 표현을 사용했습니다.

```
let birthDate: any = '1990-01-19';
calculateAge(birthDate);  // 정상
```

birthData 매개변수는 string이 아닌 Date 타입이어야 합니다. any 타입을 사용하면 calculateAge의 시그니처를 무시하게 됩니다. 자바스크립트에서는 종종 암시적으로 타입이 변환되기 때문에 이러한 경우 특히 문제가 될 수 있습니다. string 타입은 number 타입이 필요한 곳에서 오류 없이 실행될 때가 있고, 그럴 경우 다른 곳에서 문제를 일으키게 될 것입니다.

any 타입에는 언어 서비스가 적용되지 않습니다

어떠한 심벌에 타입이 있다면 타입스크립트 언어 서비스는 자동완성 기능과 적절한 도움말을 제공합니다(그림 1-3 참고).

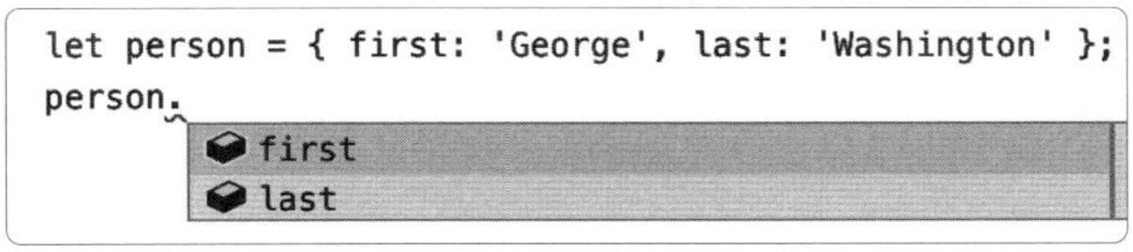

그림 1-3 타입스크립트 언어 서비스는 타입이 있는 심벌에 대한 자동완성을 지원합니다.

그러나 any 타입인 심벌을 사용하면 아무런 도움을 받지 못합니다(그림 1-4 참고).

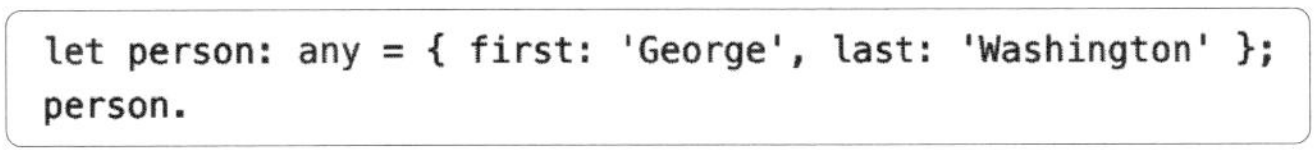

그림 1-4 any 타입인 심벌은 자동완성으로 속성이 나타나지 않습니다.

이름 변경 기능은 또 다른 언어 서비스입니다. 다음 코드는 Person 타입과 이름을 포맷팅해 주는 함수입니다.

```
interface Person {
  first: string;
  last: string;
}

const formatName = (p: Person) => `${p.first} ${p.last}`;
const formatNameAny = (p: any) => `${p.first} ${p.last}`;
```

편집기에서 앞 코드의 first를 선택하고, 'Rename Symbol(심볼명 바꾸기)'을 클릭해 firstName으로 바꿀 수 있습니다(그림 1-5와 1-6 참고).

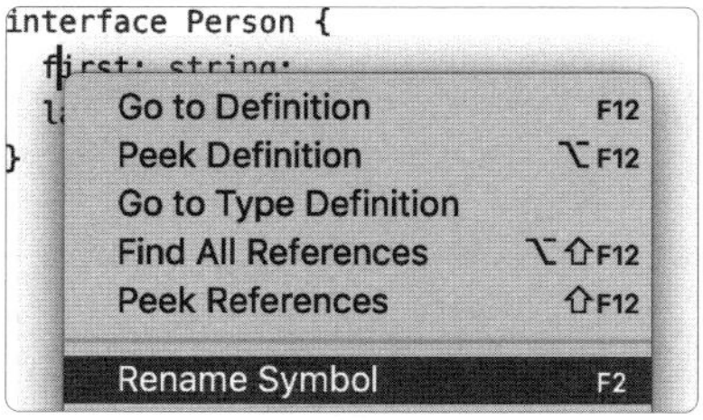

그림 1-5 비주얼 스튜디오 코드에서 기호명 바꾸기

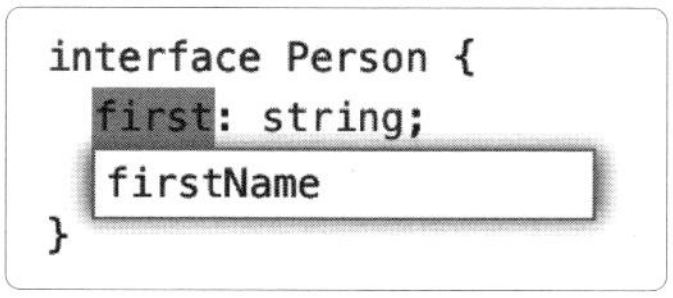

그림 1-6 새 이름을 입력하면 프로젝트 내의 심벌명이 모두 변경됩니다.

예를 들어, formatName 함수 내의 first가 firstName으로 바뀌지만, any 타입의 심벌은 바뀌지 않습니다.

```
interface Person {
  firstName: string;
  last: string;
}
const formatName = (p: Person) => `${p.firstName} ${p.last}`;
const formatNameAny = (p: any) => `${p.first} ${p.last}`;
```

타입스크립트의 모토는 '확장 가능한 자바스크립트'입니다. '확장'의 중요한 부분은 바로 타입스크립트 경험의 핵심 요소인 언어 서비스입니다(아이템 6에서 자세히 다룹니다). 언어 서비스를 제대로 누려야 독자 여러분과 동료의 생산성이 향상됩니다.

any 타입은 코드 리팩터링할 때 버그를 감춥니다

어떠한 아이템을 선택할 수 있는 웹 애플리케이션을 만든다고 가정해 보겠습니다. 애플리케이션에는 onSelectItem 콜백이 있는 컴포넌트가 있을 것입니다. 선택하려는 아이템의 타입이 무엇인지 알기 어려우니 any를 사용해 보겠습니다.

```
interface ComponentProps {
  onSelectItem: (item: any) => void;
}
```

다음과 같이 onSelectItem 콜백이 있는 컴포넌트를 사용하는 코드도 있을 것입니다.

```
function renderSelector(props: ComponentProps) { /* ... */ }

let selectedId: number = 0;
function handleSelectItem(item: any) {
  selectedId = item.id;
}

renderSelector({onSelectItem: handleSelectItem});
```

onSelectItem에 아이템 객체를 필요한 부분만 전달하도록 컴포넌트를 개선해 보겠습니다. 여기서는 id만 필요합니다. ComponentProps의 시그니처를 다음처럼 변경합니다.

```
interface ComponentProps {
  onSelectItem: (id: number) => void;
}
```

컴포넌트를 수정했으며 타입 체크를 모두 통과했습니다.

하지만 타입 체크를 통과했다고 끝난 것은 아닙니다. handleSelectItem은 any 매개변수를 받습니다. 따라서 id를 전달받아도 문제가 없다고 나옵니다. id를 전달받으면, 타입 체커를 통과함에도 불구하고 런타임에는 오류가 발생합니다. any가 아니라 구체적인 타입을 사용했다면, 타입 체커가 오류를 발견했을 것입니다.

any는 타입 설계를 감춰 버립니다

애플리케이션 상태 같은 객체를 정의하려면 꽤 복잡합니다. 상태 객체 안에 있는 수많은 속성의 타입을 일일이 작성해야 하는데, any 타입을 사용하면 간단히 끝내 버릴 수 있습니다. 물론 이때도 any를 사용하면 안 됩니다.

이유는 앞에서부터 계속 설명해 왔습니다. 객체를 정의할 때 특히 문제가 되는데, 상태 객체의 설계를 감춰 버리기 때문입니다. 4장에서 설명하겠지만, 깔끔하고 정확하고 명료한 코드 작성을 위해 제대로 된 타입 설계는 필수입니다. any 타입을 사용하면 타입 설계가 불분명해집니다. 설계가 잘 되었는지, 설계가 어떻게 되어 있는지 전혀 알 수 없습니다. 만약 동료가 코드를 검토해야 한다면, 동료는 애플리케이션의 상태를 어떻게 변경했는지 코드부터 재구성해 봐야 할 것입니다. 그러므로 설계가 명확히 보이도록 타입을 일일이 작성하는 편이 좋습니다.

any는 타입 시스템의 신뢰도를 떨어뜨립니다

사람은 항상 실수를 합니다. 보통은 타입 체커가 실수를 잡아 주고 이로 인해 코드의 신뢰도가 높아집니다. 그러나 런타임에 타입 오류를 발견하게 된다면 타입 체커를 신뢰할 수 없을 것입니다. 대규모 팀에 타입스크립트를 도입하려는 상황에서, 타입 체커를 신뢰할 수 없다면 큰 문제가 될 것입니다. any 타입을 쓰지 않으면 런타임에 발견될 오류를 미리 잡을 수 있고 신뢰도를 높일 수 있습니다.

타입스크립트는 개발자의 삶을 편하게 하는 데 목적이 있지만, 코드 내에 존재하는 수많은 any 타입으로 인해 자바스크립트보다 일을 더 어렵게 만들기도 합니다. 타입 오류를 고쳐야 하고 여전히 머릿속에 실제 타입을 기억해야 하기 때문입니다. 타입이 실제 값과 일치한다면 타입 정보를 기억해 둘 필요가 없습니다. 타입스크립트가 타입 정보를 기억해 주기 때문입니다.

어쩔 수 없이 any를 써야만 하는 상황도 있습니다. 이럴 때 고민해 볼 수 있는 좋은 방법과 좋지 못한 방법이 있습니다. any의 단점을 보완하는 방법은 5장에서 자세히 다룹니다.

요약

- any 타입을 사용하면 대부분의 타입 체커 기능을 무시할 수 있습니다.
- any 타입은 타입 안전성을 저해하고, 시그니처를 깨뜨리며, 개발 경험을 해치고, 리팩터링 때 오류를 양산하며, 타입 설계를 방해하고, 타입 시스템의 신뢰도를 떨어뜨립니다.
- 가급적 any 사용을 지양합시다!

2장

Effective TypeScript Second Edition

타입스크립트의 타입 시스템

타입스크립트는 코드를 자바스크립트로 변환하는 역할도 하지만(아이템 3 참고), 가장 중요한 역할은 타입 시스템을 제공해 주는 것에 있습니다. 타입 시스템이야 말로 우리가 타입스크립트를 사용하는 진정한 이유이기도 합니다.

이번 장에서는 타입 시스템의 기초를 살펴봅니다. 타입 시스템이란 무엇인지, 어떻게 사용해야 하는지, 무엇을 결정해야 하는지, 가급적 사용하지 말아야 할 기능은 무엇인지 알아봅니다. 타입스크립트의 타입 시스템은 매우 강력하며, 생각보다 더 많은 것을 할 수 있습니다. 이번 장의 아이템은 타입스크립트 코드를 작성할 때, 그리고 이 책의 나머지를 읽을 때 필요한 개념의 견고한 토대가 될 것입니다.

아이템 6 편집기를 사용해 타입 시스템 탐색하기

타입스크립트를 설치하면, 다음 두 가지를 실행할 수 있습니다.

- 타입스크립트 컴파일러(tsc)
- 단독으로 실행할 수 있는 타입스크립트 서버(tsserver)

주로 타입스크립트 컴파일러를 실행하지만, 타입스크립트 서버 또한 언어 서비스를 제공한다는 점에서 중요합니다. 언어 서비스에는 코드 자동완성, 명세(사양, specification) 검사, 검색, 리팩터링이 포함됩니다. 보통은 편집기를 통해서 언어 서비스를 사용하는데 타입스크립트 서버에서 언어 서비스를 제공하도록 설정하는 것이 좋습니다. 유용한 기능이니 꼭 사용하도록 합시다. 자동완성 같은 서비스를 사용하면 타입스크립트 코드 작성이 간편해집니다. 이러한 서비스들을 차치하더라도, 편집기는 코드를 빌드하고 타입 시스템을 익힐 수 있는 최고의 수단입니다. 그리고 편집기는 타입스크립트가 언제 타입 추론을 수행할 수 있는지에 대한 개념을 잡게 해 주는데, 이 개념을 확실히 잡아야 간결하고 읽기 쉬운 코드를 작성할 수 있습니다(아이템 18에서 자세히 다룹니다).

편집기마다 조금씩 다르지만, 보통의 경우에는 심벌 위에 마우스 커서를 대면 타입스크립트가 그 타입을 어떻게 판단하고 있는지 확인할 수 있습니다(그림 2-1 참고).

```
     let num: number
let num = 10;
```

그림 2-1 비주얼 스튜디오 코드 편집기 화면. num 심벌의 추론된 타입이 number임을 보여 줍니다.

num 변수의 타입을 number라고 직접 지정하지는 않았지만, 타입스크립트는 10이라는 값을 보고 그 타입을 알아냅니다.

그림 2-2처럼 함수의 타입도 추론할 수 있습니다.

```
         function add(a: number, b: number): number
function add(a: number, b: number) {
  return a + b;
}
```

그림 2-2 편집기를 사용해 함수의 타입을 추론할 수 있습니다.

여기서 주목할 점은 추론된 함수의 반환 타입이 number라는 것입니다. 이 타입이 기대한 바와 다르다면 타입 선언을 직접 명시하고, 실제 문제가 발생하는 부분을 찾아봐야 합니다(아이템 9에서 설명합니다).

특정 시점에 타입스크립트가 값의 타입을 어떻게 이해하고 있는지 살펴보는 것은 타입 넓히기(아이템 20 참고)와 좁히기(아이템 22 참고)의 개념을 잡기 위해 꼭 필요한 과정입니다. 조건문의 분기에서 값의 타입이 어떻게 변하는지 살펴보는 것은 타입 시스템을 연마하는 매우 좋은 방법입니다(그림 2-3 참고).

```
function logMessage(message: string | null) {
  if (message) {
    (parameter) message: string
    message
  }
}
```

그림 2-3 조건문 외부에서 message의 타입은 string|null이지만, 내부에서는 string입니다.

객체에서는 개별 속성을 살펴봄으로써 타입스크립트가 어떻게 각각의 속성을 추론하는지 살펴볼 수 있습니다(그림 2-4 참고).

```
const foo = {
    (property) x: number[]
  x: [1, 2],
  bar: {
    name: 'Fred'
  }
};
```

그림 2-4 타입스크립트가 객체 내의 타입을 어떻게 추론하는지 알 수 있습니다.

만약 x가 튜플 타입([number, number])이어야 한다면, 타입 구문을 명시해야 합니다.

연산자 체인(chain) 중간의 추론된 제네릭 타입을 알고 싶다면, 메서드명을 조사하면 됩니다(그림 2-5 참고).

```
function restOfPath(path: string) {
    (method) Array<string>.slice(start?: number, end?: number): string[]
    Returns a section of an array.
    @param start — The beginning of the specified portion of the array.
    @param end — The end of the specified portion of the array.
  return path.split('/').slice(1).join('/');
}
```

그림 2-5 연속된 메서드 호출에서 추론된 제네릭 타입을 조사합니다.

그림 2-5의 Array<string>은 split 결과의 타입이 string이라고 추론되었음을 의미합니다. 이번 예제는 간단하기 때문에 추론 정보가 없어도 되지만, 실제 코드에서 함수 호출이 길게 이어진다면 디버깅하기 위해 추론 정보가 꼭 필요합니다. 부가적으로 slice 메서드에 대한 참고 정보가 함께 표시되는데, 동작 원리는 아이템 68에서 다룹니다.

편집기에서 타입 오류를 살펴보는 것도 타입 시스템의 성향을 파악하는 좋은 방법입니다. 예로, 다음과 같이 id에 해당하거나 기본값인 HTMLElement를 반환하는 함수를 들 수 있습니다. 이 경우 타입스크립트는 두 곳에서 오류를 발생시킵니다.

```
function getElement(elOrId: string | HTMLElement | null): HTMLElement {
  if (typeof elOrId === 'object') {
    return elOrId;
    // ~~~ 'HTMLElement | null' 형식은 'HTMLElement' 형식에 할당할 수 없습니다.
  } else if (elOrId === null)  {
    return document.body;
  }
  elOrId
  // ^? (parameter) elOrId: string
  return document.getElementById(elOrId);
  // ~~~ 'HTMLElement | null' 형식은 'HTMLElement' 형식에 할당할 수 없습니다.
}
```

if 분기문의 의도는 단지 HTMLElement라는 객체를 골라내는 것이었습니다. 그러나 자바스크립트에서 typeof null은 "object"이므로 elOrId는 여전히 분기문 내에서 null일 가능성이 있습니다. 그러므로 처음에 null 체크를 추가해서 첫 번째 오류를 바로잡을 수 있습니다. 이어서 두 번째 오류를 살펴봅시다. 이 오류는 document.getElementById가 null을 반환할 가능성이 있어서 발생했고, 첫 번째 오류와 동일하게 null 체크를 추가하고 예외를 던져서 바로잡을 수 있습니다.

```
function getElement(elOrId: string|HTMLElement|null): HTMLElement {
  if (elOrId === null) {
    return document.body;
  } else if (typeof elOrId === 'object') {
```

```
    return elOrId;
    //     ^? (parameter) elOrId: HTMLElement
  }
  const el = document.getElementById(elOrId);
  //                                ^? (parameter) elOrId: string
  if (!el) {
    throw new Error(`No such element ${elOrId}`);
  }
  return el;
  //     ^? const el: HTMLElement
}
```

타입스크립트 언어 서비스는 리팩터링 도구도 제공합니다. 가장 간단하면서도 유용한 도구는 심벌명 바꾸기입니다. 같은 이름의 심벌이 다른 값으로 여러 곳에 사용되는 경우가 있기 때문에 원하는 심벌을 하나하나 찾아서 교체하는 것은 굉장히 어려운 일입니다. 다음 예제에 나오는 i는 세 가지로 구분된 각각 다른 변수입니다.

```
let i = 0;
for (let i = 0; i < 10; i++) {
  console.log(i);
  {
    let i = 12;
    console.log(i);
  }
}
console.log(i);
```

비주얼 스튜디오 코드에서 for 루프 안의 i를 선택하고 [F2] 키를 누르면, 새로운 변수명을 입력할 수 있는 창이 뜹니다(그림 2-6 참고).

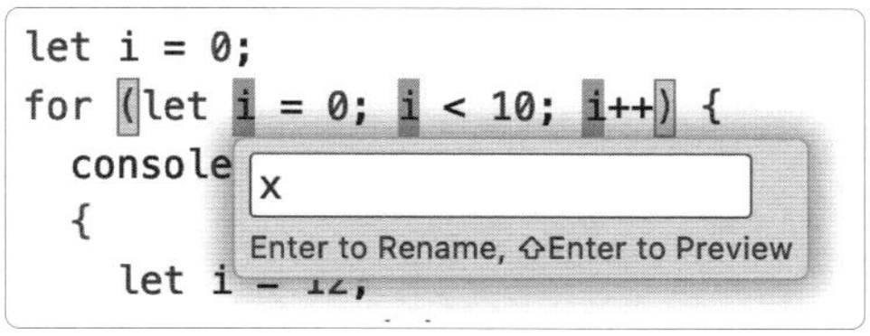

그림 2-6 편집기 안에서 심벌명 바꾸기

새로운 이름을 입력하고 [Enter] 키를 눌러 리팩터링을 적용하면 다음과 같이 동일한 맥락의 i만 변경됩니다.

```
let i = 0;
for (let x = 0; x < 10; x++) {
  console.log(x);
  {
    let i = 12;
    console.log(i);
  }
}
console.log(i);
```

다른 모듈에서 임포트된 심벌명을 변경하면, 해당 모듈까지도 변경됩니다. 파일명이나 위치명, 새로운 파일로 심벌을 옮기는 경우 같은 리팩터링에도 사용할 수 있습니다. 타입스크립트 프로젝트의 규모가 클수록 리팩터링 기능이 생산성을 엄청나게 향상시켜 주므로 익숙해지는 것이 좋습니다.

언어 서비스는 라이브러리와 라이브러리의 타입 선언을 탐색할 때 도움이 됩니다. 코드 내에서 `fetch` 함수가 호출되고, 이 함수를 더 알아보기 원한다고 가정해 보겠습니다. 편집기는 'Go to Definition(정의로 이동)' 옵션을 제공합니다. 그림 2-7 같은 모습입니다.

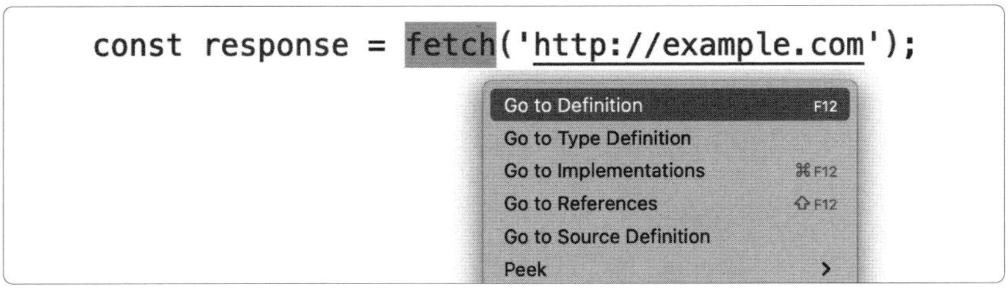

그림 2-7 타입스크립트 언어 서비스는 편집기에서 'Go to Definition' 기능을 제공합니다.

이 옵션을 선택하면 타입스크립트에 포함된 `DOM` 타입 선언 *lib.dom.d.ts*로 이동합니다.

```
declare function fetch(
  input: RequestInfo | URL, init?: RequestInit
): Promise<Response>;
```

fetch가 Promise를 반환하고 두 개의 매개변수를 받는 것을 볼 수 있습니다. RequestInfo를 클릭하면 다음으로 이동합니다.

```
type RequestInfo = Request | string;
```

Request를 클릭하면 이동하는 곳은 다음과 같습니다.

```
interface Request extends Body {
  // ...
}
declare var Request: {
  prototype: Request;
  new(input: RequestInfo | URL, init?: RequestInit | undefined): Request;
};
```

여기서 Request 타입과 값은 분리되어 모델링되어 있습니다(아이템 8에서 자세히 다룹니다). RequestInfo는 살펴본 적이 있으니 넘어가겠습니다. RequestInit를 클릭하면 Request를 생성할 때 사용할 수 있는 모든 옵션이 나타납니다.

```
interface RequestInit {
  body?: BodyInit | null;
  cache?: RequestCache;
  credentials?: RequestCredentials;
  headers?: HeadersInit;
  // ...
}
```

더 많은 타입을 탐색하다 보면, 다음과 같은 결론을 얻게 됩니다. '타입 선언은 처음에는 이해하기 어렵지만, 타입스크립트가 무엇을 하는지, 어떻게 라이브러리가 모델링되었는지, 어떻게 오류를 찾아낼지 살펴볼 수 있는 훌륭한 수단이다.' 타입 선언에 관해서는 8장에서 더 깊게 다룹니다.

요약

- 편집기에서 타입스크립트 언어 서비스를 적극 활용해야 합니다.
- 편집기를 사용하면 어떻게 타입 시스템이 동작하는지, 그리고 타입스크립트가 어떻게

타입을 추론하는지, 그 개념을 잡을 수 있습니다.
- 파일명 또는 심벌명 바꾸기 같은 리팩터링 도구에 익숙해져야 합니다.
- 동작 원리를 파악하기 위해 타입 선언 파일을 들여다보는 것이 좋습니다.

아이템 7 타입을 값의 집합이라고 생각하기

런타임에 모든 변수는 자바스크립트 세상의 값으로부터 정해지는 각자의 고유한 값을 가집니다. 변수에는 다음처럼 다양한 종류의 값을 할당할 수 있습니다.

- 42
- null
- undefined
- 'Canada'
- {animal: 'Whale', weight_lbs: 40_000}
- /regex/
- new HTMLButtonElement
- (x, y) => x + y

그러나 코드가 실행되기 전, 즉 타입스크립트가 오류를 체크하는 순간에는 타입을 가지고 있습니다. '할당 가능한 값의 집합'이 타입이라고 생각하면 됩니다. 이 집합을 타입의 '범위'라고 부르기도 합니다. 예를 들어, 모든 숫자값의 집합을 number 타입이라고 생각할 수 있습니다. 42와 -37.25는 number 타입에 해당되고, 'Canada'는 그렇지 않습니다. null과 undefined는 strictNullChecks 여부에 따라 number에 해당될 수도, 안 될 수도 있습니다.

✅ 타입스크립트 공식 문서나 관련 문서, 심지어 이 책에서도 '영역(domain)'이라는 단어는 거의 보이지 않습니다. 타입을 영역이라는 단어보다 '값의 집합(sets of values)'이라는 말로 바꿔 부르는 경우가 많습니다. 이번 아이템에서는 이해를 돕기 위해, 종종 타입이라는 단어 대신 값의 집합이라는 말로 바꿔 부르겠습니다.

가장 작은 집합은 아무 값도 포함하지 않는 공집합이며, 타입스크립트에서는 never 타입이 이에 해당됩니다. never 타입으로 선언된 변수의 범위는 공집합이기 때문에 아무런 값도 할당할 수 없습니다.

```
const x: never = 12;
//    ~ 'number' 형식은 'never' 형식에 할당할 수 없습니다.
```

never는 타입 계층의 가장 아래에 위치하기 때문에 **최하위 타입**(bottom type)이라고 불리기도 합니다.

그다음으로 작은 집합은 한 가지 값만 포함하는 타입, 즉 **리터럴 타입**(literal type)입니다(다른 프로그래밍 언어에서는 종종 유닛(unit) 타입이라고도 불립니다).

```
type A = 'A';
type B = 'B';
type Twelve = 12;
```

두 개 혹은 세 개로 묶으려면 **유니온 타입**(union type)을 사용합니다.

```
type AB = 'A' | 'B';
type AB12 = 'A' | 'B' | 12;
```

그림 2-8에 나타난 것처럼 유니온 타입의 영역은 각 개별 타입의 영역의 합집합입니다. 유니온 타입의 유니온은 합집합을 의미합니다.

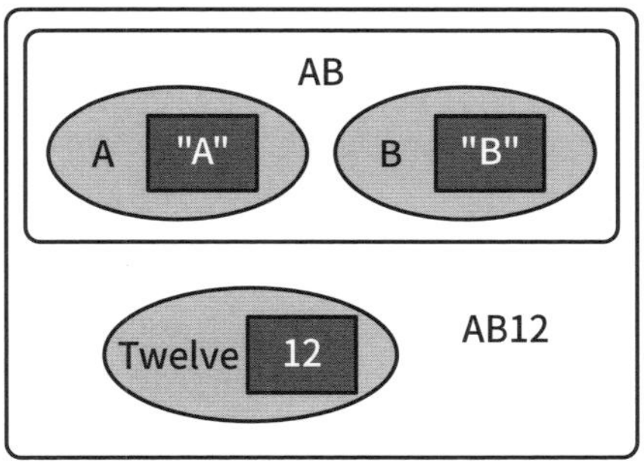

그림 2-8 값의 집합으로서의 값과 타입. 붉은 네모 상자는 ("A", "B", 12) 같은 값들이고, 푸른 원은 값의 집합을 포함하는 (A, B, AB, AB12, Twelve) 같은 타입입니다. 어떠한 타입이 완전히 다른 타입에 포함된다면, 할당 가능한 관계입니다.

다양한 타입스크립트 오류에서 '할당할 수(assignable)'라는 문구를 볼 수 있습니다. 이 문구는 집합의 관점에서 '~의 원소(값과 타입의 관계)' 또는 '~의 부분집합(두 타입의 관계)'을 의미합니다.

```
const a: AB = 'A';  // 정상, 'A'는 집합 {'A', 'B'}의 원소입니다.
const c: AB = 'C';
//    ~ '"C"' 형식은 'AB' 형식에 할당할 수 없습니다.
```

"C"는 리터럴 타입입니다. 범위는 단일 값 "C"로 구성되며 AB("A"와 "B"로 이루어진)의 부분집합이 아니므로 오류가 발생합니다. 집합의 관점에서 타입 체커의 주요 역할은 하나의 집합이 다른 집합의 부분집합인지 검사하는 것이라고 볼 수 있습니다.

```
// 정상, {"A", "B"}는 {"A", "B"}의 부분집합입니다.
const ab: AB = Math.random() < 0.5 ? 'A' : 'B';
const ab12: AB12 = ab;  // 정상, {"A", "B"}는 {"A", "B", 12}의 부분집합입니다.

declare let twelve: AB12;
const back: AB = twelve;
//    ~~~~ 'AB12' 형식은 'AB' 형식에 할당할 수 없습니다.
//           '12' 형식은 'AB' 형식에 할당할 수 없습니다.
```

앞 코드의 타입들은 집합의 범위가 한정되어 있기 때문에 쉽게 이해할 수 있습니다. 그러나 실제 다루게 되는 타입은 대부분 범위가 무한대이므로 이해하기 훨씬 어려울 것입니다. 범위가 무한대인 타입은 원소들을 일일이 추가해서 만든 걸로 생각할 수도 있습니다.

```
type Int = 1 | 2 | 3 | 4 | 5 // | ...
```

또는 다음처럼 원소를 서술하는 방법도 있습니다.

```
interface Identified {
  id: string;
}
```

앞의 인터페이스가 타입 범위 내의 값들에 대한 설명이라고 생각해 보겠습니다. 어떠한 객체가 string으로 할당 가능한 id 속성을 가지고 있다면 그 객체는 Identified입니다.

이 설명이 이번 아이템에서 말하고자 하는 전부입니다. 아이템 4에서 설명했듯이, 구조적 타이핑 규칙들은 어떠한 값이 다른 속성도 가질 수 있음을 의미합니다. 심지어 함수 호출의 매개변수에서도 다른 속성을 가질 수 있습니다. 이러한 사실은 특정 상황에서만 추가 속성을 허용하지 않는 잉여 속성 체크만 생각하다 보면 간과하기 쉽습니다(아이템 11에서 자세히 설명합니다).

연산과 관련된 이해를 돕기 위해 값의 집합을 타입이라고 생각해 봅시다.

```
interface Person {
  name:  string;
}
interface Lifespan {
  birth: Date;
  death?: Date;
}
type PersonSpan = Person & Lifespan;
```

& 연산자는 두 타입의 인터섹션(intersection, 교집합)을 계산합니다. 언뜻 보기에 Person과 Lifespan 인터페이스는 공통 속성이 없기 때문에 PersonSpan 타입을 공집합(never 타입)으로 예상하기 쉽습니다. 그러나 타입 연산자는 인터페이스의 속성이 아닌, 값의 집합(타입의 범위)에 적용됩니다. 그리고 추가적인 속성을 가지는 값도 여전히 그 타입에 속합니다. 그래서 Person과 Lifespan을 둘 다 가지는 값은 인터섹션 타입에 속하게 됩니다.

```
const ps: PersonSpan = {
  name: 'Alan Turing',
  birth: new Date('1912/06/23'),
  death: new Date('1954/06/07'),
};  // 정상
```

당연히 앞의 세 가지보다 더 많은 속성을 가지는 값도 PersonSpan 타입에 속합니다. 인터섹션 타입의 값은 각 타입 내의 속성을 모두 포함하는 것이 일반적인 규칙입니다.

해당 규칙이 속성에 대한 인터섹션에서는 맞지만, 두 인터페이스의 유니온에서는 그렇지 않습니다.

```
type K = keyof (Person | Lifespan);
//   ^? type K = never
```

앞의 유니온 타입에 속하는 값은 어떠한 키도 없기 때문에 유니온에 대한 keyof는 공집합(never)이어야만 합니다. 조금 더 명확히 쓰면 다음과 같습니다.

```
// 주의: 관계에 대한 표현이며, 타입스크립트 코드는 아닙니다!
keyof (A&B) = (keyof A) | (keyof B)
keyof (A|B) = (keyof A) & (keyof B)
```

이 등식은 타입스크립트의 타입 시스템을 이해하는 데 큰 도움이 될 것입니다.

조금 더 일반적으로 PersonSpan 타입을 선언하는 방법은 extends 키워드를 쓰는 것입니다.

```
interface Person {
  name:  string;
}
interface PersonSpan extends Person {
  birth: Date;
  death?: Date;
}
```

타입이 집합이라는 관점에서 extends의 의미는 '~에 할당할 수 있는'과 비슷하게, '~의 부분집합'이라는 의미로 받아들일 수 있습니다. PersonSpan 타입의 모든 값은 문자열 name 속성을 가져야 합니다. 그리고 birth 속성을 가져야 제대로 된 부분집합이 됩니다.

extends는 보통 인터페이스에 필드를 추가하는 데 사용되지만, 이미 존재하는 필드의 부분집합을 만들 때에도 사용됩니다. 이를 통해 미묘한 타입에 대한 조정이 가능합니다.

```
interface NullyStudent {
  name: string;
  ageYears: number | null;
}
interface Student extends NullyStudent {
  ageYears: number;
}
```

대부분의 언어는 ageYears의 타입 변경을 허용하지 않습니다. 타입스크립트에서는 Student 타입을 베이스 타입(NullyStudent)에 할당 가능합니다. 영역의 관점에서 두 개의 interface의 관계를 생각해 보면 쉽게 이해가 될 것입니다. 반대로 ageYears의 타입을 확장하려고 하면 오류가 발생합니다.

```
interface StringyStudent extends NullyStudent {
  //        ~~~~~~~~~~~~~~
  // 'StringyStudent' 인터페이스가 'NullyStudent' 인터페이스를 잘못 확장합니다.
  ageYears: number | string;
}
```

서브타입이라는 용어를 들어 봤을 것입니다. 어떠한 집합이 다른 집합의 부분 집합이라는 의미입니다. 1차원, 2차원, 3차원 벡터의 관점에서 생각해 보면 다음과 같은 코드를 작성할 수 있습니다.

```
interface Vector1D { x: number; }
interface Vector2D extends Vector1D { y: number; }
interface Vector3D extends Vector2D { z: number; }
```

Vector3D는 Vector2D의 서브타입이고 Vector2D는 Vector1D의 서브타입입니다(클래스 관점에서는 서브클래스가 됩니다). 보통 이 관계는 상속 관계로 그려지지만, 집합의 관점에서는 벤 다이어그램으로 그리는 것이 더욱 적절합니다(그림 2-9 참고).

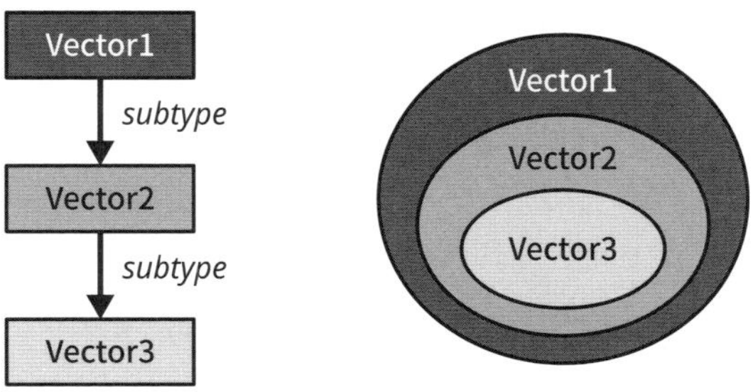

그림 2-9 왼쪽의 상속 또는 오른쪽의 집합처럼 두 가지 형태로 타입 간 관계를 표현할 수 있습니다.

벤 다이어그램을 보고 extends 없이 인터페이스로 코드를 재작성해 보면 부분 집합, 서브타입, 할당 가능성의 관계가 바뀌지 않는다는 사실을 명확히 알 수 있습니다.

```
interface Vector1D { x: number; }
interface Vector2D { x: number; y: number; }
interface Vector3D { x: number; y: number; z: number; }
```

집합들은 바뀌지 않았고, 벤 다이어그램 역시 마찬가지입니다.

두 가지 스타일 모두 객체 타입에 대해서는 잘 동작하지만, 리터럴 타입과 유니온 타입에 대해 생각해 본다면 집합 스타일이 훨씬 직관적입니다.

extends 키워드는 제네릭 타입에서 한정자로도 쓰이며, 이 문맥에서는 '~의 부분집합'을 의미하기도 합니다(아이템 15에서 설명합니다).

```
function getKey<K extends string>(val: any, key: K) {
  // ...
}
```

string을 상속한다는 의미를 객체 상속의 관점으로 생각하면 이해하기가 어렵습니다. 상속의 관점에서는 객체 래퍼(wrapper) 타입 String(아이템 10 참고)의 서브클래스를 정의해야 하겠지만, 그리 바람직해 보이지 않습니다.

반면, string을 상속한다는 의미를 집합의 관점으로 생각해 보면 쉽게 이해할 수 있습니다. string의 부분집합 범위를 가지는 어떠한 타입이 됩니다. 이 타입은 string 리터럴 타입, string 리터럴 타입의 유니온, 템플릿 리터럴 타입(아이템54 참고), string 자신을 포함합니다.

```
getKey({}, 'x');                              // 정상, 'x'는 string을 상속
getKey({}, Math.random() < 0.5 ? 'a' : 'b');  // 정상, 'a'|'b'는 string을 상속
getKey({}, document.title);                   // 정상, string은 string을 상속
getKey({}, 12);
//         ~~ 'number' 형식의 인수는 'string' 형식의 매개변수에 할당될 수 없습니다.
```

마지막 오류에서는 "상속할 수 없습니다."가 아닌 "할당될 수 없습니다."가 표시되었는데, 이를 '~의 부분집합'의 의미로 여긴다면 문제될 것이 없습니다.

타입들이 엄격한 상속 관계가 아닐 때는 집합 스타일이 더욱 바람직합니다. 예를 들어, string|number와 string|Date 사이의 인터섹션은 공집합이 아니며(string입니다) 서로의 부분집합도 아닙니다. 이 타입들이 엄격한 상속 관계가 아니더라도 범위에 대한 관계는 명확합니다(그림 2-10 참고).

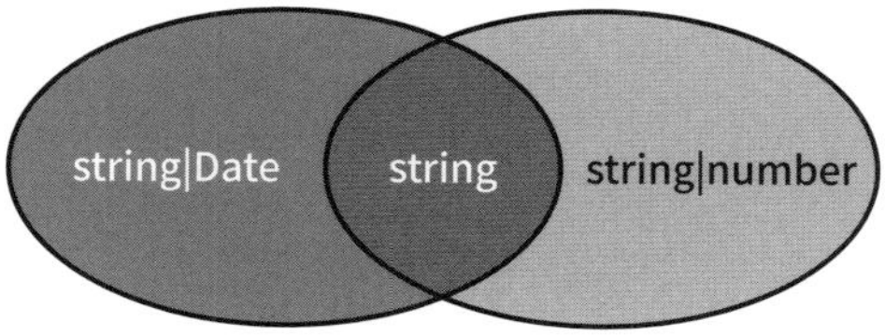

그림 2-10 유니온 타입이 상속 관점에서는 어색하지만, 집합 관점에서는 자연스럽습니다.

타입이 집합이라는 관점은 배열과 튜플의 관계 역시 명확하게 만듭니다. 예를 들어 보겠습니다.

```
const list = [1, 2];
//    ^? const list: number[]
const tuple: [number, number] = list;
//    ~~~~~ 'number[]' 형식은 '[number, number]' 형식에 할당할 수 없습니다.
```

이 코드에서 숫자 배열을 숫자들의 쌍(pair)이라고 할 수는 없습니다. 빈 리스트와 [1]이 그 반례입니다. number[]는 [number, number]의 부분집합이 아니기 때문에 할당할 수 없습니다(반면, 그 반대로 할당하면 동작합니다).

트리플(triple, 세 숫자를 가지는 타입)은 구조적 타이핑의 관점으로 생각하면 쌍으로 할당 가능해 보입니다. 그렇다면 쌍은 0과 1 키를 가진다는 말인데 2 같은 다른 키를 가질 수도 있을지 확인해 보겠습니다.

```
const triple: [number, number, number] = [1, 2, 3];
const double: [number, number] = triple;
//    ~~~~~~ '[number, number, number]' 형식은
//           '[number, number]' 형식에 할당할 수 없습니다.
//           소스에 3개 요소가 있지만, 대상에서 2개만 허용합니다.
```

오류가 발생했는데 그 이유가 매우 흥미롭습니다. 타입스크립트는 숫자의 쌍을 {0: number, 1: number}로 모델링하지 않고, {0: number, 1: number, length: 2}로 모델링했습니다. 그래서 length의 값이 맞지 않기 때문에 할당문에서 오류가 발생했습니다. 쌍에서 길이를 체크하는 것은 합리적이며 이보다 나은 방법은 없을 것입니다.

앞서 다루었던 내용에서 보았듯이 타입스크립트는 타입의 동일성은 거의 신경 쓰지 않고, 타입의 할당 가능성을 수시로 체크합니다. 이로 인해 타입에 대

한 테스트를 작성하는 것은 쉽지 않은 일이며, 이와 관련한 자세한 내용은 아이템 55에서 다룹니다.

타입이 값의 집합이라는 관점으로 생각해 보면, 같은 영역을 가지는 두 개의 타입은 같다고 생각할 수 있습니다(다만, 한가지 주의 사항이 있는데, 이는 이번 아이템 마지막 부분에서 설명합니다). 두 타입이 의미적으로 다르고 우연히 같은 범위를 가진다고 하더라도 같은 타입을 중복해서 정의할 필요는 없습니다.

타입의 스펙트럼상에서 never 타입과 정반대편의 타입은 unknown입니다. unknown 타입의 영역은 자바스크립트의 모든 값을 포함하기 때문에 모든 타입은 unknown 타입에 할당할 수 있습니다. unknown 타입은 타입 계층의 가장 꼭대기에 위치하므로 **최상위 타입**(top type)이라고 불립니다. unknown 타입을 사용하는 방법은 아이템 46에서 다룹니다.

한편 타입스크립트 타입이 되지 못하는 값의 집합들이 있다는 점을 기억해야 합니다. 정수에 대한 타입, 또는 x와 y 속성 외에 다른 속성이 없는 객체는 타입스크립트 타입에 존재하지 않습니다. 가끔 Exclude를 사용해서 일부 타입을 제외할 수는 있지만, 그 결과가 적절한 타입스크립트 타입일 때만 유효합니다.

```
type T = Exclude<string|Date, string|number>;
//   ^? type T = Date
type NonZeroNums = Exclude<number, 0>;
//   ^? type NonZeroNums = number
```

타입스크립트 용어와 집합 이론 용어 사이의 대응 관계는 표 2-1에 정리했습니다.

표 2-1 타입스크립트 용어와 집합 용어

타입스크립트 용어	집합 용어
never	∅(공집합)
리터럴 타입	원소가 1개인 집합
값이 T에 할당 가능	값 ∈ T(값이 T의 원소)
T1이 T2에 할당 가능	T1 ⊆ T2(T1이 T2의 부분집합)
T1이 T2를 상속	T1 ⊆ T2(T1이 T2의 부분집합)
T1 | T2(T1과 T2의 유니온)	T1 ∪ T2(T1과 T2의 합집합)
T1 & T2(T1와 T2의 인터섹션)	T1 ∩ T2(T1과 T2의 교집합)
unknown	전체(universal) 집합

타입이 값의 집합이라는 관점에서 같은 영역을 가지는 두 개의 타입은 동일하다고 설명했지만, 한 가지 주의 사항이 있습니다. 정확히 말하자면 값이 불변(immutable)인 경우에만 유효한 설명이라는 점입니다. 다음 예제에서 두 타입 사이에 다른 점이 무엇인지 생각해 봅시다.

```
interface Lockbox {
  code: number;
}
interface ReadonlyLockbox {
  readonly code: number;
}
```

두 타입의 영역은 정확히 같지만, 동작의 결과는 다릅니다.

```
const box: Lockbox = { code: 4216 };
const robox: ReadonlyLockbox = { code: 3625 };
box.code = 1234;  // 정상
robox.code = 1234;
//     ~~~~ 읽기 전용 속성이므로 'code'에 할당할 수 없습니다.
```

이러한 이유로 상황에 따라 이번 아이템의 제목을 '타입은 값의 집합이면서, 일부 동작까지 정의합니다'라고 부르는 것이 더 적절할 수도 있습니다. 일반적으로 타입 체커는 불변의 값에 대해서 잘 동작한다고 말할 수 있습니다. readonly 관련된 자세한 내용은 아이템 14에서 다룹니다.

요약

- 타입을 값의 집합으로 생각하면 이해하기 편합니다(타입의 '범위'). 이 집합은 유한(boolean 또는 리터럴 타입)하거나 무한(number 또는 string)합니다.
- 타입스크립트 타입은 엄격한 상속 관계가 아니라, 겹쳐지는 집합(벤 다이어그램)으로 표현됩니다. 두 타입은 서로 서브타입이 아니더라도 겹쳐질 수 있습니다.
- 한 객체의 추가적인 속성이 타입 선언에 언급되지 않더라도 그 타입에 속할 수 있습니다.
- 타입 연산은 집합처럼 적용됩니다. A | B의 범위는 A와 B의 유니온(합집합)입니다.
- 상속은 '할당 가능'으로, 서브타입은 '부분집합'으로 생각합시다.

아이템 8 타입 공간과 값 공간의 심벌 구분하기

타입스크립트의 심벌(symbol)은 다음 중 한 곳에 존재합니다.

- 타입 공간
- 값 공간

심벌은 같은 이름을 가지더라도 속하는 공간에 따라 다른 것을 나타낼 수 있기 때문에 혼란스러울 수 있습니다.

```
interface Cylinder {
  radius: number;
  height: number;
}

const Cylinder = (radius: number, height: number) => ({radius, height});
```

interface Cylinder에서 Cylinder는 타입으로 쓰입니다. const Cylinder에서 Cylinder와 이름은 같지만 값으로 쓰이며, 서로 아무런 관련도 없습니다. 상황에 따라서 Cylinder는 타입으로 쓰일 수도 있고, 값으로 쓰일 수도 있습니다. 이러한 점이 가끔 오류를 야기합니다.

```
function calculateVolume(shape: unknown) {
  if (shape instanceof Cylinder) {
    shape.radius
    //    ~~~~~~ '{}' 형식에 'radius' 속성이 없습니다.
  }
}
```

오류를 살펴보겠습니다. 아마도 instanceof를 이용해 shape가 Cylinder 타입인지 체크하려고 했을 것입니다. 그러나 instanceof는 자바스크립트의 런타임 연산자이고, 값에 대해서 연산을 합니다. 그래서 instanceof Cylinder는 타입이 아니라 함수를 참조합니다.

한 심벌이 타입인지 값인지는 언뜻 봐서 알 수 없습니다. 어떠한 형태로 쓰이는지 문맥을 살펴보며 알아내야 합니다. 많은 타입 코드가 값 코드와 비슷해 보이기 때문에 더욱 혼란스럽습니다.

예로, 다음 리터럴을 살펴보겠습니다.

```
type T1 = 'string literal';
const v1 = 'string literal';
type T2 = 123;
const v2 = 123;
```

일반적으로 type이나 interface 다음에 나오는 심벌은 타입인 반면, const나 let 선언에 쓰이는 것은 값입니다.

두 공간에 대한 개념을 잡으려면 타입스크립트 플레이그라운드(*https://www.typescriptlang.org/play*)를 활용하면 됩니다. 타입스크립트 플레이그라운드는 타입스크립트 소스로부터 변환된 자바스크립트 결과물을 보여 줍니다. 컴파일 과정에서 타입 정보는 제거(아이템 3 참고)되기 때문에, 심벌이 사라진다면 그것은 타입에 해당될 것입니다(그림 2-11 참고).

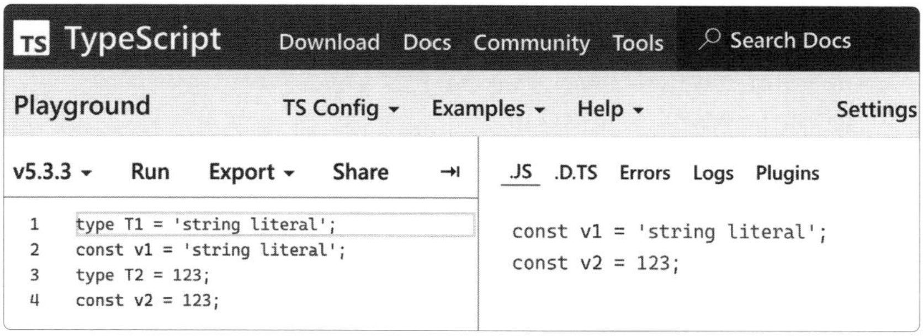

그림 2-11 타입스크립트 플레이그라운드는 변환된 자바스크립트를 보여 줍니다. 처음의 두 심벌은 없어지기 때문에 이들은 타입에 해당됩니다.

타입스크립트 코드에서 타입과 값은 번갈아 나올 수 있습니다. 타입 선언(:) 또는 단언문(as) 다음에 나오는 심벌은 타입인 반면, = 다음에 나오는 모든 것은 값입니다. 예로, 다음 코드를 보겠습니다.

```
interface Person {
  first: string;
  last: string;
}
const jane: Person = { first: 'Jane', last: 'Jacobs' };
//    ----           ---------------------------------- 값
//          ------ 타입
```

일부 함수에서는 타입과 값이 반복적으로 번갈아 가며 나올 수도 있습니다.

```
function email(to: Person, subject: string, body: string): Response {
  //     ----- --           -------          ----                    값
  //               ------           ------         ------   -------- 타입
  // ...
}
```

class와 enum은 상황에 따라 타입과 값 두 가지 모두 가능한 예약어입니다. 다음 예제에서 Cylinder 클래스는 타입으로 쓰였습니다.

```
class Cylinder {
  radius: number;
  height: number;
  constructor(radius: number, height: number) {
    this.radius = radius;
    this.height = height;
  }
}

function calculateVolume(shape: unknown) {
  if (shape instanceof Cylinder) {
    shape
    // ^? (parameter) shape: Cylinder
    shape.radius
    // ^? (property) Cylinder.radius: number
  }
}
```

클래스가 타입으로 쓰일 때는 형태(속성과 메서드)가 사용되는 반면, 값으로 쓰일 때는 생성자가 사용됩니다.

한편, 연산자 중에서도 타입에서 쓰일 때와 값에서 쓰일 때 다른 기능을 하는 것들이 있습니다. 그 예 중 하나로 typeof를 들 수 있습니다.

```
type T1 = typeof jane;
//   ^? type T1 = Person
type T2 = typeof email;
//   ^? type T2 = (to: Person, subject: string, body: string) => Response

const v1 = typeof jane;   // 값은 "object"
const v2 = typeof email;  // 값은 "function"
```

타입의 관점에서 typeof는 값을 읽어서 타입스크립트 타입을 반환합니다. 타입 공간의 typeof는 더 큰 타입의 일부분으로 사용할 수 있고, type 구문으로 이름을 붙이는 용도로도 사용할 수 있습니다.

값의 관점에서 typeof는 자바스크립트 런타임의 typeof 연산자가 됩니다. 값 공간의 typeof는 대상 심벌의 런타임 타입을 가리키는 문자열을 반환하며 타입스크립트 타입과는 다릅니다. 자바스크립트의 런타임 타입 시스템은 타입스크립트의 정적 타입 시스템보다 훨씬 간단합니다. 타입스크립트 타입의 종류가 무수히 많지만, 자바스크립트의 typeof 연산자가 반환하는 값은 오직 8개("string", "number", "boolean", "undefined", "object", "function", "symbol", "bigint")뿐입니다.

속성 접근자인 []는 타입으로 쓰일 때에도 동일하게 동작합니다. 그렇지만 obj['field']와 obj.field는 값이 동일하더라도 타입은 다를 수 있습니다. 따라서 타입의 속성을 얻을 때에는 반드시 첫 번째 방법(obj['field'])을 사용해야 합니다.

```
const first: Person['first'] = jane['first'];  // 또는 jane.first
//     -----                    ------------- 값
//           ------ -------                   타입
```

Person['first']는 여기서 타입 맥락(: 뒤에)에 쓰였기 때문에 타입입니다. 인덱스 위치에는 유니온 타입과 기본형 타입(primitive type)을 포함한 어떠한 타입이든 사용할 수 있습니다.

```
type PersonEl = Person['first' | 'last'];
//   ^? type PersonEl = string
type Tuple = [string, number, Date];
type TupleEl = Tuple[number];
//   ^? type TupleEl = string | number | Date
```

타입 연산자와 타입 간 매핑에 대해서는 아이템 15에서 더 자세히 다룹니다.

두 공간 사이에서 다른 의미를 가지는 코드 패턴들이 있습니다.

- 값 공간에서 this는 자바스크립트의 this 키워드입니다(아이템 69에서 다룹니다). 타입으로 쓰이는 this는, 일명 **다형성 this**라고 불립니다. 서브클래

스의 메서드 체인을 구현할 때 유용합니다.

- 값 공간에서 &와 |는 AND와 OR 비트 연산입니다. 타입 공간에서는 각각 인터섹션과 유니온입니다.
- 값 공간에서 `const`는 새 변수를 선언하지만, 타입 공간에서 `as const`는 리터럴 또는 리터럴 표현식의 추론된 타입을 바꿉니다(아이템 20에서 다룹니다).
- 값 공간에서 `extends`는 서브클래스(`class A extends B`) 또는 서브타입(`interface A extends B`) 또는 제네릭 타입의 한정자(`Generic<T extends number>`)를 정의할 수 있습니다.
- 값 공간에서 `in`은 루프(`for (key in object)`)에서 쓰이지만, 타입 공간에서는 매핑된(mapped) 타입에 쓰입니다(아이템 15에서 설명합니다).
- 값 공간에서 `!`는 자바스크립트 논리 연산자이지만, 타입 공간에서는 null 아님 단언문입니다(아이템 9에서 살펴봅니다).

타입스크립트 코드가 잘 동작하지 않는다면 타입 공간과 값 공간을 혼동해 잘못 작성했을 가능성이 큽니다. 예를 들어, 단일 객체 매개변수를 받도록 `email` 함수를 변경했다고 가정해 보겠습니다(단일 매개변수가 좋은 이유는 아이템 38에서 설명합니다).

```
function email(options: {to: Person, subject: string, body: string}) {
  // ...
}
```

자바스크립트에서는 객체 내의 각 속성을 로컬 변수로 만들어 주는 구조 분해 할당(destructuring assignment)을 사용할 수 있습니다.

```
function email({person, subject, body}) {
  // ...
}
```

그런데 타입스크립트에서 구조 분해 할당을 하면 이상한 오류가 발생합니다.

```
function email({
  to: Person,
  //  ~~~~~~ 바인딩 요소 'Person'에 암시적으로 'any' 형식이 있습니다.
```

```
  subject: string,
  //       ~~~~~~ 바인딩 요소 'string'에 암시적으로 'any' 형식이 있습니다.
  body: string
  //    ~~~~~~ 바인딩 요소 'string'에 암시적으로 'any' 형식이 있습니다.
}) { /* ... */ }
```

값의 관점에서 Person과 string이 해석되었기 때문에 오류가 발생했습니다. Person이라는 이름과 string이라는 이름을 가지는 두 개의 변수를 생성하려 한 것입니다. 문제를 해결하려면 타입과 값을 구분해야 합니다.

```
function email(
  {to, subject, body}: {to: Person, subject: string, body: string}
) {
  // ...
}
```

이 코드는 장황하긴 하지만, 매개변수에 명명된 타입을 사용하거나 문맥에서 추론되도록 잘 동작합니다(아이템 24에서 자세히 다룹니다).

타입과 값을 비슷한 방식으로 쓰는 점이 처음에는 혼란스러울 수 있지만, 요령을 터득하기만 한다면 마치 연상 기호(mnemonic)처럼 무의식적으로 쓸 수 있습니다.

요약

- 타입스크립트 코드를 읽을 때 타입인지 값인지 구분하는 방법을 터득해야 합니다. 타입스크립트 플레이그라운드를 활용해 개념을 잡는 것이 좋습니다.
- 모든 값은 타입을 가지지만, 타입 공간에서만 의미가 있습니다. type이나 interface 같은 키워드는 타입 공간에만 존재하며, 값 공간에서는 삭제되어 없어집니다.
- class나 enum 같은 키워드는 타입과 값 두 가지로 사용될 수 있습니다.
- typeof, this 그리고 많은 다른 연산자와 키워드는 타입 공간과 값 공간에서 다른 목적으로 사용될 수 있습니다.

아이템 9 타입 단언 대신 타입 선언 사용하기

타입스크립트에서 변수에 값을 할당하고 타입을 부여하는 방법은 두 가지입니다.

```
interface Person { name: string };

const alice: Person = { name: 'Alice' };
//    ^? const alice: Person
const bob = { name: 'Bob' } as Person;
//    ^? const bob: Person
```

이 두 가지 방법은 결과가 같아 보이지만, 그렇지 않습니다. 첫 번째 alice: Person은 변수에 타입 선언을 붙여서 그 값이 선언된 타입임을 명시합니다. 두 번째 as Person은 타입 단언을 수행합니다. 그러면 타입스크립트가 추론한 타입이 있더라도 Person 타입으로 간주합니다.

타입 단언보다 타입 선언을 사용하는 것이 낫습니다. 그 이유는 다음 코드에서 확인할 수 있습니다.

```
const alice: Person = {};
//    ~~~~~ 'Person' 형식에 필요한 'name' 속성이 '{}' 형식에 없습니다.
const bob = {} as Person;  // 오류 없음
```

타입 선언을 하면 할당되는 값이 해당 인터페이스를 만족하는지 검사합니다. 앞의 예제에서는 그러지 못했기 때문에 타입스크립트가 오류를 표시했습니다. 타입 단언은 강제로 타입을 지정했으니 타입 체커에게 오류를 무시하라고 하는 것입니다.

타입 선언과 단언의 차이는 속성을 추가할 때도 마찬가지입니다.

```
const alice: Person = {
  name: 'Alice',
  occupation: 'TypeScript developer'
// ~~~~~~~~~ 개체 리터럴은 알려진 속성만 지정할 수 있으며
//           'Person' 형식에 'occupation'이(가) 없습니다.
};
const bob = {
  name: 'Bob',
```

```
  occupation: 'JavaScript developer'
} as Person;  // 오류 없음
```

선언되지 않은 속성이 포함된 경우, 구조적 타이핑 관점(아이템 4 참고)에서 유효하다고 생각할 수 있지만 보통은 실수인 경우가 많습니다. 이러한 경우 선언되지 않은 속성을 찾아내는 잉여 속성 체크라는 기능을 사용할 수 있습니다(다만, 단언문으로 이를 우회할 수 있습니다). 잉여 속성 체크는 아이템 11에서 다룹니다.

타입 단언이 꼭 필요한 경우가 아니라면, 안전성 체크가 되는 타입 선언을 사용하는 것이 좋습니다.

아마 const bob = <Person>{} 같은 코드를 본 적이 있을 것입니다. 이 코드는 단언문의 원래 문법이며 {} as Person과 동일합니다. 그러나 const bob = <person>{} 같은 코드는 <Person>이 *.tsx* 파일(타입스크립트 + 리액트)에서 컴포넌트 태그로 인식되기 때문에 현재는 잘 쓰이지 않습니다.

화살표 함수의 타입 선언을 하는 경우, 이로부터 추론된 타입이 모호할 때가 있습니다. 예를 들어, 다음 코드에서 Person 인터페이스를 사용하고 싶다고 가정해 보겠습니다.

```
const people = ['alice', 'bob', 'jan'].map(name => ({name}));
// Person[]을 원했지만 결과는 { name: string; }[]...
```

{name}에 타입 단언을 쓰면 문제가 해결되는 것처럼 보입니다.

```
const people = ['alice', 'bob', 'jan'].map(
  name => ({name} as Person)
);  // 타입은 Person[]
```

그러나 타입 단언을 사용하면 앞선 예제들처럼 런타임에 문제가 발생합니다. 예를 들어 보겠습니다.

```
const people = ['alice', 'bob', 'jan'].map(name => ({} as Person));
// 오류 없음
```

단언문을 쓰지 않고, 다음과 같이 화살표 함수 안에서 타입과 함께 변수를 선언하는 것이 가장 직관적입니다.

```
const people = ['alice', 'bob', 'jan'].map(name => {
  const person: Person = {name};
  return person
}); // 타입은 Person[]
```

그러나 원래 코드에 비해 꽤나 번잡하게 보입니다. 코드가 좀 더 간결해 보이도록 변수 대신 화살표 함수의 반환 타입을 선언해 보겠습니다.

```
const people = ['alice', 'bob', 'jan'].map(
  (name): Person => ({name})
); // 타입은 Person[]
```

이 코드는 바로 앞의 번잡한 버전과 동일한 체크를 수행합니다. 여기서 소괄호는 매우 중요한 의미를 지닙니다. `(name): Person`은 `name`의 타입이 없고, 반환 타입이 `Person`이라고 명시합니다. 그러나 `(name: Person)`은 `name`의 타입이 `Person`임을 명시하고 반환 타입은 없기 때문에 오류가 발생합니다. 함수의 매개변수에 대한 타입 추론은 아이템 24에서 다룹니다.

다음 코드는 최종적으로 원하는 타입을 직접 명시하고, 타입스크립트가 할당문의 유효성을 검사하게 합니다.

```
const people: Person[] = ['alice', 'bob', 'jan'].map(name => ({name}));
// 정상
```

그러나 함수 호출 체이닝이 연속되는 곳에서는 체이닝 시작에서부터 명명된 타입을 가져야 합니다. 그래야 정확한 곳에 오류가 표시됩니다.

다음으로 타입 단언이 반드시 필요한 경우를 살펴보겠습니다. 타입 단언은 타입 체커가 추론한 타입보다 여러분이 판단하는 타입이 더 정확할 때 필요합니다. 예를 들어, DOM 엘리먼트에 대해서는 타입스크립트보다 여러분이 더 정확히 알고 있을 것입니다.

```
document.querySelector('#myButton')?.addEventListener('click', e => {
  e.currentTarget
  // ^? (property) Event.currentTarget: EventTarget | null
```

```
  // currentTarget인 #myButton은 버튼 엘리먼트
  const button = e.currentTarget as HTMLButtonElement;
  //    ^? const button: HTMLButtonElement
});
```

타입스크립트는 DOM에 접근할 수 없기 때문에 #myButton이 버튼 엘리먼트인지 알지 못합니다. 그리고 이벤트의 currentTarget이 같은 버튼이어야 하는 것도 알지 못합니다. 우리는 타입스크립트가 알지 못하는 정보를 가지고 있기 때문에 여기서는 타입 단언문을 쓰는 것이 타당합니다. DOM 타입에 대해서는 아이템 75에서 더 자세히 다룹니다.

타입 단언문을 사용할 때는 그 이유를 주석으로 다는 것이 좋습니다. 코드만으로는 설명할 수 없는 추가 정보를 기재할 수 있고, 이를 통해 다른 개발자들과 함께 정말 단언문이 필요한지 다시 한번 고민할 수 있게 됩니다.

예를 들어 보겠습니다. 타입에 null이 포함되어 있지만, 문맥상 null이 될 가능성이 없다는 것을 알고 있다면, 타입 단언문으로 null을 제외할 수 있습니다.

```
const elNull = document.getElementById('foo');
//    ^? const elNull: HTMLElement | null
const el = document.getElementById('foo') as HTMLElement;
//    ^? const el: HTMLElement
```

또한 자주 쓰이는 특별한 문법(!)을 사용해서 null이 아님을 단언하는 경우도 있습니다.

```
const el = document.getElementById('foo')!;
//    ^? const el: HTMLElement
```

변수의 접두사로 쓰인 !는 boolean의 부정문입니다. 그러나 접미사로 쓰인 !는 그 값이 null이 아니라는 단언문으로 해석됩니다.

우리는 !를 일반적인 단언문처럼 생각해야 합니다. 단언문은 컴파일 과정에서 제거되므로 타입 체커는 알지 못하지만, 그 값이 null이 아니라고 확신할 수 있을 때 사용해야 합니다. 만약 그렇지 않다면, null인 경우를 체크하는 조건문을 사용해야 합니다.

null일 가능성이 있는 객체의 속성이나 메서드를 사용할 때는 **옵셔널 체이닝**(optional chaining) 연산자 ?.를 사용하면 편리합니다.

```
document.getElementById('foo')?.addEventListener('click', () => {
  alert('Hi there!');
});
```

언뜻 보기에 ! 연산자를 사용한 것과 다를 바 없어 보이지만, 실제로는 엄청나게 다른 의미를 가집니다. a?.b는 자바스크립트 구문으로서 런타임에 객체의 null(또는 undefined) 여부를 평가합니다. a!.b는 타입스크립트 구문으로서 컴파일 후에 a.b로 바뀝니다. 만약 런타임에 객체가 null이었다면 예외가 발생합니다. a?.b가 a!.b보다 안전하지만 항상 정답은 아닐 것입니다. 만약 foo 엘리먼트와 이벤트 리스너가 반드시 필요한 경우라면 차라리 오류를 발생시키고 수정하는 것이 나을 수 있습니다.

타입 단언문으로는 임의의 타입 간 변환을 수행할 수 없다는 한계가 있습니다. 일반적으로는 A와 B가 서로 '비교 가능'한 경우에 단언문을 사용할 수 있습니다. 아이템 7처럼 집합의 용어로 말하자면, A와 B는 반드시 인터섹션을 가져야 합니다(특히 서브타입(부분집합)일 경우). HTMLElement는 HTMLElement | null의 서브타입이므로 단언문을 사용할 수 있습니다(여기서 이 타입의 인터섹션은 HTMLElement). HTMLButtonElement는 EventTarget의 서브타입이므로 역시 단언문을 사용할 수 있습니다. 그리고 Person은 {}의 서브타입이므로 역시 단언문을 사용할 수 있습니다.

그러나 Person과 HTMLElement는 서로의 서브타입이 아니기 때문에 변환이 불가능합니다.

```
interface Person { name: string; }
const body = document.body;
const el = body as Person;
//         ~~~~~~~~~~~~~~
// 'HTMLElement' 형식을 'Person' 형식으로 변환한 작업은 실수일 수 있습니다.
// 두 형식이 서로 충분히 겹치지 않기 때문입니다.
// 의도적으로 변환한 경우에는 먼저 'unknown'으로 식을 변환합니다.
```

이 오류를 해결하려면 unknown 타입(아이템 46 참고)을 사용해야 합니다. 모든 타입은 unknown의 서브타입이기 때문에 unknown이 포함된 단언문은 항상 동작합니다. unknown 단언문은 임의의 타입 간 변환을 가능케 하지만, unknown을 사용한 이상 적어도 무언가 위험한 동작을 하고 있다는 사실을 알 수 있습니다.

```
const el = document.body as unknown as Person;  // 정상
```

모든 타입 단언에 as 키워드가 쓰이지는 않습니다. 아이템 22에서 타입 단언과 함께 유효성 검사 로직을 사용할 수 있는 사용자 정의 타입 가드를 설명합니다. 타입을 체크하기 위해 제네릭 타입 추론을 사용할 수도 있지만, 그리 좋은 생각은 아닙니다. 개발자는 타입 체커가 모든 부분을 체크해 줄 거라 기대하지만, 실제로는 그렇지 않은 경우도 있기 때문입니다. 이러한 경우(반환 전용 제네릭)는 아이템 51에서 살펴봅니다.

타입 단언을 타입 캐스팅이라고 부르기도 합니다. 이 용어는 오해의 소지가 있기 때문에 사용을 피하는 것이 좋습니다. C 같은 언어에서 타입 캐스팅은 런타임에 실제로 값을 바꾸는(예: int에서 float으로 캐스팅) 반면, 타입 단언은 값을 바꾸지 않습니다. 타입 단언은 타입 레벨 구문이며 런타임에 제거된다는 점을 상기할 필요가 있습니다. 값을 바꾸는 것이 아니라 어떠한 사실을 단정 짓는 역할이라고 이해해야 합니다.

마지막으로 as const 구문이 있습니다. 타입 단언처럼 보이지만, '상수 문맥(const context)'이라고 부르는 것이 더 적절할 것입니다. as T라는 구문은 여러모로 불확실하고 점검할 것이 많아 보이지만, as const는 타입을 더 구체적이고 아주 안전하게 만듭니다. 아이템 24에서 as const가 타입 추론을 향상하는 방법을 다룹니다.

요약

- 타입 단언(as Type)보다 타입 선언(: Type)을 사용해야 합니다.
- 화살표 함수의 반환 타입을 명시하는 방법을 터득해야 합니다.
- 타입스크립트보다 여러분이 타입 정보를 더 잘 알고 있는 상황에서는 타입 단언문과 null 아님 단언문을 사용하면 됩니다.
- 타입 단언문을 사용할 때는 그 이유를 주석으로 다는 것이 좋습니다.

아이템 10 객체 래퍼 타입 피하기

자바스크립트에는 객체 이외에도 기본형 값에 대한 일곱 가지 타입(string, number, boolean, null, undefined, symbol, bigint)이 있습니다. string, number, boolean, null, undefined는 자바스크립트 초창기부터 존재했으며, symbol은 ES2015에서 추가되었고, bigint는 ES2020에서 추가되었습니다.

기본형은 불변이며 메서드를 가지지 않는다는 점에서 객체와 구분됩니다. 그런데 기본형인 string의 경우 메서드를 가지고 있는 것처럼 보입니다.

```
> 'primitive'.charAt(3)
'm'
```

하지만 사실 charAt은 string의 메서드가 아니며, string을 사용할 때 자바스크립트 내부적으로 많은 동작이 일어납니다. string '기본형'에는 메서드가 없지만, 자바스크립트에는 메서드를 가지는 String '객체' 타입이 정의되어 있습니다. 자바스크립트는 기본형과 객체 타입을 서로 자유롭게 변환합니다. string 기본형에 charAt 같은 메서드를 사용할 때, 자바스크립트는 기본형을 String 객체로 래핑(wrap)하고, 메서드를 호출하고, 마지막에 래핑한 객체를 버립니다.

만약 String.prototype을 몽키 패치(monkey patch)[1]한다면 앞서 설명한 내부적인 동작들을 관찰할 수 있습니다(아이템 47에서 자세히 다룹니다).

```
// 실제로는 이렇게 하지 마세요!
const originalCharAt = String.prototype.charAt;
String.prototype.charAt = function(pos) {
  console.log(this, typeof this, pos);
  return originalCharAt.call(this, pos);
};
console.log('primitive'.charAt(3));
```

이 코드는 다음과 같은 결과를 출력합니다.

1 (옮긴이) 몽키 패치란 런타임에 프로그램의 어떠한 기능을 수정해서 사용하는 기법을 의미합니다. 자바스크립트에서는 주로 프로토타입을 변경하는 것이 해당됩니다. 여담이지만 몽키 패치의 유래가 꽤 재미있으니 검색해 보기 바랍니다.

```
[String: 'primitive'] object 3
m
```

메서드 내의 this는 string 기본형이 아닌 String 객체 래퍼입니다. String 객체를 직접 생성할 수도 있으며, string 기본형처럼 동작합니다. 그러나 string 기본형과 String 객체 래퍼가 항상 동일하게 동작하는 것은 아닙니다. 예를 들어, String 객체는 오직 자기 자신하고만 동일합니다.

```
> "hello" === new String("hello")
false
> new String("hello") === new String("hello")
false
```

객체 래퍼 타입의 자동 변환은 종종 당황스러운 동작을 보일 때가 있습니다. 예를 들어 어떠한 속성을 기본형에 할당한다면 그 속성이 사라집니다.

```
> x = "hello"
'hello'
> x.language = 'English'
'English'
> x.language
undefined
```

실제로는 x가 String 객체로 변환된 후 language 속성이 추가되었고, language 속성이 추가된 객체는 버려진 것입니다.

다른 기본형에도 동일하게 객체 래퍼 타입이 존재합니다. 가령 number에는 Number, boolean에는 Boolean, symbol에는 Symbol, bigint에는 BigInt가 존재합니다(null과 undefined에는 객체 래퍼가 없습니다).

이 래퍼 타입들 덕분에 기본형 값에 메서드를 사용할 수 있고, 정적 메서드(예: String.fromCharCode)도 사용할 수 있습니다. 그러나 보통은 래퍼 객체를 직접 생성할 필요가 없습니다.

타입스크립트는 기본형과 객체 래퍼 타입을 별도로 모델링합니다.

- string과 String
- number와 Number

- boolean과 Boolean
- symbol과 Symbol
- bigint와 BigInt

그런데 string을 사용할 때는 특히 유의해야 합니다. string을 String이라고 잘못 타이핑하기 쉽고(특히 자바나 C#을 사용하던 사람이라면), 실수를 하더라도 처음에는 잘 동작하는 것처럼 보이기 때문입니다.

```
function getStringLen(foo: String) {
  return foo.length;
}

getStringLen("hello");  // 정상
getStringLen(new String("hello"));  // 정상
```

그러나 string을 매개변수로 받는 메서드에 String 객체를 전달하는 순간 문제가 발생합니다.

```
function isGreeting(phrase: String) {
  return ['hello', 'good day'].includes(phrase);
  //                                    ~~~~~~
  // 'String' 형식의 인수는 'string' 형식의 매개변수에 할당될 수 없습니다.
  // 'string'은(는) 기본 개체이지만 'String'은(는) 래퍼 개체입니다.
  // 가능한 한 'string'을(를) 사용하세요.
}
```

string은 String에 할당할 수 있지만, String은 string에 할당할 수 없습니다.

오류 메시지대로 string 타입을 사용해야 합니다. 대부분의 라이브러리와 마찬가지로 타입스크립트가 제공하는 타입 선언은 전부 기본형 타입으로 되어 있습니다.

래퍼 객체는 타입 구문의 첫 글자를 대문자로 표기하는 방법으로도 사용할 수 있습니다.

```
const s: String = "primitive";
const n: Number = 12;
const b: Boolean = true;
```

타입스크립트의 타입이 바뀌었을 뿐이며 아이템 3에서 설명한 대로 런타임의 값은 객체가 아니고 기본형입니다. 기본형 타입은 객체 래퍼에 할당할 수 있기 때문에 타입스크립트는 기본형 타입을 객체 래퍼에 할당하는 선언을 허용합니다. 그러나 기본형 타입을 객체 래퍼에 할당하는 구문은 오해하기 쉽고, 굳이 그렇게 할 필요도 없습니다(아이템 18에서 다룹니다). 그냥 기본형 타입을 사용하는 것이 낫습니다.

그런데 new 없이 BigInt와 Symbol을 호출하는 경우는 기본형을 생성하기 때문에 사용해도 좋습니다.

```
> typeof BigInt(1234)
'bigint'
> typeof Symbol('sym')
'symbol'
```

이들은 BigInt와 Symbol '값'이며, 타입스크립트 타입은 아닙니다(아이템 8 참고). 앞 예제의 결과는 bigint와 symbol 타입의 값이 됩니다. bigint의 경우는 숫자 리터럴 끝에 n을 붙여서 간단히 만들 수도 있습니다.

현재 프로젝트에서 typescript-eslint를 사용 중이라면, ban-types 규칙을 활성화해서 객체 래퍼 타입을 차단할 수 있습니다. 그렇게 설정하기 위해서는 @typescript-eslint/recommended를 추가하면 됩니다.

요약

- 타입스크립트 객체 래퍼 타입은 지양하고, 가능한 한 기본형 타입을 사용해야 합니다. String 대신 string, Number 대신 number, Boolean 대신 boolean, Symbol 대신 symbol, BigInt 대신 bigint를 사용해야 합니다.
- 기본형 값에 메서드를 제공하기 위해 객체 래퍼 타입이 어떻게 쓰이는지 이해해야 합니다. Symbol과 BigInt 외에는 직접 사용하거나 인스턴스를 생성하는 것은 피해야 합니다.

아이템 11 타입 체크와 잉여 속성 체크 구분해서 사용하기

타입이 명시된 변수에 객체 리터럴을 할당할 때 타입스크립트는 해당 타입의 속성이 있는지, 그리고 그 외의 속성은 없는지 확인합니다.

```
interface Room {
  numDoors: number;
  ceilingHeightFt: number;
}
const r: Room = {
  numDoors: 1,
  ceilingHeightFt: 10,
  elephant: 'present',
// ~~~~~~~ 개체 리터럴은 알려진 속성만 지정할 수 있으며
//         'Room' 형식에 'elephant'이(가) 없습니다.
};
```

Room 타입에 생뚱맞게 elephant 속성이 있는 것이 어색하긴 하지만, 구조적 타이핑 관점(아이템 4 참고)으로 생각해 보면 오류가 발생하지 않아야 합니다. 임시 변수를 도입해 보면 알 수 있는데, obj 객체는 Room 타입에 할당이 가능합니다.

```
const obj = {
  numDoors: 1,
  ceilingHeightFt: 10,
  elephant: 'present',
};
const r: Room = obj;  // 정상
```

obj 타입은 { numDoors: number; ceilingHeightFt: number; elephant: string }으로 추론됩니다. obj의 추론된 타입은 string 타입의 elephant를 가지는 반면, Room 타입은 어떠한 elephant 속성이라도 허용할 것이므로 obj의 추론된 타입은 Room 타입의 부분집합에 해당한다고 할 수 있고 Room에 할당 가능하며 타입 체커도 통과합니다(부분집합 개념이 헷갈린다면 아이템 7을 다시 살펴보기 바랍니다).

앞 두 예제의 차이점을 살펴보겠습니다. 첫 번째 예제에서는, 구조적 타입 시스템에서 발생할 수 있는 중요한 종류의 오류를 잡을 수 있도록 **잉여 속성 체**

크(excess property checking)라는 과정이 수행되었습니다. 그러나 잉여 속성 체크 역시 조건에 따라 동작하지 않는다는 한계가 있고, 통상적인 할당 가능성 체크와 함께 쓰이면 구조적 타이핑이 무엇인지 혼란스러워질 수 있습니다. 잉여 속성 체크가 할당 가능성 체크와는 별도의 과정이라는 사실을 알아야 타입스크립트 타입 시스템에 대한 개념[2]을 정확히 잡을 수 있습니다.

아이템 1에서 설명했듯이 타입스크립트는 단순히 런타임에 예외를 던지는 코드에 오류를 표시하는 것뿐 아니라 의도와 다르게 작성된 코드까지 찾으려고 합니다. 다음에 그 예제가 있습니다.

```
interface Options {
  title: string;
  darkMode?: boolean;
}
function createWindow(options: Options) {
  if (options.darkMode) {
    setDarkMode();
  }
  // ...
}
createWindow({
  title: 'Spider Solitaire',
  darkmode: true
// ~~~~~~~ 개체 리터럴은 알려진 속성만 지정할 수 있지만
//         'Options' 형식에 'darkmode'이(가) 없습니다.
//         'darkMode'을(를) 쓰려고 했습니까?
});
```

앞의 코드를 실행하면 런타임에 어떠한 종류의 오류도 발생하지 않습니다. 그러나 타입스크립트가 알려 주는 오류 메시지처럼 의도한 대로 동작하지 않을 수 있습니다. 오류가 발생한 부분은 darkmode가 아닌 darkMode(대문자 M)이어야 합니다.

Options 타입은 범위가 매우 넓기 때문에 순수한 구조적 타입 체커는 이러한 종류의 오류를 찾아내지 못합니다. darkMode 속성에 boolean 타입이 아닌 다른

2 (옮긴이) 원서에는 개념 대신 '심성 모형(mental model)'이라는 용어를 사용하고 있습니다. 심성 모형이란 각자가 특정 대상을 바라보는 마음속의 모형을 의미합니다. 이 책에서는 낯선 표현인 심성 모형 대신 '개념'이라는 단어를 사용했습니다.

타입의 값이 지정된 경우를 제외하면, string 타입인 title 속성과 '또 다른 어떠한 속성'을 가지는 모든 객체는 Options 타입의 범위에 속합니다.

타입스크립트 타입은 범위가 아주 넓어질 수 있습니다. 여기 Options에 할당할 수 있는 몇 가지 값이 더 있습니다.

```
const o1: Options = document;                // 정상
const o2: Options = new HTMLAnchorElement;  // 정상
```

document와 HTMLAnchorElement의 인스턴스 모두 string 타입인 title 속성을 가지고 있기 때문에 할당문은 정상입니다. Options은 정말 넓은 타입이라는 것을 알 수 있습니다.

잉여 속성 체크는 기본적으로 타입 시스템의 구조적 본질을 해치지 않는 선에서 동작하며, 타입 선언의 맥락에서 객체 리터럴의 알 수 없는 속성을 방지합니다. 이러한 이유로 잉여 속성 체크는 **엄격한 객체 리터럴 체크**라고 불리기도 하며, 새로 만들어지는 객체에 적용되므로 **신선도**(freshness)라고 불리기도 합니다.

잉여 속성 체크는 선언된 타입으로 변수를 할당하거나, 함수의 매개변수, 함수의 반환값에서 동작합니다. 앞의 예제에서 document나 HTMLAnchorElement는 객체 리터럴이 아니므로 잉여 속성 체크가 동작하지 않았습니다. 그러나 다음 예제의 {title, darkmode} 객체의 경우에는 동작합니다.

```
const o: Options = { darkmode: true, title: 'Ski Free' };
//                   ~~~~~~~~ 'Options' 형식에 'darkmode'이(가) 없습니다.
```

오류가 사라지는 이유를 알아내기 위해 타입 구문 없는 임시 변수를 사용해 보겠습니다.

```
const intermediate = { darkmode: true, title: 'Ski Free' };
const o: Options = intermediate;  // 정상
```

첫 번째 줄의 우항은 객체 리터럴이지만, 두 번째 줄의 우항(intermediate)은 객체 리터럴이 아닙니다. 따라서 잉여 속성 체크가 적용되지 않고 오류는 사라집니다.

잉여 속성 체크는 타입 단언문을 사용할 때에도 적용되지 않습니다.

```
const o = { darkmode: true, title: 'MS Hearts' } as Options;  // 정상
```

이 예제가 단언문보다 선언문을 사용해야 하는 단적인 이유 중 하나입니다(아이템 9에서 다루었습니다).

잉여 속성 체크를 원치 않는다면, 인덱스 시그니처를 사용해서 타입스크립트가 추가적인 속성을 예상하도록 할 수 있습니다.

```
interface Options {
  darkMode?: boolean;
  [otherOptions: string]: unknown;
}
const o: Options = { darkmode: true };  // 정상
```

이러한 방법이 데이터를 모델링하는 데 적절한지에 대해서는 아이템 16에서 다룹니다.

선택적 속성만 가지는 **약한 타입**(weak type)에도 비슷한 체크가 동작합니다.

```
interface LineChartOptions {
  logscale?: boolean;
  invertedYAxis?: boolean;
  areaChart?: boolean;
}
function setOptions(options: LineChartOptions) { /* … */ }

const opts = { logScale: true };
setOptions(opts);
//         ~~~~ '{ logScale: boolean; }' 형식에
//              'LineChartOptions' 형식과 공통적인 속성이 없습니다.
```

구조적 관점에서 `LineChartOptions` 타입은 모든 속성이 선택적이므로 모든 객체를 포함할 수 있습니다. 이러한 약한 타입에 대해서 타입스크립트는 값 타입과 선언 타입에 공통된 속성이 있는지 확인하는 별도의 체크를 수행합니다. 공통 속성 체크는 잉여 속성 체크와 마찬가지로 오타를 잡는 데 효과적이며 구조적으로 엄격하지 않습니다. 그러나 잉여 속성 체크와 다르게, 약한 타입과 관

련된 할당문마다 수행됩니다. 임시 변수를 제거하더라도 공통 속성 체크는 여전히 동작합니다.

✓ 타입스크립트에서 '약한 타입'은 선택적 속성만을 가지는 인터페이스를 특별히 가리키는 기술 용어입니다. 타입으로서 특별한 장점을 가지지 않으며, '강한 타입'의 반대 의미를 가지지도 않습니다. 이 용어는 타입스크립트나 일반적인 프로그래밍 언어에서도 특별한 의미를 가지는 용어는 아닙니다.

잉여 속성 체크는 구조적 타이핑 시스템에서 허용되는 속성명의 오타 같은 실수를 잡는 데 효과적인 방법입니다. 선택적 필드를 포함하는 `Options` 같은 타입에 특히 유용한 반면, 적용 스코프(scope)도 매우 제한적이며 오직 객체 리터럴에만 적용됩니다. 이러한 한계점을 인지하고 잉여 속성 체크와 일반적인 타입 체크를 구분한다면, 두 가지 모두의 개념을 잡는 데 도움이 될 것입니다.

잉여 속성 체크가 어떻게 버그를 잡고 새로운 설계 가능성을 보여 주는지에 대한 구체적인 예제는 아이템 61에서 다룹니다.

요약

- 객체 리터럴을 변수에 할당하거나 함수에 매개변수로 전달할 때 잉여 속성 체크가 수행됩니다.
- 잉여 속성 체크는 오류를 찾는 효과적인 방법이지만, 타입스크립트 타입 체커가 수행하는 일반적인 구조적 할당 가능성 체크와 역할이 다릅니다. 할당의 개념을 정확히 알아야 잉여 속성 체크와 일반적인 구조적 할당 가능성 체크를 구분할 수 있습니다. 타입스크립트의 타입은 닫혀(closed)있지 않습니다(아이템 4를 다시 살펴보기 바랍니다).
- 잉여 속성 체크에는 한계가 있습니다. 임시 변수를 사용해서 잉여 속성 체크를 우회할 수 있다는 점을 기억해야 합니다.
- 약한 타입은 선택적 속성만을 가지는 객체 타입입니다. 약한 타입은 할당 가능성 체크에 최소 하나의 속성이 필요합니다.

아이템 12 함수 표현식에 타입 적용하기

자바스크립트(와 타입스크립트)에서는 함수 문장(statement)과 함수 표현식(expression)을 다르게 인식합니다.

```
function rollDice1(sides: number): number { /* ... */ }          // 문장
const rollDice2 = function(sides: number): number { /* ... */ };  // 표현식
const rollDice3 = (sides: number): number => { /* ... */ };       // 표현식
```

타입스크립트에서는 함수 표현식을 사용하는 것이 좋습니다. 함수의 매개변수부터 반환값까지 전체를 함수 타입으로 선언해 함수 표현식에 재사용할 수 있다는 장점이 있기 때문입니다.

```
type DiceRollFn = (sides: number) => number;
const rollDice: DiceRollFn = sides => { /* ... */ };
```

편집기에서 sides에 마우스 커서를 올려 보면, 타입스크립트에서는 이미 sides의 타입을 number로 인식하고 있다는 사실을 알 수 있습니다. 예시가 간단해서 함수 타입을 선언할 수 있다는 것이 장점으로 와닿지 않을 수 있습니다. 함수 타입 선언의 장점을 좀 더 알아보겠습니다.

함수 타입의 선언은 불필요한 코드의 반복을 줄입니다. 사칙연산을 하는 함수 네 개는 다음과 같이 작성할 수 있습니다.

```
function add(a: number, b: number) { return a + b; }
function sub(a: number, b: number) { return a - b; }
function mul(a: number, b: number) { return a * b; }
function div(a: number, b: number) { return a / b; }
```

반복되는 함수 시그니처를 하나의 함수 타입으로 통합할 수도 있습니다.

```
type BinaryFn = (a: number, b: number) => number;
const add: BinaryFn = (a, b) => a + b;
const sub: BinaryFn = (a, b) => a - b;
const mul: BinaryFn = (a, b) => a * b;
const div: BinaryFn = (a, b) => a / b;
```

이 예제는 함수 타입 선언을 이용했던 예제보다 타입 구문이 적습니다. 함수 구현부도 분리되어 있어 로직이 더욱 분명해집니다. 모든 함수 표현식의 반환 타입까지 number로 선언한 셈입니다.

라이브러리는 공통 함수 시그니처를 타입으로 제공하기도 합니다. 예를 들어, 리액트는 함수의 매개변수에 명시하는 MouseEvent 타입 대신에 함수 전체에 적용할 수 있는 MouseEventHandler 타입을 제공합니다. 만약 라이브러리를 직접 만들고 있다면, 공통 콜백 함수를 위한 타입 선언을 제공하는 것이 좋습니다.

시그니처가 일치하는 다른 함수가 있을 때도 함수 표현식에 타입을 적용해 볼 수 있습니다. 예를 들어, 웹 브라우저에서 fetch 함수는 특정 리소스에 HTTP 요청을 보냅니다.

```
const responseP = fetch('/quote?by=Mark+Twain');
//    ^? const response: Promise<Response>
```

그리고 response.json() 또는 response.text()를 사용해 응답의 데이터를 추출합니다.

```
async function getQuote() {
  const response = await fetch('/quote?by=Mark+Twain');
  const quote = await response.json();
  return quote;
}
// {
//   "quote": "If you tell the truth, you don't have to remember anything.",
//   "source": "notebook",
//   "date": "1894"
// }
```

Promise와 async/await에 대해서는 아이템 27에서 다룹니다.

여기에 버그가 있습니다. /quote가 존재하지 않는 API라면, "404 Not Found"가 포함된 내용을 응답합니다. 응답은 JSON 형식이 아닐 수도 있습니다. response.json()은 JSON 형식이 아니라는 새로운 오류 메시지를 담아 거절된(rejected) 프로미스를 반환합니다. 호출한 곳에서는 새로운 오류 메시지가 전달되어 실제 오류인 404가 감추어집니다.

또한 fetch가 실패하면 거절된 프로미스를 응답하지 않는다는 것을 간과하기 쉽습니다. 그러니 상태 체크를 수행해 줄 checkedFetch 함수를 작성해 보겠습니다. fetch의 타입 선언은 *lib.dom.d.ts*에 있으며 다음과 같습니다.

```
declare function fetch(
  input: RequestInfo, init?: RequestInit,
): Promise<Response>;
```

checkedFetch는 다음처럼 작성할 수 있습니다.

```
async function checkedFetch(input: RequestInfo, init?: RequestInit) {
  const response = await fetch(input, init);
  if (!response.ok) {
    // 비동기 함수 내에서는 거절된 프로미스로 변환됩니다.
    throw new Error(`Request failed: ${response.status}`);
  }
  return response;
}
```

이 코드도 잘 동작하지만, 다음과 같이 더 간결하게 작성할 수 있습니다.

```
const checkedFetch: typeof fetch = async (input, init) => {
  const response = await fetch(input, init);
  if (!response.ok) {
    throw new Error(`Request failed: ${response.status}`);
  }
  return response;
}
```

함수 문장을 함수 표현식으로 바꿨고, 함수 전체에 타입(typeof fetch)을 적용했습니다. 이는 타입스크립트가 input과 init의 타입을 추론할 수 있게 해 줍니다.

또한 타입 구문은 checkedFetch의 반환 타입을 보장하며, fetch와 동일합니다. 예를 들어, throw 대신 return을 사용했다면 타입스크립트는 그 실수를 잡아냅니다.

```
const checkedFetch: typeof fetch = async (input, init)  => {
  //  ~~~~~~~~~~~~
  // 'Promise<Response | HTTPError>' 형식은
  // 'Promise<Response>' 형식에 할당할 수 없습니다.
  // 'Response | HTTPError' 형식은
  // 'Response' 형식에 할당할 수 없습니다.
```

```
  const response = await fetch(input, init);
  if (!response.ok) {
    return new Error(`Request failed: ${response.status}`);
  }
  return response;
}
```

checkedFetch를 함수 문장으로 작성한 예제에서도 throw가 아니라 return을 사용할 경우 오류가 발생합니다. 그러나 오류는 첫 번째 예제와는 조금 다르게 checkedFetch 구현체가 아닌, 함수를 호출한 위치에서 발생합니다. 함수의 매개변수에 타입 선언을 하는 것보다 함수 표현식 전체 타입을 정의하는 것이 더 간결하고 안전한 코드를 만드는 방법입니다.

매개변수의 타입을 유지하면서 반환 타입만 바꾸고 싶은 경우는 나머지 매개변수(rest parameter)와 내장 Parameters 유틸리티 타입을 이용하면 됩니다.

```
async function fetchANumber(
  ...args: Parameters<typeof fetch>
): Promise<number> {
  const response = await checkedFetch(...args);
  const num = Number(await response.text());
  if (isNaN(num)) {
    throw new Error(`Response was not a number.`);
  }
  return num;
}
```

편집기에서 fetchANumber를 살펴보면 args는 보이지 않고, 정확히 fetch의 매개변수들로 바뀌어 있는 것을 확인할 수 있습니다.

```
fetchANumber
// ^? function fetchANumber(
//      input: RequestInfo | URL, init?: RequestInit | undefined
//    ): Promise<number>
```

이 기법이 전체 함수 타입을 적용하는 것보다 번거로운 경우도 있을 수 있습니다. 상황에 따라 이 기법을 사용하거나 전체 매개변수 타입을 명시하는 것 중 편한 방법을 선택하면 됩니다. 아이템 62에서는 제네릭 타입 관점에서 나머지 매개변수에 대한 내용을 다룹니다.

이미 알고 있을지도 모르지만, 함수의 매개변수로 콜백을 전달할 때 이 기법이 쓰이고 있습니다. 예를 들면, 배열을 다루면서 `map`이나 `filter` 메서드를 사용할 때, 타입스크립트는 콜백 매개변수의 타입을 추론해서 함수 표현식에 적용합니다. 타입 추론에 맥락이 어떻게 활용되는지는 아이템 24에서 다룹니다.

다른 함수의 시그니처와 동일한 타입을 가지는 새 함수를 작성하거나, 동일한 타입 시그니처를 가지는 여러 개의 함수를 작성할 때는 매개변수의 타입과 반환 타입을 반복해서 작성하지 말고 함수 전체에 타입 선언을 적용해야 합니다. 앞의 문장의 요점은 '여러 개'와 '반복'이지만, 너무 과대 해석할 필요는 없으며 모든 함수에 대해서 리팩터링할 필요도 없습니다. 일반적인 경우를 하나 예로 들자면, 고유한 타입 시그니처를 가지는 독립된 함수라면 고전 스타일의 함수 선언도 괜찮습니다. 동일하거나 유사한 타입 시그니처가 여러 개의 함수에서 동시에 사용되는 경우에 함수 타입을 사용하면 됩니다.

요약

- 매개변수나 반환값에 타입을 명시하기보다는 함수 표현식 전체에 타입 구문을 적용하는 것이 좋습니다.
- 만약 같은 타입 시그니처를 반복적으로 작성한 코드가 있다면 함수 타입을 분리해 내거나 이미 존재하는 타입을 찾아봅시다.
- 라이브러리를 직접 만든다면 공통 콜백에 타입을 제공해야 합니다.
- 다른 함수의 시그니처를 참조하려면 `typeof fn`을 사용하면 됩니다. 반환 타입을 바꿔야 하는 경우에는 `Parameters`와 나머지 매개변수 기법을 사용하면 됩니다.

아이템 13 타입과 인터페이스의 차이점 이해하기

타입스크립트에서 **명명된 타입**(named type)을 정의하는 방법은 두 가지가 있습니다. 우선, 다음처럼 `type`을 사용할 수 있습니다.[3]

3 (옮긴이) 이번 아이템은 타입, 인터페이스, 확장이라는 용어가 자주 등장하는데, 의미 설명을 위한 경우는 한글(타입, 인터페이스, 확장)로, 키워드의 의미로 분명하게 사용된 경우는 영어 알파벳(`type`, `interface`, `extends`)으로 표기했습니다.

```
type TState = {
  name: string;
  capital: string;
}
```

또 다른 방법은 interface를 사용하는 것입니다.

```
interface IState {
  name: string;
  capital: string;
}
```

명명된 타입을 정의할 때 interface 대신 class를 사용할 수도 있지만, class는 값으로도 쓰일 수 있는 자바스크립트 런타임의 개념입니다. 이 내용은 아이템 8에서 다룬 바 있습니다.

대부분의 경우에는 type을 사용해도 되고 interface를 사용해도 됩니다. 그러나 type과 interface 사이에 존재하는 차이를 분명하게 알고, 같은 상황에서는 동일한 방법으로 명명된 타입을 정의해 일관성을 유지해야 합니다. 그러려면 하나의 타입에 대해 두 가지 방법을 모두 사용해서 정의할 줄 알아야 합니다.

새 코드를 작성할 때, 특정 목적(예: 유니온 타입)이나 의도가 분명해지는 경우(예: 함수 타입)에는 type을 사용하고, 일반적으로는 interface를 사용하면 됩니다. 우선 두 개 사이의 비슷한 점과 다른 점을 알아보고, 이번 아이템의 마지막에서 어떻게 선택해야 하는지 자세히 알아보겠습니다.

! 이 아이템 내의 예제에는 타입을 I 또는 T로 시작해 어떠한 형태로 정의되었는지 나타냈습니다. 실제 코드에서는 이렇게 하면 안 됩니다. 인터페이스 접두사로 I를 붙이는 것은 C#에서 비롯된 관례입니다. 이 영향을 받아 타입스크립트 초기에는 종종 사용했으나 현재는 지양해야 할 스타일로 여겨집니다. 표준 라이브러리에서도 일관성 있게 도입되지 않았기 때문에 유용하지도 않습니다.

먼저, interface와 type의 비슷한 점부터 알아보겠습니다. 코드상으로도 TState와 IState는 다를 게 없어 보입니다. 정의된 속성 외에 추가 속성을 가진 객체를 할당하려는 순간, 잉여 속성 체크(아이템 11 참고)가 동작해 발생하는 오류 역시 글자 하나까지 동일합니다.

```
const wyoming: TState = {
  name: 'Wyoming',
  capital: 'Cheyenne',
  population: 578_000
  // ~~~~~~~ 개체 리터럴은 알려진 속성만 지정할 수 있으며,
  //         'TState' 형식에 'population'이(가) 없습니다.
};
```

인덱스 시그니처는 interface와 type에서 모두 사용할 수 있습니다.

```
type TDict = { [key: string]: string };
interface IDict  {
  [key: string]: string;
}
```

또한 함수 타입도 interface나 type으로 정의할 수 있습니다.

```
type TFn = (x: number) => string;
interface IFn {
  (x: number): string;
}
type TFnAlt = {
  (x: number): string;
};
const toStrT: TFn = x => '' + x;         // 정상
const toStrI: IFn = x => '' + x;         // 정상
const toStrTAlt: TFnAlt = x => '' + x;  // 정상
```

함수 타입 정의에서는 첫 번째 타입 별칭(TFn)을 사용하는 편이 더 자연스럽고 간결합니다. 실제로 타입 정의에서 자주 보게 되며 가장 선호되는 형태입니다. 뒤따르는 두 가지 선언은 자바스크립트 함수가 호출이 가능한 객체라는 사실을 반영한 형태이며 오버로딩된 함수 시그니처의 경우에 유용할 수 있습니다(아이템 52에서 자세히 다룹니다).

type과 interface 모두 제네릭을 사용할 수 있습니다.

```
type TBox<T> = {
  value: T;
};
interface IBox<T> {
  value: T;
}
```

interface는 type을 확장할 수 있으며(주의 사항이 몇 가지 있는데, 바로 뒤에서 설명합니다), type은 interface를 확장할 수 있습니다.

```
interface IStateWithPop extends TState {
  population: number;
}
type TStateWithPop = IState & { population: number; };
```

IStateWithPop과 TStateWithPop은 동일합니다. 그러나 여기서 주의할 점은, interface는 복잡한 상황에서 한계가 있습니다. 아무리 type으로 정의했더라도 interface로 정의가 가능한 객체 타입만 확장할 수 있고, 유니온 타입 같은 복잡한 타입을 확장하지는 못한다는 것입니다. 복잡한 타입을 확장하고 싶다면 type과 &를 사용해야 합니다.

한편 클래스를 구현(implements)할 때는 type과 interface 둘 다 사용할 수 있습니다.

```
class StateT implements TState {
  name: string = '';
  capital: string = '';
}
class StateI implements IState {
  name: string = '';
  capital: string = '';
}
```

마지막으로, type과 interface 모두 재귀가 가능합니다(아이템 57에서 설명합니다).

지금까지 type과 interface의 비슷한 점을 살펴보았습니다. 이제부터는 type과 interface의 차이점을 알아보겠습니다. 이미 언급한 대로 유니온 타입은 있지만, 유니온 인터페이스라는 개념은 없습니다.

```
type AorB = 'a' | 'b';
```

interface는 type을 확장할 수 있지만, 유니온의 경우는 그렇지 않습니다. 그런데 유니온 타입을 확장하는 것이 필요할 때가 있습니다. 다음 코드를 예로 들어 보겠습니다. Input과 Output은 별도의 타입이며 이 둘을 하나의 변수명으로 매핑하는 VariableMap 인터페이스를 만들 수 있습니다.

```
type Input = { /* ... */ };
type Output = { /* ... */ };
interface VariableMap {
  [name: string]: Input | Output;
}
```

또는 유니온 타입에 name 속성을 붙인 type을 만들 수도 있습니다.

```
type NamedVariable = (Input | Output) & { name: string };
```

이 타입은 interface로 표현할 수 없습니다. type은 일반적으로 interface보다 쓰임새가 많습니다. type은 유니온이 될 수도 있고, 매핑된 타입(아이템 15 참고) 또는 조건부 타입(아이템 52 참고) 같은 고급 기능에 활용되기도 합니다.

interface와 extends 조합은 type과 & 조합보다 오류를 조금 더 찾아낼 수 있습니다.

```
interface Person {
  name: string;
  age: string;
}

type TPerson = Person & { age: number; };  // 오류 없음, 쓸모 없는 타입

interface IPerson extends Person {
  //        ~~~~~~~
  //        'IPerson' 인터페이스가 'Person' 인터페이스를 잘못 확장합니다.
  //        'age' 속성의 형식이 호환되지 않습니다.
  //        'number' 형식은 'string' 형식에 할당할 수 없습니다.
  age: number;
}
```

원래 속성과 호환만 된다면 서브타입에서 속성의 타입을 변경하는 것은 괜찮습니다(아이템 7 참고). 그렇기 때문에 일반적으로는 오류를 더 찾아낼 수 있는 interface와 extends 조합을 사용하는 것이 더 좋습니다.

보통 튜플과 배열을 표현할 때 타입 별칭을 사용합니다.

```
type Pair = [a: number, b: number];
type StringList = string[];
type NamedNums = [string, ...number[]];
```

반면, interface에는 type에 없는 몇 가지 기능이 있습니다. 그중 하나는 바로 보강(augment)입니다. 이번 아이템 처음에 등장했던 State 예제에 population 필드를 추가할 때 보강 기법을 사용할 수 있습니다.

```
interface IState {
  name: string;
  capital: string;
}
interface IState {
  population: number;
}
const wyoming: IState = {
  name: 'Wyoming',
  capital: 'Cheyenne',
  population: 578_000
};  // 정상
```

이 예제처럼 속성을 확장하는 것을 **선언 병합**(declaration merging)이라고 합니다. 선언 병합을 본 적이 없다면 매우 생소하게 느껴질 것입니다. 선언 병합은 주로 타입 선언 파일(8장 참고)에서 사용됩니다. 따라서 타입 선언 파일을 작성할 때는 선언 병합을 지원하기 위해 반드시 interface를 사용해야 하며 표준을 따라야 합니다. 타입 선언에는 사용자가 채워야 하는 빈틈이 있을 수 있는데, 바로 이 선언 병합이 그렇습니다. 선언 병합은 아이템 71에서 다시 다룹니다.

이러한 생소한 기법이 유용한 이유를 이해하려면, 타입스크립트 내부 코드에서 선언 병합을 활용해 다양한 버전의 자바스크립트 표준 라이브러리를 모델링하는 방법을 살펴보는 것이 좋습니다. *lib.es5.d.ts*에 정의된 Array 인터페이스를 예로 들어 보겠습니다.

```
// lib.es5.d.ts
interface Array<T> {
  /** Gets or sets the length of the array. */
  length: number;
```

```
  // ...
  [n: number]: T;
}
```

tsconfig.json(아이템 2 참고)의 target 설정을 ES5로 지정하면, 위와 같은 내용을 볼 수 있습니다. 이 정의는 2009년 공개된 ES5의 배열에 추가된 모든 속성과 메서드를 포함하고 있습니다. 만약 target 설정을 ES2015로 바꾸면 타입스크립트는 추가로 *lib.es2015.core.d.ts*를 포함하게 됩니다. 이 파일은 Array 인터페이스에 추가된 또 다른 선언들을 포함하고 있습니다.

```
// lib.es2015.core.d.ts
interface Array<T> {
  /** Returns the index of the first element in the array where predicate... */
  findIndex(
    predicate: (value: T, index: number, obj: T[]) => unknown,
    thisArg?: any
  ): number;

  // ... find, fill, copyWithin 등등
}
```

이 선언에는 ES2015에서 새로이 추가된 Array의 새로운 네 가지 메서드 find, findIndex, fill, copyWithin만이 포함되어 있습니다. 이들은 선언 병합을 통해 ES5 Array의 인터페이스에 추가됩니다. 이러한 과정이 반복되면 최종적으로 타깃으로 설정한 자바스크립트 버전과 정확히 일치하는 하나의 Array 타입을 얻게 됩니다.

이름에서 알 수 있듯이, 선언 병합은 선언 파일에서 동작합니다. 사용자 코드에서도 가능하기는 하지만, 하나의 모듈 안에 두 개의 인터페이스가 정의된 경우(즉, 동일한 *.ts* 파일)에만 동작합니다. 그 이유는 Location이나 FormData처럼 제네릭을 포함한 전역 인터페이스와의 충돌을 방지하기 위함입니다.

interface와 type의 또 다른 차이점은 interface는 항상 선언된 이름으로 참조되는 반면, type은 타입 별칭으로 바꿔 사용할 수 있는 자유로움이 있다는 것입니다. 가끔 이와 관련한 오류나 타입 표시(아이템 56 참고)를 볼 수 있는데, *tsconfig.json* 파일에서 declaration: true를 설정한다면 타입스크립트가

생성하는 *.d.ts* 파일 같은 산출물에도 영향을 미칠 수 있습니다.

제한된 스코프 내에 선언된 타입 별칭을 사용한 정적 타입 객체를 반환하는 함수를 예로 들어 보겠습니다.

```
export function getHummer() {
  type Hummingbird = { name: string; weightGrams: number; };
  const ruby: Hummingbird = { name: 'Ruby-throated', weightGrams: 3.4 };
  return ruby;
};

const rubyThroat = getHummer();
//    ^? const rubyThroat: Hummingbird
```

선언된 스코프 외부에서 타입명(Hummingbird)이 참조되는 것이 흥미롭습니다. *.d.ts* 파일을 생성해 보면 더욱 흥미로운 내용을 볼 수 있습니다.

```
// get-hummer.d.ts
export declare function getHummer(): {
  name: string;
  weightGrams: number;
};
```

타입 별칭을 정의할 함수 본문이 없기 때문에(타입 선언 파일), 타입 별칭이 인라인으로 삽입되었고 타입명은 사라지고 구조만이 남았습니다. 타입 시스템은 구조적(아이템 4 참고)이기 때문에 할당하려는 타입의 값에 영향을 주지 않지만, 타입 표시와 생성된 *.d.ts* 파일에는 영향을 줍니다. 앞의 코드에서처럼 인라인으로 삽입되는 동작이 상황에 따라 컴파일러 성능에 영향을 줄 정도로 중복을 발생시키기도 합니다(이 문제는 아이템 78에서 자세히 다룹니다).

interface를 사용한다면 다음과 같은 오류가 발생합니다.

```
export function getHummer() {
  //              ~~~~~~~~~
  // 내보낸 함수의 반환 형식이 프라이빗 이름 'Hummingbird'를 가지고 있거나 사용 중입니다.
  interface Hummingbird { name: string; weightGrams: number; };
  const bee: Hummingbird = { name: 'Bee Hummingbird', weightGrams: 2.3 };
  return bee;
};
```

이번 경우 `Hummingbird`는 `interface`이므로 타입스크립트는 이름을 참조하려고 합니다. 그러나 타입 정의 파일에서는 영역 밖의 이름을 참조할 수 없기 때문에 오류가 발생합니다.[4] 이번 예제를 보면 인라인 삽입이 더 적절해 보일지도 모르지만, 인라인 삽입은 타입 정보를 장황하게 만들기 때문에 일반적으로는 아이템 67에서 설명하는 것처럼 타입을 익스포트하는 것이 더 낫습니다. 이번 예제의 더 나은 해결책은 `interface`를 유지하되 최상단 레벨 익스포트로 만드는 것입니다.

이번 아이템 처음의 질문으로 돌아가서 `type`과 `interface` 중 어떠한 것을 사용해야 할지 알아보겠습니다. 복잡한 타입의 경우에는 선택의 여지가 없이 타입 별칭을 사용해야 합니다. 가령 함수 타입, 튜플 타입, 배열 타입의 경우에는 `interface`보다 `type`으로 표현하는 편이 더욱 간결하고 자연스럽습니다.

객체 타입이 단순해서 `type`과 `interface` 양쪽 모두로 표현이 가능한 경우는 다음처럼 선택하면 됩니다.

- 이미 스타일이 정립된 코드 베이스에서 작업하는 경우, 원래 스타일을 따른다면 큰 문제가 없을 것입니다.
- 만약 아직 스타일이 정립되지 않은 새로운 프로젝트라면 `interface`를 주로 사용하는 것이 좋습니다. `interface`를 사용해야 오류 메시지, 타입 표시 등이 일관성 있고 인터페이스를 확장할 때도 타입 체크가 더욱 올바르게 동작합니다. 타입스크립트 핸드북에서 다음처럼 언급하고 있습니다.

> 대부분은 취향에 따라 기준을 마련하면 됩니다. 직접 마련한 기준과 다른 형태의 선언이 필요한 경우라면 타입스크립트가 알려 줄 것입니다. 선호하는 방식이 없다면, 경험적으로는 `type`의 특별한 기능을 활용해야 하는 경우에만 `type`을 사용하고 나머지에는 `interface`를 사용하면 됩니다.

다시 말해서, 반드시 사용해야 하거나 사용해야 할 이유가 있는 경우는 `type`을, 그렇지 않으면 가능한 한 `interface`를 사용하면 됩니다. 다만, 스스로의 생산

4 오류 메시지가 나타나지 않는다면, *tsconfig.json*에 `declaration: true` 설정이 되어 있는지 확인해 보기 바랍니다.

성을 해칠 정도로 고민할 필요는 없습니다.

type, interface의 일관된 사용 기준을 강제할 수도 있습니다. stylistic 프리셋의 일부인 typescript-eslint의 consistent-type-definitions 규칙(기본값은 interface)을 사용하면 됩니다.

요약

- 타입과 인터페이스의 차이점과 비슷한 점을 이해해야 합니다.
- 하나의 타입을 type과 interface 두 가지 문법을 사용해서 작성하는 방법을 터득해야 합니다.
- 선언 병합에서 interface와 type의 인라인 삽입 관계된 부분을 주의해야 합니다.
- 아직 스타일이 정립되지 않았다면, 객체 타입 정의에 type보다 interface를 사용하는 것이 좋습니다.

아이템 14 변경 관련 오류 방지를 위해 readonly 사용하기

다음은 삼각수(triangular number, 예: 1, 1+2=3, 1+2+3=6, ...)를 출력하는 코드입니다.

```
function printTriangles(n: number) {
  const nums = [];
  for (let i = 0; i < n; i++) {
    nums.push(i);
    console.log(arraySum(nums));
  }
}
```

코드는 간단합니다(arraySum의 정의는 뒤에 나옵니다). 그러나 실행해 보면 결과가 이상합니다.

```
> printTriangles(5);
0
1
2
3
4
```

단계별로 배열의 모든 수가 합산될 것이라 예상했는데 다른 결과가 나왔습니다. arraySum의 구현 내용을 살펴보겠습니다.

```
function arraySum(arr: number[]) {
  let sum = 0, num;
  while ((num = arr.pop()) !== undefined) {
    sum += num;
  }
  return sum;
}
```

이 함수는 배열 안의 숫자를 모두 더합니다. 그런데 계산하면서 배열의 요소를 꺼내기 때문에 루프가 끝나면 원래 배열이 전부 비어 있게 됩니다. 자바스크립트 배열은 내용을 변경할 수 있기 때문에 타입스크립트에서도 역시 오류 없이 통과하게 됩니다. 여기서 문제가 발생하는 이유는 printTriangles 함수에서 arraySum을 호출할 때 nums 배열이 바뀌지 않을 것이라고 가정했기 때문입니다.

발견하기 어려운 버그들의 근본 원인이 변경(mutation) 문제인 경우가 많습니다. 자바스크립트에서 변수나 속성은 기본적으로는 가변(mutable)입니다. 하지만 타입스크립트에서는 readonly 접근자를 사용해 예상치 못한 변경을 찾아내거나 방지할 수 있습니다. 이 기능을 사용함으로써 찾기 어려운 버그들을 방지할 수 있기 때문에 꼭 습득하기 바랍니다.

자바스크립트의 기본형은 불변입니다. string, number, boolean 타입에는 값을 변경하는 메서드가 없습니다(let으로 선언된 변수에 다른 값을 할당할 수도 있겠지만, 그렇다고 해서 기본형 값 자체가 변경되는 것은 아닙니다).

arraySum 구현체에서 볼 수 있듯이 배열과 객체는 가변입니다. 이 부분에서 타입스크립트의 readonly 접근자가 사용될 수 있습니다.

객체 타입 내의 속성에 readonly를 사용함으로써 할당을 방지할 수 있습니다.

```
interface PartlyMutableName {
  readonly first: string;
  last: string;
}
```

```
const jackie: PartlyMutableName = { first: 'Jacqueline', last: 'Kennedy' };
jackie.last = 'Onassis';  // 정상
jackie.first = 'Jacky';
//     ~~~~~ 읽기 전용 속성이므로 'first'에 할당할 수 없습니다.
```

객체의 모든 속성에 할당을 방지하고 싶을 수도 있습니다. 이러한 경우를 위해 타입스크립트에서는 Readonly<T>라는 제네릭 유틸리티 타입을 제공합니다.

```
interface FullyMutableName {
  first: string;
  last: string;
}
type FullyImmutableName = Readonly<FullyMutableName>;
//   ^? type FullyImmutableName = {
//        readonly first: string;
//        readonly last: string;
//      }
```

여기서는 interface가 type으로 바뀐 부분은 신경 쓰지 말고 readonly 부분에 초점을 맞춥니다.

어떠한 함수가 매개변수로 객체를 받으면서 그 객체를 변경하지 않는다면, 호출한 곳에서도 불변을 인지할 수 있도록 매개변수를 Readonly로 감싸는 것이 좋습니다.

다만, readonly와 Readonly<T>에 대해서 알아야 할 두 가지 주의 사항이 있습니다. 첫 번째 주의 사항은 이 기능이 얕게(shallow) 동작한다는 점입니다. const 선언과 마찬가지로 readonly 속성은 재할당될 수 없지만, 내부 값은 변경될 수 있습니다.

```
interface Outer  {
  inner: {
    x: number;
  }
}
const obj: Readonly<Outer> = { inner: { x: 0 }};
obj.inner = { x: 1 };
//  ~~~~~ 읽기 전용 속성이므로 'inner'에 할당할 수 없습니다.
obj.inner.x = 1;  // 정상
```

타입 별칭을 만든 다음에 정확히 무슨 일이 일어나는지 편집기에서 살펴볼 수 있습니다.

```
type T = Readonly<Outer>;
//   ^? type T = {
//        readonly inner: {
//          x: number;
//        };
//      }
```

중요한 점은 `readonly` 접근 제어자가 `x`가 아니라 `inner`에 적용된다는 것입니다. 현재 시점에는 깊은(deep) `readonly` 타입이 기본으로 지원되지 않지만, 제네릭을 만들면 깊은 `readonly` 타입을 사용할 수 있습니다. 그러나 제네릭은 만들기 까다롭기 때문에 라이브러리를 사용하는 것이 낫습니다. 예를 들어, `ts-essentials`에 있는 `DeepReadonly` 제네릭을 사용하면 됩니다.

두 번째 주의 사항은 `Readonly<T>`가 속성에만 적용된다는 것입니다. 만약 속성을 변경하는 메서드를 가진 객체를 `Readonly<T>`로 감싸더라도 해당 메서드가 삭제되지는 않습니다.

```
const date: Readonly<Date> = new Date();
date.setFullYear(2037);  // 정상, 그러나 date가 변경됨!
```

가변 버전과 불변 버전 두 가지 형태의 객체를 만들고 싶다면, 보통은 직접 두 가지 경우로 나누어야 합니다. 표준 라이브러리의 `Array`와 `ReadonlyArray` 인터페이스가 딱 맞는 예제입니다. `Array<T>` 인터페이스(*lib.es5.d.ts*)는 다음과 같습니다.

```
interface Array<T> {
  length: number;
  // (non-mutating methods)
  toString(): string;
  join(separator?: string): string;
  // ...
  // (mutating methods)
  pop(): T | undefined;
  shift(): T | undefined;
  // ...
  [n: number]: T;
}
```

불변 버전인 ReadonlyArray<T>는 다음과 같습니다.

```
interface ReadonlyArray<T> {
  readonly length: number;
  // (non-mutating methods)
  toString(): string;
  join(separator?: string): string;
  // ...
  readonly [n: number]: T;
}
```

주목할 부분은 pop이나 shift처럼 변경이 발생하는 메서드가 ReadonlyArray에는 없다는 점, 그리고 length와 인덱스 타입([n: number]: T) 속성에 readonly 접근자가 추가되었다는 점입니다. 이러한 차이점이 배열의 크기를 변경하거나 엘리먼트 추가를 방지하게 만듭니다(아이템 17에서 설명하겠지만, number 타입의 인덱스 타입은 실제 사용자 코드에서는 사용하지 않습니다).

Array<T>와 ReadonlyArray<T>는 널리 사용되기 때문에, T[]와 readonly T[] 같은 문법으로도 쓸 수 있습니다. T[]는 readonly T[]에 비해서 확실히 더 많은 기능을 가지므로 T[]는 readonly T[]의 서브타입이라고 할 수 있습니다(아이템 7를 다시 읽어 보기 바랍니다).

즉, 일반(가변) 배열은 readonly 배열에 할당할 수 있고, 그 반대의 경우는 불가능합니다.

```
const a: number[] = [1, 2, 3];
const b: readonly number[] = a;
const c: number[] = b;
//    ~ 'readonly number[]' 형식은 'readonly'이며
//      가변 형식 'number[]'에 할당할 수 없습니다.
```

타입 단언 외에는 이 오류를 우회할 방법은 없기 때문에 readonly 접근자는 상당히 유용한 기능입니다.

이제는 printTriangles와 arraySum 함수를 개선할 수 있습니다. 두 함수에서 nums 배열이 변경되는 것을 방지하려면 readonly 형태로 전달하면 됩니다.

```
function printTriangles(n: number) {
  const nums = [];
```

```
  for (let i = 0; i < n; i++) {
    nums.push(i);
    console.log(arraySum(nums as readonly number[]));
    //                    ~~~~~~~~~~~~~~~~~~~~~~~~~~
    // 'readonly number[]' 형식은 'readonly'이며
    // 가변 형식 'number[]'에 할당할 수 없습니다.
  }
}
```

nums는 계속 값을 추가해야 하므로 readonly number[]로 선언할 수 없습니다. arraySum에 전달할 때만 변경되지 않게 하려고 했지만, 전달된 배열은 가변이므로 타입 오류가 발생합니다.

오류를 해결하기 위해 매개변수를 readonly로 만들면 이제는 arraySum 내부에서 타입 오류가 발생합니다.

```
function arraySum(arr: readonly number[]) {
  let sum = 0, num;
  while ((num = arr.pop()) !== undefined) {
    //              ~~~ 'readonly number[]' 형식에 'pop' 속성이 없습니다.
    sum += num;
  }
  return sum;
}
```

이번 오류는 Array와 ReadonlyArray 인터페이스 차이에서 봤던 오류 메시지와 동일합니다. pop 메서드는 Array에는 있지만, ReadonlyArray에는 없습니다.

같은 동작을 하지만 배열을 변경하지 않도록 arraySum의 코드를 수정해 보겠습니다.

```
function arraySum(arr: readonly number[]) {
  let sum = 0;
  for (const num of arr) {
    sum += num;
  }
  return sum;
}
```

이제 printTriangles는 예상한 대로 동작합니다.

```
> printTriangles(5)
0
1
3
6
10
```

어떠한 함수의 매개변수를 readonly로 만들면(readonly 배열 또는 Readonly 객체 타입), 다음 같이 몇 가지가 달라집니다.

- 함수 내에서 해당 매개변수에 변경이 발생하는지 체크됩니다.
- 함수의 호출부에 매개변수가 변경되지 않는다는 사실을 명시하게 됩니다.
- 호출부에서는 readonly 배열이나 Readonly 객체만 전달하게 됩니다.

직접 작성한 함수가 매개변수를 변경하지 않는다면, readonly로 선언하는 것이 좋습니다. 호출부에서는 선언된 매개변수보다 더 넓은 타입(아이템 30 참고)으로도 호출할 수 있으며, 의도하지 않은 변경을 방지할 수 있기 때문에 단점이 적은 편입니다.

readonly 매개변수이더라도 함수 내부에서 여전히 재할당할 수 있다는 것에 주의해야 합니다. 마치 const보다는 let으로 선언한 변수와 비슷합니다. 호출부에서 함수 내부의 재할당은 알 수 없지만, 변경 여부는 알 수 있습니다.

매개변수를 readonly로 바꿀 때의 한 가지 문제는, 함수 내에서 해당 매개변수로 다른 함수를 호출하는 경우입니다. 매개변수를 변경하지 않으면서 함수를 호출한다면 역시 readonly로 바꾸어야 합니다. readonly는 전파되는 경향이 있습니다. 어떠한 함수의 매개변수를 readonly로 바꾼다면, 내부에서 호출하는 함수들의 매개변수도 대부분 readonly로 바꾸어야 할 것입니다. 시그니처가 명확해지고 타입 안전성이 증가하기 때문에 좋은 변화이지만, 다른 라이브러리의 함수를 호출하는 경우라면 타입 선언을 마음대로 다루지 못할 수 있습니다. 이러한 경우에는 타입 단언(as number[])을 사용하거나 타입 선언부를 수정해야 할 수도 있습니다(아이템 71에서 자세히 다룹니다).

자바스크립트(와 타입스크립트)에서는 특별히 명시하지 않는 한, 함수의 매개변수를 변경하지 않는다는 가정을 하는 경우가 많습니다. 그러나 이 책에서도 여러 번(특히 아이템 31과 아이템 33) 발견하겠지만, 이러한 암묵적인 합의는 오해를 불러일으키고 타입 체커에도 문제를 발생시킬 수 있습니다. 따라서 컴파일러와 개발자 모두에게 명확할 수 있도록 시그니처를 명시적으로 만드는 것이 좋습니다.

요약

- 만약 함수가 매개변수를 수정하지 않는다면 readonly로 선언하는 것이 좋습니다. readonly 매개변수는 인터페이스를 명확하게 하며, 매개변수가 변경되는 것을 방지합니다.
- readonly와 Readonly가 얕게(shallow) 동작하며, Readonly는 속성에만 영향을 미치고 메서드는 영향을 받지 않는다는 것을 기억해야 합니다.
- readonly를 사용하면 변경하면서 발생하는 오류를 방지할 수 있고, 변경이 발생하는 코드도 쉽게 찾을 수 있습니다.
- const와 readonly의 차이를 이해해야 합니다. const는 재할당을 방지하고, readonly는 값의 변경을 방지합니다.

아이템 15 타입 연산과 제네릭 사용으로 반복 줄이기

다음은 원기둥(cylinder)의 반지름과 높이, 표면적, 부피를 출력하는 코드입니다.

```
console.log(
  'Cylinder r=1 × h=1',
  'Surface area:', 6.283185 * 1 * 1 + 6.283185 * 1 * 1,
  'Volume:', 3.14159 * 1 * 1 * 1
);
console.log(
  'Cylinder r=1 × h=2',
  'Surface area:', 6.283185 * 1 * 1 + 6.283185 * 2 * 1,
  'Volume:', 3.14159 * 1 * 2 * 1
);
console.log(
  'Cylinder r=2 × h=1',
  'Surface area:', 6.283185 * 2 * 1 + 6.283185 * 2 * 1,
  'Volume:', 3.14159 * 2 * 2 * 1
);
```

비슷한 코드가 반복되어 있어 보기 불편합니다. 값과 상수가 반복되는 바람에 드러나지 않은 오류까지 가지고 있습니다.

이 코드에서 함수, 상수, 루프의 반복을 제거해 코드를 개선하겠습니다.

```
type CylinderFn = (r: number, h: number) => number;
const surfaceArea: CylinderFn = (r, h) => 2 * Math.PI * r * (r + h);
const volume: CylinderFn = (r, h) => Math.PI * r * r * h;

for (const [r, h] of [[1, 1], [1, 2], [2, 1]]) {
  console.log(
    `Cylinder r=${r} × h=${h}`,
    `Surface area: ${surfaceArea(r, h)}`,
    `Volume: ${volume(r, h)}`);
}
```

중복되는 연산을 깔끔하게 분리해서 버그를 제거했습니다(버그는 세 번째 케이스의 표면적 계산에서 r*r 대신 r*h가 들어간 부분에서 발생합니다). 이것이 바로 같은 코드를 반복하지 말라는 DRY(don't repeat yourself) 원칙입니다. 소프트웨어 개발자라면 어느 분야에서든 한 번쯤은 들어 봤을 조언입니다. 그런데 반복된 코드를 열심히 제거하며 DRY 원칙을 지켜 왔던 개발자라도 타입에 대해서는 간과했을지 모릅니다.

```
interface Person {
  firstName: string;
  lastName: string;
}

interface PersonWithBirthDate {
  firstName: string;
  lastName: string;
  birth: Date;
}
```

타입 중복은 코드 중복만큼 많은 문제를 발생시킵니다. 예를 들어, 선택적 필드인 middleName을 Person에 추가한다고 가정해 보겠습니다. 그러면 Person과 PersonWithBirthDate는 다른 타입이 됩니다.

타입에서 중복이 더 흔히 발생하는 이유 중 하나는 공유된 패턴을 제거하는 메커니즘이 기존 코드에서 하던 것과 비교해 덜 익숙하기 때문입니다. 헬퍼 함수 중복 제거와 동일한 활동이 타입 시스템에서는 어떠한 것에 해당하는지 상상이 잘되지 않습니다. 그러나 타입 간 매핑 방법을 익히면, 타입 정의에서도 DRY의 장점을 적용할 수 있습니다.

반복을 줄이는 가장 간단한 방법은 타입에 이름을 붙이는 것입니다. 다음 예제의 거리 계산 함수에는 타입이 반복적으로 등장합니다.

```
function distance(a: {x: number, y: number}, b: {x: number, y: number}) {
  return Math.sqrt((a.x - b.x) ** 2 + (a.y - b.y) ** 2);
}
```

코드를 수정해 타입에 이름을 붙여 보겠습니다.

```
interface Point2D {
  x: number;
  y: number;
}
function distance(a: Point2D, b: Point2D) { /* ... */ }
```

이 코드는 상수를 사용해서 반복을 줄이는 기법을 동일하게 타입 시스템에 적용한 것입니다. 중복된 타입 찾기가 항상 쉬운 일은 아닙니다. 중복된 타입은 종종 문법에 의해서 가려지기도 합니다.

예를 들어, 몇몇 함수가 같은 타입 시그니처를 공유하고 있다고 가정해 보겠습니다.

```
function get(url: string, opts: Options): Promise<Response> { /* ... */ }
function post(url: string, opts: Options): Promise<Response> { /* ... */ }
```

그러면 아이템 12에서 언급한 대로 해당 시그니처를 명명된 타입으로 분리해 낼 수 있습니다.

```
type HTTPFunction = (url: string, opts: Options) => Promise<Response>;
const get: HTTPFunction = (url, opts) => { /* ... */ };
const post: HTTPFunction = (url, opts) => { /* ... */ };
```

이번 아이템 처음에 등장한 `CylinderFn` 타입도 같은 원리를 적용했던 예제입니다.

Person/PersonWithBirthDate 예제에서는 한 인터페이스가 다른 인터페이스를 확장하게 하는 방법을 통해 반복을 제거할 수 있습니다.

```
interface Person {
  firstName: string;
  lastName: string;
}

interface PersonWithBirthDate extends Person {
  birth: Date;
}
```

이제 추가 필드만 작성하면 됩니다. 만약 두 인터페이스가 필드의 부분집합을 공유한다면, 공통 필드만 골라서 기반 클래스로 분리해 낼 수 있습니다. 기반 클래스를 분리하기 전에 새(bird)와 포유류(mammal)의 타입을 각각 정의하면 다음과 같습니다.

```
interface Bird {
  wingspanCm: number;
  weightGrams: number;
  color: string;
  isNocturnal: boolean;
}
interface Mammal {
  weightGrams: number;
  color: string;
  isNocturnal: boolean;
  eatsGardenPlants: boolean;
}
```

일부 공통된 속성을 척추동물(vertebrate) 클래스로 묶을 수 있습니다.

```
interface Vertebrate {
  weightGrams: number;
  color: string;
  isNocturnal: boolean;
}
interface Bird extends Vertebrate {
  wingspanCm: number;
}
interface Mammal extends Vertebrate {
  eatsGardenPlants: boolean;
}
```

이제 기반 클래스에 추가 속성이나 TSDoc 주석을 넣으면(아이템 68 참고), Bird와 Mammal에도 변경이 반영됩니다. 코드 중복의 경우와 비교해서 설명하자면 3.141593과 6.283185 대신 PI와 2*PI로 작성하는 것과 비슷한 이치라고 할 수 있습니다.

이미 존재하는 타입을 확장하는 경우에, 일반적이지는 않지만 인터섹션 연산자(&)를 쓸 수도 있습니다.

```
type PersonWithBirthDate = Person & { birth: Date };
```

이러한 기법은 (확장할 수 없는) 유니온 타입에 속성을 추가할 때 특히 유용합니다. 유니온 타입은 아이템 13에서 자세히 다루었습니다.

이제 다른 측면을 생각해 보겠습니다. 전체 애플리케이션의 상태를 표현하는 State 타입과 단지 부분만 표현하는 TopNavState가 있는 경우를 살펴보겠습니다.

```
interface State {
  userId: string;
  pageTitle: string;
  recentFiles: string[];
  pageContents: string;
}
interface TopNavState {
  userId: string;
  pageTitle: string;
  recentFiles: string[];
  // omits pageContents
}
```

TopNavState를 확장해 State를 구성하기보다 TopNavState를 State의 부분집합으로 정의하는 것이 바람직해 보입니다. 이 방법은 전체 앱의 상태를 하나의 인터페이스로 유지할 수 있게 해 줍니다.

State를 인덱싱해 속성의 타입에서 중복을 제거할 수 있습니다.

```
interface TopNavState {
  userId: State['userId'];
  pageTitle: State['pageTitle'];
  recentFiles: State['recentFiles'];
};
```

중복 제거가 아직 끝나지 않았습니다. State 내의 pageTitle의 타입이 바뀌면 TopNavState에도 반영됩니다. 그러나 여전히 반복되는 코드가 존재합니다. 이때 매핑된 타입을 사용하면 코드를 좀 더 개선할 수 있습니다.

```
type TopNavState = {
  [K in 'userId' | 'pageTitle' | 'recentFiles']: State[K]
};
```

TopNavState에 마우스 커서를 올리면 정의가 표시되는데, 이 정의는 앞의 예제와 완전히 동일합니다(그림 2-12 참고).

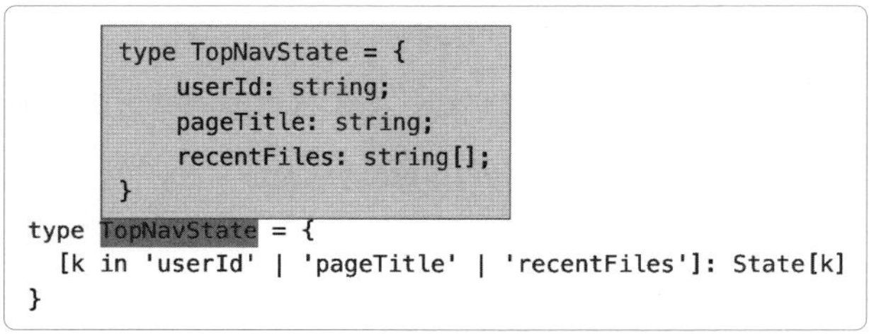

그림 2-12 편집기에서 매핑된 타입의 확장된 버전을 보여 줍니다. 정의에는 변함이 없지만 중복은 덜합니다.

매핑된 타입은 배열의 필드를 루프(loop) 도는 것과 같은 방식으로 동작합니다. 이 패턴은 표준 라이브러리에서도 일반적으로 찾을 수 있으며, Pick이라고 불립니다.

```
type Pick<T, K> = { [k in K]: T[k] };
```

정의가 완전하지는 않지만, 다음과 같이 사용할 수 있습니다(아이템 50에서 더 자세히 살펴봅니다).

```
type TopNavState = Pick<State, 'userId' | 'pageTitle' | 'recentFiles'>;
```

여기서 Pick은 제네릭 타입입니다. 중복된 코드를 없앤다는 관점으로, Pick을 사용하는 것은 함수를 호출하는 것에 비유할 수 있습니다. 마치 함수에서 두 개의 매개변수 값을 받아서 결괏값을 반환하는 것처럼, Pick은 T와 K 두 가지 타입을 받아서 결과 타입을 반환합니다. 타입 레벨 프로그래밍은 6장에서 다루며, 타입을 다루는 함수로서의 제네릭 타입은 아이템 50에서 다룹니다.

태그된 유니온에서도 다른 형태의 중복이 발생할 수 있습니다. 그런데 단순히 태그를 붙이기 위해서 타입을 사용한다면 어떨지 생각해 보겠습니다.

```
interface SaveAction {
  type: 'save';
  // ...
}
interface LoadAction {
  type: 'load';
  // ...
}
type Action = SaveAction | LoadAction;
type ActionType = 'save' | 'load';  // 타입의 반복!
```

Action 유니온을 인덱싱하면 타입 반복 없이 ActionType을 정의할 수 있습니다.

```
type ActionType = Action['type'];
//   ^? type ActionType = "save" | "load"
```

Action 유니온에 타입을 더 추가하면 ActionType은 자동적으로 그 타입을 포함합니다. ActionType은 Pick을 사용해 얻게 되는, type 속성을 가지는 인터페이스와는 다릅니다.

```
type ActionRecord = Pick<Action, 'type'>;
//   ^? type ActionRecord = { type: "save" | "load"; }
```

한편 생성되고 난 후에 업데이트가 되는 클래스를 정의하면 update 메서드 매개변수의 타입은 생성자와 동일한 매개변수이면서 타입 대부분이 선택적 필드가 됩니다.

```
interface Options {
  width: number;
  height: number;
  color: string;
  label: string;
}
interface OptionsUpdate {
  width?: number;
```

```
  height?: number;
  color?: string;
  label?: string;
}
class UIWidget {
  constructor(init: Options) { /* ... */ }
  update(options: OptionsUpdate) { /* ... */ }
}
```

매핑된 타입과 keyof 표현식을 사용하면 Options으로부터 OptionsUpdate를 만들 수 있습니다.

```
type OptionsUpdate = {[k in keyof Options]?: Options[k]};
```

keyof는 타입을 받아서 속성 타입의 유니온을 반환합니다.

```
type OptionsKeys = keyof Options;
//   ^? type OptionsKeys = keyof Options
//      ("width" | "height" | "color" | "label"과 동일)
```

매핑된 타입([k in keyof Options])은 순회하며 Options 내 k 값에 해당하는 속성이 있는지 찾습니다. ?는 각 속성을 선택적으로 만듭니다. 이 패턴 역시 아주 일반적이며 표준 라이브러리에 Partial이라는 이름으로 포함되어 있습니다.

```
class UIWidget {
  constructor(init: Options) { /* ... */ }
  update(options: Partial<Options>) { /* ... */ }
}
```

매핑된 타입에는 몇 가지 트릭이 있습니다. 먼저 as 키워드로 키의 이름을 바꿀 수 있습니다. 여러 가지 용법이 있는데 그중 하나는 키와 값을 반전시키는 매핑입니다.

```
interface ShortToLong {
  q: 'search';
  n: 'numberOfResults';
}
type LongToShort = { [k in keyof ShortToLong as ShortToLong[k]]: k };
//   ^? type LongToShort = { search: "q"; numberOfResults: "n"; }
```

이 용법은 특히 타입 레벨에서 문자열 리터럴 타입을 다루는 템플릿 리터럴 타입과 잘 어울립니다. 자세한 내용은 아이템 54를 참고하기 바랍니다.

만약 매핑된 타입을 다루는 곳에서 사용되는 인덱스가 K in keyof T와 유사한 형태라면 타입스크립트는 이를 동형(homomorphic) 매핑 타입으로 다룹니다. 즉, readonly나 ?(선택적 속성) 같은 접근자와 주석까지도 새로운 타입으로 전달된다는 의미입니다.

```
interface Customer {
  /** 고객이 불리고 싶은 호칭 */
  title?: string;
  /** 시스템에 입력된 전체 이름 */
  readonly name: string;
}

type PickTitle = Pick<Customer, 'title'>;
//   ^? type PickTitle = { title?: string; }
type PickName = Pick<Customer, 'name'>;
//   ^? type PickName = { readonly name: string; }
type ManualName = { [K in 'name']: Customer[K]; };
//   ^? type ManualName = { name: string; }
```

여기서 Pick은 동형 매핑 타입이고, 적용된 후에도 선택적 속성과 readonly 접근자가 유지됩니다. 매핑된 타입 ManualName과 keyof 키워드가 사용되지 않았기 때문에 동형이 아니며 접근자가 유지되지 않았습니다. 만약 동형 타입을 사용해 값을 정의한 경우 그 주석까지도 유지되는 것을 다음 그림에서 확인할 수 있습니다(그림 2-13 참고).

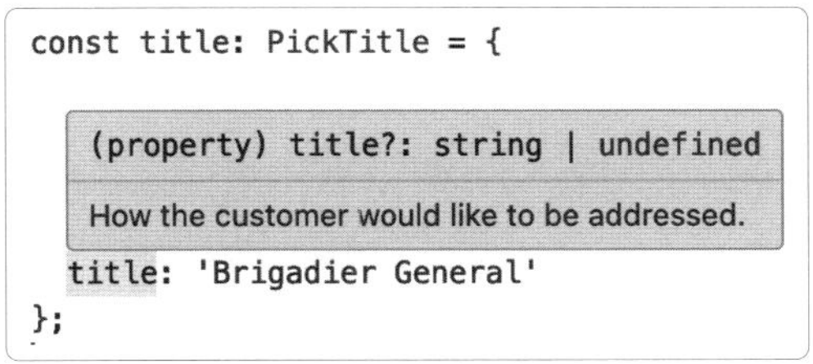

그림 2-13 TSDoc 주석이 동형 매핑 타입으로 복사됩니다.

동형 매핑 타입과 관련된 또 다른 재밌는 특징은 기본형 타입은 그대로 유지한다는 점입니다.

```
type PartialNumber = Partial<number>;
//   ^? type PartialNumber = number
```

조금 이상해 보일 수 있지만, 제네릭 타입을 작성할 때 유용합니다. 관련해서는 아이템 56에서 다루겠습니다.

매핑된 타입을 정의할 때는 동형에 해당하는지, 의도적으로 동형으로 만들려고 하는 것인지 고려해 봐야 합니다.

값의 형태에 해당하는 타입을 정의하고 싶을 때도 있습니다.

```
const INIT_OPTIONS = {
  width: 640,
  height: 480,
  color: '#00FF00',
  label: 'VGA',
};
interface Options {
  width: number;
  height: number;
  color: string;
  label: string;
}
```

이러한 경우 typeof를 사용하면 됩니다.

```
type Options = typeof INIT_OPTIONS;
```

이 코드는 자바스크립트의 런타임 연산자 typeof를 사용한 것처럼 보이지만, 실제로는 타입스크립트 단계에서 연산되며 훨씬 더 정확하게 타입을 표현합니다. typeof에 대한 자세한 내용은 아이템 8에서 다룬 바 있습니다. 그런데 값으로부터 타입을 만들어 낼 때는 선언의 순서에 주의해야 합니다. 타입 정의를 먼저 하고 값이 그 타입에 할당 가능하다고 선언하는 것이 좋습니다. 그렇게 해야 타입이 더 명확해지고, 예상하기 어려운 타입 변동을 방지할 수 있습니다(이와 관련한 내용은 아이템 20에서 자세히 다루겠습니다).

typeof는 일반적으로 진리의 근원(source of truth)처럼 다루려는 어떠한 타입(예: 스키마나 API 사양 등)이 있을 때 사용됩니다. 진리의 근원을 만듦으로써 타입을 중복해서 정의하는 것을 방지할 수 있습니다.

함수나 메서드의 반환값에 명명된 타입을 만들고 싶을 수도 있습니다.

```
function getUserInfo(userId: string) {
  // ...
  return {
    userId,
    name,
    age,
    height,
    weight,
    favoriteColor,
  };
}
// 추론된 반환 타입은 { userId: string; name: string; age: number, ... }
```

이때는 조건부 타입(아이템 52 참고)이 필요합니다. 그러나 앞에서 살펴본 것처럼, 표준 라이브러리에는 이러한 일반적 패턴의 제네릭 타입이 정의되어 있습니다. 이와 같은 경우에는 `ReturnType` 제네릭을 사용하면 정확히 들어맞습니다.

```
type UserInfo = ReturnType<typeof getUserInfo>;
```

`ReturnType`은 함수의 '값'인 `getUserInfo`가 아니라 함수의 '타입'이라고 할 수 있는 `typeof getUserInfo`에 적용되었습니다. `typeof`와 마찬가지로 이러한 기법은 신중하게 사용해야 합니다. 적용 대상이 값인지 타입인지 정확히 알고, 구분해서 처리해야 합니다.

타입의 반복을 리팩터링할 때 너무 과하게 하면 안 됩니다. 두 개의 타입이 같은 이름의 속성을 가진다고 해서 같은 의미는 아니기 때문입니다. 예시를 살펴보겠습니다. 다음의 두 타입은 같은 이름의 속성을 가지고 있습니다.

```
interface Product {
  id: number;
  name: string;
  priceDollars: number;
}
interface Customer {
  id: number;
  name: string;
  address: string;
}
```

다음 코드는 좋지 않은 리팩터링의 예시를 보여 줍니다.

```
// 이렇게 하면 안 됩니다!
interface NamedAndIdentified {
  id: number;
  name: string;
}
interface Product extends NamedAndIdentified {
  priceDollars: number;
}
interface Customer extends NamedAndIdentified {
  address: string;
}
```

이 예제가 좋지 않은 이유는, id와 name이 우연히 같은 이름과 타입을 가지고 있을 뿐, 용도가 전혀 다르기 때문입니다. 만약 Customer의 id를 string으로 바꾸는 경우나, name을 firstName과 lastName으로 분리해야 한다는 요구 사항이 발생할 때 Product에는 동일하게 적용할 수 없습니다. 이번 경우는 너무 섣부른 추상화로 인해, 각 타입이 미래에 독립적으로 변경되기 어렵게 만들어 버렸습니다.

경험적으로, 추상화 과정에서 타입(또는 함수)의 이름을 짓기 어렵다면 해당 리팩터링은 불필요할 수 있습니다. 이 예제에서 NamedAndIndentified는 단지 타입의 구조를 설명할 뿐이지 어떠한 용도를 나타내는지 불분명합니다. 반면, 이번 아이템 중간에 등장했던 Vertebrate 타입은 그 자체로 의미를 가지고 있습니다. "잘못된 추상화보다 중복이 훨씬 낫다"[5]라는 말을 기억하기 바랍니다.

값 공간에서와 마찬가지로 반복적인 코드는 타입 공간에서도 좋지 않습니다. 타입 공간에서 반복을 줄이려는 작업은 프로그램 로직에서 하던 작업만큼 익숙하지는 않겠지만, 배울 만한 가치가 있습니다. 반복하지 않도록 주의해야 합니다.

5 Sandi Metz, "All the Little Things", RailsConf, 2014.

요약

- DRY 원칙을 타입에도 최대한 적용해야 합니다.
- 타입에 이름을 붙여서 반복을 피해야 합니다. extends를 사용해서 인터페이스 필드의 반복을 피해야 합니다.
- 타입 간 매핑을 위해 타입스크립트가 제공한 도구들을 공부하면 좋습니다. 여기에는 keyof, typeof, 인덱싱, 매핑된 타입들이 포함됩니다.
- 제네릭 타입은 타입을 위한 함수와 같습니다. 타입 레벨 연산을 반복하는 대신 제네릭 타입을 사용해 타입 간 매핑을 하는 것이 좋습니다.
- 표준 라이브러리에 정의된 Pick, Partial, ReturnType 같은 제네릭 타입에 익숙해져야 합니다.
- 과도한 DRY 적용은 피하는 것이 좋습니다. DRY 원칙을 적용하려는 속성과 타입이 정말로 같은 것인지 검토해야 합니다.

아이템 16 인덱스 시그니처보다 정확한 타입 사용하기

자바스크립트의 장점 중 하나는 바로 객체를 생성하는 문법이 간단하다는 것입니다.

```
const rocket = {
  name: 'Falcon 9',
  variant: 'Block 5',
  thrust: '7,607 kN',
};
```

자바스크립트 객체는 문자열(또는 심벌) 키를 타입의 값에 관계없이 매핑합니다. 타입스크립트에서는 타입에 인덱스 시그니처를 명시해 유연하게 매핑을 표현할 수 있습니다.

```
type Rocket = {[property: string]: string};
const rocket: Rocket = {
  name: 'Falcon 9',
  variant: 'v1.0',
  thrust: '4,940 kN',
};  // 정상
```

[property: string]: string이 인덱스 시그니처이며, 다음 세 가지 의미를 담고 있습니다.

- 키의 이름
  키의 위치만 표시하는 용도입니다. 타입 체커에서는 사용하지 않기 때문에 무시할 수 있는 참고 정보라고 생각해도 됩니다.
- 키의 타입
  string | number | symbol(또는 PropertyKey)의 서브타입이어야 합니다. 보통 문자열 리터럴의 유니온처럼 string이거나 string의 서브타입입니다. 아이템 17에서 다루겠지만, number 타입의 인덱스는 가급적 쓰지 않는 것이 좋고 symbol은 거의 쓰이지 않습니다.
- 값의 타입
  어떠한 것이든 될 수 있습니다.

이렇게 타입 체크가 수행되면 네 가지 단점이 드러납니다.

- 잘못된 키를 포함해 모든 키를 허용합니다. name 대신 Name으로 작성해도 유효한 Rocket 타입이 됩니다.
- 특정 키가 필요하지 않습니다. {}도 유효한 Rocket 타입입니다.
- 키마다 다른 타입을 가질 수 없습니다. 예를 들어, thrust는 string이 아니라 number이어야 할 수도 있습니다.
- 타입스크립트 언어 서비스는 다음과 같은 경우에 도움이 되지 못합니다. name:을 입력할 때, 키는 무엇이든 가능하기 때문에 자동완성 기능이 동작하지 않습니다.

결론을 내려 보겠습니다. 인덱스 시그니처는 부정확하므로 더 나은 방법을 찾아야 합니다. 예를 들어, 다음 경우에는 Rocket이 인터페이스여야 합니다.

```
interface Rocket {
  name: string;
  variant: string;
  thrust_kN: number;
}
```

```
const falconHeavy: Rocket = {
  name: 'Falcon Heavy',
  variant: 'v1',
  thrust_kN: 15200,
};
```

thrust_kN은 number 타입이며, 타입스크립트는 모든 필수 필드가 존재하는지 확인합니다. 이제 타입스크립트에서 제공하는 언어 서비스를 모두 사용할 수 있게 되었습니다. 자동완성, 정의로 이동, 이름 바꾸기 등이 모두 동작합니다.

인덱스 시그니처는 동적 데이터를 표현할 때 사용합니다. 예로, CSV 파일처럼 헤더 행(row)에 열(column) 이름이 있고, 데이터 행을 열 이름과 값으로 매핑하는 객체로 나타내고 싶은 경우를 들 수 있습니다.

```
function parseCSV(input: string): {[columnName: string]: string}[] {
  const lines = input.split('\n');
  const [headerLine, ...rows] = lines;
  const headers = headerLine.split(',');
  return rows.map(rowStr => {
    const row: {[columnName: string]: string} = {};
    rowStr.split(',').forEach((cell, i) => {
      row[headers[i]] = cell;
    });
    return row;
  });
}
```

일반적인 상황에서 열 이름이 무엇인지 미리 알 방법은 없습니다. 이럴 때는 인덱스 시그니처를 사용합니다. 반면, 열 이름을 알고 있는 특정한 상황에서 parseCSV가 사용된다면 미리 선언해 둔 타입으로 단언문을 사용합니다.

```
interface ProductRow {
  productId: string;
  name: string;
  price: string;
}

declare let csvData: string;
const products = parseCSV(csvData) as unknown[] as ProductRow[];
```

물론 선언해 둔 열들이 런타임에 실제로 일치한다는 보장은 없습니다. 이를 보

완하기 위해 각 속성의 타입을 string|undefined로 바꾸거나 컴파일러 옵션에 noUncheckedIndexedAccess를 설정할 수도 있습니다(아이템 48에서 자세히 다룹니다).

그러나 동적인 데이터를 모델링하기 위해서는 Map 타입을 사용해 연관 배열(associative array) 형태로 만드는 것이 더욱 나은 방법입니다. Map 타입을 사용해 parseCSV를 재작성해 보겠습니다.

```
function parseCSVMap(input: string): Map<string, string>[] {
  const lines = input.split('\n');
  const [headerLine, ...rows] = lines;
  const headers = headerLine.split(',');
  return rows.map(rowStr => {
    const row = new Map<string, string>();
    rowStr.split(',').forEach((cell, i) => {
      row.set(headers[i], cell);
    });
    return row;
  });
}
```

이제 속성에 접근하기 위해서는 get 메서드를 사용해야 하며, 반환값은 항상 undefined일 가능성을 가지게 됩니다.

```
const rockets = parseCSVMap(csvData);
const superHeavy = rockets[2];
const thrust_kN = superHeavy.get('thrust_kN');  // 74,500
//    ^? const thrust_kN: string | undefined
```

Map을 객체 타입으로 변환하기 위해서 다음 예제와 같은 코드를 만들 수 있습니다.

```
function parseRocket(map: Map<string, string>): Rocket {
  const name = map.get('name');
  const variant = map.get('variant');
  const thrust_kN = Number(map.get('thrust_kN'));
  if (!name || !variant || isNaN(thrust_kN)) {
    throw new Error(`Invalid rocket: ${map}`);
  }
  return {name, variant, thrust_kN};
}
```

```
const rockets = parseCSVMap(csvData).map(parseRocket);
//    ^? const rockets: Rocket[]
```

번거롭다고 생각할 수 있지만, 이는 원하는 타입에 정확히 맞는 데이터인지 검증하는 방법입니다. 이 방법을 사용하면 데이터를 사용하는 시점에 오류를 발견하기보다, 로드되는 시점에 미리 오류가 있는지 점검할 수 있게 됩니다. 필요 이상으로 넓게 정의된 타입으로부터 원하는 타입(Rocket)으로 더 구체적으로 만드는 것은 타입스크립트에서 일반적으로 사용되는 패턴입니다. 런타임에 타입을 검증하는 더욱 체계적인 방법은 아이템 74에서 다룹니다.

또한 Map은 동적인 데이터를 모델링하는 것뿐 아니라 프로토타입 체인(prototype chain)과 관련된 유명한 문제를 해결하는 데 쓰이기도 합니다.

어떠한 타입에 가능한 필드가 제한되어 있는 경우라면 인덱스 시그니처로 모델링하지 말아야 합니다. 예를 들어, 데이터에 A, B, C, D 같은 키가 있지만, 얼마나 많이 있는지 모른다면 선택적 필드 또는 유니온 타입으로 모델링하면 됩니다.

```
interface Row1 { [column: string]: number }  // 너무 광범위함
interface Row2 { a: number; b?: number; c?: number; d?: number }  // 최선
type Row3 =
    | { a: number; }
    | { a: number; b: number; }
    | { a: number; b: number; c: number; }
    | { a: number; b: number; c: number; d: number };  // 역시 최선
```

마지막 형태가 가장 정확하지만, 실제로 사용하기에는 조금 번거로운 점이 있습니다. 무효한 상태를 방지하는 타입을 만드는 방법은 아이템 29에서 설명합니다.

string 타입이 너무 광범위해서 인덱스 시그니처를 사용하는 데 문제가 있다면, Record를 사용해 볼 수 있습니다. Record는 키 타입에 유연성을 제공하는 제네릭 타입입니다. 특히 string의 부분집합을 사용할 수 있습니다.

```
type Vec3D  = Record<'x' | 'y' | 'z', number>;
//   ^? type Vec3D = {
//        x: number;
//        y: number;
```

```
//         z: number;
//       }
```

Record는 매핑된 타입(아이템 15 참고)을 래핑하는 내장 타입 함수입니다.

마지막으로, 잉여 속성 체크(아이템 11 참고)를 우회하기 위해 인덱스 타입을 사용할 수 있습니다. 예를 들어, ButtonProps 타입 중 필요한 일부 속성만을 정의하고 나머지는 그냥 허용하려는 경우입니다.

```
declare function renderAButton(props: ButtonProps): void;
interface ButtonProps {
  title: string;
  onClick: () => void;
}

renderAButton({
  title: 'Roll the dice',
  onClick: () => alert(1 + Math.floor(6 * Math.random())),
    theme: 'Solarized',
  // ~~~~ 개체 리터럴은 알려진 속성만 지정할 수 있으며...
});
```

인덱스 시그니처를 추가하면 오류는 사라집니다.

```
interface ButtonProps {
  title: string;
  onClick: () => void;
  [otherProps: string]: unknown;
}

renderAButton({
  title: 'Roll the dice',
  onClick: () => alert(1 + Math.floor(20 * Math.random())),
  theme: 'Solarized',  // 정상
});
```

중요한 점은, title과 onClick은 여전히 원래 타입으로 체크된다는 것입니다. 만약 title에 숫자값을 넣는다면 오류가 발생할 것입니다.

또한 특정한 패턴에 맞는 추가 속성만 허용하는 방법도 가능합니다. 예를 들어 특정 웹 컴포넌트는 "data-"로 시작하는 임의의 속성을 허용합니다. 이러한 경우는 인덱스 시그니처와 템플릿 리터럴로 모델링할 수 있습니다. 더욱 자세한 설명은 아이템 54에서 다룹니다.

데이터 타입에 인덱스 시그니처를 추가할 때는 더욱 정확하게 모델링할 수 있는 다른 방법이 없을지 여러 번 점검해 보기 바랍니다. 예를 들어, 인덱스 타입을 포함하지 않는 `interface`, `Map`, 매핑된 타입, 또는 최소한 키의 타입을 제한할 수는 없을지 고민해 봐야 합니다.

요약

- 인덱스 시그니처의 단점을 이해해야 합니다. any 타입 못지 않게 타입의 안전성을 해치고 언어 서비스가 동작하지 못하게 만듭니다.
- 가능하다면 인덱스 시그니처보다 정확한 타입을 사용하는 것이 좋습니다. 예를 들어, `interface`, `Map`, `Record`, 매핑된 타입, 또는 제한된 키 영역의 인덱스 시그니처 사용을 생각해 볼 수 있습니다.

아이템 17 숫자 인덱스 시그니처 지양하기

자바스크립트는 이상하게 동작하기로 유명한 언어입니다. 그중 가장 악명 높은 것은 암시적 타입 강제와 관련된 부분입니다.

```
> "0" == 0
true
```

다행히도 암시적 타입 강제와 관련된 대부분의 문제는 ===와 !==를 사용해서 해결이 가능합니다.

자바스크립트 객체 모델에도 이상한 부분들이 있으며, 이 중 일부는 타입스크립트 타입 시스템으로 모델링되기 때문에 자바스크립트 객체 모델을 이해하는 것이 중요합니다. 이미 아이템 10에서 다룬 객체 래퍼 타입에서 이러한 이상한 특징을 살펴보았습니다. 이번 아이템에서는 또 다른 이상한 점을 다룹니다.

자바스크립트에서 객체란 키/값 쌍의 모음입니다. 키는 보통 문자열입니다(ES2015 이후로는 심벌일 수 있습니다). 그리고 값은 어떠한 것이든 될 수 있습니다.

파이썬이나 자바에서 볼 수 있는 '해시 가능(hashable)' 객체라는 개념이 자바스크립트에는 없습니다. 만약 사용자가 더 복잡한 객체를 키로 사용하려고 시도하면, `toString` 메서드가 자동으로 호출되어 객체를 문자열로 변환합니다.

```
> x = {}
{}
> x[[1, 2, 3]] = 2
2
> x
{ '1,2,3': 1 }
```

특히 숫자는 키로 사용할 수 없습니다. 만약 속성명으로 숫자를 사용하려고 시도하면, 자바스크립트 런타임은 해당 이름을 문자열로 변환합니다.

```
> { 1: 2, 3: 4 }
{ '1': 2, '3': 4 }
```

이번엔 배열을 알아보겠습니다. 배열은 분명히 객체입니다.

```
> typeof []
'object'
```

그러니 숫자 인덱스를 사용하는 것이 당연합니다.

```
> x = [1, 2, 3]
[ 1, 2, 3 ]
> x[0]
1
```

이상하게 보일지 모르지만, 앞의 인덱스들은 문자열로 변환되어 사용됩니다. 문자열 키를 사용해도 역시 배열의 요소에 접근할 수 있습니다.

```
> x['1']
2
```

`Object.keys`를 이용해 배열의 키를 나열해 보면, 키가 문자열로 출력됩니다.

```
> Object.keys(x)
[ '0', '1', '2' ]
```

타입스크립트는 숫자 키를 허용하며, 문자열 키와 다른 것으로 인식합니다. `Array`에 대한 타입 선언(아이템 6 참고)은, *lib.es5.d.ts*에서 확인할 수 있습니다.

```
interface Array<T> {
  // ...
  [n: number]: T;
}
```

런타임에는 ECMAScript 표준이 서술하는 것처럼 문자열 키로 인식하므로 이 코드는 완전히 가상이라고 할 수 있지만, 타입 체크 시점에 오류를 잡을 수 있어 유용합니다.

```
const xs = [1, 2, 3];
const x0 = xs[0];    // 정상
const x1 = xs['1'];  // 문자열 형태의 상수도 OK

const inputEl = document.getElementsByTagName('input')[0];
const xN = xs[inputEl.value];
//            ~~~~~~~~~~~~~ 인덱스 표현식이 'number' 타입이 아닙니다.
```

이 경우에는 `inputEl.valueAsNumber`가 더 적절하며, 이를 사용하면 오류도 사라집니다.

다시 한번 말하지만, 이 코드는 실제로 동작하지 않습니다. 그리고 타입스크립트 타입 시스템의 다른 것들과 마찬가지로 타입 정보는 런타임에 제거됩니다(아이템 3 참고). 한편, `Object.keys` 같은 구문은 여전히 문자열로 반환됩니다.

```
const keys = Object.keys(xs);
//    ^? const keys: string[]
```

다시 배열 이야기로 돌아오겠습니다. 인덱스 시그니처가 `number`로 표현되어 있다면 입력한 값이 `number`여야 한다는 것을 의미하지만, 실제 런타임에 사용되는 키는 `string` 타입입니다.

이 부분이 혼란스럽게 느껴질 수 있습니다. 일반적으로 string 대신 number를 타입의 인덱스 시그니처로 사용할 이유는 많지 않습니다. 만약 숫자를 사용해 인덱스할 항목을 지정한다면 Array 또는 튜플 타입을 대신 사용하게 될 것입니다. number를 인덱스 타입으로 사용하면 숫자 속성이 어떠한 특별한 의미를 지닌다는 오해를 불러 일으킬 수 있습니다.

한편, Array 타입이 사용하지도 않을 push나 concat 같은 다른 속성(프로토타입에서 상속된)을 가지는 것이 납득하기 어려울 수 있습니다. 납득하기 어렵다는 것은 구조적인 고려를 하고 있다는 뜻이기 때문에 타입스크립트를 잘 이해하고 있다고 볼 수 있습니다(아이템 4에서 다뤘습니다).

어떠한 길이를 가지는 배열과 비슷한 형태의 튜플을 사용하고 싶다면 타입스크립트에 있는 ArrayLike 타입을 사용하면 됩니다.

```
function checkedAccess<T>(xs: ArrayLike<T>, i: number): T {
  if (i < xs.length) {
    return xs[i];
  }
  throw new Error(`배열의 끝을 지나서 ${i}를 접근하려고 했습니다.`)
}
```

(타입스크립트에는 안전한 배열 접근을 위한 noUncheckedIndexedAccess 옵션도 있습니다. 아이템 48에서 자세히 설명합니다.)

ArrayLike에는 length와 숫자로 된 인덱스 시그니처만 존재합니다. 이름에서 알 수 있듯이, NodeList처럼 배열은 아니지만, 배열과 유사한 형태의 구조에 사용할 수 있습니다. 매우 드문 경우겠지만, 필요한 순간이 오면 일반 배열 대신 사용해야 합니다. 다만, 키 값은 여전히 문자열이라는 사실을 주의해야 합니다.

```
const tupleLike: ArrayLike<string> = {
  '0': 'A',
  '1': 'B',
  length: 2,
};  // 정상
```

만약 루프의 순회(iterate)를 위해 제너레이터 표현식을 함수에 전달해야 하는 경우라면, 대신 `Iterable` 타입을 사용할 수 있습니다(아이템 30에서 설명합니다).

자바스크립트와 타입스크립트의 객체 키 값은 문자열이거나 심벌입니다. 숫자 형태의 인덱스 타입은 단지 타입스크립트에서 배열 타입을 편하게 사용하기 위한 문법적 허용으로 생각하는 것이 좋습니다. 숫자 형태의 인덱스는 가상이라는 사실을 기억하고, 타입을 정의할 때는 숫자 형태를 사용하지 않아야 합니다.

요약

- 배열은 객체이므로 키는 숫자가 아니라 문자열입니다. 인덱스 시그니처로 사용된 `number` 타입은 버그를 잡기 위한 순수 타입스크립트 코드입니다.
- 인덱스 시그니처에 `number`를 사용하기보다 `Array`나 튜플, 또는 `ArrayLike` 타입을 사용하는 것이 좋습니다.

3장

Effective TypeScript Second Edition

타입 추론과 제어 흐름 분석

산업계에서 사용되는 프로그래밍 언어에서는 전통적으로 정적 타입과 명시적 타입이 같은 의미로 쓰였습니다. 그래서 C, C++, 자바에서는 타입을 직접 명시합니다. 그러나 학술계의 언어에서는 이 두 가지 타입을 결코 혼동해서 쓰지 않습니다. 학술계로 분류되는 ML과 하스켈 같은 언어는 오래전부터 정교한 타입 추론 시스템을 가지고 있었습니다. 학술계 언어의 발전에 대응해 기존 산업계의 언어에도 타입 추론 기능이 추가되기 시작했습니다. C++는 auto를 추가했고, 자바는 var를 추가했습니다. 신생 언어인 러스트와 스위프트는 처음부터 타입 추론 기능을 갖춘 채로 나왔습니다.

타입스크립트는 타입 추론을 적극적으로 수행합니다. 타입 추론은 수동으로 명시해야 하는 타입 구문의 수를 엄청나게 줄여 주기 때문에 코드의 전체적인 안전성이 향상됩니다. 타입스크립트 초보자와 숙련자는 사용하는 타입 구문의 양으로 구분됩니다. 숙련된 타입스크립트 개발자는 비교적 적은 수의 구문(그러나 중요한 부분에는 사용)을 사용합니다. 반면, 초보자의 코드는 불필요한 타입 구문으로 도배되어 있을 확률이 높습니다.

대부분의 언어는 변수에 타입이 정해져 있고 절대 변경되지 않습니다만, 타입스크립트는 조금 다릅니다. 타입스크립트에서 변수는 코드 내 위치에 따라 그에 맞는 타입을 가집니다. 그리고 주변 코드의 영향을 받아 타입이 변경되는 경우도 있는데, 이를 **제어 흐름 분석**이라고 부릅니다.

이번 장에서는 타입 추론과 제어 흐름 분석에서 발생할 수 있는 문제를 알아보고, 그 해결책을 안내합니다. 이번 장을 읽은 후에는 타입스크립트가 어떻게 타입을 추론하는지, 언제 타입 선언을 작성해야 하는지, 타입 추론이 가능하더라도 명시적으로 타입 선언을 작성하는 것이 필요한 상황은 언제인지 잘 이해할 수 있을 것입니다.

아이템 18 추론 가능한 타입을 사용해 장황한 코드 방지하기

타입스크립트를 처음 접한 개발자가 자바스크립트 코드를 포팅할 때 가장 먼저 하는 일은 타입 구문을 넣는 것입니다. 타입스크립트가 결국 타입을 위한 언어이기 때문에 변수를 선언할 때마다 타입을 명시해야 한다고 생각하기 때문입니다. 그러나 타입스크립트에서 타입 구문을 많이 사용할 필요는 없습니다. 다음과 같이 코드의 모든 변수에 타입을 선언하는 것은 비생산적이며 형편없는 스타일로 여겨집니다.

```
let x: number = 12;
```

다음처럼만 해도 충분합니다.

```
let x = 12;
```

편집기에서 x에 마우스 커서를 올려 보면, 타입이 number로 이미 추론되어 있음을 확인할 수 있습니다(그림 3-1 참고).

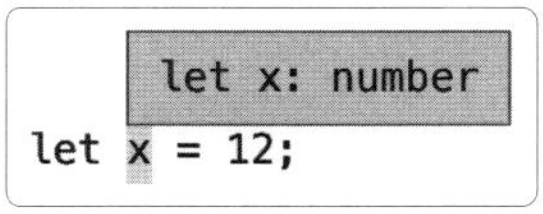

그림 3-1 x의 추론된 타입이 number입니다.

타입 추론이 된다면 명시적 타입 구문은 필요하지 않습니다. 오히려 방해가 될 뿐입니다. 만약 타입을 확신하지 못한다면 편집기를 통해 체크하면 됩니다.

타입스크립트는 더 복잡한 객체도 추론할 수 있습니다. 다음 예제를 보겠습니다.

```
const person: {
  name: string;
  born: {
    where: string;
    when:  string;
  };
  died: {
    where: string;
    when:  string;
  }
} = {
  name: 'Sojourner Truth',
  born: {
    where: 'Swartekill, NY',
    when: 'c.1797',
  },
  died: {
    where: 'Battle Creek, MI',
    when: 'Nov. 26, 1883'
  }
};
```

타입을 생략하고 다음처럼 작성해도 충분합니다.

```
const person = {
  name: 'Sojourner Truth',
  born: {
    where: 'Swartekill, NY',
    when: 'c.1797',
  },
  died: {
    where: 'Battle Creek, MI',
    when: 'Nov. 26, 1883'
  }
};
```

두 예제에서 person의 타입은 동일합니다. 값에 추가로 타입을 작성하는 것은 거추장스러울 뿐입니다(객체 리터럴에 대한 타입 추론은 아이템 20에서 더 자세히 다룹니다).

다음 예제처럼 배열의 경우도 객체와 마찬가지입니다. 타입스크립트는 입력을 받아 연산하는 함수가 어떠한 타입을 반환하는지 정확히 알고 있습니다.

```
function square(nums: number[]) {
  return nums.map(x => x * x);
}
const squares = square([1, 2, 3, 4]);
//    ^? const squares: number[]
```

타입스크립트는 여러분이 예상한 것보다 더 정밀하게 타입을 추론하기도 합니다. 예로, 다음 코드를 살펴보겠습니다.

```
const axis1: string = 'x';
//    ^? const axis1: string
const axis2 = 'y';
//    ^? const axis2: "y"
```

axis2 변수를 string으로 예상하기 쉽지만, 실제로는 타입스크립트가 추론한 "y"가 더욱 정확한 타입입니다. 반면, axis1에는 명시적으로 string 타입을 선언했는데, 이는 오히려 불필요하게 타입을 넓히고 타입 안전성을 해칩니다.

타입이 추론되면 리팩터링 역시 용이해집니다. Product 타입과 기록을 위한 함수를 가정해 보겠습니다.

```
interface Product {
  id: number;
  name: string;
  price: number;
}

function logProduct(product: Product) {
  const id: number = product.id;
  const name: string = product.name;
  const price: number = product.price;
  console.log(id, name, price);
}
```

그런데 id에 문자도 들어 있을 수 있음을 나중에 알게 되었다고 가정해 보겠습니다. 그래서 Product 내의 id의 타입을 변경합니다.

```
interface Product {
  id: string;
  name: string;
  price: number;
}
```

그러면 logProduct 내의 id 변수 선언에 있는 타입과 맞지 않기 때문에 오류가 발생합니다.

```
function logProduct(product: Product) {
  const id: number = product.id;
  //    ~~ 'string' 형식은 'number' 형식에 할당할 수 없습니다.
  const name: string = product.name;
  const price: number = product.price;
  console.log(id, name, price);
}
```

logProduct 함수 내의 명시적 타입 구문이 없었다면, 코드는 아무런 수정 없이도 타입 체커를 통과하고 런타임에도 잘 동작했을 것입니다.

logProduct는 구조 분해 할당을 사용해 각 지역 변수가 알아서 추론되도록 구현하는 것이 낫습니다.

```
function logProduct(product: Product) {
  const {id, name, price} = product;
  console.log(id, name, price);
}
```

여기에 추가로 명시적 타입 구문을 넣는다면 불필요한 타입 선언으로 인해 코드가 번잡해집니다.

```
function logProduct(product: Product) {
  const {id, name, price}: {id: string; name: string; price: number} = product;
  console.log(id, name, price);
}
```

주의할 점은 아이템 8에서 설명한 것처럼 구조 분해 할당 내부에 타입을 직접 지정할 수 없다는 것입니다. 만약 구조 분해 할당 내부에 타입을 지정하려 한다면 값 공간으로 인식되고 이름 변경 구문으로 인식하게 됩니다. 구조 분해 할당을 활용하면 변수명을 그대로 사용하면서 타입 추론까지 자연스럽게 이루어집니다. 따라서 구조 분해 할당 사용은 코드를 간결하게 만드는 좋은 방법입니다.

정보가 부족해서 타입스크립트가 스스로 타입을 판단하기 어려운 상황도 가끔 발생합니다. 그럴 때는 명시적 타입 구문이 필요합니다. `logProduct` 함수에서 매개변수 타입을 `Product`로 명시한 경우가 그 예입니다.

어떠한 언어들은 매개변수의 최종 사용처까지 참고해 타입을 추론하지만, 타입스크립트는 최종 사용처까지 고려하지 않습니다. 타입스크립트에서 변수의 타입은 일반적으로 처음 등장할 때 결정됩니다(다만, 중요한 예외가 있는데, 관련한 내용은 아이템 25에서 다룹니다).

이상적인 타입스크립트 코드는 함수/메서드 시그니처에 타입 구문을 포함하지만, 함수 내에서 생성된 지역 변수에는 타입 구문을 넣지 않습니다. 타입 구문을 생략해 방해되는 것들을 최소화하고 코드를 읽는 사람이 구현 로직에 집중할 수 있게 하는 것이 좋습니다.

함수 매개변수에 타입 구문을 생략하는 경우도 간혹 있습니다. 기본값이 있는 경우를 예로 들어 보겠습니다.

```
function parseNumber(str: string, base=10) {
  //                              ^? (parameter) base: number
  // ...
}
```

여기서 기본값이 `10`이기 때문에 `base`의 타입은 `number`로 추론됩니다.

보통 타입 정보가 있는 라이브러리에서, 콜백 함수의 매개변수 타입은 자동으로 추론됩니다. 다음 예제에서 express HTTP 서버 라이브러리를 사용하는 `request`와 `response`의 타입 선언은 필요하지 않습니다.

```
// 이렇게 하지 맙시다.
app.get('/health', (request: express.Request,
                    response: express.Response) => {
  response.send('OK');
});

// 이렇게 합시다.
app.get('/health', (request, response) => {
  //                ^? (parameter) request: Request<...>
  response.send('OK');
```

```
  // ^? (parameter) response: Response<...>
});
```

문맥이 타입 추론을 위해 어떻게 쓰이는지 아이템 24에서 더 자세히 다룹니다.

타입이 추론될 수 있음에도 여전히 타입을 명시하고 싶은 몇 가지 상황이 있습니다. 그중 하나는 객체 리터럴을 정의할 때입니다.

```
const elmo: Product = {
  name: 'Tickle Me Elmo',
  id: '048188 627152',
  price: 28.99,
};
```

이러한 정의에 타입을 명시하면, 잉여 속성 체크(아이템 11 참고)가 동작합니다. 잉여 속성 체크는 특히 선택적 속성이 있는 타입의 오타 같은 오류를 잡는 데 효과적입니다. 그리고 변수가 사용되는 순간이 아닌 할당하는 시점에 오류가 표시되도록 해 줍니다.

또한 오류가 정확한 위치에서 보고될 가능성도 높아집니다. 만약 타입 구문을 제거한다면 잉여 속성 체크가 동작하지 않고, 객체를 선언한 곳이 아니라 객체가 사용되는 곳에서 타입 오류가 발생합니다.

```
const furby  = {
  name: 'Furby',
  id: 630509430963,
  price: 35,
};
logProduct(furby);
//         ~~~~~ ... 형식의 인수는 'Product' 형식의 매개변수에 할당될 수 없습니다.
//               'id' 속성의 형식이 호환되지 않습니다.
//               'number' 형식은 'string' 형식에 할당할 수 없습니다.
```

규모가 큰 코드 베이스에서는 이러한 오류가 객체 정의와 명확하게 연결되지 않은 채로 다른 파일에서 발생할 수 있습니다. 그러나 타입 구문을 제대로 명시한다면, 실제로 실수가 발생한 부분에 오류를 표시해 줍니다.

```
const furby: Product = {
  name: 'Furby',
```

```
  id: 630509430963,
// ~ 'number' 형식은 'string' 형식에 할당할 수 없습니다.
  price: 35,
};
logProduct(furby);
```

마찬가지로 함수의 반환에도 타입을 명시해 오류를 방지할 수 있습니다. 타입 추론이 가능할지라도 구현상의 오류가 함수를 호출한 곳까지 영향을 미치지 않도록 하기 위해 타입 구문을 명시하는 것이 좋습니다. 이러한 명시는 특히 외부로 공개된 API의 일부를 익스포트할 때 중요합니다.

주식 시세를 조회하는 함수를 작성했다고 가정해 보겠습니다.

```
function getQuote(ticker: string) {
  return fetch(`https://quotes.example.com/?q=${ticker}`)
      .then(response => response.json());
}
```

이미 조회한 종목을 다시 요청하지 않도록 캐시를 추가합니다.

```
const cache: {[ticker: string]: number} = {};
function getQuote(ticker: string) {
  if (ticker in cache) {
    return cache[ticker];
  }
  return fetch(`https://quotes.example.com/?q=${ticker}`)
      .then(response => response.json())
      .then(quote => {
        cache[ticker] = quote;
        return quote;
      });
}
```

그런데 이 코드에서 getQuote의 추론된 반환 타입을 살펴보면 실수를 발견할 수 있습니다.

```
getQuote;
// ^? function getQuote(ticker: string): number | Promise<number>
```

getQuote는 항상 Promise를 반환하므로 if 구문에는 cache[ticker]가 아니라 Promise.resolve(cache[ticker])가 반환되도록 해야 합니다. 실행해 보면 오

류는 getQuote 내부가 아닌 getQuote를 호출한 코드에서 발생합니다.

```
getQuote('MSFT').then(considerBuying);
//               ~~~~ 'number | Promise<number>' 형식에 'then' 속성이 없습니다.
```

이때 의도된 반환 타입(Promise<number>)을 명시하면, 정확한 위치에 오류가 표시됩니다.

```
const cache: {[ticker: string]: number} = {};
function getQuote(ticker: string): Promise<number> {
  if (ticker in cache) {
    return cache[ticker];
    // ~~~ 'number' 형식은 'Promise<number>' 형식에 할당할 수 없습니다.
  }
  // ...
}
```

반환 타입을 명시하면, 내부 구현의 오류가 사용자 코드의 오류로 표시되지 않습니다. 특히 getQuote처럼 반환 구문이 여러 군데 존재하는 함수에 적용하면 좋은 방법입니다. 만약 모든 반환 구문이 같은 타입을 반환하는지 체크하려고 한다면, 반환 타입을 명시해서 작성자의 의도를 분명히 하는 것이 좋습니다(Promise와 관련된 특정 오류를 피하는 데 async 함수가 효과적입니다. async 함수에 대한 논의는 아이템 27에서 자세히 다루겠습니다).

오류의 위치를 제대로 표시해 주는 이점 외에도, 반환 타입을 명시해야 하는 이유가 두 가지 더 있습니다. 첫 번째는 반환 타입을 명시하면 함수에 대해 더욱 명확하게 알 수 있기 때문입니다. 반환 타입을 명시하려면 구현하기 전에 입력 타입과 출력 타입이 무엇인지 알아야 합니다. 추후에 코드가 조금 변경되어도 그 함수의 시그니처는 쉽게 바뀌지 않습니다. 미리 타입을 명시하는 방법은, 함수를 구현하기 전에 테스트를 먼저 작성하는 테스트 주도 개발(test driven development, TDD)과 비슷합니다. 전체 타입 시그니처를 먼저 작성하면 구현에 맞추어 주먹구구식으로 시그니처가 작성되는 것을 방지하고 원하는 모양을 제대로 얻을 수 있습니다.

반환값의 타입을 명시해야 하는 두 번째 이유는 명명된 타입을 사용하기 위해서입니다. 예로, 다음 함수에서는 반환 타입을 명시하지 않기로 했다고 가정해 보겠습니다.

```
interface Vector2D { x: number; y: number; }
function add(a: Vector2D, b: Vector2D) {
  return { x: a.x + b.x, y: a.y + b.y };
}
```

타입스크립트는 반환 타입을 `{ x: number; y: number; }`로 추론했습니다. 이러한 경우 `Vector2D`와 호환되지만, 입력이 `Vector2D`인데 반해, 출력은 `Vector2D`가 아니기 때문에 사용자 입장에서 당황스러울 수 있습니다(그림 3-2 참고).

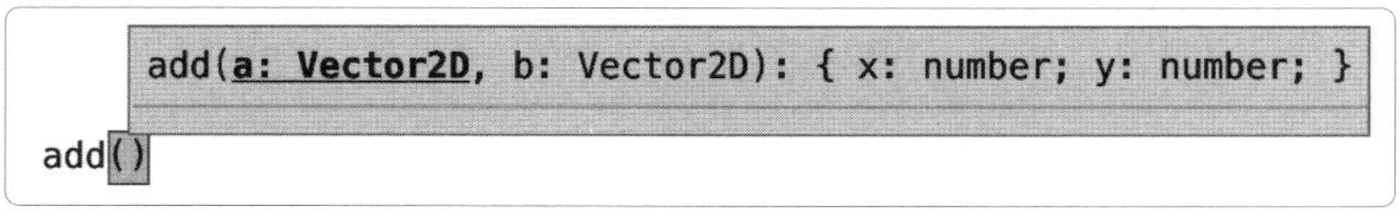

그림 3-2 add 함수의 매개변수는 명명된 타입을 가지지만, 추론된 반환 타입은 그렇지 않습니다.

반환 타입을 명시하면 더욱 직관적인 표현이 됩니다. 그리고 반환값을 별도의 타입으로 정의하면 타입에 대한 주석을 작성할 수 있어서(아이템 68 참고), 더욱 자세한 설명이 가능합니다. 추론된 반환 타입이 복잡해질수록 명명된 타입을 제공하는 이점은 커집니다.

마지막으로, 반환 타입을 명시한다는 것은 타입 추론이 필요 없다는 의미입니다. 이러한 작업이 대규모 코드 베이스에서는 컴파일 성능에도 영향을 줄 수 있습니다. 컴파일 성능과 빌드 속도가 느려질 때 참고할 정보는 아이템 78에서 소개합니다.

코드를 간결하게 하고 리팩터링을 용이하게 하기 위해서는 기본적으로 반환 타입을 명시하지 않는 것이 좋습니다. 다만, 함수에 여러 개의 반환 구문이 있거나, 공개 API이거나, 이름을 지정한 반환 타입이 필요하다면 반환 타입을 명시하는 것이 좋습니다.

린터(linter)를 사용하고 있다면 typescript-eslint 규칙 중에서 다음과 같이 `no-inferrable-types`(스펠링 주의, r이 두 개)을 사용해서 작성된 모든 타입 구문이 정말로 필요한지 확인할 수 있습니다.

요약

- 타입스크립트가 타입을 추론할 수 있다면 타입 구문을 작성하지 않는 것이 좋습니다.
- 이상적인 경우 함수/메서드의 시그니처에는 타입 구문이 있지만, 함수 내의 지역 변수에는 타입 구문이 없습니다.
- 추론될 수 있는 경우라도 객체 리터럴과 함수 반환에는 타입 명시를 고려해야 합니다. 이는 잉여 속성 체크를 가능하게 하고 내부 구현의 오류가 사용자 코드 위치에 나타나는 것을 방지해 줍니다.
- 반환 구문이 여러 개 있거나, 공개 API이거나, 명명된 타입을 원하는 경우에만 반환 타입을 명시하는 것이 좋습니다.

아이템 19 다른 타입에는 다른 변수 사용하기

자바스크립트에서는 한 변수를 다른 목적을 가지는 다른 타입으로 재사용해도 됩니다.

```
let productId = "12-34-56";
fetchProduct(productId);  // string으로 사용

productId = 123456;
fetchProductBySerialNumber(productId);  // number로 사용
```

반면, 타입스크립트에서는 두 가지 오류가 발생합니다.

```
let productId = "12-34-56";
fetchProduct(productId);

productId = 123456;
// ~~~~~~ 'number' 형식은 'string' 형식에 할당할 수 없습니다.
fetchProductBySerialNumber(productId);
//                         ~~~~~~~~~
// 'string' 형식의 인수는 'number' 형식의 매개변수에 할당될 수 없습니다.
```

편집기에서 첫 번째 `productId` 위에 마우스 커서를 올려 놓으면 무엇이 문제인지 알 수 있습니다(그림 3-3 참고).

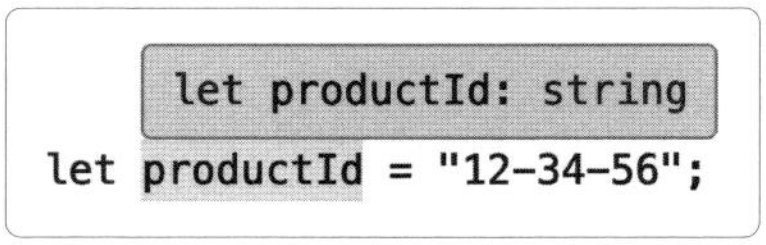

그림 3-3 추론된 productId의 타입은 string입니다.

타입스크립트는 "12-34-56"이라는 값을 보고, productId의 타입을 string으로 추론했습니다. string 타입에는 number 타입을 할당할 수 없기 때문에 오류가 발생합니다.

여기서 '변수의 값은 바뀔 수 있지만, 그 타입은 보통 바뀌지 않는다'는 중요한 관점을 알 수 있습니다. 타입을 바꿀 수 있는 한 가지 방법은 범위를 좁히는 것인데(아이템 22 참고), 새로운 변숫값을 포함하도록 확장하는 것이 아니라 타입을 더 작게 제한하는 것입니다. 이 관점에 반하는 타입 지정 방법(아이템 25 참고)도 있는데, 이 방법은 어디까지나 예외이지 규칙은 아닙니다.

이제 오류가 발생한 앞의 예제를 고쳐 보겠습니다. productId의 타입을 바꾸지 않으려면, string과 number를 모두 포함할 수 있도록 타입을 확장하면 됩니다. string|number로 표현하며, 이러한 형태를 유니온 타입이라고 부릅니다.

```
let productId: string | number = "12-34-56";
fetchProduct(productId);

productId = 123456;                       // 정상
fetchProductBySerialNumber(productId);  // 정상
```

타입스크립트는 첫 번째 함수 호출에서 productId를 string으로, 두 번째 호출에서는 number라고 제대로 판단합니다. 할당문에서 유니온 타입으로 범위가 좁혀졌기 때문입니다.

유니온 타입으로 코드가 동작하기는 하겠지만, 더 많은 문제가 생길 수 있습니다. productId를 사용할 때마다 값이 어떠한 타입인지 확인해야 하기 때문에 유니온 타입은 string이나 number 같은 간단한 타입에 비해 다루기 더 어렵습니다. 차라리 별도의 변수를 도입하는 것이 낫습니다.

```
const productId = "12-34-56";
fetchProduct(productId);
```

```
const serial = 123456;                // 정상
fetchProductBySerialNumber(serial);   // 정상
```

앞의 예제에서 첫 번째 productId와 재사용한 두 번째 productId는 서로 관련이 없었습니다. 그냥 변수를 재사용했을 뿐입니다. 변수를 무분별하게 재사용하면 타입 체커와 사람 모두에게 혼란을 줄 뿐입니다. 다른 타입에는 별도의 변수를 사용하는 것이 바람직한 이유는 다음과 같습니다.

- 서로 관련이 없는 두 개의 값을 분리합니다(ID와 시리얼 번호).
- 변수명을 더 구체적으로 지을 수 있습니다.
- 타입 추론을 향상시키며, 타입 구문이 불필요해집니다.
- 타입이 좀 더 간결해집니다(string|number 대신 string과 number를 사용).
- let 대신 const로 변수를 선언합니다. const로 변수를 선언하면 코드가 간결해지고, 타입 체커가 타입을 추론하기에도 좋습니다.

타입이 바뀌는 변수는 되도록 피해야 하며, 목적이 다른 곳에는 별도의 변수명을 사용해야 합니다. 그래야 사람과 타입 체커 모두에게 명료한 코드가 됩니다. let보다 const가 훨씬 많아야 합니다.

그런데 지금까지 이야기한 재사용되는 변수와, 다음 예제에 나오는 가려진(shadowed) 변수를 혼동해서는 안 됩니다.

```
const productId = "12-34-56";
fetchProduct(productId);

{
  const productId = 123456;                // 정상
  fetchProductBySerialNumber(productId);   // 정상
}
```

여기서 두 productId는 이름이 같지만, 실제로는 서로 아무런 관계가 없습니다. 그러므로 각기 다른 타입으로 사용되어도 문제없습니다. 그런데 변수명은 같은데 타입이 다르다면, 타입스크립트 코드는 잘 동작할지 몰라도 사람에게 혼란을 줄 수 있습니다. 다시 한번 말하지만 목적이 다른 곳에는 별도의 변수

명을 사용하기 바랍니다. 많은 개발팀이 no-shadow 같은 린터 규칙을 통해 '가려진 변수'를 사용하지 못하도록 규정하고 있습니다.

이번 아이템에서는 변수에 기본형 타입을 할당하는 방법을 다뤘습니다. 변수에 객체를 할당하는 방법은 아이템 21에서 다룹니다.

요약

- 변수의 값은 바뀔 수 있지만, 타입은 일반적으로 바뀌지 않습니다.
- 혼란을 막기 위해 타입이 다른 값을 다룰 때에는 변수를 재사용하지 않도록 합니다.

아이템 20 변수의 타입이 결정되는 원리 이해하기

아이템 7에서 설명한 것처럼 런타임에 모든 변수는 유일한 값을 가집니다. 그러나 타입스크립트가 작성된 코드를 체크하는 정적 분석 시점에, 변수는 할당 가능한 값의 집합인 타입을 가집니다. 상수를 사용해서 변수를 초기화할 때 타입을 명시하지 않으면 타입 체커는 타입을 결정해야 합니다. 이 말은 지정된 단일 값을 가지고 할당 가능한 값의 집합을 유추해야 한다는 뜻입니다. 타입스크립트에서는 이러한 과정을 **타입 넓히기**(widening)라고 부릅니다. 넓히기 과정을 이해한다면 오류의 원인을 파악하고 타입 구문을 더 효과적으로 사용할 수 있을 것입니다.

벡터를 다루는 라이브러리를 작성한다고 가정해 보겠습니다. 3D 벡터에 대한 타입과 그 요소들의 값을 얻는 함수를 작성합니다.

```
interface Vector3 { x: number; y: number; z: number; }
function getComponent(vector: Vector3, axis: 'x' | 'y' | 'z') {
  return vector[axis];
}
```

Vector3 함수를 사용하는 다음 코드는 런타임에 오류 없이 실행되지만, 편집기에서는 오류가 표시됩니다.

```
let x = 'x';
let vec = {x: 10, y: 20, z: 30};
getComponent(vec, x);
//               ~ 'string' 형식의 인수는 '"x" | "y" | "z"'
//                 형식의 매개변수에 할당될 수 없습니다.
```

실행은 잘 됩니다. 그런데 왜 편집기에서는 오류를 표시하는 것일까요?

getComponent 함수는 두 번째 매개변수에 "x" | "y" | "z" 타입을 기대했지만, x의 타입은 할당 시점에 넓히기가 동작해서 string으로 추론되었습니다. string 타입은 "x" | "y" | "z" 타입에 할당이 불가능하므로 오류가 표시된 것입니다.

타입 넓히기가 진행될 때, 주어진 값으로 추론 가능한 타입이 여러 개이기 때문에 과정이 상당히 모호합니다. 다음 코드를 예로 들어 보겠습니다.

```
const mixed  = ['x',  1];
```

mixed의 타입이 어떻게 추론되는지 살펴보겠습니다. 다음은 mixed의 타입이 될 수 있는 후보입니다. 후보가 상당히 많은 걸 알 수 있습니다.

- ('x' | 1)[]
- ['x', 1]
- [string, number]
- readonly [string, number]
- (string|number)[]
- readonly (string|number)[]
- [any, any]
- any[]

정보가 충분하지 않다면 mixed가 어떠한 타입으로 추론되어야 하는지 알 수 없습니다. 그러므로 타입스크립트는 작성자의 의도를 추측합니다(이 경우에는 (string|number)[]로 추측합니다). 그러나 타입스크립트가 아무리 영리하더라도 사람의 마음까지 읽을 수는 없으므로 추측한 답이 항상 옳을 수 없습니다.

처음의 예제에서 타입스크립트는 다음 예제와 같은 코드를 예상했기 때문에

x의 타입을 string으로 추론했습니다.

```
let x = 'x';
x = 'a';
x = 'Four score and seven years ago...';
```

자바스크립트에서는 다음처럼 작성해도 유효합니다.

```
let x = 'x';
x = /x|y|z/;
x = ['x', 'y', 'z'];
```

타입스크립트는 x의 타입을 string으로 추론할 때, 명확성과 유연성 사이의 균형을 유지하려고 합니다. 일반적인 규칙은 변수가 선언된 후로는 타입이 바뀌지 않아야 하므로(아이템 19 참고), string|RegExp나 string|string[]이나 any보다는 string을 사용하는 것이 낫습니다.

let으로 할당된 기본형 값은 일반적으로 '기본 타입'으로 확장됩니다. 예를 들어, "x"는 string으로, 39는 number로, true는 boolean으로 확장됩니다(null과 undefined는 다르게 취급되며 아이템 25에서 다룹니다).

타입스크립트는 넓히기 과정을 제어할 수 있도록 몇 가지 방법을 제공합니다. 넓히기 과정을 제어할 수 있는 첫 번째 방법은 const입니다. 만약 let 대신 const로 변수를 선언하면 더 좁은 타입이 됩니다. 실제로 const를 사용하면 앞에서 발생한 오류가 해결됩니다.

```
const x = 'x';
//    ^? const x: "x"
let vec = {x: 10, y: 20, z: 30};
getComponent(vec, x);  // 정상
```

이제 x는 재할당될 수 없으므로 타입스크립트는 의심의 여지없이 더 좁은 타입("x")으로 추론할 수 있습니다. 그리고 문자 리터럴 타입 "x"는 "x"|"y"|"z"에 할당 가능하므로 코드가 타입 체커를 통과합니다.

그러나 const는 만능이 아닙니다. 객체와 배열의 경우에는 여전히 문제가 있습니다. 이번 아이템 초반에 있는 mixed 예제(const mixed = ['x', 1];)은 배열에 대한 문제를 보여 줍니다. 튜플 타입으로 추론해야 할지, 요소들은 어떠한 타입으로 추론해야 할지 알 수 없습니다. 비슷한 문제가 객체에서도 발생합니다. 다음 코드는 자바스크립트에서 정상입니다.

```
const obj = {
  x: 1,
};
obj.x = 3;
obj.x = '3';
obj.y = 4;
obj.z = 5;
obj.name = 'Pythagoras';
```

obj의 타입은 구체적인 정도에 따라 다양한 모습으로 추론될 수 있습니다. 가장 구체적인 경우라면 {readonly x: 1}입니다. 조금 추상적으로는 {x: number}입니다. 조금 더 추상적이라면 {[key: string]: number} 또는 object가 될 것입니다. 가장 추상적이라면 any 또는 unknown이 될 것입니다.

객체의 경우 타입스크립트의 넓히기 알고리즘은 각 요소를 let으로 할당된 것처럼 다룹니다. 그래서 obj의 타입은 {x: number}가 됩니다. 덕분에 obj.x를 다른 숫자로 재할당할 수 있게 되지만, string으로는 할당할 수 없습니다. 그리고 다른 속성을 추가하지도 못합니다(따라서 객체를 한 번에 만들어야 합니다. 자세한 내용은 아이템 21에서 다룹니다).

따라서 다음 코드는 마지막 네 문장에서 오류가 발생합니다.

```
const obj = {
  x: 1,
};
obj.x = 3;  // 정상
obj.x = '3';
// ~ 'string' 형식은 'number' 형식에 할당할 수 없습니다.
obj.y = 4;
// ~ '{ x: number; }' 형식에 'y' 속성이 없습니다.
obj.z = 5;
// ~ '{ x: number; }' 형식에 'z' 속성이 없습니다.
obj.name = 'Pythagoras';
// ~~~~ '{ x: number; }' 형식에 'name' 속성이 없습니다.
```

앞에서 언급했듯이 타입스크립트는 명확성과 유연성 사이의 균형을 유지하려고 합니다. 오류를 잡기 위해서는 충분히 구체적으로 타입을 추론해야 하지만, 잘못된 추론(false positive)을 할 정도로 구체적으로 수행하지는 않습니다. 예를 들어, 1과 같은 값으로 초기화되는 속성을 적당히 number의 타입으로 추론합니다.

타입 추론의 강도를 직접 제어하려면 타입스크립트의 기본 동작을 재정의해야 합니다. 타입스크립트의 기본 동작을 재정의하는 세 가지 방법이 있습니다. 첫 번째, 명시적 타입 구문을 제공하는 것입니다.

```
const obj: { x: string | number } = { x: 1 };
//    ^? const obj: { x: string | number; }
```

두 번째, 타입 체커에 추가적인 문맥을 제공하는 것입니다(예: 함수의 매개변수로 값을 전달하는 것). 아이템 24는 타입 추론 과정에서 문맥의 역할에 대한 자세한 내용을 다룹니다.

세 번째, const 단언문을 사용하는 것입니다. const 단언문을 변수 선언에 쓰이는 let이나 const와 혼동해서는 안 됩니다. const 단언문은 온전히 타입 공간에서만 통용되는 기법입니다. 다음 예제를 통해 각 변수에 추론된 타입의 차이점을 살펴보겠습니다.

```
const obj1 = { x: 1, y: 2 };
//    ^? const obj1: { x: number; y: number; }
const obj2 = { x: 1 as const, y: 2 };
//    ^? const obj2: { x: 1; y: number; }
const obj3 = { x: 1, y: 2 } as const;
//    ^? const obj3: { readonly x: 1; readonly y: 2; }
```

값 뒤에 as const를 작성하면, 타입스크립트는 최대한 좁은 타입으로 추론합니다. obj3에는 넓히기가 동작하지 않았습니다. obj3이 진짜 상수라면, 주석에 보이는 추론된 타입이 실제로 원하는 형태일 것입니다. 또한 배열을 튜플 타입으로 추론할 때에도 as const를 사용할 수 있습니다.

```
const arr1 = [1, 2, 3];
//    ^? const arr1: number[]
```

```
const arr2 = [1, 2, 3] as const;
//    ^? const arr2: readonly [1, 2, 3]
```

const 단언문과 타입 단언문(as T)이 비슷해 보이지만, 혼동해서는 안 됩니다. 타입 단언문은 가급적 사용하지 않는 것이 좋지만(아이템 9 참고), const 단언문은 타입 안전성을 해치지 않으므로 얼마든지 사용해도 괜찮습니다.

배열 타입을 튜플 타입으로 추론되도록 하면서도, 튜플 내부의 각 요소를 베이스 타입 또는 적당한 공통 타입으로 만들 수 있는 간단한 기법이 있습니다.

```
function tuple<T extends unknown[]>(...elements: T) { return elements; }

const arr3 = tuple(1, 2, 3);
//    ^? const arr3: [number, number, number]
const mix = tuple(4, 'five', true);
//    ^? const mix: [number, string, boolean]
```

tuple 함수는 런타임에 아무런 역할도 하지 않지만, 우리가 원하는 타입으로 추론될 수 있도록 만들어 줍니다. 추론을 도와줄 수 있는 다른 함수로는 자바스크립트의 Object.freeze가 있습니다.

```
const frozenArray = Object.freeze([1, 2, 3]);
//    ^? const frozenArray: readonly number[]
const frozenObj = Object.freeze({x: 1, y: 2});
//    ^? const frozenObj: Readonly<{ x: 1; y: 2; }>
```

const 단언문처럼, Object.freeze는 추론된 타입을 readonly로 만들어 줍니다(겉보기에 obj3과 조금 달라 보이지만, 정확히 동일한 타입입니다). const 단언문과 다른 점이라면, Object.freeze는 자바스크립트 런타임 시점에 동작한다는 것입니다. 또한 freeze와 readonly는 얕은(shallow) 반면, const 단언문은 깊게(deep) 동작합니다. 아이템 14에서 readonly를 사용해서 실수를 방지하는 방법을 다룹니다.

마지막 네 번째로, satisfies 연산자가 있습니다. 이 연산자는 어떠한 값이 타입의 요건을 만족하는지 판단해, 타입스크립트가 너무 넓게 타입을 추론하지 않도록 방지하는 역할을 합니다. 다음 예제를 보겠습니다.

```
type Point = [number, number];
const capitals1 = { ny: [-73.7562, 42.6526], ca: [-121.4944, 38.5816] };
//    ^? const capitals1: { ny: number[]; ca: number[]; }

const capitals2 = {
  ny: [-73.7562, 42.6526], ca: [-121.4944, 38.5816]
} satisfies Record<string, Point>;
capitals2
// ^? const capitals2: { ny: [number, number]; ca: [number, number]; }
```

타입스크립트는 capitals1의 객체 리터럴 내부 값들을 let으로 선언한 것과 같은 수준인 number[] 타입으로 추론했습니다. 그러나 capitals2의 객체 리터럴처럼 satisfies 연산자를 추가하면, Point 타입 이상으로 넓어지는 것을 방지할 수 있습니다.

같은 타입을 선언 구문에 배치해 보겠습니다.

```
const capitals3: Record<string, Point> = capitals2;
capitals3.pr;  // undefined at runtime
//        ^? Point
capitals2.pr;
//        ~~ '{ ny: ...; ca: ...; }' 형식에 'pr' 속성이 없습니다.
```

이처럼 satisfies 연산자를 사용하면 객체의 속성명이 정확하게 명시되므로 오류를 방지하는 데 도움이 됩니다.

satisfies 연산자는 객체의 일부가 할당 불가능한 경우의 오류도 알려 줍니다.

```
const capitalsBad = {
  ny: [-73.7562, 42.6526, 148],
// ~ '[number, number, number]' 형식은 'Point' 형식에 할당할 수 없습니다.
  ca: [-121.4944, 38.5816, 26],
// ~ '[number, number, number]' 형식은 'Point' 형식에 할당할 수 없습니다.
} satisfies Record<string, Point>;
```

이처럼 객체를 사용하는 위치가 아닌 객체를 정의하는 시점에서 오류를 알 수 있기 때문에 const 단언문보다 낫다고 할 수 있습니다.

타입 넓히기로 인해 오류가 발생한다고 생각되면, let 대신 const로 바꾸거나, 타입을 명시하거나, tuple이나 Object.freeze 같은 헬퍼 함수를 사용하거나, const 단언문을 추가하거나, satisfies 연산자를 사용하는 것을 고려해야 합니다. 그리고 타입 넓히기를 방지하는 코드들을 추가하면서, 타입 추론이 어떻게 변화하는지 편집기에서 주기적으로 타입을 살펴보기 바랍니다(아이템 6에서 설명한 바 있습니다).

요약

- 타입스크립트가 넓히기를 통해 상수의 타입을 추론하는 법을 이해해야 합니다.
- 동작에 영향을 줄 수 있는 방법인 const, 타입 구문, 문맥, 헬퍼 함수, as const, satisfies에 익숙해져야 합니다.

아이템 21 한꺼번에 객체 생성하기

아이템 19에서 설명했듯이 변숫값은 변경될 수 있지만, 타입스크립트의 타입은 일반적으로 변경되지 않습니다. 이러한 특성 덕분에 일부 자바스크립트 패턴을 타입스크립트로 모델링하는 것이 쉬워집니다. 즉, 객체를 생성할 때는 속성을 하나씩 추가하기보다는 여러 속성을 포함해서 한꺼번에 생성해야 타입 추론에 유리합니다.

다음은 자바스크립트에서 2차원 점을 표현하는 객체를 생성하는 방법입니다.

```
const pt = {};
pt.x = 3;
pt.y = 4;
```

타입스크립트에서는 각 할당문에 오류가 발생합니다.

```
const pt = {};
//    ^? const pt: {}
pt.x = 3;
// ~ '{}' 형식에 'x' 속성이 없습니다.
pt.y = 4;
// ~ '{}' 형식에 'y' 속성이 없습니다.
```

왜냐하면 첫 번째 줄의 pt 타입은 {} 값을 기준으로 추론되기 때문입니다. 존재하지 않는 속성을 추가할 수는 없습니다.

만약 Point 인터페이스를 정의한다면 오류가 다음처럼 바뀝니다.

```
interface Point  { x: number; y: number; }
const pt: Point  = {};
//    ~~ '{}' 형식에 'Point' 형식의 x, y 속성이 없습니다.
pt.x = 3;
pt.y = 4;
```

타입 단언문이 해결책처럼 보일 수도 있습니다.

```
const pt = {} as Point;
//    ^? const pt: Point
pt.x = 3;
pt.y = 4;  // 정상
```

이 방법의 문제점은 pt에 모든 속성이 할당되었는지 타입스크립트가 체크하지 않는다는 것입니다. 만약 pt.y를 할당하지 않았다면, 타입 체커는 문제라고 인식하지 않을 것이고 실제로는 NaN 또는 런타임 오류가 발생할 것입니다. 아이템 9에서 설명한 것처럼, 타입 단언을 처음부터 고려해서는 안 됩니다.

이 문제들은 타입 선언과 객체를 한 번에 정의하면 해결할 수 있습니다.

```
const pt: Point = {
  x: 3,
  y: 4,
};
```

작은 객체들을 조합해서 큰 객체를 만들어야 하는 경우에도 여러 단계를 거치는 것은 좋지 않은 생각입니다.

```
const pt = {x: 3, y: 4};
const id = {name: 'Pythagoras'};
const namedPoint = {};
Object.assign(namedPoint, pt, id);
namedPoint.name;
//         ~~~~ '{}' 형식에 'name' 속성이 없습니다.
```

다음과 같이 **객체 전개 연산자** `...`를 사용하면 큰 객체를 한꺼번에 만들어 낼 수 있습니다.

```
const namedPoint = {...pt, ...id};
//    ^? const namedPoint: { name: string; x: number; y: number; }
namedPoint.name;  // 정상
//         ^? (property) name: string
```

객체 전개 연산자를 사용하면 타입 걱정 없이 필드 단위로 객체를 생성할 수도 있습니다. 이때 모든 업데이트마다 새 변수를 사용해 각각 새로운 타입을 얻도록 하는 것이 중요합니다(아이템 19을 참고하세요).

```
const pt0 = {};
const pt1 = {...pt0, x: 3};
const pt: Point  = {...pt1, y: 4};  // 정상
```

예제 마지막 줄의 타입 선언은 필요한 모든 속성이 추가되었는지 보장해 줍니다. 이 방법은 간단한 객체를 만들기 위해 우회하기는 했지만, 객체에 속성을 추가하고 타입스크립트가 새로운 타입을 추론할 수 있게 해 주므로 유용합니다.

타입에 안전한 방식으로 조건부 속성을 추가하려면, 속성을 추가하지 않는 부정(falsy)에 해당하는 값들(`null`, `undefined`, `false` 등) 또는 `{}`으로 객체 전개를 사용하면 됩니다.

```
declare let hasMiddle: boolean;
const firstLast = {first: 'Harry', last: 'Truman'};
const president = {...firstLast, ...(hasMiddle ? {middle: 'S'} : {})};
//    ^? const president: {
//         middle?: string;
//         first: string;
//         last: string;
//       }
// or: const president = {...firstLast, ...(hasMiddle && {middle: 'S'})};
```

편집기에서 `president` 심벌에 마우스 커서를 올려 보면, 타입이 선택적 속성을 가진 것으로 추론된다는 사실을 확인할 수 있습니다.

전개 연산자와 조건 연산자로 한꺼번에 여러 속성을 추가할 수도 있습니다.

```
declare let hasDates: boolean;
const nameTitle = {name: 'Khufu', title: 'Pharaoh'};
const pharaoh = { ...nameTitle, ...(hasDates && {start: -2589, end: -2566})};
//    ^? const pharaoh: {
//         start?: number;
//         end?: number;
//         name: string;
//         title: string;
//       }
```

이 경우는 start와 end가 선택적 필드가 됩니다. 즉, start 속성을 사용할 때는 undefined일 가능성이 있다는 사실을 염두에 두어야 합니다.

```
const {start} = pharaoh;
//     ^? const start: number | undefined
```

가끔 객체나 배열을 변환해서 새로운 객체나 배열을 생성하고 싶을 수 있습니다. 이러한 경우 루프 대신 내장된 함수형 기법 또는 로대시(Lodash) 같은 유틸리티 라이브러리를 사용하는 편이 '한꺼번에 객체 생성하기' 관점에서 봤을 때 옳습니다. 관련한 내용은 아이템 27에서 더 자세히 다루겠습니다.

요약

- 속성을 제각각 추가하지 말고 한꺼번에 객체로 만들어야 합니다.
- 안전한 타입으로 속성을 추가하려면 객체 전개(`{...a, ...b}`)를 사용하면 됩니다.
- 객체에 조건부로 속성을 추가하는 방법을 익히도록 합니다.

아이템 22 타입 좁히기

타입 넓히기의 반대는 **타입 좁히기**입니다. 타입 좁히기는 타입스크립트가 넓은 타입으로부터 좁은 타입으로 추론해 나가는 과정을 말합니다. 아마도 가장 일반적인 예시는 null 체크일 것입니다.

```
const elem = document.getElementById('what-time-is-it');
//    ^? const elem: HTMLElement | null
if (elem) {
  elem.innerHTML = 'Party Time'.blink();
  // ^? const elem: HTMLElement
} else {
  elem
  // ^? const elem: null
  alert('No element #what-time-is-it');
}
```

만약 elem이 null이라면, 분기문의 첫 번째 블록이 실행되지 않습니다. 즉, 첫 번째 블록에서 HTMLElement | null 타입의 null을 제외하므로 더 좁은 타입이 되어 작업이 훨씬 쉬워집니다. 타입 체커는 일반적으로 이러한 조건문에서 타입 좁히기를 잘 해내지만, 타입 별칭이 존재한다면 그러지 못할 수도 있습니다. 타입 별칭에 대한 내용은 아이템 23에서 다루겠습니다.

코드 내에서 elem이라는 심벌이 이름은 같지만, 다른 위치에서 다른 타입을 가진다는 사실에 주의해야 합니다. 이는 C++, 자바, 러스트 같은 언어와는 사뭇 다른 동작 방식입니다. C++, 자바, 러스트 같은 언어는 변수가 사용되는 범위 내에서는 단일 타입을 가지기 때문에 특정 부분에서만 타입을 좁히고 싶다면 새로운 변수를 정의해야 합니다. 그러나 타입스크립트의 심벌은 특정 위치에서 특정 타입을 가집니다. 앞의 설명이 의아하게 여겨질 수 있지만, 이번 아이템의 내용을 익힌다면 타입스크립트의 이점을 살리면서도 간결한 코드를 작성할 수 있을 것입니다.

분기문에서 예외를 던지거나 함수를 반환해 블록의 나머지 부분에서 변수의 타입을 좁힐 수도 있습니다. 예를 들어 보겠습니다.

```
const elem = document.getElementById('what-time-is-it');
//    ^? const elem: HTMLElement | null
if (!elem) throw new Error('Unable to find #what-time-is-it');
elem.innerHTML = 'Party Time'.blink();
// ^? const elem: HTMLElement
```

이외에도 타입을 좁히는 방법은 많습니다. 다음은 instanceof를 사용해서 타입을 좁히는 예제입니다.

```
function contains(text: string, search: string | RegExp) {
  if (search instanceof RegExp) {
    return !!search.exec(text);
    //      ^? (parameter) search: RegExp
  }
  return text.includes(search);
  //                   ^? (parameter) search: string
}
```

속성 체크로도 타입을 좁힐 수 있습니다.

```
interface Apple { isGoodForBaking: boolean; }
interface Orange { numSlices: number; }
function pickFruit(fruit: Apple | Orange) {
  if ('isGoodForBaking' in fruit) {
    fruit
    // ^? (parameter) fruit: Apple
  } else {
    fruit
    // ^? (parameter) fruit: Orange
  }
  fruit
  // ^? (parameter) fruit: Apple | Orange
}
```

`Array.isArray` 같은 일부 내장 함수로도 타입을 좁힐 수 있습니다.

```
function contains(text: string, terms: string | string[]) {
  const termList = Array.isArray(terms) ? terms : [terms];
  //    ^? const termList: string[]
  // ...
}
```

타입스크립트는 일반적으로 조건문에서 타입을 좁히는 데 매우 능숙합니다. 그러나 타입을 섣불리 판단하는 실수를 저지르기 쉬우므로 코드를 작성할 때 다시 한번 꼼꼼히 따져 봐야 합니다. 예를 들어, 다음 예제는 유니온 타입에서 `null`을 제외하기 위해 잘못된 방법을 사용했습니다.

```
const elem = document.getElementById('what-time-is-it');
//    ^? const elem: HTMLElement | null
if (typeof elem === 'object') {
```

```
  elem;
  // ^? const elem: HTMLElement | null
}
```

자바스크립트에서 typeof null이 "object"이기 때문에, if 구문에서 null이 제외되지 않았습니다.[1] 또한 기본형 값이 잘못되어도 비슷한 사례가 발생합니다.

```
function maybeLogX(x?: number | string | null) {
  if (!x) {
    console.log(x);
    //          ^? (parameter) x: string | number | null | undefined
  }
}
```

빈 문자열과 0 모두 참이 아니기 때문에 타입은 전혀 좁혀지지 않았고 x는 여전히 블록 내에서 string 또는 number가 됩니다.

타입을 좁히는 또 다른 보편적인 방법은 명시적 태그를 붙이는 것입니다.

```
interface UploadEvent { type: 'upload'; filename: string; contents: string }
interface DownloadEvent { type: 'download'; filename: string; }
type AppEvent = UploadEvent | DownloadEvent;

function handleEvent(e: AppEvent) {
  switch (e.type) {
    case 'download':
      console.log('Download', e.filename);
      //                     ^? (parameter) e: DownloadEvent
      break;
    case 'upload':
      console.log('Upload', e.filename, e.contents.length, 'bytes');
      //                   ^? (parameter) e: UploadEvent
      break;
  }
}
```

이 패턴은 태그된 유니온(tagged union) 또는 구별된 유니온(discriminated union)이라고 불리며, 타입스크립트 어디에서나 찾아볼 수 있습니다. 자세한

1 자바스크립트 내부 구현에서는 객체를 타입 태그와 값으로 표현합니다. 객체의 태그는 0이고, null은 널 포인터(0x0)로 다루고 있습니다. 그래서 typeof null은 "object"가 됩니다. 표준 위원회는 2011년에 이 버그를 고치려고 시도했지만, 너무 많은 웹사이트에서 문제가 발생했습니다.

내용은 4장에서 다룹니다. switch 구문을 사용할 때는 모든 분기 가능성을 커버하는지 점검하는 것이 좋습니다. 더 자세한 내용은 아이템 59에서 다룹니다.

만약 타입스크립트가 타입을 식별하지 못한다면, 식별을 돕기 위해 커스텀 함수를 도입할 수 있습니다.

```
function isInputElement(el: HTMLElement): el is HTMLInputElement {
  return 'value' in el;
}

function getElementContent(el: HTMLElement) {
  if (isInputElement(el)) {
    return el.value;
    //     ^? (parameter) el: HTMLInputElement
  }
  return el.textContent;
  //     ^? (parameter) el: HTMLElement
}
```

이러한 기법을 **사용자 정의 타입 가드**라고 합니다. 반환 타입의 el is HTMLInputElement는 함수의 반환이 true인 경우, 타입 체커에게 매개변수의 타입을 좁힐 수 있다고 알려 줍니다.

일부 함수는 타입 가드를 활용해 배열이나 객체의 타입을 좁힐 수 있습니다. 배열의 filter 메서드의 활용 사례는 다음과 같습니다.

```
const formEls = document.querySelectorAll('.my-form *');
const formInputEls = [...formEls].filter(isInputElement);
//    ^? const formInputEls: HTMLInputElement[]
```

그러나 사용자 정의 타입 가드가 타입 단언(el as HTMLInputElement)보다 더 안전한 것은 아니라는 점을 주의할 필요가 있습니다. 타입 가드가 반환하는 값이 반드시 반환 타입과 일치하는지를 체크하는 것은 아니기 때문입니다(실제로 value 속성을 가지면서도 HTMLInputElement가 아닌 경우가 있습니다).

타입스크립트가 제대로 동작할 수 있게 코드를 조금 수정해야 할 수도 있습니다. 다음 예제는 Map을 사용하는 올바른 코드이지만, 타입 오류가 발생합니다.

```
const nameToNickname = new Map<string, string>();
declare let yourName: string;
let nameToUse: string;
if (nameToNickname.has(yourName)) {
  nameToUse = nameToNickname.get(yourName);
  // ~~~~~~ 'string | undefined' 형식은 'string' 형식에 할당할 수 없습니다.
} else {
  nameToUse = yourName;
}
```

문제는 타입스크립트가 Map의 has와 get 메서드 사이의 관계를 제대로 이해하지 못한다는 것입니다. has를 통해 undefined일 가능성은 배제했지만, 그 맥락이 get까지 전달되지는 않았습니다. 코드를 약간 수정하면 같은 동작을 하면서도 타입 오류를 없앨 수 있습니다.

```
const nickname = nameToNickname.get(yourName);
let nameToUse: string;
if (nickname !== undefined) {
  nameToUse = nickname;
} else {
  nameToUse = yourName;
}
```

매우 일반적인 패턴입니다. 여기에 null 병합 연산자 ??를 사용해서 더욱 간결하게 만들 수도 있습니다.

```
const nameToUse = nameToNickname.get(yourName) ?? yourName;
```

조건문과 관련한 타입 체커의 동작을 제어하기 어렵다면, 타입스크립트에게 의도를 전달하기 위한 방법으로 코드를 수정하는 것을 고려해 봐야 합니다.

타입이 좁혀지지 않는 이유를 고민해 보는 것도 도움이 됩니다. 콜백과 관련한 예제를 살펴보겠습니다.

```
function logLaterIfNumber(obj: { value: string | number }) {
  if (typeof obj.value === "number") {
    setTimeout(() => console.log(obj.value.toFixed()));
    //                                     ~~~~~~~
    // 'string | number' 형식에 'toFixed' 속성이 없습니다.
  }
}
```

typeof 체크를 수행해서 obj.value의 타입이 좁혀졌을 것이라고 예상했지만, 타입은 좁혀지지 않았고 타입 오류가 발생했습니다. 함수를 호출한 곳의 코드를 살펴보겠습니다.

```
const obj: { value: string | number } = { value: 123 };
logLaterIfNumber(obj);
obj.value = 'Cookie Monster';
```

콜백이 실행되는 순간은 obj.value의 타입이 string으로 변경된 상태이고 타입 좁히기가 무효화되어 버립니다. 런타임에는 예외가 발생할 것이고 타입스크립트는 올바른 오류를 표시한 것입니다.

타입스크립트에서 타입이 어떻게 좁혀지는지 이해한다면 타입 추론에 대한 개념을 잡을 수 있고, 오류 발생의 원인을 알 수 있으며, 타입 체커를 더 효율적으로 이용할 수 있습니다.

요약

- 분기문 외에도 여러 종류의 제어 흐름을 살펴보며 타입스크립트가 타입을 좁히는 과정을 이해해야 합니다.
- 태그된/구별된 유니온과 사용자 정의 타입 가드를 사용해 타입 좁히기 과정을 원활하게 만들 수 있습니다.
- 타입스크립트가 더 이해하기 쉽도록 리팩터링할 수 있는 방법이 있는지 고민해야 합니다.

아이템 23 일관성 있는 별칭 사용하기

어떠한 값에 새 이름을 할당하는 예제를 보겠습니다.

```
const place = {name: 'New York', latLng: [41.6868, -74.2692]};
const loc = place.latLng;
```

place.latLng 배열에 loc이라는 별칭(alias)을 만들었습니다. 별칭의 값을 변경하면 원래 속성값에서도 변경됩니다.

```
> loc[0] =  0;
0
> place.latLng
[0, -74.2692]
```

포인터나 레퍼런스 타입 개념이 있는 언어를 사용해 본 경험이 있다면, 같은 원리가 적용된다는 사실을 쉽게 알 수 있을 것입니다. 두 개의 변수가 동일한 객체를 가리키고 있기 때문입니다.

그런데 별칭을 남발해서 사용하면 제어 흐름을 분석하기 어렵습니다. 모든 언어의 컴파일러 개발자들은 무분별한 별칭 사용으로 골치를 썩고 있습니다. 타입스크립트에서도 마찬가지로 별칭을 신중하게 사용해야 합니다. 그래야 코드를 잘 이해할 수 있고, 오류도 쉽게 찾을 수 있습니다.

다각형을 표현하는 자료구조를 가정해 보겠습니다.

```
interface Coordinate {
  x: number;
  y: number;
}

interface BoundingBox {
  x: [number, number];
  y: [number, number];
}

interface Polygon {
  exterior: Coordinate[];
  holes: Coordinate[][];
  bbox?: BoundingBox;
}
```

다각형의 기하학적 구조는 exterior와 holes 속성으로 정의됩니다(holes 배열을 사용해서 내부에 구멍이 있는 도넛 모양을 표현할 수 있습니다). bbox는 필수가 아닌 최적화 속성입니다. bbox 속성을 사용하면 어떠한 점이 다각형에 포함되는지 빠르게 체크할 수 있습니다.

```
function isPointInPolygon(polygon: Polygon, pt: Coordinate) {
  if (polygon.bbox) {
    if (pt.x < polygon.bbox.x[0] || pt.x > polygon.bbox.x[1] ||
```

```
      pt.y < polygon.bbox.y[0] || pt.y > polygon.bbox.y[1]) {
    return false;
  }
}

// ... 더 복잡한 체크
}
```

이 코드는 잘 동작하지만(타입 체크도 통과함), 반복되는 부분이 존재합니다. 특히 ploygon.bbox는 3줄에 걸쳐 5번이나 등장합니다. 다음 코드는 중복을 줄이기 위해 임시 변수를 뽑아낸 모습입니다.

```
function isPointInPolygon(polygon: Polygon, pt: Coordinate) {
  const box = polygon.bbox;
  if (polygon.bbox) {
    if (pt.x < box.x[0] || pt.x > box.x[1] ||
      //     ~~~                 ~~~  객체가 'undefined'일 수 있습니다.
      pt.y < box.y[0] || pt.y > box.y[1]) {
      //     ~~~                 ~~~  객체가 'undefined'일 수 있습니다.
      return false;
    }
  }
  // ...
}
```

이 코드는 동작하지만, 편집기에서는 오류가 표시됩니다. 그 이유는 polygon.bbox에 별도의 box라는 별칭을 만들었고, 이 별칭이 첫 번째 예제에서는 잘 동작했던 제어 흐름 분석을 방해했기 때문입니다.

어떠한 동작이 이루어졌는지 box와 polygon.bbox의 타입을 조사해 보겠습니다.

```
function isPointInPolygon(polygon: Polygon, pt: Coordinate) {
  polygon.bbox
  //      ^? (property) Polygon.bbox?: BoundingBox | undefined
  const box = polygon.bbox;
  //    ^? const box: BoundingBox | undefined
  if (polygon.bbox) {
    console.log(polygon.bbox);
    //                  ^? (property) Polygon.bbox?: BoundingBox
    console.log(box);
    //          ^? const box: BoundingBox | undefined
```

```
  }
}
```

속성 체크는 polygon.bbox의 타입을 정제했지만, box는 그렇지 않았기 때문에 오류가 발생했습니다. 이러한 오류는 '별칭은 일관성 있게 사용한다'는 기본 원칙을 지키면 방지할 수 있습니다.

속성 체크에 box를 사용하도록 코드를 바꿔 보겠습니다.

```
function isPointInPolygon(polygon: Polygon, pt: Coordinate) {
  const box = polygon.bbox;
  if (box)  {
    if (pt.x < box.x[0] || pt.x > box.x[1] ||
        pt.y < box.y[0] || pt.y > box.y[1]) {  // 정상
      return false;
    }
  }
  // ...
}
```

타입 체커의 문제는 해결되었지만, 코드를 읽는 사람에게는 문제가 남아 있습니다. 바로 box와 bbox는 같은 값인데 다른 이름을 사용한 문제입니다(아이템 41에서 자세히 다룹니다).

객체 비구조화를 이용하면 더욱 간결한 문법으로 일관된 이름을 사용할 수 있습니다. 배열과 중첩된 구조에서도 역시 사용할 수 있습니다.

```
function isPointInPolygon(polygon: Polygon, pt: Coordinate) {
  const {bbox} = polygon;
  if (bbox) {
    const {x, y} = bbox;
    if (pt.x < x[0] || pt.x > x[1] || pt.y < y[0] || pt.y > y[1]) {
      return false;
    }
  }
  // ...
}
```

그러나 객체 비구조화를 이용할 때는 두 가지를 주의해야 합니다.

- 전체 bbox 속성이 아니라 x와 y가 선택적 속성일 경우에 속성 체크가 더 필

요합니다. 따라서 타입의 경계에 null 값을 추가하는 것이 좋습니다(아이템 33에서 다룹니다).

- bbox에는 선택적 속성이 적합했지만, holes는 그렇지 않습니다. holes가 선택적이라면, 값이 없거나 빈 배열([])이었을 것입니다. 차이가 없는데 이름을 구별한 것입니다. 빈 배열은 'holes 없음'을 나타내는 좋은 방법입니다.

별칭은 타입 체커뿐 아니라 런타임에도 혼동을 야기할 수 있습니다.

```
const {bbox} = polygon;
if (!bbox) {
  calculatePolygonBbox(polygon);  // polygon.bbox가 채워집니다.
  // 이제 polygon.bbox와 bbox는 다른 값을 참조합니다!
}
```

타입스크립트의 제어 흐름 분석은 지역 변수에는 꽤 잘 동작하므로 사용자가 그다지 신경 쓰지 않아도 됩니다. 그러나 객체 속성에서는 주의해야 합니다.

```
function expandABit(p: Polygon) { /* ... */ }

polygon.bbox
//      ^? (property) Polygon.bbox?: BoundingBox | undefined
if (polygon.bbox) {
  polygon.bbox
  //      ^? (property) Polygon.bbox?: BoundingBox
  expandABit(polygon);
  polygon.bbox
  //      ^? (property) Polygon.bbox?: BoundingBox
}
```

expandABit(polygon) 호출은 polygon.bbox를 제거할 가능성이 있으므로 타입을 BoundingBox | undefined로 되돌리는 것이 안전합니다. 그러나 함수를 호출할 때마다 속성 체크를 반복해야 하기 때문에 편의성이 좋지는 않습니다. 그래서 타입스크립트는 함수가 타입 정제를 무효화하지 않는다고 가정합니다. 이처럼 편의를 위해 안전성을 절충하는 상황에 대해서 아이템 48에서 다룹니다.

polygon.bbox로 사용하는 대신 bbox 지역 변수로 뽑아내서 사용하면 bbox의 타입은 정확히 유지되지만, polygon.bbox의 값과 같게 유지되지 않을 수 있습니다. 이러한 부작용이 걱정된다면, 함수를 호출할 때 polygon을 readonly로 전달해서(아이템 14 참고) 값의 변경을 방지함으로써 타입의 안전성도 지킬 수 있습니다. 이러한 고민들은 특히 변경될 가능성이 큰 객체 타입(배열 포함)과 관련 있습니다. 기본형 값들(number, string 등)은 애초에 변경이 불가능합니다.

요약

- 별칭은 타입스크립트가 타입을 좁히는 것을 방해합니다. 따라서 변수에 별칭을 사용할 때는 일관되게 사용해야 합니다.
- 함수 호출이 객체 속성의 타입 정제를 무효화할 수 있다는 점을 주의해야 합니다. 속성보다 지역 변수를 사용하면 타입 정제를 믿을 수 있습니다.

아이템 24 타입 추론에 문맥이 어떻게 사용되는지 이해하기

타입스크립트는 타입을 추론할 때 단순히 값만 고려하지는 않습니다. 값이 존재하는 곳의 문맥까지도 살핍니다. 그런데 문맥을 고려해 타입을 추론하면 가끔 이상한 결과가 나옵니다. 이때 타입 추론에 문맥이 어떻게 사용되는지 이해하고 있다면 제대로 대처할 수 있습니다.

자바스크립트는 코드의 동작과 실행 순서를 바꾸지 않으면서 표현식을 상수로 분리해 낼 수 있습니다. 예를 들어, 다음 두 문장은 동일합니다.

```
// 인라인 형태
setLanguage('JavaScript');

// 참조 형태
let language = 'JavaScript';
setLanguage(language);
```

타입스크립트에서는 다음 리팩터링이 잘 동작합니다.

```
function setLanguage(language: string) { /* ... */ }

setLanguage('JavaScript'); // 정상

let language = 'JavaScript';
setLanguage(language);  // 정상
```

이제 문자열 타입을 더 특정해서 문자열 리터럴 타입의 유니온으로 바꾼다고 가정해 보겠습니다(아이템 35에서 자세히 다룹니다).

```
type Language = 'JavaScript' | 'TypeScript' | 'Python';
function setLanguage(language: Language) { /* ... */ }

setLanguage('JavaScript');  // 정상

let language = 'JavaScript';
setLanguage(language);
//          ~~~~~~~~ 'string' 형식의 인수는
//                   'Language' 형식의 매개변수에 할당될 수 없습니다.
```

인라인 형태에서 타입스크립트는 함수 선언을 통해 매개변수가 Language 타입이어야 한다는 사실을 압니다. 해당 타입에 문자열 리터럴 'JavaScript'는 할당 가능하므로 정상입니다. 그러나 이 값을 변수로 분리해 내면, 타입스크립트는 할당 시점에 타입을 추론합니다. 이번 경우는 일반적인 방법으로(아이템 20 참고) string으로 추론했고, Language 타입으로 할당이 불가능하므로 오류가 발생했습니다.

> ✓ 어떠한 언어는 변수의 최종 사용처에 기반해 타입을 추론하기도 합니다. 그러나 이러한 방법 역시 혼란스럽습니다. 타입스크립트 창시자인 안데르스 헤일스베리는 이를 '먼 곳의 소름 끼치는 일(spooky action at a distance)'이라고 지칭했습니다. 타입스크립트는 일반적으로 값이 처음 등장할 때 타입을 결정합니다. 아이템 25에서 이 규칙에 대한 중요한 예외 상황을 다룹니다.

이러한 문제를 해결하는 두 가지 방법이 있습니다. 첫 번째 해결책은 타입 선언에서 language에 할당 가능한 값을 제한하는 것입니다.

```
let language: Language = 'JavaScript';
setLanguage(language);  // 정상
```

만약 language의 값에 'Typescript'(대문자 'S'여야 합니다) 같은 오타가 있었다면 오류를 표시해 주는 장점도 있습니다.

두 번째 해결책은 language를 상수로 만드는 것입니다.

```
const language = 'JavaScript';
//    ^? const language: "JavaScript"
setLanguage(language);  // 정상
```

const를 사용해 타입 체커에게 language는 변경될 수 없다고 알려 줍니다. 따라서 타입스크립트는 language에 대해서 더 정확한 타입이라고 할 수 있는 문자열 리터럴 "JavaScript"로 추론할 수 있습니다. "JavaScript"는 Language에 할당할 수 있으므로 타입 체크를 통과합니다. 물론, language를 재할당해야 한다면 타입 선언이 필요합니다.

그런데 이 과정에서 사용되는 문맥으로부터 값을 분리했습니다. 문맥과 값을 분리하면 추후에 근본적인 문제를 발생시킬 수 있습니다. 이제부터 이러한 문맥의 소실로 인해 오류가 발생하는 몇 가지 경우와, 이를 어떻게 해결하는지 하나하나 살펴보겠습니다.

튜플 사용 시 주의점

문자열 리터럴 타입과 마찬가지로 튜플 타입에서도 문제가 발생합니다. 이동이 가능한 지도를 보여 주는 프로그램을 작성한다고 생각해 보겠습니다.

```
// 매개변수는 (latitude, longitude) 쌍입니다.
function panTo(where: [number, number]) { /* ... */ }

panTo([10, 20]);  // 정상

const loc = [10, 20];
//    ^? const loc: number[]
panTo(loc);
//    ~~~ 'number[]' 형식의 인수는
//        '[number, number]' 형식의 매개변수에 할당될 수 없습니다.
```

이전 예제처럼 여기서도 문맥과 값을 분리했습니다. 첫 번째 경우는 [10, 20]을 튜플 타입 [number, number]에 할당 가능합니다. 두 번째 경우는 타입스크립트가 loc의 타입을 number[]로 추론합니다(즉, 길이를 알 수 없는 숫자의 배열). 많은 배열이 이와 맞지 않는 수의 요소를 가지므로 튜플 타입에 할당될 수 없습니다.

그러면 any를 사용하지 않고 오류를 고칠 수 있는 방법을 생각해 보겠습니다. any 대신 const로 선언하면 된다는 답을 떠올릴 수도 있겠지만, loc은 이미 const로 선언한 상태입니다. 그보다는 타입스크립트가 의도를 정확히 파악할 수 있도록 타입 선언을 제공하는 방법을 시도해 보겠습니다.

```
const loc: [number, number] = [10, 20];
panTo(loc);  // 정상
```

any를 사용하지 않고 오류를 고칠 수 있는 또 다른 방법은 아이템 20에서 설명한 대로 상수 문맥을 제공하는 것입니다. const는 단지 값이 가리키는 참조가 변하지 않는 얕은 상수인 반면, as const는 그 값이 내부까지 상수, 즉 깊은 상수라는 사실을 타입스크립트에게 알려 줍니다.

```
const loc = [10, 20] as const;
//    ^? const loc: readonly [10, 20]
panTo(loc);
//    ~~~ 'readonly [10, 20]' 형식은 'readonly'이며
//         가변 형식 '[number, number]'에 할당할 수 없습니다.
```

타입은 이제 number[]가 아니라 readonly [10, 20]으로 추론됨을 알 수 있습니다. 그런데 안타깝게도 이 추론은 '너무 과하게' 정확합니다. panTo의 타입 시그니처는 where의 내용이 불변이라고 보장하지 않습니다. 즉, loc 매개변수가 readonly 타입이므로 동작하지 않습니다.

따라서 any를 사용하지 않고 오류를 고칠 수 있는 최선의 해결책은 panTo 함수에 readonly 구문을 추가하는 것입니다.

```
function panTo(where: readonly [number, number]) { /* ... */ }
const loc = [10, 20] as const;
panTo(loc);  // 정상
```

타입 시그니처를 수정할 수 없는 경우라면 타입 구문을 사용해야 합니다(readonly와 타입 안전성에 대한 내용은 아이템 14에서 다룬 바 있습니다).

as const는 문맥 손실과 관련한 문제를 깔끔하게 해결할 수 있지만, 한 가지 단점을 가지고 있습니다. 만약 타입 정의를 할 때 실수를 저질렀다면(예를 들

어, 튜플에 세 번째 요소를 추가한다면) 오류는 타입 정의가 아니라 호출되는 곳에서 발생한다는 점입니다. 특히 여러 겹 중첩된 객체는 정의한 부분과 사용되는 곳이 멀리 떨어져 있어서, 오류가 발생했을 때 근본적인 원인을 파악하기 어렵습니다.

```
const loc = [10, 20, 30] as const;  // 실제 오류는 여기서 발생합니다.
panTo(loc);
//    ~~~ 'readonly [10, 20, 30]' 형식의 인수는
//        'readonly [number, number]' 형식의 매개변수에 할당될 수 없습니다.
//        소스는 3개 요소인 반면, 타깃은 2개 요소만 허용합니다.
```

이러한 이유 때문에 인라인 형식 사용이나 타입 정의 적용을 고려하는 것이 좋습니다.

객체 사용 시 주의점

문맥에서 값을 분리하는 문제는 문자열 리터럴이나 튜플을 포함하는 큰 객체에서 상수를 뽑아낼 때도 발생합니다.

```
type Language = 'JavaScript' | 'TypeScript' | 'Python';
interface GovernedLanguage {
  language: Language;
  organization: string;
}

function complain(language: GovernedLanguage) { /* ... */ }

complain({ language: 'TypeScript', organization: 'Microsoft' });  // 정상

const  ts = {
  language: 'TypeScript',
  organization: 'Microsoft',
};
complain(ts);
//       ~~ '{ language: string; organization: string; }' 형식의 인수는
//          'GovernedLanguage' 형식의 매개변수에 할당될 수 없습니다.
//          'language' 속성의 형식이 호환되지 않습니다.
//          'string' 형식은 'Language' 형식에 할당할 수 없습니다.
```

ts 객체에서 language의 타입은 string으로 추론됩니다. 이 문제는 타입 선

언을 추가하거나(const ts: GovernedLanguage = ...) 상수 단언(as const)이나 satisfies 연산자로 해결합니다(아이템 20을 참고하기 바랍니다).

콜백 사용 시 주의점

콜백을 다른 함수로 전달할 때, 타입스크립트는 콜백의 매개변수 타입을 추론하기 위해 문맥을 사용합니다.

```
function callWithRandomNumbers(fn: (n1: number, n2: number) => void) {
  fn(Math.random(), Math.random());
}

callWithRandomNumbers((a, b) => {
  //                   ^? (parameter) a: number
  console.log(a + b);
  //              ^? (parameter) b: number
});
```

callWithRandom의 타입 선언으로 인해 a와 b의 타입이 number로 추론됩니다. 콜백을 상수로 뽑아내면 문맥이 소실되고 noImplicitAny 오류가 발생합니다.

```
const fn = (a, b) => {
  //        ~    'a' 매개변수에는 암시적으로 'any' 형식이 포함됩니다.
  //           ~ 'b' 매개변수에는 암시적으로 'any' 형식이 포함됩니다.
  console.log(a + b);
}
callWithRandomNumbers(fn);
```

이러한 문제는 매개변수에 타입 구문을 추가해서 해결할 수 있습니다.

```
const fn = (a: number, b: number) => {
  console.log(a + b);
}
callWithRandomNumbers(fn);
```

또는 가능한 경우 전체 함수 표현식에 타입 선언을 적용해서 해결할 수도 있습니다(자세한 내용은 아이템 12에서 다뤘습니다). 만약 함수가 딱 한 곳에서만 사용된다면, 불필요한 타입 구문을 줄일 수 있도록 인라인 형태로 사용하는 것이 좋습니다.

요약

- 타입 추론에서 문맥이 어떻게 쓰이는지 주의해서 살펴봐야 합니다.
- 수를 뽑아서 별도로 선언했을 때 오류가 발생한다면 타입 선언을 추가해야 합니다.
- 변수가 정말로 상수라면 상수 단언(as const)을 사용해야 합니다. 그러나 상수 단언을 사용하면 정의한 곳이 아니라 사용한 곳에서 오류가 발생하므로 주의해야 합니다.
- 타입 구문을 줄이는 것이 더 나은 상황에서는 인라인 형태를 고려해야 합니다.

아이템 25 타입의 진화 이해하기

타입스크립트에서 일반적으로 변수의 타입은 변수를 선언할 때 결정됩니다. 그 후에 정제될 수 있지만(예: `null`인지 체크하는 것. 아이템 22 참고), 새로운 값이 추가되도록 확장할 수는 없습니다. 그러나 타입의 진화와 관련된 예외 상황이 존재합니다. 타입의 진화에 대한 개념을 이해한다면 불필요한 타입 선언문을 줄일 수 있고, 이러한 패턴이 사용된 코드를 이해할 수 있게 될 것입니다.

자바스크립트에서 일정 범위의 숫자들을 생성하는 함수를 예로 들어 보겠습니다.

```
function range(start, limit) {
  const nums = [];
  for (let i = start; i < limit; i++) {
    nums.push(i);
  }
  return nums;
}
```

이 코드를 타입스크립트로 변환하면 예상한 대로 정확히 동작합니다.

```
function range(start: number, limit: number) {
  const nums = [];
  for (let i = start; i < limit; i++) {
    nums.push(i);
  }
  return nums;
  //     ^? const nums: number[]
}
```

그러나 자세히 살펴보면 한 가지 이상한 점을 발견할 수 있습니다. nums의 타입이 처음에는 any 타입 배열인 []로 초기화되었는데, 마지막에는 number[]로 추론되고 있습니다. 리터럴 값으로부터 타입을 추론하는 일반적인 패턴(아이템 20 참고)과는 분명히 다릅니다. 코드에 nums가 등장하는 세 가지 위치를 조사해 보면 그 이유를 알 수 있습니다.

```
function range(start: number, limit: number) {
  const nums = [];
  //    ^? const nums: any[]
  for (let i = start; i < limit; i++) {
    nums.push(i);
    // ^? const nums: any[]
  }
  return nums;
  //     ^? const nums: number[]
}
```

nums의 타입은 any[]로 선언되었지만, number 타입의 값을 넣는 순간부터 타입은 number[]로 진화(evolve)합니다.

타입의 진화는 타입 좁히기(또는 타입 정제)와 다릅니다. 배열에 다양한 타입의 요소를 넣으면 배열의 타입이 확장되며 진화합니다.

```
const result = [];
//    ^? const result: any[]
result.push('a');
result
// ^? const result: string[]
result.push(1);
result
// ^? const result: (string | number)[]
```

또한 조건문에서는 분기에 따라 타입이 변할 수도 있습니다. 다음 코드에서는 배열이 아닌 단순 값으로 예를 들어 보았습니다.

```
let value;
//  ^? let value: any
if (Math.random() < 0.5) {
  value = /hello/;
  value
  // ^? let value: RegExp
```

```
} else {
  value = 12;
  value
  // ^? let value: number
}
value
// ^? let value: number | RegExp
```

> 타입의 진화는 값을 할당하거나 배열에 요소를 넣은 후에만 일어나기 때문에 편집기상에서는 이상하게 보일 수 있습니다. 예를 들어, 할당이 일어난 줄의 타입을 조사해 봐도 여전히 any 또는 any[]로 보일 것입니다.

이와 같은 기법은 타입 구문을 줄이는 편리한 방법입니다. 이 패턴을 직접 작성할 수 있어야 하고, 코드를 읽을 때에도 알아차릴 수 있어야 합니다. 한편 value는 암시적으로 any 타입(여기서 등장한 any는 위험하지 않습니다. 그 이유는 곧 설명합니다)이었기 때문에 이와 같은 현상을 any의 진화 또는 let의 진화, 배열의 진화라고 부르기도 합니다.

변수의 초깃값이 null 또는 undefined인 경우도 진화가 일어납니다. 보통은 try/catch 블록 안에서 변수를 할당하는 경우에 나타납니다.

```
let value = null;
//  ^? let value: any
try {
  value = doSomethingRiskyAndReturnANumber();
  value
  // ^? let value: number
} catch (e) {
  console.warn('alas!');
}
value
// ^? let value: number | null
```

다음 코드처럼, 암시적 any 상태인 변수에 어떠한 할당도 하지 않고 사용하려고 하면 암시적 any 오류가 발생하게 됩니다.

```
function range(start: number, limit: number) {
  const nums = [];
  //    ~~~ 'nums' 변수는 형식을 확인할 수 없는 경우
```

```
  //        일부 위치에서 암시적으로 'any[]' 형식입니다.
  if (start === limit) {
    return nums;
    //     ~~~ 'nums' 변수에는 암시적으로 'any[]' 형식이 포함됩니다.
  }
  for (let i = start; i < limit; i++) {
    nums.push(i);
  }
  return nums;
}
```

any 타입의 진화는 암시적 any 타입에 어떠한 값을 할당할 때만 발생합니다. 그리고 어떠한 변수가 암시적 any 상태일 때 값을 읽으려고 하면 오류가 발생합니다. 이 경우의 any는 아이템 5에서 설명한 any와는 다르게 주변 코드에 영향을 미치지 않습니다.

암시적 any 타입은 함수 호출을 거쳐도 진화하지 않습니다. 실제로 다음 코드에서 forEach 안의 화살표 함수는 추론에 영향을 미치지 않습니다.

```
function makeSquares(start: number, limit: number) {
  const nums = [];
  //    ~~~ 'nums' 변수는 일부 위치에서 암시적으로 'any[]' 형식입니다.
  range(start, limit).forEach(i => {
    nums.push(i * i);
  });
  return nums;
  //     ~~~ 'nums' 변수에는 암시적으로 'any[]' 형식이 포함됩니다.
}
```

일반적으로는 타입 추론을 개선하기 위해서 forEach 대신 for-of 루프를 사용하는 것이 좋습니다. 그러나 앞의 코드와 같은 특별한 경우라면 루프로 순회하는 대신, map 같은 배열의 내장 함수를 통해 단일 구문으로 배열을 변환해 any 전체를 진화시키는 방법을 생각해 볼 수 있습니다. 타입의 흐름과 관련한 내용은 아이템 26을 참고하기 바랍니다.

any가 진화하는 방식은 일반적인 변수가 추론되는 방식과 동일한 원리로 동작합니다. 예를 들어, 진화한 배열의 타입이 (string|number)[]라면, 애당초 number[] 타입이어야 하지만 실수로 string이 섞여서 잘못 진화한 것일 수 있

습니다. 타입을 안전하게 지키기 위해서는 암시적 any를 진화시키는 방식보다 명시적 타입 구문을 사용하거나, 함수의 반환 타입에 타입을 명시해 최소한 구현부의 오류가 함수 바깥으로 전달되지 않도록 설계하는 편이 좋습니다(아이템 18을 참고하세요).

배열에 요소를 추가하거나 변수에 조건부로 값을 할당하는 경우, 타입 진화 기법을 사용해 불필요한 타입 구문을 줄이고 코드 전반의 타입 흐름을 개선할 수 있습니다.

요약

- 일반적인 타입들은 정제되기만 하는 반면, 암시적 any와 any[] 타입은 진화할 수 있습니다.
- 타입의 진화가 언제 일어나고, 불필요한 타입 구문을 줄이기 위해 언제 사용해야 할지 이해해야 합니다.
- any를 진화시키는 방식보다 명시적 타입 구문을 사용하는 것이 안전한 타입을 유지하는 방법입니다.

아이템 26 함수형 기법과 라이브러리로 타입 흐름 유지하기

파이썬, C, 자바 등에서 볼 수 있는 표준 라이브러리가 자바스크립트에는 포함되어 있지 않습니다. 수년간 많은 라이브러리가 표준 라이브러리의 역할을 대신하기 위해 노력해 왔습니다. 제이쿼리(jQuery)는 DOM과의 상호작용뿐 아니라 객체와 배열을 순회하고 매핑하는 기능을 제공했습니다. 언더스코어(Underscore)는 주로 일반적인 유틸리티 함수를 제공하는 데 초점을 맞추었고, 이러한 노력을 바탕으로 로대시(Lodash)가 만들어졌습니다. 람다(Ramda) 같은 최근의 라이브러리는 함수형 프로그래밍의 개념을 자바스크립트 세계에 도입하는 데 일조하고 있습니다.

이러한 라이브러리들의 일부 기능(`map`, `flatMap`, `filter`, `reduce` 등)은 순수 자바스크립트로 구현되어 있습니다. 이와 같은 기법(그리고 로대시에서 제공하는 다른 것들)은 루프를 대체할 수 있기 때문에 자바스크립트에서 유용하게 사용되는데, 타입스크립트와 조합해 사용하면 더욱 빛을 발합니다. 그 이유는 타입 정보가 그대로 유지되면서 타입 흐름(flow)이 계속 전달되도록 해 주기 때문입니다. 반면, 직접 루프를 구현하면 타입 체크에 대한 관리도 직접 해야 합니다.

예를 들어, 어떠한 CSV 데이터를 파싱한다고 생각해 보겠습니다. 순수 자바스크립트에서는 이를 절차형(imperative) 프로그래밍 형태로 구현할 수 있습니다.

```
const csvData = '...';
const rawRows = csvData.split('\n');
const headers = rawRows[0].split(',');

const rows = rawRows.slice(1).map(rowStr => {
  const row = {};
  rowStr.split(',').forEach((val, j) => {
  row[headers[j]] = val;
  });
  return row;
});
```

함수형 마인드를 조금이라도 가진 자바스크립트 개발자라면 reduce를 사용해서 행 객체를 만드는 방법을 선호할 수도 있습니다.

```
const rows = rawRows.slice(1)
  .map(rowStr =>
    rowStr
      .split(',')
      .reduce((row, val, i) => (row[headers[i]] = val, row), {})
  );
```

이 코드는 절차형 코드에 비해 세 줄(약 20자)을 절약했지만, 보는 사람에 따라 더 복잡하게 느낄 수도 있습니다. 키와 값 배열로 취합(zipping)해서 객체로 만들어 주는, 로대시의 zipObject 함수를 이용하면 코드를 더욱 짧게 만들 수 있습니다.

```
import _ from 'lodash';
const rows = rawRows.slice(1)
  .map(rowStr => _.zipObject(headers, rowStr.split(',')));
```

로대시를 적극적으로 사용해 코드가 매우 간결해졌습니다. 그런데 자바스크립트에서는 프로젝트에 서드 파티 라이브러리 종속성을 추가할 때 신중해야 합니다. 만약 서드 파티 라이브러리 기반으로 코드를 짧게 줄이는 데 시간이 많이 든다면, 서드 파티 라이브러리를 사용하지 않는 것이 더 낫기 때문입니다.

그러나 같은 코드를 타입스크립트로 작성해야 한다면 서드 파티 라이브러리를 사용하는 것이 무조건 유리합니다. 타입 정보를 참고하며 작업할 수 있기 때문에 서드 파티 라이브러리 기반으로 바꾸는 데 시간이 훨씬 단축됩니다.

한편, CSV 파서의 절차형 버전과 함수형 버전 모두 다음과 같은 동일한 오류를 발생시킵니다.

```
const rowsImperative = rawRows.slice(1).map(rowStr => {
  const row = {};
  rowStr.split(',').forEach((val, j) => {
    row[headers[j]] = val;
    // ~~~~~~~~~~~~~~~ '{}' 형식에서 'string' 형식의 매개변수가 포함된
    //                 인덱스 시그니처를 찾을 수 없습니다.
  });
  return row;
});
const rowsFunctional = rawRows.slice(1)
  .map((rowStr) =>
    rowStr
      .split(',')
      .reduce(
        (row, val, i) => ((row[headers[i]] = val), row),
        //                 ~~~~~~~~~~~~~~~~~~
        //                 '{}' 형식에서 'string' 형식의 매개변수가 포함된
        //                 인덱스 시그니처를 찾을 수 없습니다.
        {}
      )
  );
```

두 버전 모두에서 `{}`의 타입으로 `{[column: string]: string}` 또는 `Record<string, string>`을 제공하는 방식을 사용해 오류를 해결할 수 있습니다.

반면, 로대시 버전은 별도의 수정 없이도 타입 체커를 통과합니다.

```
const rowsLodash =
  rawRows.slice(1).map(rowStr => _.zipObject(headers, rowStr.split(',')));
rowsLodash
// ^? const rowsLodash: _.Dictionary<string>[]
```

Dictionary는 로대시의 타입 별칭입니다. Dictionary<string>은 {[key: string]: string} 또는 Record<string, string>과 동일합니다. 여기서 중요한 점은 타입 구문이 없어도 rows의 타입이 정확하다는 것입니다.

데이터의 가공(munging)이 정교해질수록 이러한 장점은 더욱 분명해집니다. 예를 들어, 모든 NBA 팀의 선수 명단을 가지고 있다고 가정해 보겠습니다.

```
interface BasketballPlayer {
  name: string;
  team: string;
  salary: number;
}
declare const rosters: {[team: string]: BasketballPlayer[]};
```

루프를 사용해 단순(flat) 목록을 만들려면 배열에 concat을 사용해야 합니다. 다음 코드는 동작하지만, 타입 체크는 되지 않습니다.

```
let allPlayers = [];
//  ~~~~~~~~~~ 'allPlayers' 변수는 형식을 확인할 수 없는 경우
//             일부 위치에서 암시적으로 'any[]' 형식입니다.
for (const players of Object.values(rosters)) {
  allPlayers = allPlayers.concat(players);
  //           ~~~~~~~~~~ 'allPlayers' 변수에는 암시적으로
  //                      'any[]' 형식이 포함됩니다.
}
```

이 오류를 고치려면 allPlayers에 타입 구문을 추가해야 합니다(concat 메서드는 아이템 25에서 살펴보았던 진화를 일으키지 않습니다).

```
let allPlayers: BasketballPlayer[] = [];
for (const players of Object.values(rosters)) {
  allPlayers = allPlayers.concat(players);  // 정상
}
```

그러나 더 나은 해법은 Array.prototype.flat을 사용하는 것입니다.

```
const allPlayers = Object.values(rosters).flat();  // 정상
//    ^? const allPlayers: BasketballPlayer[]
```

flat 메서드는 다차원 배열을 평탄화(flatten)해 줍니다. 타입 시그니처의 경우 T[][] => T[] 같은 형태입니다.[2] 이 버전이 가장 간결하고, 여기에는 타입 구문도 필요 없습니다. 또한 allPlayers 변수가 향후에 변경되지 않도록 let을 대신해 const를 사용할 수 있습니다.

allPlayers를 가지고 팀별 연봉 순으로 정렬해서 최고 연봉 선수의 명단을 만든다고 가정해 보겠습니다.

로대시를 사용하지 않고 구현하는 방법은 다음과 같습니다. 함수형 기법을 쓰지 않은 부분에는 타입 구문이 필요합니다.

```
const teamToPlayers: {[team: string]: BasketballPlayer[]} = {};
for (const player of allPlayers) {
  const {team} = player;
  teamToPlayers[team] = teamToPlayers[team] || [];
  teamToPlayers[team].push(player);
}

for (const players of Object.values(teamToPlayers)) {
  players.sort((a, b) => b.salary - a.salary);
}

const bestPaid = Object.values(teamToPlayers).map(players => players[0]);
bestPaid.sort((playerA, playerB) => playerB.salary - playerA.salary);
console.log(bestPaid);
```

결과는 다음과 같습니다.

```
[
  { team: 'GSW', salary: 51915615, name: 'Stephen Curry' },
  { team: 'PHO', salary: 47649433, name: 'Kevin Durant' },
  { team: 'DEN', salary: 47607350, name: 'Nikola Jokić' },
  { team: 'PHI', salary: 47607350, name: 'Joel Embiid' },
  { team: 'LAL', salary: 47607350, name: 'LeBron James' },
  ...
]
```

2 flat 메서드는 타입 선언을 더욱 복잡하게 만드는 depth 매개변수도 가지고 있습니다.

로대시를 사용해서 동일한 작업을 하는 코드를 구현하면 다음과 같습니다.

```
const bestPaid = _(allPlayers)
  .groupBy(player => player.team)
  .mapValues(players => _.maxBy(players, p => p.salary)!)
  .values()
  .sortBy(p => -p.salary)
  .value();
console.log(bestPaid.slice(0, 10));
//          ^? const bestPaid: BasketballPlayer[]
```

길이가 절반으로 줄었고, 보기에도 깔끔하며, `null` 아님 단언문(타입 체커는 `_.maxBy`에 전달된 `players` 배열이 비어 있지 않은지를 알 수 없습니다)을 딱 한 번만 사용했습니다. 또한 로대시와 언더스코어의 개념인 체인을 사용했기 때문에 더 자연스러운 순서로 일련의 연산을 작성할 수 있었습니다. 만약 체인을 사용하지 않는다면 다음 예제처럼 뒤에서부터 연산이 수행됩니다.

```
_.c(_.b(_.a(v)))
```

체인을 사용하면 다음처럼 연산자의 등장 순서와 실행 순서가 동일하게 됩니다.

```
_(v).a().b().c().value()
```

`_(v)`는 값을 래핑(wrap)하고, `.value()`는 언래핑(unwrap)합니다.

래핑된 값의 타입을 보기 위해 체인의 각 함수 호출을 조사할 수 있습니다. 조사를 해 보면 결과는 항상 정확하다는 것을 알 수 있습니다.

내장된 함수형 기법들과 로대시 같은 라이브러리을 사용할 때 타입 정보가 잘 유지되는 것은 우연이 아닙니다. 함수 호출 시 전달된 매개변수 값을 건드리지 않고 매번 새로운 값을 반환함으로써, 새로운 타입으로 안전하게 반환할 수 있습니다(아이템 19 참고). 넓게 보면, 타입스크립트의 많은 부분이 자바스크립트 라이브러리의 동작을 정확히 모델링하기 위해 개발되었다고 볼 수 있습니다. 그러므로 라이브러리를 사용할 때 타입 정보가 잘 유지되는 점을 십분 활용해야 타입스크립트의 원래 목적을 달성할 수 있습니다.

요약

- 타입 흐름을 개선하고, 가독성을 높이고, 명시적인 타입 구문의 필요성을 줄이기 위해 직접 구현하기보다는 내장된 함수형 기법과 로대시 같은 유틸리티 라이브러리를 사용하는 것이 좋습니다.

아이템 27 비동기 코드에는 콜백 대신 async 함수 사용하기

과거의 자바스크립트에서는 비동기 동작을 모델링하기 위해 콜백을 사용했습니다. 그렇기 때문에 악명 높은 콜백 지옥(callback hell)[3]을 필연적으로 마주해야 했습니다.

```
declare function fetchURL(
  url: string, callback: (response: string) => void
): void;

fetchURL(url1, function(response1) {
  fetchURL(url2, function(response2) {
    fetchURL(url3, function(response3) {
      // ...
      console.log(1);
    });
    console.log(2);
  });
  console.log(3);
});
console.log(4);

// 로그:
// 4
// 3
// 2
// 1
```

로그를 보면 알 수 있듯이 실행 순서는 코드 순서와 반대입니다. 이러한 콜백

3 (옮긴이) 콜백 중첩으로 인해 들여쓰기가 깊어집니다. 그 모양이 마치 눕혀 놓은 피라미드와 비슷해 보여 파멸의 피라미드(pyramid of doom)라고도 부릅니다.

이 중첩된 코드는 직관적으로 이해하기 어렵습니다. 요청을 병렬로 실행하거나 오류 상황을 빠져나와야 한다면 더욱 혼란스러워집니다.

ES2015에는 콜백 지옥을 극복하기 위해 프로미스(promise) 개념이 도입되었습니다. 프로미스는 미래에 가능해질 어떠한 것을 나타냅니다(future라고 부르기도 합니다). 다음은 프로미스를 사용해 앞의 코드를 수정한 것입니다.

```
const page1Promise = fetch(url1);
page1Promise.then(response1 => {
  return fetch(url2);
}).then(response2 => {
  return fetch(url3);
}).then(response3 => {
  // ...
}).catch(error => {
  // ...
});
```

코드의 중첩도 적어졌고 실행 순서도 코드 순서와 같아졌습니다. 또한 오류를 처리하기도, `Promise.all` 같은 고급 기법을 사용하기도 더 쉬워졌습니다.

ES2017에는 `async`와 `await` 키워드가 도입되어 콜백 지옥을 더욱 간단하게 처리할 수 있게 되었습니다.

```
async function fetchPages() {
  const response1 = await fetch(url1);
  const response2 = await fetch(url2);
  const response3 = await fetch(url3);
  // ...
}
```

`await` 키워드는 각각의 프로미스가 처리(resolve)될 때까지 `fetchPages` 함수의 실행을 멈춥니다. `async` 함수 내에서 `await` 중인 프로미스가 거절(reject)되면 예외를 던집니다. 이를 통해 일반적인 `try/catch` 구문을 사용할 수 있습니다.

```
async function fetchPages() {
  try {
    const response1 = await fetch(url1);
    const response2 = await fetch(url2);
    const response3 = await fetch(url3);
    // ...
```

```
  } catch  (e) {
    // ...
  }
}
```

Promise.reject는 타입이 정의되지 않는데, 이는 일반적인 예외 처리에 사용되는 catch 구문과 동일합니다.

async와 await는 최신 자바스크립트 런타임이면 대부분 지원합니다. ES5 또는 더 이전 버전을 대상으로 할 때, 타입스크립트 컴파일러는 async와 await가 동작하도록 정교한 변환을 수행합니다. 다시 말해, 타입스크립트는 런타임에 관계없이 async/await를 사용할 수 있습니다.

콜백보다는 프로미스나 async/await를 사용해야 하는 이유는 다음과 같습니다.

- 코드를 더 쉽게 작성할 수 있습니다.
- 타입을 더 쉽게 추론할 수 있습니다.

예를 들어, 병렬로 페이지를 로드하고 싶다면 Promise.all을 사용해서 프로미스를 조합하면 됩니다.

```
async function fetchPages() {
  const [response1, response2, response3] = await  Promise.all([
    fetch(url1), fetch(url2), fetch(url3)
  ]);
  // ...
}
```

이러한 경우에는 await와 구조 분해 할당이 찰떡궁합입니다.

타입스크립트는 세 가지 response 변수 각각의 타입을 Response로 추론합니다. 그러나 콜백 스타일로 동일한 코드를 작성하려면 더 많은 코드와 타입 구문이 필요합니다.

```
function fetchPagesWithCallbacks() {
  let numDone = 0;
  const responses: string[] = [];
  const done = () => {
```

```
    const [response1, response2, response3] = responses;
    // ...
  };
  const urls = [url1, url2, url3];
  urls.forEach((url, i) => {
    fetchURL(url, r => {
      responses[i] = url;
      numDone++;
      if (numDone === urls.length) done();
    });
  });
}
```

이 코드에 오류 처리를 포함하거나 `Promise.all` 같은 일반적인 코드로 확장하는 일은 쉽지 않습니다.

한편 입력된 프로미스 중 첫 번째가 처리될 때 완료되는 `Promise.race`도 타입 추론과 잘 맞습니다. `Promise.race`를 사용해 프로미스에 타임아웃을 추가하는 방법은 패턴으로서 흔히 사용됩니다.

```
function timeout(timeoutMs: number): Promise<never> {
  return new Promise((resolve, reject) => {
    setTimeout(() => reject('timeout'), timeoutMs);
  });
}

async function fetchWithTimeout(url: string, timeoutMs: number) {
  return Promise.race([fetch(url), timeout(timeoutMs)]);
}
```

타입 구문이 없어도 `fetchWithTimeout`의 반환 타입은 `Promise<Response>`로 추론됩니다. 추론이 동작하는 이유를 살펴보면 흥미로운 점을 발견할 수 있습니다. `Promise.race`의 반환 타입은 입력 타입들의 유니온이고, 이번 경우에는 `Promise<Response | never>`가 됩니다. 그러나 `never`(공집합)와의 유니온은 아무런 효과가 없으므로 결과가 `Promise<Response>`로 간단해집니다. 프로미스를 사용하면 타입스크립트의 모든 타입 추론이 제대로 동작합니다.

가끔 프로미스를 직접 생성해야 할 때, 특히 `setTimeout`과 같은 콜백 API를 래핑해야 하는 경우가 있습니다. 이와 같은 경우에는 선택의 여지가 있다면 일반적으로는 프로미스를 생성하기보다는 async/await를 사용해야 합니다. 그 이유는 다음 두 가지입니다.

- 일반적으로 더 간결하고 직관적인 코드가 됩니다.
- async 함수는 항상 프로미스를 반환하도록 강제됩니다.

두 번째 이유는 특정한 경우의 복잡한 버그를 방지하는 데 도움이 됩니다. 정의에 따르면 async 함수는 구현부에 await가 없더라도 항상 Promise를 반환합니다. 다음 코드를 보면 이해하는 데 도움이 될 겁니다.

```
async function getNumber() { return 42; }
//             ^? function getNumber(): Promise<number>
```

async 화살표 함수를 만들 수도 있습니다.

```
const getNumber = async () => 42;
//    ^? const getNumber: () => Promise<number>
```

프로미스를 직접 생성하면 다음과 같습니다.

```
const getNumber = () => Promise.resolve(42);
//    ^? const getNumber: () => Promise<number>
```

즉시 사용 가능한 값에도 프로미스를 반환하는 것이 이상하게 보일 수 있지만, 실제로는 비동기 함수로 통일하도록 강제하는 데 도움이 됩니다. 함수는 항상 동기 또는 항상 비동기로 실행되어야 하며 절대 혼용해서는 안 됩니다.

예를 들어, fetchURL 함수에 캐시를 추가하기 위해 다음처럼 시도한다고 가정해 보겠습니다.

```
// 이렇게 하지 맙시다!
const _cache: {[url: string]: string} = {};
function fetchWithCache(url: string, callback: (text: string) => void)  {
  if (url in _cache) {
    callback(_cache[url]);
  } else {
    fetchURL(url, text => {
      _cache[url] = text;
```

```
      callback(text);
    });
  }
}
```

코드가 최적화된 것처럼 보일지 몰라도, 캐시된 경우 콜백 함수가 동기로 호출되기 때문에 fetchWithCache 함수는 이제 사용하기가 무척 어려워집니다.

```
let requestStatus: 'loading' | 'success' | 'error';
function getUser(userId: string) {
  fetchWithCache(`/user/${userId}`, profile => {
    requestStatus = 'success';
  });
  requestStatus = 'loading';
}
```

getUser를 호출한 후에 requestStatus의 값은 온전히 profile 캐시되었는지에 따라 결정됩니다. 캐시되어 있지 않다면 requestStatus는 조만간 'success'가 됩니다. 캐시되어 있다면 'success'가 되고 나서 바로 'loading'으로 다시 돌아가 버립니다.

async를 두 함수에 모두 사용하면 일관적인 동작을 강제하게 됩니다.

```
const _cache: {[url: string]: string} = {};
async function fetchWithCache(url: string) {
  if (url in _cache) {
    return _cache[url];
  }
  const response = await fetch(url);
  const text = await response.text();
  _cache[url] = text;
  return text;
}

let requestStatus: 'loading' | 'success' | 'error';
async function getUser(userId: string) {
  requestStatus = 'loading';
  const profile = await fetchWithCache(`/user/${userId}`);
  requestStatus = 'success';
}
```

이제 requestStatus가 'success'로 끝나는 것이 명백해졌습니다. 콜백이나 프로미스를 사용하면 실수로 반(half)동기 코드를 작성할 수 있지만, async를 사용하면 항상 비동기 코드를 작성하는 셈입니다.[4]

async 함수에서 프로미스를 반환하면 또 다른 프로미스로 래핑되지 않습니다. 반환 타입은 `Promise<Promise<T>>`가 아닌 `Promise<T>`가 됩니다. 타입스크립트를 사용하면 타입 정보가 명확히 드러나기 때문에 비동기 코드의 개념을 잡는 데 도움이 됩니다.

```
async function getJSON(url: string) {
  const response = await fetch(url);
  const jsonPromise = response.json();
  return jsonPromise;
  //     ^? const jsonPromise: Promise<any>
}
getJSON
// ^? function getJSON(url: string): Promise<any>
```

요약

- 콜백보다는 프로미스를 사용하는 것이 코드 작성과 타입 추론 면에서 유리합니다.
- 가능하면 프로미스를 생성하기보다는 async와 await를 사용하는 것이 좋습니다. 간결하고 직관적인 코드를 작성할 수 있고 모든 종류의 오류를 제거할 수 있습니다.
- 어떠한 함수가 프로미스를 반환한다면 async로 선언하는 것이 좋습니다.

아이템 28 클래스와 커링 기법으로 새로운 추론 영역 만들기

타입스크립트로 새로운 API 인터페이스 예제를 작성해 보겠습니다.

```
export interface SeedAPI {
  '/seeds': Seed[];
  '/seed/apple': Seed;
  '/seed/strawberry': Seed;
  // ...
}
```

4 이 코드에는 여전히 미묘한 버그가 남아 있습니다. 같은 URL에 `fetchWithCache`를 두 번 호출하면 요청이 두 번 발생하게 됩니다. 해결책은 독자 여러분 스스로 고민해 보기 바랍니다.

이 인터페이스에는 /seeds라는 엔드포인트가 Seed 객체 배열을 반환해 주며, /seed/apple과 /seed/strawberry라는 엔드포인트는 Seed 객체를 반환해 준다고 기술되어 있습니다.

이제 해당 API 엔드포인트들에 요청을 하는 함수를 작성해 보겠습니다. 이 함수에서는 해당 엔드포인트가 존재하고 정의된 타입에 맞는 데이터를 반환하는지 체크해야 합니다. 클라이언트 입장에서는 이러한 체크가 API 호출을 안전하게 만들어 주기 때문에 매우 중요합니다.

함수를 호출하는 코드는 다음과 같습니다.

```
// 올바른 사용법:
const berry = await fetchAPI<SeedAPI>('/seed/strawberry');  // 정상, Seed를 반환

// 잘못된 사용법: 오류가 되어야 함
fetchAPI<SeedAPI>('/seed/chicken');                         // 엔드포인트가 존재하지 않음
const seed: Seed = await fetchAPI<SeedAPI>('/seeds');  // 잘못된 반환 타입
```

fetchAPI는 다음처럼 선언할 수 있습니다(여기서는 구현보다 타입 선언에 집중합니다).

```
declare function fetchAPI<
  API, Path extends keyof API
>(path: Path): Promise<API[Path]>;
```

아마 다음과 같은 오류가 발생할 것입니다.

```
fetchAPI<SeedAPI>('/seed/strawberry');
//       ~~~~~~~ 2개의 형식 인수가 필요한데 1개를 가져왔습니다.
```

이 부분의 문제는 타입스크립트의 타입 추론이 모 아니면 도(all or nothing)라는 것입니다. 즉, 사용된 모든 매개변수에 대해서 추론하게 만들거나, 모든 매개변수를 명시적으로 선언해 줘야 하며 일부분만 명시하는 것은 불가능합니다(타입 매개변수에 기본값을 제공할 수는 있지만 다른 타입 매개변수를 참고할 뿐이며, 실제 사용되는 곳을 참고해서 추론할 수는 없습니다).

fetchAPI는 어떠한 API든 사용할 수 있어야 하므로 API의 타입 매개변수는 어떠한 것이든 될 수 있습니다. 그렇기 때문에 더 이상 추론될 여지가 없고, 반

드시 명시적으로 지정되어야 합니다. 이 상황에서의 유일한 해결책은 Path 타입을 명시적으로 작성하는 것입니다.

```
const berry = fetchAPI<SeedAPI, '/seed/strawberry'>('/seed/strawberry'); // 정상
//    ^? const berry: Promise<Seed>
```

이 코드는 동작은 하겠지만, 너무 반복적이고 번잡합니다. 이를 해결하기 위해서는 명확하게 명시가 필요한 API 타입 매개변수와, 추론이 필요한 Path 타입 매개변수의 영역을 분리해서 다루면 됩니다.

영역을 분리하는 표준 방법으로 클래스와 커링 두 가지를 들 수 있습니다.

클래스

클래스를 사용하면 상태의 일부분을 효과적으로 감쌀 수 있습니다. 클래스는 자주 사용되는 어떠한 상태 값을 유지하면서 동시에 관련된 함수(클래스의 메서드)를 사용할 수 있게 해 줍니다. 타입스크립트에서는 클래스가 타입을 유지하는 수단으로도 쓰일 수 있습니다.

앞서 언급된 문제를 해결하기 위해 클래스를 정의해 보겠습니다.

```
declare class ApiFetcher<API> {
  fetch<Path extends keyof API>(path: Path): Promise<API[Path]>;
}
```

그리고 클래스를 사용하는 코드는 다음과 같습니다.

```
const fetcher = new ApiFetcher<SeedAPI>();
const berry = await fetcher.fetch('/seed/strawberry'); // 정상
//    ^? const berry: Seed

fetcher.fetch('/seed/chicken');
//            ~~~~~~~~~~~~~~~~
// '"/seed/chicken"' 형식의 인수는 'keyof SeedAPI' 형식에 할당될 수 없습니다.

const seed: Seed = await fetcher.fetch('/seeds');
//    ~~~~ Seed[]는 Seed에 할당될 수 없습니다.
```

기대하는 형태의 오류가 정확하게 만들어졌습니다(현재는 타입에 집중하기 위해 구현은 생략했습니다).

함수에 필요한 두 가지 제네릭 타입 매개변수가 이제는 분리되어 있습니다. 하나는 클래스의 제네릭 타입 매개변수로서 명시적으로 정의되었고, 또 다른 하나는 메서드의 매개변수로서 그 타입은 추론되고 있습니다. 클래스 생성자(new ApiFetcher<SeedAPI>())에서 API 타입 매개변수를 바인딩했고, fetch 메서드를 호출하는 순간에 Path 타입 매개변수가 추론되기 때문에 타입스크립트에게는 매우 명확한 코드가 되었습니다.

커링

프로그래밍 언어는 사실 하나 이상의 매개변수를 필요로 하지 않습니다.

```
declare function getDate(mon: string, day: number): Date;
getDate('dec', 25);
```

이처럼 함수를 작성할 수도 있지만, 다음처럼 작성할 수도 있습니다.

```
declare function getDate(mon: string): (day: number) => Date;
getDate('dec')(25);
```

두 번째 예제의 문법에는 '커링'이라는 기법이 적용되었다는 것을 주의해서 살펴보기 바랍니다. 커링 기법은 (본인은 부인하지만) 논리학자 해스컬 커리(Haskell Curry)가 고안한 것으로 알려져 있습니다.

커링 기법은 우리가 필요한 만큼의 많은 추론 영역을 만들 수 있도록 해 주는 유연함을 제공합니다. 각 함수 호출은 새로운 타입 매개변수 추론이 가능합니다.

함수를 반환하도록 fetchAPI를 수정해 보겠습니다.

```
declare function fetchAPI<API>():
  <Path extends keyof API>(path: Path) => Promise<API[Path]>;
```

이제 fetchAPI에는 매개변수가 없고, 대신 반환하는 함수가 매개변수 하나를 취합니다. 사용법은 다음과 같습니다.

```
const berry = await fetchAPI<SeedAPI>()('/seed/strawberry');  // 정상
//    ^? const berry: Seed
```

```
fetchAPI<SeedAPI>()('/seed/chicken');
//                 ~~~~~~~~~~~~~~~
// '"/seed/chicken"' 형식의 인수는 'keyof SeedAPI' 형식에 할당될 수 없습니다.

const seed: Seed = await fetchAPI<SeedAPI>()('/seeds');
//    ~~~~ Seed[]는 Seed에 할당될 수 없습니다.
```

클래스를 사용한 해결법과 동일하게, 우리가 원하는 형태의 오류를 제대로 만들어 냅니다. 두 번의 함수 호출 중복을 제거하기 위해 중간 변수를 사용할 수도 있습니다.

```
const fetchSeedAPI = fetchAPI<SeedAPI>();
const berry = await fetchSeedAPI('/seed/strawberry');
//    ^? const berry: Seed
```

커링 기법의 해결 방식은 클래스를 사용한 해결 방식과 다르지 않습니다. 만약 이름을 바꾸고 함수 대신 객체 타입을 반환하도록 고치면 형태가 거의 같아 보인다는 사실을 알 수 있습니다.

```
declare function apiFetcher<API>(): {
  fetch<Path extends keyof API>(path: Path): Promise<API[Path]>;
}

const fetcher = apiFetcher<SeedAPI>();
fetcher.fetch('/seed/strawberry');  // 정상
```

클래스 기법을 사용한 예제와 다른 단 한가지 점은 new 키워드가 없다는 것입니다.

일부 매개변수를 명시적으로 정의하면서, 동시에 일부는 추론되기를 원한다면 클래스나 커링 기법을 사용할 수 있습니다.

두 기법 중 어느 것을 사용할지는 여러분의 취향에 달려 있습니다. 코드를 작성하면서 자연스럽고 편안하게 느껴진다면 그 방법을 사용하면 됩니다. 다만, 타입스크립트 관점에서는 커링이 한 가지 더 나은 점이 있습니다. 바로 로컬 타입 별칭을 정의함으로써 사용 스코프가 생긴다는 것입니다.

```
function fetchAPI<API>() {
  type Routes = keyof API & string;  // 로컬 타입 별칭
```

```
  return <Path extends Routes>(
    path: Path
  ): Promise<API[Path]> => fetch(path).then(r => r.json());
}
```

선언만으로는 스코프가 생기지 않으며, 구현체가 존재해야 새로운 영역이 만들어집니다. Routes 같은 로컬 타입 별칭은 복잡한 타입 표현의 반복을 줄일 수 있습니다. 클래스의 경우에는 동일한 기능이 없습니다.

요약

- 여러 타입 매개변수가 있는 함수에서의 추론은 모 아니면 도입니다. 모든 타입 매개변수가 추론되거나, 모든 타입 매개변수가 명시적으로 정의되어야 합니다.
- 부분적인 추론을 가능하게 하려면, 클래스나 커링 기법을 사용해서 새로운 추론 영역을 만들어야 합니다.
- 로컬 타입 별칭을 만들려면 클래스 기법 보다는 커링 기법을 사용해야 합니다.

4장

Effective TypeScript Second Edition

타입 설계

> 누가 순서도를 보여 주면서 표를 감추면 나는 여전히 갸우뚱할 것이다. 하지만 표를 보여 준다면 순서도는 별로 필요하지 않다. 보지 않더라도 명백할 것이기 때문이다.
>
> – 프레드 브룩스, 《맨먼스 미신(The Mythical Man Month)》(인사이트, 2015)

《맨먼스 미신》의 저자 프레드 브룩스(Fred Brooks)의 이 말은 오래 되었지만, 지금까지도 유효합니다. 연산이 이루어지는 데이터나 데이터 타입을 알 수 없다면 코드를 이해하기 어렵습니다. 타입 시스템의 큰 장점 중 하나는 데이터 타입을 명확히 알 수 있어 코드를 이해하기 쉽다는 것입니다.

이 책의 다른 장에서는 타입스크립트 타입의 실질적인 사항을 다루고 있습니다. 타입을 사용하고, 추론하고, 선언문을 작성하는 것들입니다. 그런데 이번 장에서는 타입 자체의 설계에 대해 다룹니다. 참고로 이번 장의 예제들은 모두 타입스크립트를 염두에 두고 작성했지만, 대부분 다른 언어에도 적용될 수 있는 아이디어입니다.

이번 장을 이해하고 타입을 제대로 작성한다면, 인용문에서 비유한 것처럼 표(코드의 타입)뿐 아니라 순서도(코드의 로직) 역시 쉽게 이해할 수 있을 것입니다.

아이템 29 유효한 상태만 타입으로 표현하기

타입을 잘 설계하면 코드를 직관적으로 작성할 수 있습니다. 그러나 타입 설계가 엉망이라면 어떠한 기억이나 문서도 도움이 되지 못한 채, 코드는 뒤죽박죽이 되고 버그가 창궐하게 됩니다.

효과적으로 타입을 설계하려면, 유효한 상태만 표현할 수 있는 타입을 만들어 내는 일이 가장 중요합니다. 이번 아이템에서는 이러한 관점에서 타입 설계가 잘못된 상황을 알아보고, 예제를 통해 잘못된 설계를 바로잡아 볼 것입니다.

웹 애플리케이션을 만든다고 가정해 보겠습니다. 애플리케이션에서 페이지를 선택하면, 페이지의 내용을 로드하고 화면에 표시합니다. 페이지의 상태는 다음처럼 설계했습니다.

```
interface State {
  pageText: string;
  isLoading: boolean;
  error?: string;
}
```

페이지를 그리는 renderPage 함수를 작성할 때는 상태 객체의 필드를 전부 고려해서 상태 표시를 분기해야 합니다.

```
function renderPage(state: State) {
  if (state.error) {
    return `Error! Unable to load ${currentPage}: ${state.error}`;
  } else if (state.isLoading) {
    return `Loading ${currentPage}...`;
  }
  return `<h1>${currentPage}</h1>\n${state.pageText}`;
}
```

코드를 살펴보면 분기 조건이 명확히 분리되어 있지 않다는 사실을 알 수 있습니다. isLoading이 true이고 동시에 error 값이 존재하면 로딩 중인 상태인지 오류가 발생한 상태인지 명확히 구분할 수 없습니다. 필요한 정보가 부족하기 때문입니다.

한편 페이지를 전환하는 changePage 함수는 다음과 같습니다.

```
async function changePage(state: State, newPage: string) {
  state.isLoading = true;
  try {
    const response = await fetch(getUrlForPage(newPage));
    if (!response.ok) {
      throw new Error(`Unable to load ${newPage}: ${response.statusText}`);
    }
    const text = await response.text();
    state.isLoading = false;
    state.pageText = text;
  } catch (e) {
    state.error = '' + e;
  }
}
```

changePage에는 많은 문제점이 있습니다. 몇 가지 정리해 보면 다음과 같습니다.

- 오류가 발생했을 때 state.isLoading을 false로 설정하는 로직이 빠져 있습니다.
- state.error를 초기화하지 않았기 때문에, 페이지 전환 중에 로딩 메시지 대신 과거의 오류 메시지를 보여 줍니다.
- 페이지 로딩 중에 사용자가 페이지를 바꿔 버리면 어떠한 일이 벌어질지 예상하기 어렵습니다. 새 페이지에 오류가 뜨거나, 응답이 오는 순서에 따라 두 번째 페이지가 아닌 첫 번째 페이지로 전환될 수도 있습니다.

문제는 바로 상태 값의 두 가지 속성이 동시에 정보가 부족하거나(요청이 실패한 것인지 여전히 로딩 중인지 알 수 없습니다), 두 가지 속성이 충돌(오류이면서 동시에 로딩 중일 수 있습니다)할 수 있다는 것입니다. State 타입의 경우 isLoading이 true이면서 동시에 error 값이 설정되는 무효한 상태를 허용합니다. 무효한 상태가 존재하면 render()와 changePage() 둘 다 제대로 구현할 수 없게 됩니다.

다음은 애플리케이션의 상태를 좀 더 제대로 표현하는 방법입니다.

```
interface RequestPending {
  state: 'pending';
}
interface RequestError {
  state: 'error';
  error: string;
}
interface RequestSuccess {
  state: 'ok';
  pageText: string;
}
type RequestState = RequestPending | RequestError | RequestSuccess;

interface State  {
  currentPage: string;
  requests: {[page: string]: RequestState};
}
```

여기서는 네트워크 요청 과정의 각 상태를 명시적으로 모델링하는 **태그된 유니온**(구별된 유니온)이 사용되었습니다. 이번 예제는 상태를 나타내는 타입의 코드 길이가 서너 배 길어지긴 했지만, 무효한 상태를 허용하지 않도록 크게 개선되었습니다. 현재 페이지는 발생하는 모든 요청의 상태로서, 명시적으로 모델링되었습니다. 그 결과로 개선된 renderPage와 changePage 함수는 쉽게 구현할 수 있습니다.

```
function renderPage(state: State) {
  const {currentPage} = state;
  const requestState = state.requests[currentPage];
  switch (requestState.state) {
    case 'pending':
      return `Loading ${currentPage}...`;
    case 'error':
      return `Error! Unable to load ${currentPage}: ${requestState.error}`;
    case 'ok':
      return `<h1>${currentPage}</h1>\n${requestState.pageText}`;
  }
}

async function changePage(state: State, newPage: string) {
  state.requests[newPage] = {state: 'pending'};
  state.currentPage = newPage;
  try {
```

```
    const response = await fetch(getUrlForPage(newPage));
    if (!response.ok) {
      throw new Error(`Unable to load ${newPage}: ${response.statusText}`);
    }
    const pageText = await response.text();
    state.requests[newPage] = {state: 'ok',  pageText};
  } catch (e) {
    state.requests[newPage] = {state: 'error', error: '' + e};
  }
}
```

이번 아이템의 처음에 등장했던 renderPage와 changePage의 모호함은 완전히 사라졌습니다. 현재 페이지가 무엇인지 명확하며, 모든 요청은 정확히 하나의 상태로 맞아 떨어집니다. 요청이 진행 중인 상태에서 사용자가 페이지를 변경하더라도 문제없습니다. 무효가 된 요청이 실행되긴 하겠지만, UI에는 영향을 미치지 않습니다.

앞의 웹 애플리케이션 예제보다 간단하지만, 끔찍한 예를 들어 보겠습니다. 2009년 6월 1일 대서양에서 추락한 에어프랑스 447 항공편이었던 에어버스 330 비행기 사례입니다. 에어버스는 전자 조종식 항공기로, 조종사의 제어가 물리적으로 비행 장치에 전달되기 전에 컴퓨터 시스템을 거치게 됩니다. 사고 후 2년이 지나서야 추락한 비행기의 블랙박스가 복구되었습니다. 추락을 일으킨 많은 원인이 밝혀졌는데, 주요 원인은 바로 잘못된 상태 설계였습니다.

에어버스 330의 조종석에는 기장과 부기장을 위한 분리된 제어 세트가 있습니다. 사이드 스틱은 비행기의 전진 방향(받음각, angle of attack)을 제어합니다. 뒤로 당기면 비행기가 올라가고, 앞으로 밀면 아래로 내려가는 방식입니다. 에어버스 330은 두 개의 사이드 스틱이 독립적으로 움직이는 이중 입력 모드 시스템을 사용했습니다. 타입스크립트로 이중 입력 모드 상태를 모델링해 보면 다음과 같습니다.

```
interface CockpitControls {
  /** 왼쪽 사이드 스틱의 각도, 0 = 중립, + = 앞으로 */
  leftSideStick: number;
  /** 오른쪽 사이드 스틱의 각도, 0 = 중립, + = 앞으로 */
  rightSideStick: number;
}
```

이와 같은 데이터 구조가 주어진 상태에서 현재 스틱의 설정을 계산해 내는 getStickSetting 함수를 작성한다고 가정해 보겠습니다.

일단 기장(왼쪽 스틱)이 제어하고 있다고 가정하면 다음처럼 구현할 수 있습니다.

```
function getStickSetting(controls: CockpitControls) {
  return controls.leftSideStick;
}
```

부기장(오른쪽 스틱)이 제어하고 있는 상태라면 기장의 스틱 상태는 중립일 겁니다. 결과적으로 기장이든 부기장이든 둘 중 하나의 스틱 값 중에서 중립이 아닌 값을 사용해야 합니다.

```
function getStickSetting(controls: CockpitControls) {
  const {leftSideStick, rightSideStick} = controls;
  if (leftSideStick === 0) {
    return rightSideStick;
  }
  return leftSideStick;
}
```

그러나 이 코드에는 문제가 있습니다. 왼쪽 스틱의 로직과 동일하게 오른쪽 스틱이 중립일 때 왼쪽 스틱 값을 사용해야 합니다. 그러므로 오른쪽 스틱에 대한 체크를 코드에 추가해야 합니다.

```
function getStickSetting(controls: CockpitControls) {
  const {leftSideStick, rightSideStick} = controls;
  if (leftSideStick === 0) {
    return rightSideStick;
  } else if (rightSideStick === 0) {
    return leftSideStick;
  }
  // ???
}
```

두 스틱이 모두 중립이 아닌 경우를 고려해 보겠습니다. 다행히 두 스틱이 비슷한 값이라면 스틱의 각도를 평균해서 계산할 수 있습니다.

```
function getStickSetting(controls: CockpitControls) {
  const {leftSideStick, rightSideStick} = controls;
  if (leftSideStick === 0) {
    return rightSideStick;
  } else if (rightSideStick === 0) {
    return leftSideStick;
  }
  if (Math.abs(leftSideStick - rightSideStick) < 5) {
    return (leftSideStick + rightSideStick) / 2;
  }
  // ???
}
```

그러나 두 스틱의 각도가 매우 다른 경우는 해결하기 어렵습니다. 그렇다고 해결책 없이 조종사에게 오류를 띄운다는 것은 현실적으로 불가능한 일입니다. 비행 중이기 때문에 스틱의 각도는 어떻게 든 설정되어야 합니다.

한편, 비행기가 폭풍에 휘말리자 부기장은 조용히 사이드 스틱을 뒤로 당겼습니다. 고도는 올라갔지만 결국은 속력이 떨어져서, 스톨(양력을 잃고 힘없이 떨어지는) 상태가 되었고 곧이어 비행기는 추락하기 시작했습니다.

조종사들은 비행 중 스톨 상태에 빠지면, 스틱을 앞으로 밀어 비행기가 하강하면서 속력을 다시 높이도록 훈련받습니다. 기장은 훈련대로 스틱을 앞으로 밀었습니다. 그러나 부기장은 여전히 스틱을 뒤로 당기고 있었습니다. 이때 에어버스의 계산 함수는 다음과 같은 모습입니다.

```
function getStickSetting(controls: CockpitControls) {
  return (controls.leftSideStick + controls.rightSideStick) / 2;
}
```

기장이 스틱을 힘껏 앞으로 밀어 봤자 부기장이 뒤로 당기고 있었기에 평균값에는 변함이 없습니다. 따라서 에어버스는 아무것도 하지 않게 됩니다. 기장은 비행기가 하강하지 않는 이유를 알 수 없었을 것입니다. 부기장이 무슨 일이 벌어지고 있는지 깨달았을 때는 이미 속력을 회복할 수 없을 정도로 고도가 낮아진 상태였고, 결국 에어버스는 바다로 추락해 228명 탑승객 전원이 목숨을 잃고 말았습니다.

이 모든 이야기의 요점은, 주어진 입력으로 getStickSetting을 구현하는 제대로 된 방법이 없다는 것입니다. getStickSetting 함수는 실패할 수밖에 없었습니다. 대부분의 비행기는 두 개의 스틱이 기계적으로 연결되어 있습니다. 부기장이 뒤로 당긴다면, 기장의 스틱도 뒤로 당겨집니다. 기계적으로 연결된 스틱의 상태는 간단하게 표현할 수 있습니다.

```
interface CockpitControls {
  /** 스틱의 각도, 0 = 중립, + = 앞으로 */
  stickAngle: number;
}
```

이번 장 도입부에서 보았던 프레드 브룩스의 인용문에 따라, 이제는 순서도(코드의 로직)가 분명해졌습니다. 사실 getStickSetting 함수는 전혀 필요 없습니다.

타입을 설계할 때는 어떠한 값들을 포함하고 어떠한 값들을 제외할지 신중하게 생각해야 합니다. 유효한 상태를 표현하는 값만 허용한다면 코드를 작성하기 쉬워지고 타입 체크가 용이해집니다. 유효한 상태만 허용하는 것은 매우 일반적인 원칙입니다. 반면, 특정한 상황에서 지켜야 할 원칙도 있는데, 이번 장의 다른 아이템들에서 다루겠습니다.

요약

- 유효한 상태와 무효한 상태를 둘 다 표현하는 타입은 혼란을 초래하기 쉽고 오류를 유발합니다.
- 유효한 상태만 표현하는 타입을 지향해야 합니다. 이렇게 하면 코드가 길어지거나 타입 표현에 어려움을 겪을 수도 있지만, 결국은 시간을 절약하고 고통을 줄일 수 있습니다.

아이템 30 엄격하게 생성하고, 너그럽게 사용하기

아이템 30의 제목은 TCP와 관련해서 존 포스텔(Jon Postel)이 쓴 **견고성 원칙**(robustness principle) 또는 **포스텔의 법칙**(Postel's Law)에서 따왔습니다.

> TCP 구현체는 견고성의 일반적 원칙을 따라야 한다. 당신의 작업은 엄격하게 하고, 다른 사람의 작업은 너그럽게 받아들여야 한다.

함수의 시그니처에도 비슷한 규칙을 적용해야 합니다. 함수의 매개변수는 타입의 범위가 넓어도 되지만, 결과를 반환할 때는 일반적으로 타입의 범위가 더 구체적이어야 합니다.

예를 들어, 3D 매핑 API는 카메라의 위치를 지정하고 경계 박스의 뷰포트를 계산하는 방법을 제공합니다.

```
declare function setCamera(camera: CameraOptions): void;
declare function viewportForBounds(bounds: LngLatBounds): CameraOptions;
```

카메라의 위치를 잡기 위해 viewportForBounds의 결과가 setCamera로 바로 전달될 수 있다면 편리할 것입니다.

CameraOptions와 LngLat 타입의 정의를 살펴보겠습니다.

```
interface CameraOptions {
  center?: LngLat;
  zoom?: number;
  bearing?: number;
  pitch?: number;
}
type LngLat =
  { lng: number; lat: number; } |
  { lon: number; lat: number; } |
  [number, number];
```

일부 값은 건드리지 않으면서 동시에 다른 값을 설정할 수 있어야 하기 때문에 CameraOptions의 필드는 모두 선택적입니다. 유사하게 LngLat 타입도 setCamera의 매개변수 범위를 넓혀 줍니다. 매개변수로 {lng, lat} 객체, {lon, lat} 객체, 또는 순서만 맞다면 [lng, lat] 쌍을 넣을 수도 있습니다. 이러한 편의성을 제공해 함수 호출을 쉽게 할 수 있습니다.

viewportForBounds 함수는 또 다른 '자유로운' 타입을 매개변수로 받습니다.

```
type LngLatBounds =
  {northeast: LngLat, southwest: LngLat} |
```

```
  [LngLat, LngLat] |
  [number, number, number, number];
```

이름이 주어진 모서리, 위도/경도 쌍, 또는 순서만 맞다면 4-튜플을 사용해 경계를 지정할 수 있습니다. LngLat은 세 가지 형태를 받을 수 있습니다. 따라서 LngLatBounds는 19가지(3 × 3 + 3 × 3 + 1) 이상의 형태를 가질 수 있는 매우 자유로운 타입입니다.

이제 GeoJSON 기능을 지원하도록 뷰포트를 조절하고, 새 뷰포트를 URL에 저장하는 함수를 작성해 보겠습니다(헬퍼 함수인 calculateBouningBox는 별도로 구현되어 있다고 가정합니다).

```
function focusOnFeature(f: Feature) {
  const bounds = calculateBoundingBox(f);  // 헬퍼 함수
  const camera = viewportForBounds(bounds);
  setCamera(camera);
  const {center: {lat, lng}, zoom} = camera;
  //              ~~~       ... 형식에 'lat' 속성이 없습니다.
  //                   ~~~ ... 형식에 'lng' 속성이 없습니다.
  zoom;
  // ^? const zoom: number | undefined
  window.location.search = `?v=@${lat},${lng}z${zoom}`;
}
```

이 예제의 오류는 lat과 lng 속성이 없고 zoom 속성만 존재하기 때문에 발생했지만, 타입이 number | undefined로 추론되는 것 역시 문제입니다. 근본적인 문제는 viewportForBounds의 타입 선언이 사용될 때뿐 아니라 만들어질 때에도 너무 자유롭다는 것입니다. camera 값을 안전한 타입으로 사용하는 유일한 방법은 유니온 타입의 요소별로 코드를 분기하는 것입니다.

수많은 선택적 속성을 가지는 반환 타입과 유니온 타입은 viewportForBounds를 사용하기 어렵게 만듭니다. 매개변수 타입의 범위가 넓으면 사용하기 편리하지만, 반환 타입의 범위가 넓으면 불편합니다. 즉, 사용하기 편리한 API일수록 반환 타입이 엄격합니다.

유니온 타입의 요소별 분기를 위한 한 가지 방법은, 좌표를 위한 기본 형식을 구분하는 것입니다. 배열과 배열 같은 것(array like)의 구분을 위해 자바스크

립트의 관례에 따라(아이템 17 참고), LngLat와 LngLatLike를 구분할 수 있습니다. 또한 setCamera 함수가 매개변수로 받을 수 있게 완전 정의된 Camera 타입과 Camera 타입이 부분적으로 정의된 버전을 구분할 수도 있습니다.

```
interface LngLat { lng: number; lat: number; };
type LngLatLike = LngLat | { lon: number; lat: number; } | [number, number];

interface Camera {
  center: LngLat;
  zoom: number;
  bearing: number;
  pitch: number;
}
interface CameraOptions extends Omit<Partial<Camera>, 'center'> {
  center?: LngLatLike;
}
type LngLatBounds =
  {northeast: LngLatLike, southwest: LngLatLike} |
  [LngLatLike, LngLatLike] |
  [number, number, number, number];

declare function setCamera(camera: CameraOptions): void;
declare function viewportForBounds(bounds: LngLatBounds): Camera;
```

Camera가 너무 엄격하므로 조건을 완화해 느슨한 CameraOptions 타입으로 만들었습니다. setCamera 매개변수 타입의 center 속성에 LngLatLike 객체를 허용해야 하기 때문에 Partial<Camera>를 사용하면 코드가 동작하지 않습니다. 그리고 LngLatLike가 LngLat의 부분 타입이 아니라 상위 타입인데, 이 때문에 CameraOptions extends Partial<Camera>를 사용할 수 없습니다(아이템 7 참고하세요).

너무 복잡해 보인다면 약간의 반복 작업을 해야겠지만, 명시적으로 타입을 추출해서 다음처럼 작성할 수도 있습니다.

```
interface CameraOptions {
  center?: LngLatLike;
  zoom?: number;
  bearing?: number;
  pitch?: number;
}
```

앞에서 설명한 CameraOptions를 선언하는 두 가지 방식 모두 focusOnFeature 함수가 타입 체커를 통과할 수 있게 해 줍니다.

```
function focusOnFeature(f: Feature) {
  const bounds = calculateBoundingBox(f);
  const camera = viewportForBounds(bounds);
  setCamera(camera);
  const {center: {lat, lng}, zoom} = camera;  // 정상
  //                        ^? const zoom: number
  window.location.search = `?v=@${lat},${lng}z${zoom}`;
}
```

이번에는 zoom의 타입이 number|undefined가 아니라 number입니다. 이제 훨씬 쉽게 viewportForBounds 함수를 사용할 수 있습니다. 그리고 bounds를 생성하는 다른 함수가 있다면 LngLatBounds와 LngLatBoundsLike를 구분할 수 있도록 새로운 기본 형식을 도입해야 합니다.

앞에 등장한 것처럼 경계 박스의 형태를 19가지나 허용하는 것은 좋은 설계가 아닙니다. 그러나 다양한 타입을 허용해야만 하는 라이브러리의 타입 선언을 작성하고 있다면, 어쩔 수 없이 다양한 타입을 허용해야 하는 경우가 생깁니다. 하지만 그때도 19가지 반환 타입이 나쁜 설계라는 사실을 잊어서는 안 됩니다.

이 패턴을 가장 일반적으로 사용할 수 있는 경우는 배열을 매개변수로 받는 함수를 작성할 때입니다. 예를 들어, 배열의 요소의 총합을 구하는 함수는 다음과 같습니다.

```
function sum(xs: number[]): number {
  let sum = 0;
  for (const x of xs) {
    sum += x;
  }
  return sum;
}
```

반환 타입은 상당히 엄격하게 정의되어 있지만, 매개변수인 number[]의 모든 기능을 함수 내에서 사용하지는 않기 때문에 타입 정의가 느슨하다고 할 수 있습니다. 아이템 17에서 설명한 대로 매개변수를 ArrayLike<number>로 정의해

도 잘 동작합니다. 아이템 14에서는 readonly 배열에 대해서 다루었으며 매개변수를 readonly number[] 타입으로 정의해도 잘 동작합니다.

그러나 여기서는 매개변수를 순환하는 기능만이 필요하므로 Iterable 타입이 가장 넓은 타입이라고 할 수 있습니다.

```
function sum(xs: Iterable<number>): number {
  let sum = 0;
  for (const x of xs) {
    sum += x;
  }
  return sum;
}
```

그리고 예상한 대로 배열을 대상으로 잘 동작합니다.

```
const six = sum([1, 2, 3]);
//    ^? const six: number
```

Array 또는 ArrayLike 대신 Iterable을 사용했을 때의 장점은 제너레이터 표현식에서 드러납니다.

```
function* range(limit: number) {
  for (let i = 0; i < limit; i++) {
    yield i;
  }
}
const zeroToNine = range(10);
//    ^? const zeroToNine: Generator<number, void, unknown>
const fortyFive = sum(zeroToNine);  // 정상, 결과는 45
```

함수의 매개변수를 단지 순회하는 용도로 사용한다면 Iterable로 만들어서 제너레이터를 활용할 수 있도록 하는 것이 좋습니다. for-of 루프를 사용하고 있다면 코드를 한 줄도 바꿀 필요가 없습니다.

요약

- 보통 매개변수 타입은 반환 타입에 비해 범위가 넓은 경향이 있습니다. 선택적 속성과 유니온 타입은 반환 타입보다 매개변수 타입에 더 일반적입니다.

- 너무 넓은 타입을 반환하면 함수를 호출한 곳에서 사용하기 불편하므로 지양해야 합니다.
- 매개변수와 반환 타입의 재사용을 위해서 기본 형태(반환 타입)와 느슨한 형태(매개변수 타입)를 도입하는 것이 좋습니다.
- 단지 순회만 하는 용도의 함수 매개변수라면 `T[]` 대신 `Iterable<T>`를 사용해야 합니다.

아이템 31 문서에 타입 정보 쓰지 않기

다음 코드에서 잘못된 부분을 찾아보겠습니다.

```
/**
 * 전경색(foreground Color) 문자열을 반환합니다.
 * 0개 또는 1개의 매개변수를 받습니다.
 * 매개변수가 없을 때는 표준 전경색을 반환합니다.
 * 매개변수가 있을 때는 특정 페이지의 전경색을 반환합니다.
 */
function getForegroundColor(page?: string) {
  return page === 'login' ? {r: 127, g: 127, b: 127} : {r: 0, g: 0, b: 0};
}
```

코드와 주석의 정보가 맞지 않습니다. 둘 중 어느 것이 옳은지 판단하기에는 정보가 부족하며, 잘못된 상태라는 것만은 분명합니다. 저의 교수님은 "코드와 주석이 맞지 않는다면, 둘 다 잘못된 것이다!"라고 말씀하시곤 했습니다.

앞의 예제에서 의도된 동작이 코드에 제대로 반영되고 있다고 가정하면, 주석에는 세 가지 문제점이 있습니다.

- 함수가 `string` 형태의 색깔을 반환한다고 적혀 있지만, 실제로는 `{r, g, b}` 객체를 반환합니다.
- 주석에는 함수가 0개 또는 1개의 매개변수를 받는다고 설명하고 있지만, 타입 시그니처만 보아도 명확하게 알 수 있는 정보입니다.
- 불필요하게 장황합니다. 함수 선언과 구현체보다 주석이 더 깁니다.

타입스크립트의 타입 구문 시스템은 간결하고, 구체적이며, 쉽게 읽을 수 있도록 설계되었습니다. 타입 시스템 개발자들은 수십 년의 경험을 가진 언어 전문가입니다. 함수의 입력과 출력의 타입을 코드로 표현하는 것이 주석보다 더 나은 방법이라는 것은 자명합니다.

그리고 타입 구문은 타입스크립트 컴파일러가 체크해 주기 때문에 절대로 구현체와의 정합성이 어긋나지 않습니다. 코드를 보면 `getForegroundColor` 함수는 과거에 문자열을 반환했지만, 추후에 객체를 반환하도록 바뀌었고, 코드를 변경한 사람이 주석 갱신을 깜빡한 것으로 보입니다.

누군가 강제하지 않는 이상 주석은 코드와 동기화되지 않습니다. 그러나 타입 구문은 타입스크립트 타입 체커가 타입 정보를 동기화하도록 강제합니다. 주석 대신 타입 정보를 작성한다면 코드가 변경된다 하더라도 정보가 정확히 동기화됩니다.

주석은 다음과 같이 개선할 수 있습니다.

```
/** 애플리케이션 또는 특정 페이지의 전경색을 가져옵니다. */
function getForegroundColor(page?: string): Color  {
  // ...
}
```

특정 매개변수를 설명하고 싶다면 JSDoc의 `@param` 구문을 사용하면 됩니다. JSDoc은 아이템 68에서 자세히 다룹니다.

값을 변경하지 않는다고 설명하는 주석도 좋지 않습니다.

```
/** 숫자값으로 문자열을 정렬함(즉, "2" < "10"). nums를 변경하지 않음. */
function sortNumerically(nums: string[]): string[] {
  return nums.sort((a, b) => Number(a) - Number(b));
}
```

주석에는 이 함수가 매개변수를 변경하지 않는다고 써 있지만, 실제 배열의 `sort` 메서드는 배열 자체의 변경을 일으킵니다. 주석의 내용이 잘 맞지 않는 경우입니다.

매개변수를 `readonly`로 선언한다면(아이템 14 참고), 타입스크립트가 명세(contract)를 강제할 수 있습니다.

```
/** 숫자값으로 문자열을 정렬함(즉, "2" < "10"). */
function sortNumerically(nums: readonly string[]): string[] {
  return nums.sort((a, b) => Number(a) - Number(b));
  //          ~~~~  ~  ~
  //          'readonly string[]' 형식에 'sort' 속성이 없습니다.
}
```

이제 명세에 맞게 구현을 바꾸어 보겠습니다. 배열의 복사본을 직접 만들거나 불변 함수인 toSorted를 사용할 수 있습니다.

```
/** 숫자값으로 문자열을 정렬함(즉, "2" < "10"). */
function sortNumerically(nums: readonly string[]): string[] {
  return nums.toSorted((a, b) => Number(a) - Number(b));  // 정상
}
```

주석에 적용한 규칙은 변수명에도 그대로 적용할 수 있습니다. 변수명에 타입 정보를 넣지 않도록 합니다. 예를 들어, 변수명을 ageNum으로 하는 것보다는 age로 하고, 그 타입이 number임을 명시하는 것이 좋습니다.

그러나 단위가 있는 숫자들은 예외입니다. 단위가 무엇인지 확실하지 않다면 변수명 또는 속성명에 단위를 포함할 수 있습니다. 예를 들어, timeMs는 time보다 훨씬 명확하고 temperatureC는 temperature보다 훨씬 명확합니다. 아이템 64에서는 안전한 타입으로 단위를 모델링할 수 있는 상표 기법을 설명합니다.

요약

- 주석과 변수명에 타입 정보를 적는 것은 피해야 합니다. 타입 선언이 중복되는 것으로 끝나면 다행이지만, 최악의 경우는 타입 정보에 모순이 발생합니다.
- 매개변수가 변경되지 않는다는 주석을 다는 대신, readonly로 선언하는 것이 좋습니다.
- 타입이 명확하지 않은 경우는 변수명에 단위 정보를 포함하는 것을 고려합시다(예를 들어, timeMs 또는 temperatureC와 같이 표기할 수 있습니다).

아이템 32 타입 별칭에 null 또는 undefined 포함하지 않기

다음 코드에서 옵셔널 체인(?.)이 꼭 필요한지, user가 null인 경우가 있을지 살펴보겠습니다.

```
function getCommentsForUser(comments: readonly Comment[], user: User) {
  return comments.filter(comment => comment.userId === user?.id);
}
```

strictNullChecks 옵션이 활성화되어 있다고 가정하면, User의 정의를 보지 않더라도 user가 null이 될 수 없다는 사실을 알 수 있습니다. 그러나 타입 별칭에 null이나 undefined이 포함되어 있다면, 옵셔널 체인이 필요합니다.

```
type User = { id: string; name: string; } | null;
```

반대로, 단순 객체 타입이었다면 옵셔널 체인은 필요 없습니다.

```
interface User {
  id: string;
  name: string;
}
```

일반적으로 타입 별칭에는 null이나 undefined를 포함하지 않는 것이 좋습니다. 사실 타입 체커에게는 문제가 되지 않지만, 사람이 보기에는 혼란스러울 수 있습니다. 사람은 User라는 타입명을 보며 일반적으로 '사용자'라고 가정하며 '사용자일 수도 있다'라고 생각하지는 않을 것입니다.

어떠한 이유로 인해 타입 별칭에 반드시 null을 포함시켜야 한다면, 코드를 읽는 사람을 위해서 타입명을 분명히 표현해 주는 것이 좋습니다.

```
type NullableUser = { id: string; name: string; } | null;
```

그러나 User|null 형태가 더 명확하고 널리 사용되는 문법입니다.

```
function getCommentsForUser(comments: readonly Comment[],
                            user: User | null) {
  return comments.filter(comment => comment.userId === user?.id);
}
```

이 규칙은 타입 별칭의 가장 바깥 부분에 대한 내용입니다. 객체 내부의 속성이 null이거나 undefined(또는 조건부)인 경우는 문제없습니다.

```
type BirthdayMap = {
  [name: string]: Date | undefined;
};
```

가장 바깥 부분에 드러나는 곳에 null이나 undefined를 포함하면 안 됩니다.

```
type BirthdayMap = {
  [name: string]: Date | undefined;
} | null;
```

객체 타입의 속성에도 null이나 조건부 필드 역시 피하는 것이 좋습니다만, 이에 대한 내용은 아이템 33과 아이템 37에서 다룹니다. 이번 아이템에서는 단지 코드를 읽는 사람의 관점에서, 타입 별칭이 혼란을 주지 않도록 하는 방법만을 다뤘습니다. 타입 별칭은 무언가를 가리키는 용도로는 적절하지만, 무언가가 아닐 수도 있음을 표시하는 용도로는 적절하지 않습니다.

요약

- 타입 별칭에 null이나 undefined를 포함하지 않도록 주의해야 합니다.

아이템 33 타입 주변에 null 값 배치하기

strictNullChecks 설정을 처음 활성화하면, null이나 undefined 값 관련된 오류들이 갑자기 나타나는데 이 오류를 걸러 내는 if 구문을 코드 전체에 추가해야 한다고 생각할 수 있습니다. 왜냐하면 어떠한 변수가 null이 될 수 있는지 없는지를 타입만으로는 명확하게 표현하기 어렵기 때문입니다. 예를 들어, B 변수가 A 변수의 값으로부터 비롯되는 값이라면, A가 null이 될 수 없을 때 B 역시 null이 될 수 없고, 그 반대로 A가 null이 될 수 있다면 B 역시 null이 될 수 있습니다. 이러한 관계는 겉으로 드러나지 않기 때문에 사람과 타입 체커 모두에게 혼란스럽습니다.

값이 전부 null이거나 전부 null이 아닌 경우로 분명히 구분된다면, 값이 섞여 있을 때보다 다루기 쉽습니다. 타입에 null을 추가하는 방식으로 이러한 경우를 모델링할 수 있습니다.

숫자들의 최솟값과 최댓값을 계산하는 extent 함수를 가정해 보겠습니다.

```
// @strictNullChecks: false
function extent(nums: Iterable<number>) {
  let min, max;
  for (const num of nums) {
    if (!min) {
      min = num;
      max = num;
    } else {
      min = Math.min(min, num);
      max = Math.max(max, num);
    }
  }
  return [min, max];
}
```

타입 체커를 통과하고(strictNullChecks 없이), 반환 타입은 number[]로 추론됩니다. 그러나 이 코드에는 버그와 함께 설계적 결함이 있습니다.

- 최솟값이나 최댓값이 0인 경우, 값이 덧씌워져 버립니다. 예를 들어 보면, extent([0, 1, 2])의 결과는 [0, 2]가 아니라 [1, 2]가 됩니다.
- nums 배열이 비어 있다면 함수는 [undefined, undefined]를 반환합니다.

undefined를 포함하는 객체는 다루기 어렵고 절대 권장하지 않습니다. 코드를 살펴보면 min과 max가 동시에 둘 다 undefined이거나 둘 다 undefined가 아니라는 것을 알 수 있지만, 이러한 정보는 타입 시스템에서 표현할 수 없습니다.

strictNullChecks 설정을 활성화하면 앞의 두 가지 문제점이 드러납니다.

```
function extent(nums: Iterable<number>) {
  let min, max;
  for (const num of nums)  {
    if (!min) {
      min = num;
      max = num;
    } else {
```

```
      min = Math.min(min, num);
      max = Math.max(max, num);
      //             ~~~ 'number | undefined' 형식의 인수는
      //                 'number' 형식의 매개변수에 할당될 수 없습니다.
    }
  }
  return [min,  max];
}
```

extent의 반환 타입이 (number | undefined)[]로 추론되어서 설계적 결함이 분명해졌습니다. 이제는 extent를 호출하는 곳마다 타입 오류의 형태로 나타납니다.

```
const [min, max] = extent([0, 1, 2]);
const span = max - min;
//           ~~~   ~~~ 개체가 'undefined'인 것 같습니다.
```

extent 함수의 오류는 undefined를 min에서만 제외했고, max에서는 제외하지 않았기 때문에 발생했습니다. 두 개의 변수는 동시에 초기화되지만, 이러한 정보는 타입 시스템에서 표현할 수 없습니다. max에 대한 체크를 추가해서 오류를 해결할 수도 있지만, 버그가 두 배로 늘어날 것입니다.

더 나은 해법을 찾아보겠습니다. min과 max를 한 객체 안에 넣고 null이거나 null이 아니게 하면 됩니다.

```
function extent(nums: Iterable<number>) {
  let minMax: [number, number] | null = null;
  for (const num of nums)  {
    if (!minMax) {
      minMax = [num, num];
    } else {
      const [oldMin, oldMax] = minMax;
      minMax = [Math.min(num, oldMin), Math.max(num, oldMax)];
    }
  }
  return minMax;
}
```

이제는 반환 타입이 [number, number] | null이 되어서 사용하기가 더 수월해졌습니다. null 아님 단언문(!)을 사용하면 min과 max를 얻을 수 있습니다.

```
const [min, max] = extent([0, 1, 2])!;
const span = max - min;  // 정상
```

null 아님 단언문 대신 단순 if 구문으로 체크할 수도 있습니다.

```
const range  = extent([0, 1, 2]);
if (range) {
  const [min, max] = range;
  const span = max - min;  // 정상
}
```

extent의 결괏값으로 단일 객체를 사용함으로써 설계를 개선했고, 타입스크립트가 null 값 사이의 관계를 이해할 수 있도록 했으며 버그도 제거했습니다. 따라서 if (!minMax) 체크는 이제 제대로 동작합니다.

(다음 단계로 extent에 빈 배열이 전달되는 것을 방지해 null이 반환될 가능성을 제거하는 작업을 수행해야 합니다. 비어 있지 않은 배열을 타입스크립트에서 표현하는 방법은 아이템 64에서 다룹니다.)

null과 null이 아닌 값을 섞어서 사용하면 클래스에서도 문제가 생깁니다. 예를 들어, 사용자와 그 사용자의 포럼 게시글을 나타내는 클래스를 가정해 보겠습니다.

```
class UserPosts {
  user: UserInfo | null;
  posts: Post[] | null;

  constructor() {
    this.user = null;
    this.posts = null;
  }

  async init(userId: string) {
    return Promise.all([
      async () => this.user = await fetchUser(userId),
      async () => this.posts = await fetchPostsForUser(userId)
    ]);
  }
```

```
  getUserName() {
    // ...?
  }
}
```

두 번의 네트워크 요청이 로드되는 동안 user와 posts 속성은 null 상태입니다. 모두 네 가지 경우가 존재하는데 어떠한 시점에는 둘 다 null이거나, 둘 중 하나만 null이거나, 둘 다 null이 아닐 것입니다. 속성 값의 불확실성이 클래스의 모든 메서드에 나쁜 영향을 미칩니다. 결국 null 체크가 난무하게 되고 버그를 양산하게 됩니다.

설계를 개선해 보겠습니다. 필요한 데이터가 모두 준비된 후에 클래스를 만들도록 바꿔 보겠습니다.

```
class UserPosts {
  user: UserInfo;
  posts: Post[];

  constructor(user: UserInfo, posts: Post[]) {
    this.user = user;
    this.posts = posts;
  }

  static async init(userId: string): Promise<UserPosts> {
    const [user, posts] = await Promise.all([
      fetchUser(userId),
      fetchPostsForUser(userId)
    ]);
    return new UserPosts(user, posts);
  }

  getUserName() {
    return this.user.name;
  }
}
```

이제 UserPosts 클래스는 완전히 null이 아니게 되었고, 메서드를 작성하기 쉬워졌습니다. 물론 이 경우에도 데이터가 부분적으로 준비되었을 때 작업을 시작해야 한다면, null과 null이 아닌 경우의 상태를 다루어야 합니다.

null인 경우 필요한 속성을 프로미스로 바꾸면 안 됩니다. 코드가 매우 복잡해지며, 모든 메서드를 비동기로 바꿔어야 합니다. 프로미스는 데이터를 로드하는 코드를 단순하게 만들어 주지만, 데이터를 사용하는 클래스에서는 반대로 코드가 복잡해지는 효과를 내기도 합니다.

요약

- 한 값의 null 여부가 다른 값의 null 여부에 암시적으로 관련되도록 설계하면 안 됩니다.
- API 작성 시에는 반환 타입을 큰 객체로 만들고 반환 타입 전체가 null이거나 null이 아니게 만들어야 합니다. 사람과 타입 체커 모두에게 명료한 코드가 될 것입니다.
- 클래스를 만들 때는 필요한 모든 값이 준비되었을 때 생성해 null이 존재하지 않도록 하는 것이 좋습니다.

아이템 34 유니온의 인터페이스보다는 인터페이스의 유니온 사용하기

유니온 타입의 속성을 가지는 인터페이스를 작성 중이라면, 혹시 인터페이스의 유니온 타입을 사용하는 것이 더 알맞지는 않을지를 검토해 봐야 합니다.

벡터를 그리는 프로그램을 작성 중이고, 특정한 기하학적(geometry) 타입을 가지는 계층의 인터페이스를 정의한다고 가정해 보겠습니다.

```
interface Layer {
  layout: FillLayout | LineLayout | PointLayout;
  paint: FillPaint | LinePaint | PointPaint;
}
```

`layout` 속성은 모양이 그려지는 방법과 위치(둥근 모서리, 직선)를 제어하는 반면, `paint` 속성은 스타일(파란선, 굵은선, 얇은선, 점선)을 제어합니다.

`Layer` 인터페이스의 원래 의도는 `layout`과 `paint` 속성이 서로 짝이 맞도록 하는 것입니다. `FillLayout`은 `FillPaint`와 함께, `LineLayout`은 `LinePaint`와 함께 사용되어야 합니다. 그러나 현재 코드에서는 `FillLayout`과 `LinePaint` 조합이 허용됩니다. 이러한 조합을 허용한다면 라이브러리에서는 오류가 발생하기

십상이고 인터페이스를 다루기도 어려울 것입니다.

더 나은 방법으로 모델링하려면 각각 타입의 계층을 분리된 인터페이스로 두어야 합니다.

```
interface FillLayer {
  layout: FillLayout;
  paint: FillPaint;
}
interface LineLayer {
  layout: LineLayout;
  paint: LinePaint;
}
interface PointLayer {
  layout: PointLayout;
  paint: PointPaint;
}
type Layer = FillLayer | LineLayer | PointLayer;
```

이러한 형태로 Layer를 정의하면 layout과 paint 속성이 잘못된 조합으로 섞이는 경우를 방지할 수 있습니다. 이 코드에서는 아이템 29의 조언에 따라 유효한 상태만을 표현하도록 타입을 정의했습니다.

이러한 패턴의 가장 일반적인 예시는 태그된 유니온입니다. Layer의 경우 속성 중의 하나는 문자열 리터럴 타입의 유니온이 됩니다.

```
interface Layer  {
  type: 'fill' | 'line' | 'point';
  layout: FillLayout | LineLayout | PointLayout;
  paint: FillPaint | LinePaint | PointPaint;
}
```

type: 'fill'과 함께 LineLayout과 PointPaint 타입이 쓰이는 것은 말이 되지 않습니다. 이러한 경우를 방지하기 위해 Layer를 인터페이스의 유니온으로 변환해 보겠습니다.

```
interface FillLayer {
  type: 'fill';
  layout: FillLayout;
  paint: FillPaint;
}
```

```
interface LineLayer {
  type: 'line';
  layout: LineLayout;
  paint: LinePaint;
}
interface PointLayer {
  type: 'paint';
  layout: PointLayout;
  paint: PointPaint;
}
type Layer = FillLayer | LineLayer | PointLayer;
```

type 속성은 태그 또는 구분값의 역할을 한다고 할 수 있는데, 런타임에 어떠한 타입의 Layer가 사용되는지 판단하는 데 쓰입니다. 타입스크립트는 태그를 참고해 Layer의 타입 범위를 좁힐 수도 있습니다.

```
function drawLayer(layer: Layer) {
  if (layer.type === 'fill') {
    const {paint} = layer;
    //     ^? const paint: FillPaint
    const {layout} = layer;
    //     ^? const layout: FillLayout
  } else if (layer.type === 'line') {
    const {paint} = layer;
    //     ^? const paint: LinePaint
    const {layout} = layer;
    //     ^? const layout: LineLayout
  } else {
    const {paint} = layer;
    //     ^? const paint: PointPaint
    const {layout} = layer;
    //     ^? const layout: PointLayout
  }
}
```

각 타입의 속성 간 관계를 제대로 모델링하면, 타입스크립트가 코드의 정확성을 체크하는 데 도움이 됩니다. 다만, 타입 분기 후 layer가 포함된 동일한 코드가 반복되는 것이 어수선해 보입니다.

태그된 유니온은 타입스크립트 타입 체커와 잘 맞기 때문에 타입스크립트 코드 어디에서나 찾을 수 있습니다. 이 패턴을 잘 기억해서 필요할 때 적용할 수 있도록 해야 합니다. 어떠한 데이터 타입을 태그된 유니온으로 표현할 수 있다면, 보통은 그렇게 하는 것이 좋습니다.

또는 여러 개의 선택적 필드가 동시에 값이 있거나 동시에 undefined인 경우도 태그된 유니온 패턴이 잘 맞습니다. 다음 코드의 타입을 보겠습니다.

```
interface Person {
  name: string;
  // 다음은 둘 다 동시에 있거나 동시에 없습니다.
  placeOfBirth?: string;
  dateOfBirth?: Date;
}
```

타입 정보를 담고 있는 주석은 문제가 될 소지가 매우 높습니다(아이템 31 참고). placeOfBirth와 dateOfBirth 필드는 실제로 관련되어 있지만, 타입 정보에는 어떠한 관계도 표현되지 않았습니다.

두 개의 속성을 하나의 객체로 모으는 것이 더 나은 설계입니다. 이 방법은 null 값을 경계로 두는 방법과 비슷합니다(아이템 33 참고).

```
interface Person {
  name: string;
  birth?: {
    place: string;
    date: Date;
  }
}
```

이제 place만 있고 date가 없는 경우에는 오류가 발생합니다.

```
const alanT: Person = {
  name: 'Alan Turing',
  birth: {
// ~~~~ 'date' 속성이 '{ place: string; }' 형식에 없지만,
//      '{ place: string; date: Date; }' 형식에서 필수입니다.
    place: 'London'
  }
}
```

Person 객체를 매개변수로 받는 함수는 birth 하나만 체크하면 됩니다.

```
function eulogize(person: Person) {
  console.log(person.name);
  const {birth} = person;
  if (birth) {
    console.log(`was born on ${birth.date} in ${birth.place}.`);
  }
}
```

타입의 구조를 손 댈 수 없는 상황(예: API의 결과)이면, 앞서 다룬 인터페이스의 유니온을 사용해서 속성 간 관계를 모델링할 수 있습니다.

```
interface Name {
  name: string;
}

interface PersonWithBirth extends Name {
  placeOfBirth: string;
  dateOfBirth: Date;
}

type Person = Name | PersonWithBirth;
```

이제 중첩된 객체에서도 동일한 효과를 볼 수 있습니다.

```
function eulogize(person: Person) {
  if ('placeOfBirth' in person) {
    person
    // ^? (parameter) person: PersonWithBirth
    const {dateOfBirth} = person  // 정상
    //     ^? const dateOfBirth: Date
  }
}
```

앞의 두 경우 모두 타입 정의를 통해 속성 간 관계를 더 명확하게 만들 수 있습니다.

선택적 속성은 상당히 유용하지만, 인터페이스에 선택적 속성을 추가할 때는 심사숙고해야 합니다. 아이템 37에서 선택적 필드에 대해 자세히 다루겠습니다.

요약

- 유니온 타입의 속성을 여러 개 가지는 인터페이스에서는 속성 간 관계가 분명하지 않기 때문에 실수가 자주 발생하므로 주의해야 합니다.
- 유니온의 인터페이스보다 인터페이스의 유니온이 더 정확하고 타입스크립트가 이해하기도 좋습니다.
- 타입스크립트가 제어 흐름을 분석할 수 있도록 타입에 태그를 넣는 것을 고려해야 합니다. 태그된 유니온은 타입스크립트와 매우 잘 맞기 때문에 자주 볼 수 있는 패턴입니다.
- 여러 개의 선택적 속성을 묶어서 하나의 객체로 다루는 것이 더욱 정확한 모델링일 수 있습니다.

아이템 35 string 타입보다 더 구체적인 타입 사용하기

아이템 7에서 타입의 범위는 그 타입에 할당 가능한 값의 집합이라고 표현한 바 있습니다. `string` 타입의 범위는 매우 넓습니다. `"x"`나 `"y"` 같은 한 글자도, 《모비 딕》(Moby Dick, 'Call me Ishmael…'로 시작하는 약 120만 자의 소설)'의 전체 내용도 `string` 타입으로 표현됩니다. `string` 타입으로 변수를 선언하려 한다면, 혹시 그보다 더 좁은 타입이 적절하지는 않을지 검토해 보아야 합니다.

음악 컬렉션을 만들기 위해 앨범의 타입을 정의해야 하는 상황이라고 가정해 보겠습니다.

```
interface Album {
  artist: string;
  title: string;
  releaseDate: string;    // YYYY-MM-DD
  recordingType: string;  // 예: "live" 또는 "studio"
}
```

`string` 타입이 남발된 모습입니다. 게다가 주석에 타입 정보를 적어 둔 걸 보면

(아이템 31 참고) 현재 인터페이스가 잘못되었다는 사실을 알 수 있습니다. 다음 예시처럼 Album 타입에 엉뚱한 값을 설정할 수 있습니다.

```
const kindOfBlue: Album = {
  artist: 'Miles Davis',
  title: 'Kind of Blue',
  releaseDate: 'August 17th, 1959',  // 날짜 형식이 다릅니다.
  recordingType: 'Studio',           // 오타(대문자 S)
};  // 정상
```

releaseDate 필드의 값은 주석에 설명된 형식과 다르며, recordingType 필드의 값 'Studio'는 소문자 대신 대문자가 쓰였습니다. 그러나 이 두 값 모두 문자열이고, 해당 객체는 Album 타입에 할당 가능하며 타입 체커를 통과합니다.

또한 string 타입의 범위가 넓기 때문에 제대로 된 Album 객체를 사용하더라도 매개변수 순서가 잘못되었다는 점이 오류로 드러나지 않습니다

```
function recordRelease(title: string, date: string) { /* ... */ }
recordRelease(kindOfBlue.releaseDate, kindOfBlue.title);  // 오류여야 하지만 정상
```

recordRelease 함수의 호출에서 매개변수들의 순서가 바뀌었지만, 둘 다 문자열이기 때문에 타입 체커가 정상으로 인식합니다. 앞의 예제처럼 string 타입이 남용된 코드를 '문자열을 남발해 선언되었다(stringly typed)'고 표현하기도 합니다(아이템 38에서 문자열뿐 아니라 반복적인 위치 지정 매개변수가 문제가 될 수 있음을 살펴봅니다).

앞의 오류를 방지하기 위해 타입의 범위를 좁히는 방법을 생각해 보겠습니다. 억지스러운 예시일 수 있지만, 가수 이름이나 앨범 제목으로 '모비 딕'의 전체 텍스트가 쓰일 수도 있는 일입니다. 그러므로 artist나 title 같은 필드에는 string 타입이 적절합니다. 그러나 releaseDate 필드는 Date 객체를 사용해서 날짜 형식으로만 제한하는 것이 좋습니다. recordingType 필드는 "live"와 "studio", 단 두 개의 값으로 유니온 타입을 정의할 수 있습니다(enum을 사용할 수도 있지만, 일반적으로는 추천하지 않습니다. 자세한 내용은 아이템 72에서 다룹니다).

```
type RecordingType = 'studio' | 'live';

interface Album {
  artist: string;
  title: string;
  releaseDate: Date;
  recordingType: RecordingType;
}
```

앞의 코드처럼 바꾸면 타입스크립트는 오류를 더 세밀하게 체크합니다.

```
const kindOfBlue: Album = {
  artist: 'Miles Davis',
  title: 'Kind of Blue',
  releaseDate: new Date('1959-08-17'),
  recordingType: 'Studio'
// ~~~~~~~~~~~~ '"Studio"' 형식은 'RecordingType' 형식에 할당할 수 없습니다.
};
```

이러한 방식에는 두 가지 장점이 더 있습니다. 첫 번째, 타입을 명시적으로 정의함으로써 다른 곳으로 값이 전달되어도 타입 정보가 유지됩니다. 예를 들어, 특정 레코딩 타입의 앨범을 찾는 함수를 작성한다면 다음처럼 정의할 수 있습니다.

```
function getAlbumsOfType(recordingType: string): Album[] {
  // ...
}
```

getAlbumsOfType 함수를 호출하는 곳에서 recordingType의 값이 string 타입이어야 한다는 것 외에는 다른 정보가 없습니다. 주석으로 써 놓은 'studio' 또는 'live'는 Album의 정의에 숨어 있고, 함수를 사용하는 사람은 recordingType이 'studio' 또는 'live'여야 한다는 사실을 알 수 없습니다.

두 번째, 타입을 명시적으로 정의하고 해당 타입의 의미를 설명하는 주석을 붙여 넣을 수 있습니다(아이템 68에서 자세히 다룹니다).

```
/** 이 녹음은 어떠한 환경에서 이루어졌는지? */
type RecordingType = 'live' | 'studio';
```

getAlbumsOfType이 받는 매개변수를 string 대신 RecordingType으로 바꾸면, 함수를 사용하는 곳에서 RecordingType의 설명을 볼 수 있습니다(그림 4-1 참고).

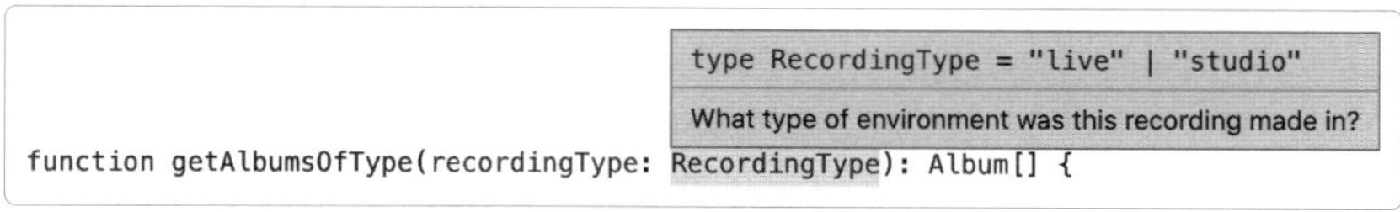

그림 4-1 string 대신 명명된 타입을 사용하면 타입에 설명을 붙일 수 있고 편집기에서 확인할 수 있습니다.

함수의 매개변수에 string을 잘못 사용하는 일은 흔합니다. 어떠한 배열에서 한 필드의 값만 추출하는 함수를 작성한다고 생각해 보겠습니다. 실제로 언더스코어(Underscore)와 람다(Ramda) 라이브러리에는 pluck이라는 함수가 있습니다.

```
function pluck(records, key) {
  return records.map(r => r[key]);
}
```

pluck 함수의 시그니처를 다음처럼 작성할 수 있습니다.

```
function pluck(records: any[], key: string): any[] {
  return records.map(r => r[key]);
}
```

타입 체크가 되긴 하지만, any 타입이 있어서 정밀하지 못합니다. 특히 반환값에 any를 사용하도록 설계하는 것은 매우 좋지 않습니다(아이템 43 참고). 먼저, 타입 시그니처를 개선하는 첫 단계로 제네릭 타입을 도입해 보겠습니다.

```
function pluck<T>(records: T[], key: string): any[] {
  return records.map(r => r[key]);
  //                          ~~~~~~ '{}' 형식에 인덱스 시그니처가 없으므로
  //                                 요소에 암시적으로 'any' 형식이 있습니다.
}
```

이제 타입스크립트는 key의 타입이 string이기 때문에 범위가 너무 넓다는 오류를 발생시킵니다. Album의 배열을 매개변수로 전달하면 기존의 string 타입

의 넓은 범위와 반대로, key는 단 네 개의 값("artist", "title", "releaseDate", "recordingType")만이 유효합니다. 다음 예시는 keyof Album 타입으로 얻게 되는 결과입니다.

```
type K = keyof Album;
//   ^? type K = keyof Album
//      (equivalent to "artist" | "title" | "releaseDate" | "recordingType")
```

그러므로 string을 keyof T로 바꾸면 됩니다.

```
function pluck<T>(records: T[], key: keyof T) {
  return records.map(r => r[key]);
}
```

이 코드는 타입 체커를 통과합니다. 또한 타입스크립트가 반환 타입을 추론할 수 있게 해 줍니다. pluck 함수에 마우스 커서를 올려 보면, 추론된 타입을 알 수 있습니다.

```
function pluck<T>(records: T[], key: keyof T): T[keyof T][];
```

T[keyof T]는 T 객체 내의 가능한 모든 값의 타입입니다. 그런데 key의 값으로 하나의 문자열을 넣게 되면, 그 범위가 너무 넓어서 적절한 타입이라고 보기 어렵습니다. 예를 들어 보겠습니다.

```
const releaseDates = pluck(albums, 'releaseDate');
//    ^? const releaseDates: (string | Date)[]
```

releaseDates의 타입은 (string | Date)[]가 아니라 Date[]이어야 합니다. 그리고 keyof T는 string에 비하면 훨씬 범위가 좁기는 하지만, 그래도 여전히 넓습니다. 따라서 범위를 더 좁히기 위해서 keyof T의 부분집합(아마도 단일 값)으로 두 번째 제네릭 매개변수를 도입해야 합니다.

```
function pluck<T, K extends keyof T>(records: T[], key: K): T[K][] {
  return records.map(r => r[key]);
}
```

이제 타입 시그니처가 완벽해졌습니다. pluck을 여러 가지 방법으로 호출하면서 제대로 반환 타입이 추론되는지, 무효한 매개변수를 방지할 수 있는지 확인해 볼 수 있습니다.

```
const dates = pluck(albums, 'releaseDate');
//    ^? const dates: Date[]
const artists = pluck(albums, 'artist');
//    ^? const artists: string[]
const types = pluck(albums, 'recordingType');
//    ^? const types: RecordingType[]
const mix = pluck(albums, Math.random() < 0.5 ? 'releaseDate' : 'artist');
//    ^? const mix: (string | Date)[]
const badDates = pluck(albums, 'recordingDate');
//                             ~~~~~~~~~~~~~~~
//"recordingDate"' 형식의 인수는 ... 형식의 매개변수에 할당될 수 없습니다.
```

매개변수 타입이 정밀해진 덕분에 언어 서비스가 Album의 키에 자동완성 기능을 제공할 수 있게 되었습니다(그림 4-2 참고).

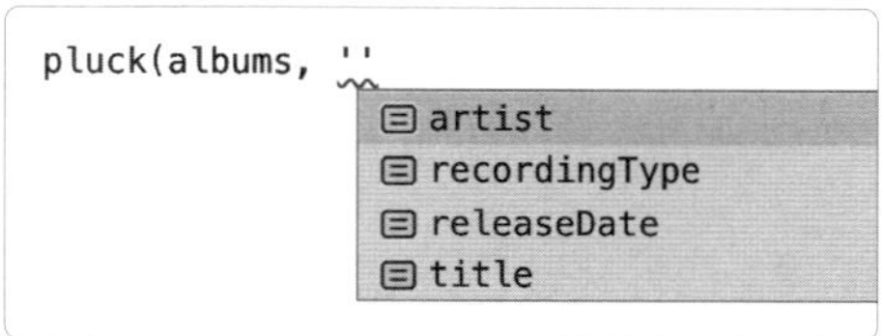

그림 4-2 string 대신 keyof Album의 매개변수 타입을 사용하면 편집기의 자동완성 기능도 개선됩니다.

string은 any와 비슷한 문제를 가지고 있습니다. 따라서 잘못 사용하면 무효한 값을 허용하고 타입 간 관계도 감추어 버립니다. 이러한 문제점은 타입 체커를 방해하고 실제 버그를 찾지 못하게 만듭니다. 타입스크립트에서 string의 부분집합을 정의할 수 있는 기능은 자바스크립트 코드의 타입 안전성을 크게 높입니다. 더욱 정확한 타입을 사용하면 오류를 방지하고 코드의 가독성도 향상시킬 수 있습니다.

이번 아이템은 한정된 범위의 문자열을 대상으로 했습니다. 그러나 타입스크립트는 "http:"로 시작하는 모든 문자열 같은 무한한 범위에 대한 타입도 모델링할 수 있습니다. 이러한 경우는 템플릿 리터럴 타입을 사용해야 할 수 있으며, 이는 아이템 54에서 자세히 다룹니다.

> **요약**
>
> - 문자열을 남발해 코드를 선언하는 일을 피해야 합니다. 모든 문자열을 할당할 수 있는 string 타입보다는 더 구체적인 타입을 사용하는 것이 좋습니다.
> - 변수의 범위를 더욱 정확하게 표현하고 싶다면 string 타입보다는 문자열 리터럴 타입의 유니온을 사용하면 됩니다. 타입 체크를 더 엄격히 할 수 있고 생산성을 향상시킬 수 있습니다.
> - 객체의 속성명을 함수 매개변수로 받을 때는 string보다 keyof T를 사용하는 것이 좋습니다.

아이템 36 특수값에는 별도의 타입 사용하기

자바스크립트의 split 메서드는 구분자를 지정하는 것만으로도 손쉽게 문자열을 분리하는 기능을 제공합니다.

```
> 'abcde'.split('c')
[ 'ab', 'de' ]
```

문자열 대신 배열을 대상으로 동일한 기능을 수행하는 함수를 작성해 보겠습니다.

```
function splitAround<T>(vals: readonly T[], val: T): [T[], T[]] {
  const index = vals.indexOf(val);
  return [vals.slice(0, index), vals.slice(index+1)];
}
```

예상하는 실행 결과는 다음과 같습니다.

```
> splitAround([1, 2, 3, 4, 5], 3)
[ [ 1, 2 ], [ 4, 5 ] ]
```

그런데 배열의 요소가 아닌 값을 구분자로 지정하면 전혀 예상하지 못한 결과가 나옵니다.

```
> splitAround([1, 2, 3, 4, 5], 6)
[ [ 1, 2, 3, 4 ], [ 1, 2, 3, 4, 5 ] ]
```

예상하지 못한 입력 매개변수에 대해서 어떻게 처리해야 하는지 명시되지는 않았지만, 적어도 이러한 결과는 그 누구도 원하지 않았을 것입니다. 어떻게 이처럼 엉뚱한 결과가 나오는지 살펴보겠습니다.

근본 원인은 indexOf가 배열에서 지정된 요소를 찾지 못했을 때 -1을 반환한다는 것입니다. 성공 외에 실패를 나타내는 값으로 -1을 사용했는데 바로 이러한 경우의 -1이 특수값입니다. 그러나 사실 -1은 그냥 평범한 숫자일 뿐이므로 slice 메서드의 매개변수가 될 수 있고, 산술적으로도 계산할 수 있습니다. slice 메서드에 음수 값을 넣으면, 배열의 마지막부터 거꾸로 위치를 계산하게 됩니다. 이 예제의 경우는 index 값이 -1일 때 다음처럼 평가됩니다.

```
[vals.slice(0, -1), vals.slice(0)]
```

첫 번째 slice는 마지막 요소를 제외한 모든 요소를 반환하고, 두 번째 slice는 vals와 완전히 동일한 복사본을 반환합니다.

이 동작은 명백한 버그임에도 불구하고 타입스크립트는 이 문제를 찾아내지 못했다는 것이 문제입니다. 근본 원인은 indexOf가 주어진 요소를 찾지 못한 경우, null이 아니라 -1을 반환하는 것인 데도 말입니다.

null 대신 -1을 반환하도록 설계한 이유는 타임머신을 타고 1995년의 넷스케이프(Netscape) 사무실에 가보지 않는 이상 정확히 알 수 없습니다. 그러나 자바스크립트가 자바의 영향을 많이 받았으며 indexOf 역시 자바와 동일하게 설계된 것으로 추측해 볼 수 있습니다. 자바(그리고 C)에서는 기본 자료형 또는 null을 반환하는 타입을 정의할 수 없고, 오직 객체(또는 포인터)만이 null이 될 수 있습니다. 즉, 이러한 동작은 자바스크립트에는 해당하지 않는, 자바의 기술적 한계를 물려 받은 영향이라고 볼 수 있습니다.

자바스크립트(와 타입스크립트)에서는 number 또는 null을 반환하는 함수를 만드는 데 전혀 문제가 없습니다. 따라서 indexOf를 다음처럼 래핑할 수 있습니다.

```
function safeIndexOf<T>(vals: readonly T[], val: T): number | null {
  const index = vals.indexOf(val);
  return index === -1 ? null : index;
}
```

이 래핑 함수를 원래 예제의 splitAround에 끼워 넣어 보면, 바로 오류가 발생하는 것을 볼 수 있습니다.

```
function splitAround<T>(vals: readonly T[], val: T): [T[], T[]] {
  const index = safeIndexOf(vals, val);
  return [vals.slice(0, index), vals.slice(index+1)];
  //                    ~~~~~                ~~~~~ 'index'가 'null'일 가능성이
  //                                                있습니다.
}
```

이제 우리가 원하는 정확한 오류가 도출되었습니다. indexOf에서는 항상 두 가지 경우를 구분해서 다루어야 하는데, 내장 버전 메서드에서는 이를 다루지 못하지만, 래핑된 버전에서는 다룰 수 있습니다. 그리고 여기서는 배열에 값이 포함된 경우만 고려했는데, 배열에 값이 없는 경우는 별도로 해결해야 합니다.

해결책은 배열에 값이 없는 경우를 명시적으로 다루는 것입니다.

```
function splitAround<T>(vals: readonly T[], val: T): [T[], T[]] {
  const index = safeIndexOf(vals, val);
  if (index === null) {
    return [[...vals], []];
  }
  return [vals.slice(0, index), vals.slice(index+1)];  // 정상
}
```

앞의 코드가 적절한 동작인지는 논란의 여지가 있지만, 최소한 코드를 한 번 더 살펴볼 수 있게 해 주는 효과가 있습니다.

첫 번째 구현의 근본적인 문제는 indexOf의 결과인 성공과 실패의 두 가지 경우가 구분되어 다루어지지 않고, 실패의 경우에 반환하는 특수값(-1)의 타입이 성공의 경우에 반환되는 일반적인 반환값의 타입(number)과 동일하다는 것입니다. 타입스크립트의 관점에서 생각해 보면 단지 한 가지 경우만 반환하는 셈이며, -1이라는 특수값을 구분할 수 없게 됩니다.

이러한 상황은 타입을 설계할 때 자주 발생합니다. 상품에 대한 타입을 설계하는 경우를 살펴보겠습니다.

```
interface Product {
  title: string;
  priceDollars: number;
}
```

특정 상품의 경우 그 가격을 알 수 없다고 가정해 보겠습니다. 가격 속성을 선택적 필드로 만들거나 number|null 타입으로 바꾸면 이상적이지만, 기존의 코드를 너무 많이 수정해야 하므로 특수값을 도입하기로 결정했습니다.

```
interface Product {
  title: string;
  /** 제품의 달러 가격. 알 수 없으면 -1 */
  priceDollars: number;
}
```

코드를 배포하고 일주일이 지나면, 고객이 상품을 구매할수록 고객의 카드에 돈이 적립되는 이유를 따지며 여러분에게 화를 내는 상사의 모습을 보게 될 것입니다. 여러분의 팀은 코드를 롤백하고, 심지어 사유서까지 작성해야 할지도 모릅니다. 돌이켜 보면, 이상적인 모습처럼 타입을 바꿔 기존 코드에서 발생하는 오류를 고치는 편이 훨씬 쉬운 일이었을 것입니다.

-1, 0, 또는 "" 같은 특수값을 도입하는 것은 strictNullChecks 옵션을 비활성화하는 것과 마찬가지입니다. strictNullChecks가 비활성화되어 있다면, 어떠한 타입에도 null 또는 undefined를 할당할 수 있습니다.

```
// @strictNullChecks: false
const truck: Product = {
  title: 'Tesla Cybertruck',
  priceDollars: null,  // 정상
};
```

이렇게 하면 타입스크립트는 number 타입과 number|null 타입을 구분하지 못하며, 엄청난 양의 버그가 타입 체커를 지나쳐 버리게 됩니다. strictNullChecks가 비활성화된 상태에서 null은 모든 타입에 유효한 값입니다. 그러나 strict

NullChecks를 활성화하면 타입스크립트는 비로소 null을 구분해 내고, 수많은 문제를 감지할 수 있게 됩니다. 만약 -1 같은 특수값을 도입하는 순간, 당장은 조금 편해질 수 있지만, 궁극적으로 좋은 선택은 아닙니다.

맥락에 따라 정확한 의미가 달라질 수 있기 때문에 null과 undefined을 특수값으로 표현하는 방법이 항상 정답이 될 수는 없습니다. 네트워크 요청 상태를 모델링한다고 가정해 보겠습니다. 오류 상태를 표현하기 위해 null을 사용하고, 지연된 상태를 표현하기 위해 undefined를 사용하는 것은 좋지 않은 생각입니다. 태그된 유니온으로 이러한 특수한 상태를 표현하는 것이 더 좋은 방법이며, 이와 관련한 내용은 아이템 29에서 자세히 다루었습니다.

요약

- 일반적인 값과 같은 타입으로 특수값을 사용하면 안 됩니다. 타입스크립트가 버그를 찾을 수 있는 기회를 놓치게 됩니다.
- 특수값으로 0, -1, ""보다는, null 또는 undefined를 사용하는 것이 낫습니다.
- 의미가 불분명한 경우라면 null 또는 undefined보다는 태그된 유니온을 사용하는 것이 낫습니다.

아이템 37 선택적 속성 지양하기

코드가 발전해 갈수록, 기존의 타입에 새로운 속성을 추가해야 할 상황이 생깁니다. 그러한 상황에서 기존의 코드나 데이터에 영향을 주지 않기 위해 새로운 속성을 선택적으로 만들게 됩니다. 이는 가끔은 올바른 선택일 수도 있지만, 선택적 속성을 도입하면 그에 따른 대가가 따르므로 도입 전에 반드시 여러 번 생각해 봐야 합니다.

다음 예제에는 라벨과 단위가 붙은 숫자를 표시하는 UI 컴포넌트가 있습니다. 예를 들어, '높이: 12 ft' 또는 '속도: 10 mph' 같은 값입니다.

```
interface FormattedValue {
  value: number;
```

```
  units: string;
}
function formatValue(value: FormattedValue) { /* ... */ }
```

이제 이 컴포넌트를 사용해서 대규모 웹 애플리케이션을 만든다고 가정해 보겠습니다. 애플리케이션 일부분에서는 하이킹 정보를 특정 형식에 맞게 표시합니다(예: '2 mph 속도로 5마일').

```
interface Hike {
  miles: number;
  hours: number;
}
function formatHike({miles, hours}: Hike) {
  const distanceDisplay = formatValue({value: miles, units: 'miles'});
  const paceDisplay = formatValue({value: miles / hours, units: 'mph'});
  return `${distanceDisplay} at ${paceDisplay}`;
}
```

어느 날 미터법도 지원하기로 결정했습니다. 이제 미터법(metric)과 영국식 단위(imperial)를 동시에 지원하기 위해 `FormattedValue` 인터페이스에 해당 옵션을 추가합니다. 필요에 따라 컴포넌트는 화면에 표시하기 전에 단위 변환을 수행합니다. 그리고 기존 코드와 테스트의 변경을 최소화하기 위해 선택적 속성으로 만들기로 결정했습니다.

```
type UnitSystem = 'metric' | 'imperial';
interface FormattedValue {
  value: number;
  units: string;
  /** 기본값은 imperial */
  unitSystem?: UnitSystem;
}
```

앱 전체 설정에 단위 시스템 선택을 추가해 사용자가 단위를 직접 설정할 수 있게 해야 합니다.

```
interface AppConfig {
  darkMode: boolean;
  // ... 다른 설정들 ...
  /** 기본값은 imperial */
  unitSystem?: UnitSystem;
}
```

이제 미터법을 지원하도록 formatHike를 수정할 수 있습니다.

```
function formatHike({miles, hours}: Hike, config: AppConfig) {
  const { unitSystem } = config;
  const distanceDisplay = formatValue({
    value: miles, units: 'miles', unitSystem
  });
  const paceDisplay = formatValue({
    value: miles / hours, units: 'mph'  // unitSystem이 누락됨!
  });
  return `${distanceDisplay} at ${paceDisplay}`;
}
```

formatValue 호출은 이제 unitSystem을 사용해서 단위 시스템을 지정할 수 있지만, 다른 함수는 그렇지 않습니다. 미터법을 사용하는 사용자는 이제 미터법과 영국식 단위가 혼재된 버그를 보게 됩니다.

사실 우리가 만든 인터페이스는 정확히 이러한 종류의 버그를 방지하기 위한 설계입니다. formatValue 컴포넌트를 사용하는 모든 곳에 unitSystem 매개변수를 전달해야 한다는 사실을 명심해야 합니다. 그렇지 않으면 미터법을 사용하는 사용자는 야드(yd), 에이커(ac), 풋파운드(ft-lb) 같은 영국식 단위를 보게 될 것입니다.

자동으로 unitSystem이 전달되어야 하는 모든 곳을 찾아 주는 방법이 있다면 좋을 것입니다. 사실 타입 체커가 하는 역할이 이에 정확히 해당됩니다만, 이 코드에서 우리는 unitSystem 속성을 선택적으로 만들어서 타입 체커가 동작하지 못하도록 했습니다.

만약 unitSystem을 필수 속성으로 바꾸면, unitSystem이 들어가야 하는 모든 곳에 오류가 표시될 것입니다. 표시된 모든 오류를 하나씩 수정해야 하지만, 사용자로부터 불평을 듣는 것보다는 나은 선택입니다.

'/** 기본값은 imperial */'이라는 주석 내용도 좋지 않습니다. 타입스크립트에서 선택적 속성의 기본값은 항상 undefined입니다. 만약 다른 기본값을 지정하기 위해 다음 예제처럼 시도할 수 있습니다.

```
declare let config: AppConfig;
const unitSystem = config.unitSystem ?? 'imperial';
```

영국식 단위가 기본값이어야 하는 이유도 불분명하고, 이러한 형태로 기본값을 지정하면 버그가 발생할 가능성이 높습니다. 다른 개발자가 기본값을 헷갈려서 미터법을 지정할 수도 있습니다.

```
const unitSystem = config.unitSystem ?? 'metric';
```

그 결과로 또 다시 영국식 단위와 미터법이 혼재되어 나타날 것입니다.

AppConfig 인터페이스의 기존값과 호환성을 유지하기 위해서(아마 디스크나 데이터베이스에 JSON 형태로 저장되어 있을 수도 있습니다) 새로운 필드를 필수값으로 만들 수는 없습니다. 그 대신 취할 수 있는 전략은 타입을 두 가지로 분할하는 것입니다. 첫 번째는 디스크에서 읽어 들이는 비정규화된 타입이며, 두 번째는 선택적 속성을 최소화한 타입입니다.

```
interface InputAppConfig {
  darkMode: boolean;
  // ... 다른 설정들 ...
  /** 기본값은 imperial */
  unitSystem?: UnitSystem;
}
interface AppConfig extends InputAppConfig {
  unitSystem: UnitSystem;  // 필수값
}
```

선택적 속성이 서브타입에서 필수값으로 바뀌는 부분이 낯설게 느껴진다면 아이템 7을 다시 읽어 보기 바랍니다. 여기서는 Required<InputAppConfig>를 사용할 수도 있습니다.

인터페이스를 정규화하는 코드를 작성해 보겠습니다.

```
function normalizeAppConfig(inputConfig: InputAppConfig): AppConfig {
  return {
    ...inputConfig,
    unitSystem: inputConfig.unitSystem ?? 'imperial',
  };
}
```

이러한 분할 전략은 다음과 같은 세 가지 문제를 해결합니다.

1. 복잡성을 증가시키지 않으면서도 호환성을 유지하며 설정값을 추가할 수 있습니다.
2. 기본값을 적용하는 방법을 일원화합니다.
3. AppConfig가 필요한 곳에 InputAppConfig를 사용하는 실수를 막을 수 있습니다.

이러한 '개선 중'인 타입 종류는 특히 네트워크 관련 코드에서 많이 발견할 수 있습니다. 다른 예제가 궁금하다면 아이템 33의 UserPosts 예제를 다시 살펴보기 바랍니다.

인터페이스에 선택적 속성이 추가될수록 새로운 문제에 맞닥뜨리게 됩니다. 만약 N개의 선택적 속성을 추가한다면, 2^N개 조합의 가능성이 생겨납니다. 예를 들어, 10개의 선택적 속성을 추가한다면, 1,024개 조합의 경우를 모두 테스트해야 합니다. 그리고 실제로 1,024개의 조합이 모두 유효한 조합이지도 않을 것입니다(어떠한 속성은 그룹핑되어 사용되거나 상호 배타적일 수도 있습니다). 이러한 경우는 아이템 29를 참고해 타입을 설계해야 합니다. 사실 이 문제는 선택적 속성의 문제가 아니라 일반적인 옵션을 구현하면서 마주치는 문제입니다.

마지막으로, 선택적 속성은 타입스크립트를 불안전하게 만드는 원천이 될 수도 있습니다. 이는 아이템 48에서 자세히 다루겠습니다.

지금까지 살펴본 대로, 선택적 속성을 피해야 하는 이유는 수도 없이 많습니다. 그렇다면 언제 선택적 속성을 사용해야 하는지 생각해 보겠습니다. 이미 존재하는 API를 모델링하거나 호환성을 유지하며 API를 수정해야 할 때는 선택적 속성 사용을 거의 피할 수 없습니다. 대규모 설정에 모든 필드를 기본값으로 채우는 것은 꽤나 어려운 작업입니다. 또한 일부 속성은 실제 선택적이기도 합니다. 예를 들어, 모든 사람이 중간 이름을 갖지는 않으므로 Person 타입의 middleName 속성은 선택적이 되어야 합니다. 선택적 속성의 단점을 이해하고, 어떻게 다루어야 할지, 다른 대안이 없을지 충분히 고려하기 바랍니다.

요약

- 선택적 속성은 타입 체커의 버그 찾기를 방해하며, 기본값 설정을 반복적이고 일관되지 못하게 만듭니다.
- 인터페이스에 선택적 속성을 추가할 때는 신중해야 합니다. 필수값으로 만들 수 없을지 고민해야 합니다.
- 비정규화된 입력 데이터와 정규화된 데이터를 분리해서 타입을 정의할 수 있을지 고려해야 합니다.
- 선택적 속성으로 인해 수많은 조합이 생겨나는 것을 피해야 합니다.

아이템 38 같은 타입의 매개변수를 반복하지 않기

다음 코드만으로는 함수가 어떠한 동작을 하는지 추정하기 어렵습니다.

```
drawRect(25, 50, 75, 100, 1);
```

매개변수 정보를 확인하기 전에는 어떠한 것도 단정 짓기 어렵습니다. 다음과 같은 가능성을 생각해 볼 수 있습니다.

- 좌상단 (25, 50) 좌표에 75×100 크기의 사각형을 1.0의 불투명도로 그린다.
- 좌상단 (25, 50)부터 우하단 (75, 100) 좌표에 50×50 크기의 사각형을 1픽셀 두께로 그린다.

추가 정보가 없다면, 어떻게 호출하는 것이 올바른지 알 수 없습니다. 모든 매개변수 타입이 number로 동일하기 때문에 너비와 높이를 입력한 것인지, 우하단 좌표를 입력한 것인지 타입 체커 역시 알 수 없고 어떠한 도움이 되지 못합니다.

함수 선언이 다음과 같다고 생각해 보겠습니다.

```
function drawRect(x: number, y: number, w: number, h: number,
                  opacity: number) {
  // ...
}
```

어떠한 함수이든 동일한 타입의 매개변수가 연속해서 등장한다면, 타입 체커가 잘못된 입력을 구분할 수 없기 때문에 오류를 방지할 수 없습니다. 이를 개선하는 한 가지 방법은 Point와 Dimension 타입을 분리하는 것입니다.

```
interface Point {
  x: number;
  y: number;
}
interface Dimension {
  width: number;
  height: number;
}
function drawRect(topLeft: Point, size: Dimension, opacity: number) {
  // ...
}
```

이제 함수는 서로 다른 세 가지 타입의 매개변수를 받기 때문에 타입 체커가 이들을 구분할 수 있게 됩니다. 이제 잘못된 매개변수가 전달된다면 오류가 발생합니다.

```
drawRect({x: 25, y: 50}, {x: 75, y: 100}, 1.0);
//                        ~
// 개체 리터럴은 알려진 속성만 지정할 수 있으며 'Dimension' 형식에 'x'이(가) 없습니다.
```

다른 형태로 개선한다면, 모든 매개변수를 하나의 객체로 만드는 형태로 바꿔볼 수 있습니다.

```
interface DrawRectParams extends Point, Dimension {
  opacity: number;
}
function drawRect(params: DrawRectParams) { /* ... */ }

drawRect({x: 25, y: 50, width: 75, height: 100, opacity: 1.0});
```

순서로 구분되는 매개변수보다 하나의 객체로 만드는 것이 사람이 보기에도 더욱 명확합니다. 그리고 객체의 속성은 관련된 이름으로 구분되기 때문에 타입 체커가 잘못된 부분을 찾아낼 수 있습니다.

코드가 진화할수록, 함수에는 더 많은 매개변수가 추가됩니다. 처음에는 순서로 구분되는 매개변수도 문제없겠지만, 어느 순간부터 문제가 발생하기 시작할 것입니다. “10개의 매개변수를 가지는 함수가 있다면, 분명히 실수가 발생할 것이다”라는 말도 있습니다. 함수의 매개변수가 서너 개를 넘어간다면 그 순간부터는 리팩터링을 해야 합니다(`typescript-eslint`에서 `max-params` 규칙으로 강제할 수 있습니다).

매개변수들의 타입이 같다면, 순서로 구분되는 매개변수 형태를 주의해야 합니다. 매개변수가 단 두 개뿐이라고 할지라도 문제가 생길 수 있습니다.

그러나 몇 가지 예외가 있습니다.

- 매개변수가 서로 교환 가능(순서에 의미가 없음)하다면 괜찮습니다. 예를 들어, `max(a, b)` 그리고 `isEqual(a, b)`는 모호한 부분이 없습니다.
- 매개변수의 순서가 자연스럽다면, 헷갈릴 가능성이 적습니다. 예를 들어, `array.slice(start, stop)`은 `array.slice(stop, start)`보다 자연스럽습니다. 다만, 주의할 점은 ‘자연’스럽다는 부분에 모두가 동의하지 않을 수 있다는 것입니다. 예를 들어, 문화권에 따라 ‘년-월-일’, ‘월-일-년’, ‘일-월-년’ 등 날짜를 표기하는 순서가 다를 수 있습니다.

스콧 마이어스의 저서인 《이펙티브 C++》에는 “인터페이스를 만들 때는 정확하게 사용하기 쉽도록, 잘못 사용하기 어렵도록 만들어라”라고 서술되어 있습니다. 이 문장에 이견은 없을 것입니다.

요약

- 함수의 매개변수를 작성할 때, 동일한 타입이 연속해서 등장하지 않도록 해야 합니다.
- 많은 매개변수 대신, 구분된 적은 수의 매개변수로 묶거나, 단일 객체 매개변수로 리팩터링하는 것이 좋습니다.

아이템 39 타입 간 차이점을 모델링하기보다 같은 타입으로 통합하기

타입스크립트 타입 시스템은 타입 간 변환을 돕는 강력한 도구들이 탑재되어 있습니다. 아이템 15와 6장에서 이들을 다루는 방법을 설명합니다. 이러한 도구들을 활용해 수많은 타입을 아주 안전하게 다른 타입으로 변환함으로써 생산성이 향상된다는 사실을 깨닫게 될 것입니다. 그렇기 때문에 매우 적극적으로 사용하고 싶을 것입니다.

그러나 두 타입 간 차이점을 모델링하는 것보다 더 나은 방법은, 두 타입 간 차이점을 '없애는' 것입니다. 타입을 일치시킴으로써 타입 레벨의 변환 코드가 불필요해지고, 어떠한 버전의 타입을 사용하고 있는지 관리해야 하는 부담도 덜게 됩니다.

구체적인 설명을 위해 데이터베이스 테이블을 모델링한 인터페이스를 가정해 보겠습니다. 데이터베이스의 컬럼 이름은 일반적으로 스네이크 케이스(snake_case)로 표기합니다. 다음과 같은 모습입니다.

```
interface StudentTable {
  first_name: string;
  last_name: string;
  birth_date: string;
}
```

그러나 타입스크립트에서는 속성명에 일반적으로 카멜 케이스(camelCase)를 사용하므로 코드의 일관성을 위해 다음처럼 작성할 수도 있습니다.

```
interface Student {
  firstName: string;
  lastName: string;
  birthDate: string;
}
```

이제 두 타입 간 변환을 위해 함수를 작성할 수 있습니다. 또한 함수를 작성하는 대신, 템플릿 리터럴 타입을 사용할 수도 있는데, 이는 아이템 54에서 더 자세히 다룹니다. 템플릿 리터럴 타입을 사용한 예제는 다음과 같습니다.

```
type Student = ObjectToCamel<StudentTable>;
//   ^? type Student = {
//        firstName: string;
//        lastName: string;
//        birthDate: string;
//      }
```

간단한 한 줄만으로 제법 훌륭한 변환이 이루어졌습니다. 흥미롭고 유용한 방법이 많은 문제를 해결해 줄 것 같지만, 실제 코드에 적용하려는 순간 타입이 변경된 데에 따른 수많은 오류를 접하게 될 것입니다.

```
async function writeStudentToDb(student: Student) {
  await writeRowToDb(db, 'students', student);
  //                                 ~~~~~~~
  // 'Student' 형식은 'StudentTable' 매개변수 형식에 할당될 수 없습니다.
}
```

오류 메시지가 명확해 보이지 않지만, 근본 원인을 생각해 보면 타입을 변환하는 구문이 빠졌다는 사실을 알 수 있습니다.

```
async function writeStudentToDb(student: Student) {
  await writeRowToDb(db, 'students', objectToSnake(student));  // 정상
}
```

런타임 환경에 적용되기 전에 오류를 발견할 수 있어서 도움이 된다고 생각할 수 있지만, 한 가지 Student 타입을 사용했다면 오류가 발생할 가능성 자체가 없었을 것입니다.

이 예제를 보면 두 가지의 Student 타입이 존재합니다. 어떠한 것을 선택하는 것이 좋을지 생각해 보겠습니다.

- 카멜 케이스를 적용하려면, 어댑터 함수를 작성해서 데이터베이스의 최종 반환 타입이 카멜 케이스가 되도록 만들어야 합니다. 또한 타입스크립트 타입을 생성해 주는 어떠한 도구를 사용한다면 이러한 변환에 대해서 대응이 필요합니다. 이 방법의 장점은 데이터베이스 쪽의 인터페이스가 기존의 다른 코드와 같은 타입을 가진다는 것입니다.

- 스네이크 케이스를 적용하기 위해 특별히 수정할 것은 없습니다. 단지 명명 규칙의 불일치를 감내하면 됩니다.

두 가지 접근법 모두 가능하지만, 두 번째 방법이 더 간단합니다.

일반적인 원칙은 타입 간 차이점을 모델링하기보다 통일된 타입을 사용하는 것이 더 낫다는 것입니다. 그러나 이 원칙에도 주의 사항이 있습니다.

첫 번째, 타입 통일이 항상 가능한 옵션은 아닙니다. 만약 데이터베이스와 API를 직접 수정할 수 없다면 두 개의 타입이 유지되어야 합니다. 이러한 경우는 타입 시스템을 활용해서 체계적으로 모델링해야 변환 코드의 버그를 방지할 수 있습니다. 타입 시스템의 변환 도구를 활용하는 편이 즉흥적으로 타입을 작성하고 타입이 잘 맞는지 확인하는 것보다 훨씬 낫습니다.

두 번째, 맥락이 다른 서로 다른 타입을 억지로 통일해서는 안 됩니다. 예를 들어, 분리되어 다루어져야 할 상태 값들을 태그된 유니온으로 통합한다면, 다루기 어렵고 생산성이 저하될 것입니다.

요약

- 하나의 타입에 대해서 변형(variant)된 형태들이 존재한다면, 변환을 항상 의식해야 하고 많은 변환 코드가 필요합니다.
- 타입의 변형에 대해서 모델링하기보다는, 변형을 제거하고 하나의 타입으로 통합할 수 없을지 고려해야 합니다.
- 타입을 통합하려면 런타임 코드에서도 일부 조정이 필요할 수 있습니다.
- 타입을 직접 수정할 수 없는 경우에는 불가피하게 타입 변형을 다루어야 합니다.
- 맥락이 다른 타입을 억지로 통합하려고 시도해서는 안 됩니다.

아이템 40 부정확한 타입보다는 미완성 타입 사용하기

타입 선언을 작성하다 보면 코드의 동작을 더 구체적으로 또는 덜 구체적으로 모델링하게 되는 상황을 맞닥뜨리게 됩니다. 일반적으로 타입이 구체적일수록 버그를 더 많이 잡을 수 있고, 타입스크립트가 제공하는 도구를 활용할 수 있습니다. 그러나 타입 선언의 정밀도를 높이는 일에는 주의를 기울여야 합니다. 실수가 발생하기 쉽고 타입을 잘못 사용하면 차라리 타입이 없는 것보다 못할 수 있기 때문입니다.

아이템 33에서 보았던 GeoJSON 형식의 타입 선언을 작성한다고 가정해 보겠습니다. GeoJSON 정보는 각각 다른 형태의 좌표 배열을 가지는 몇 가지 타입 중 하나가 될 수 있습니다.

```
interface Point {
  type: 'Point';
  coordinates: number[];
}
interface LineString {
  type: 'LineString';
  coordinates: number[][];
}
interface Polygon {
  type: 'Polygon';
  coordinates: number[][][];
}
type Geometry = Point | LineString | Polygon;  // 다른 것들도 추가될 수 있습니다.
```

큰 문제는 없지만 좌표에 쓰이는 number[]가 약간 추상적입니다. 이 코드에서 number[]는 경도와 위도를 나타내므로 튜플 타입으로 선언하는 편이 더 나을 수 있습니다.

```
type GeoPosition = [number, number];
interface Point {
  type: 'Point';
  coordinates: GeoPosition;
}
// ...
```

타입을 더 구체적으로 개선했으므로 더 나은 코드가 된 것 같고, 커뮤니티에 자랑하고 싶을 수도 있습니다. 코드를 공개한 후 '좋아요' 개수가 올라갈 것을 기대했겠지만, 안타깝게도 새로운 코드가 빌드를 깨뜨린다며 불평하는 사람들의 댓글만 보게 될 것입니다. 코드에는 위도와 경도만을 명시했지만, GeoJSON의 위치 정보에는 세 번째 요소인 고도가 있을 수 있고, 그 외의 또 다른 정보가 있을 수 있습니다. 결과적으로 타입 선언을 세밀하게 하려 했지만 시도가 너무 과했고 오히려 타입이 부정확해졌습니다. 현재의 타입 선언을 그대로 사용하려면 타입 단언문을 도입하거나 as any를 추가해서 타입 체커를 완전히 무시해야 합니다. 또는 현재 타입 선언을 버리고 새로 작성해야 합니다.

이번에는 JSON으로 정의된 Lisp와 비슷한 언어의 타입 선언을 작성한다고 생각해 보겠습니다.

```
12
"red"
["+", 1, 2]                              // 3
["/", 20, 2]                             // 10
["case", [">",  20, 10], "red", "blue"]  // "red"
["rgb", 255, 0, 127]                     // "#FF007F"
```

맵박스(Mapbox) 라이브러리는 이러한 시스템을 사용해 수많은 기기에서 지도 기능의 형태를 결정합니다. 다음은 이러한 동작을 모델링해 볼 수 있는 입력값의 전체 종류입니다.

1. 모두 허용
2. 문자열, 숫자, 배열 허용
3. 문자열, 숫자, 알려진 함수 이름으로 시작하는 배열 허용
4. 각 함수가 받는 매개변수의 개수가 정확한지 확인
5. 각 함수가 받는 매개변수의 타입이 정확한지 확인

처음의 두 개 옵션은 간단합니다.

```
type Expression1 = any;
type Expression2 = number | string | any[];
```

유효한 코드가 모두 허용되는 경우, '타입 시스템이 완전(complete)하다'고 합니다. 앞의 두 타입은 모든 유효한 Mapbox 표현식을 허용하므로 완전하다고 말할 수 있으며, 유효한 표현식이 무효하다고 판단되는 경우는 없습니다. 그러나 반대로 무효한 표현식의 오류를 검출하지 못하는 경우는 많습니다. 즉, 타입 정의가 정밀하다고 보기는 어렵습니다.

완전함을 유지하면서 정밀도를 개선할 수 있을지 살펴보겠습니다. 효율적 테스트를 위해 유효한 표현식과 무효한 표현식을 테스트 세트로 미리 정의해 두겠습니다(테스트 타입에 관한 내용은 아이템 55에서 다룹니다).

```
const okExpressions: Expression2[] = [
  10,
  "red",
  ["+", 10, 5],
  ["rgb", 255, 128, 64],
  ["case", [">", 20, 10], "red", "blue"],
];
const invalidExpressions: Expression2[] = [
  true,
// ~~~ 'boolean' 형식은 'Expression2' 형식에 할당할 수 없습니다.
  ["**", 2, 31],              // "**" 함수가 없으므로 오류가 발생해야 합니다.
  ["rgb", 255, 0, 127, 0],  // 값이 너무 많으므로 오류가 발생해야 합니다.
  ["case", [">", 20, 10], "red", "blue", "green"],  // 너무 많은 값
];
```

세 번째 타입을 정의하기 위해 튜플의 첫 번째 요소에 문자열 리터럴 타입의 유니온을 사용해 정밀도를 한 단계 더 끌어올려 보겠습니다.

```
type FnName = '+' | '-' | '*' | '/' | '>' | '<' | 'case' | 'rgb';
type CallExpression = [FnName, ...any[]];
type Expression3 = number | string | CallExpression;

const okExpressions: Expression3[] = [
  10,
  "red",
  ["+", 10, 5],
  ["rgb", 255, 128, 64],
  ["case", [">", 20, 10], "red", "blue"],
];
const invalidExpressions: Expression3[] = [
  true,
// ~~~ 'boolean' 형식은 'Expression3' 형식에 할당할 수 없습니다.
  ["**", 2, 31],
//  ~~ '"**"' 형식은 'FnName' 형식에 할당할 수 없습니다.
  ["rgb", 255, 0, 127, 0],  // 값이 너무 많으므로 오류가 발생해야 합니다.
  ["case", [">", 20, 10], "red", "blue", "green"],  // 너무 많은 값
];
```

완전성을 유지하면서 오류를 하나 더 잡았습니다. 한 가지 단점은 Mapbox 라이

브러리와 결합도가 증가했다는 것입니다. Mapbox에 새로운 함수를 추가한다면, 이 선언에도 대응이 필요합니다. 즉, 타입이 정밀해진 대신 유지보수성도 증가했습니다.

네 번째 타입을 정의하기 위해 모든 함수 호출을 확인해 각 함수의 매개변수 개수가 정확한지 확인할 수도 있지만, 재귀적으로 동작해야 하므로 좋은 방법이 아닙니다. 다만, 무한 재귀에 빠지지 않도록 잘 정의한다면 가능하긴 합니다. 몇 가지 방법이 있는데, 그중 하나는 CaseCall(짝수 길이의 배열이어야 함)을 정의하는 것입니다.

조금 어색하게 보일 수 있지만, 다음과 같이 작성할 수 있습니다.

```
type Expression4 = number | string | CallExpression;

type CallExpression = MathCall | CaseCall | RGBCall;

type MathCall = [
  '+' | '-' | '/' | '*' | '>' | '<',
  Expression4,
  Expression4,
];

interface CaseCall {
  0: 'case';
  [n: number]: Expression4;
  length: 4 | 6 | 8 | 10 | 12 | 14 | 16;  // etc.
}

type RGBCall = ['rgb', Expression4, Expression4, Expression4];
```

테스트를 수행해 보겠습니다.

```
const okExpressions: Expression4[] = [
  10,
  "red",
  ["+", 10, 5],
  ["rgb", 255, 128, 64],
  ["case", [">", 20, 10], "red", "blue"],
];
const invalidExpressions: Expression4[] = [
  true,
// ~~~ 'boolean' 형식은 'Expression4' 형식에 할당할 수 없습니다.
```

```
  ["**", 2, 31],
// ~~~~ '"**"' 형식은 '"+" | "-" | "/" | ...' 형식에 할당할 수 없습니다.
  ["rgb", 255, 0, 127, 0],
  //                    ~ 'number' 형식은 'undefined' 형식에 할당할 수 없습니다.
  ["case", [">", 20, 10], "red", "blue", "green"],
  // ~~~~~~~~~~~~~~~~~~~~~~~~~~~~~~~~~~~~~~~~~~~~~~~
  // 'length' 속성의 형식이 호환되지 않습니다.
  // '5' 형식은 '4 | 6 | 8 | 10 | 12 | 14 | 16' 형식에 할당할 수 없습니다.
];
```

이제 무효한 표현식에서 전부 오류가 발생합니다. 이 코드에서는 타입스크립트 인터페이스를 사용해서 '짝수 길이의 배열' 같은 것을 표현할 수 있습니다. 그러나 일부 오류는 엉뚱한 메시지를 출력하며, 특히 마지막 오류의 '5' 타입에 대한 메시지는 알아보기 어렵습니다.

타입 정보가 더 정밀해졌지만, 결과적으로 이전 버전보다 개선되었다고 보기는 어렵습니다. 잘못 사용된 코드에서 오류가 발생하기는 하지만 오류 메시지는 더 난해해졌습니다. 언어 서비스는 타입 체크 못지않게 타입스크립트 경험에서 중요한 부분(아이템 6 참고)이므로, 타입 선언으로 인한 오류 메시지를 살펴보고 타입 선언이 동작해야 하는 곳에는 자동완성을 적용하는 것이 좋습니다. 새 타입 선언은 더 구체적이지만 자동완성을 방해하므로 타입스크립트 개발 경험을 해치게 됩니다.

타입 선언의 복잡성으로 인해 버그가 발생할 가능성도 높아졌습니다. 예를 들어, Expression4는 모든 수학 연산자에 두 개의 매개변수가 필요합니다. 반면, Mapbox 표현식에서는 +와 *가 더 많은 매개변수를 받을 수 있습니다. 또한 입력을 음수로 바꿔 주는 -는 한 개의 매개변수만 필요합니다. Expression4는 이러한 경우에 잘못된 오류를 표시하게 됩니다.

```
const moreOkExpressions: Expression4[] = [
  ['-', 12],
  // ~~~~~~ '["-", number]' 형식은 'MathCall' 형식에 할당할 수 없습니다.
  //          소스에는 2개 요소가 있지만 타깃에는 3개 요소가 필요합니다.
  ['+', 1, 2, 3],
  //            ~ 'number' 형식은 'undefined' 형식에 할당할 수 없습니다.
  ['*', 2, 3, 4],
  //            ~ 'number' 형식은 'undefined' 형식에 할당할 수 없습니다.
];
```

코드를 더 정밀하게 만들고자 했던 시도가 너무 과했고 그로 인해 코드가 오히려 더 부정확해졌습니다. 이렇게 부정확함을 바로잡는 방법을 쓰는 대신, 테스트 세트를 추가해 놓친 부분이 없는지 확인해도 됩니다. 일반적으로 복잡한 코드는 더 많은 테스트가 필요하고 타입의 관점에서도 마찬가지입니다.

타입을 정제(refine)할 때, **불쾌한 골짜기**(uncanny valley)[1] 은유를 생각해 보면 도움이 될 수 있습니다. 만화 같은 그림을 볼 때는 자연스럽게 여기며 현실과 다른 점을 찾으려 하지 않지만, 오히려 어설프게 실사와 비슷한 그림을 볼 때는 현실과 다른 부분이 무엇인지 찾게 되는 이치입니다.

같은 개념으로, 일반적으로 any 같은 부정확한 타입을 정제하는 것은 대부분 타입 안전성과 생산성 향상에 도움이 됩니다. 그러나 타입이 구체적으로 정제된다고 해서 무조건 정밀도가 올라가지는 않습니다. 타입에 너무 의존하기 시작하면 타입이 부정확한 경우가 더욱 눈에 크게 띌 것입니다. 그러한 타입 오류를 몇 시간씩 파고들다 보면 결국 타입 선언이 잘못되었다는 결과를 얻게 되는 경우도 많을 것입니다. 이러한 경험이 쌓일수록 타입 선언과 타입스크립트에 대한 신뢰가 약해질 것입니다. 과도한 타입 의존은 확실히 생산성 향상에 도움되지 않습니다.

요약

- 타입 안전성을 높이기 위해 불쾌한 골짜기는 피해야 합니다. 복잡하고 부정확한 타입보다 단순하지만 덜 정확한 타입이 더 낫습니다. 또한 타입이 없는 것보다 잘못된 것이 더 나쁩니다. 그리고 any와 unknown의 차이점을 이해해야 합니다.
- 타입 정보를 구체적으로 만들수록 오류 메시지와 자동완성 기능에 주의를 기울여야 합니다. 정확도뿐 아니라 개발 경험과도 관련됩니다.
- 타입이 복잡해질수록, 테스트 세트도 늘어나야 합니다.

1 (옮긴이) 불쾌한 골짜기란 로봇 공학과 인공 지능에서 많이 쓰이는 용어인데, 어설프게 인간과 비슷한 로봇에서 느끼는 불쾌함을 뜻합니다. 저자의 의도는 타입 선언에서 어설프게 완벽을 추구하려다가 오히려 역효과가 발생할 수 있음을 주의하자는 것입니다.

아이템 41 해당 분야의 용어로 타입명 짓기

컴퓨터 과학에서 어려운 일은 캐시 무효화와 이름 짓기, 단 두 가지뿐이다.

– 필 칼튼(Phil Karlton)

지금까지 타입의 형태와 값의 집합에 대해 수없이 다루었지만, 타입명을 짓는 것에 대해서는 거의 언급하지 않았습니다. 그러나 이름 짓기 역시 타입 설계에서 중요한 부분입니다. 엄선된 타입, 속성, 변수명은 의도를 명확히 하고 코드와 타입의 추상화 수준을 높여 줍니다. 잘못 선택한 타입명은 코드의 의도를 왜곡하고 오해를 불러일으키게 됩니다.

동물 데이터베이스를 구축한다고 가정해 보겠습니다. 이를 표현하기 위한 인터페이스는 다음과 같습니다.

```
interface Animal {
  name: string;
  endangered: boolean;
  habitat: string;
}

const leopard: Animal = {
  name: 'Snow Leopard',
  endangered: false,
  habitat: 'tundra',
};
```

이 코드에는 네 가지 문제가 있습니다.

- name은 매우 일반적인 용어입니다. 동물의 학명인지 일반적인 명칭인지 알 수 없습니다.
- endangered 속성이 멸종 위기를 표현하기 위해 boolean 타입을 사용한 것이 이상합니다. 이미 멸종된 동물을 true로 해야 하는지 판단할 수 없습니다. endangered 속성의 의도를 '멸종 위기' 또는 '멸종'으로 생각한 것일지도 모릅니다.
- 서식지를 나타내는 habitat 속성은 너무 범위가 넓은 string 타입(아이템 35 참고)일뿐 아니라 서식지라는 뜻 자체도 불분명하기 때문에 다른 속성보

다도 훨씬 모호합니다.

- 객체의 변수명이 leopard지만, name 속성의 값은 'Snow Leopard'입니다. 객체의 이름과 속성의 name이 다른 의도로 사용된 것인지 불분명합니다.

반면, 다음 코드의 타입 선언은 의미가 분명합니다.

```
interface Animal {
  commonName: string;
  genus: string;
  species: string;
  status: ConservationStatus;
  climates: KoppenClimate[];
}
type ConservationStatus = 'EX' | 'EW' | 'CR' | 'EN' | 'VU' | 'NT' | 'LC';
type KoppenClimate = |
  'Af' | 'Am' | 'As' | 'Aw' |
  'BSh' | 'BSk' | 'BWh' | 'BWk' |
  'Cfa' | 'Cfb' | 'Cfc' | 'Csa' | 'Csb' | 'Csc' | 'Cwa' | 'Cwb' | 'Cwc' |
  'Dfa' | 'Dfb' | 'Dfc' | 'Dfd' |
  'Dsa' | 'Dsb' | 'Dsc' | 'Dwa' | 'Dwb' | 'Dwc' | 'Dwd' |
  'EF' | 'ET';
const snowLeopard: Animal = {
  commonName: 'Snow Leopard',
  genus: 'Panthera',
  species: 'Uncia',
  status: 'VU',                    // 취약종(vulnerable)
  climates: ['ET', 'EF', 'Dfd'],  // 고산대(alpine) 또는 아고산대(subalpine)
};
```

이 코드는 다음 세 가지를 개선했습니다.

- name을 commonName, genus, species 등 더 구체적인 용어로 대체했습니다.
- endangered는 동물 보호 등급에 대한 IUCN의 표준 분류 체계를 바탕으로 한 ConservationStatus 타입의 status로 변경되었습니다.
- habitat은 기후를 뜻하는 climates로 변경되었으며, 쾨펜 기후 분류(Köppen climate classification)를 사용합니다.

문제가 있었던 첫 번째 버전에 대한 정보를 얻으려고 코드를 작성한 사람을 찾아서 물어보고 싶을 수 있습니다. 하지만 그 사람이 코드에 대해 기억하지 못하거나, 퇴사를 했을 수도 있습니다. 혹은 직접 git blame으로 누가 코드를 작성했는지 찾아보고 나서 내가 작성했다는 최악의 상황을 맞이할 수도 있습니다.

이번 예제는 데이터를 훨씬 명확하게 표현하고 있습니다. 그리고 정보를 찾기 위해 사람에 의존할 필요가 없습니다. 쾨펜 기후 분류 체계를 공부하거나 동물 보호 상태의 구체적 의미를 파악하고자 한다면, 온라인에서 무수히 많은 정보를 찾을 수 있을 것입니다.

코드로 표현하고자 하는 모든 분야에는 주제를 설명하기 위한 전문 용어가 있습니다. 자체적으로 용어를 만들어 내려고 하지 말고, 해당 분야에 이미 존재하는 용어를 사용해야 합니다. 이러한 용어는 수 년, 수십 년, 수 세기에 걸쳐 다듬어져 왔으며 현장에서 실제로 사용되고 있을 것입니다. 따라서 이를 사용하면 사용자와 소통에 유리하며 타입의 명확성을 향상할 수 있습니다.

전문 분야의 용어는 정확하게 사용해야 합니다. 특정 용어를 다른 의미로 잘못 사용하면, 직접 만들어 낸 용어보다 더 큰 혼란을 일으킵니다.

함수의 매개변수명이나 튜플의 라벨, 인덱스 타입의 라벨에도 같은 규칙을 적용해야 합니다.

타입, 속성, 변수에 이름을 붙일 때 명심해야 할 세 가지 규칙이 있습니다.

- 동일한 의미를 나타낼 때는 같은 용어를 사용해야 합니다. 글을 쓸 때나 말을 할 때, 같은 단어를 반복해서 사용하면 지루할 수 있기 때문에 동의어(의미가 같지만 다른 단어)를 사용합니다. 동의어를 사용하면 글을 읽을 때는 좋을 수 있지만, 코드에서는 좋지 않습니다. 정말로 의미적으로 구분이 되어야 하는 경우에만 다른 용어를 사용해야 합니다.
- data, info, thing, item, object, entity 같은 모호하고 의미 없는 이름은 피해야 합니다. 만약 entity라는 용어가 해당 분야에서 특별한 의미를 가진다면 괜찮습니다. 그러나 귀찮다고 무심코 의미 없는 이름을 붙여서는 안 됩니다. 만약 프로젝트에서 Entity라는 명칭이 다른 의미로 여러 군데 쓰인다면 구분하기 어려울 것입니다.
- 이름을 지을 때는 포함된 내용이나 계산 방식이 아니라 데이터 자체가 무엇

인지를 고려해야 합니다. 예를 들어, INodeList보다는 Directory가 더 의미 있는 이름입니다. Directory는 구현의 측면이 아니라 개념적인 측면에서 디렉터리를 생각하게 합니다. 좋은 이름은 추상화의 수준을 높이고 의도치 않은 충돌의 위험성을 줄여 줍니다.

요약

- 가독성을 높이고, 추상화 수준을 올리기 위해서 해당 분야의 용어를 사용해야 합니다. 그리고 해당 분야의 용어가 정확한지 점검해야 합니다.
- 같은 의미에 다른 이름을 붙이면 안 됩니다. 특별한 의미가 있을 때만 용어를 구분해야 합니다.
- info 또는 Entity처럼 모호한 이름은 피해야 합니다. 값의 형태보다는 값의 종류에 따라 타입명을 짓는 것이 좋습니다.

아이템 42 데이터 형태를 추측해서 타입 만들지 않기

이번 장의 다른 아이템에서는 타입을 잘 설계하면 어떠한 이점이 있는지, 반대로 설계를 잘못하면 어떠한 문제가 발생하는지에 대해서 다루었습니다. 잘 설계된 타입은 타입스크립트 사용을 즐겁게 해 주는 반면, 잘못 설계된 타입은 비극을 불러옵니다. 양면성 때문에 타입 설계를 잘해야 한다는 압박감이 느껴질 수 있습니다. 이러한 상황에서 타입을 직접 작성하지 않고 자동으로 생성할 수 있다면 매우 유용할 것입니다.

명세(specification), 파일 형식, API, 데이터베이스 스키마 등 우리가 다루는 타입 중 최소한 몇 개는 프로젝트 외부에서 비롯된 것입니다. 아마 특정 API를 호출해서 얻은 결괏값처럼 직접 동작을 확인한 데이터 형태나 테스트 코드의 샘플 데이터를 참고해서 직접 타입 선언을 작성하고 싶을 수 있습니다.

그러나 다른 소스로부터 타입을 임포트하거나 명세로부터 자동생성하는 것이 훨씬 낫습니다. 만약 예시 데이터나 일회성으로 확인한 데이터를 기반으로 타입을 작성한다면, 눈으로 본 경우만 고려하게 되므로 예상하지 못한 경우를 놓치게 됩니다. 가급적 공식(official)으로 발표된 타입을 사용해야 타입스크립트가 개발자의 실수를 줄이도록 도와줄 수 있습니다.

아이템 30에서 Feature의 경계 상자를 계산하는 calculateBoundingBox 함수를 사용했습니다. 실제 구현은 다음과 같은 모습입니다.

```
function calculateBoundingBox(f: Feature): BoundingBox | null {
  let box: BoundingBox | null = null;

  const helper = (coords: any[]) => {
    // ...
  };

  const {geometry} = f;
  if (geometry) {
    helper(geometry.coordinates);
  }

  return box;
}
```

GeoJSONFeature 타입을 정의하기 위해 소스 코드를 살펴보고 인터페이스를 설계할 수 있습니다.

```
interface GeoJSONFeature {
  type: 'Feature';
  geometry: GeoJSONGeometry | null;
  properties: unknown;
}
interface GeoJSONGeometry {
  type: 'Point' | 'LineString' | 'Polygon' | 'MultiPolygon';
  coordinates: number[] | number[][] | number[][][] | number[][][][];
}
```

이 인터페이스를 사용하면 calculateBoundingBox 함수는 타입 체커를 통과할 수 있습니다. 그러나 이 인터페이스는 현재 눈에 보이는 코드만 동작할 수 있도록 정의되어 있습니다.

Feature 타입은 명시적으로 정의된 적이 단 한 번도 없습니다. 아이템 31에 등장한 focusOnFeature 함수 예제를 사용해 작성할 수 있습니다. 그러나 공식

GeoJSON 명세[2]를 사용하는 것이 더 낫습니다. 다행히 DefinitelyTyped[3]에는 이미 타입스크립트 타입 선언이 존재합니다. 따라서 다음과 같이 익숙한 방법을 이용해 추가할 수 있습니다.[4]

```
$ npm install --save-dev @types/geojson
+ @types/geojson@7946.0.14
```

GeoJSON 선언을 설치하면, 타입스크립트는 오류를 발생시킵니다.

```
import {Feature} from 'geojson';

function calculateBoundingBox(f: Feature): BoundingBox | null {
  let box: BoundingBox | null = null;

  const helper = (coords: any[]) => {
    // ...
  };

  const {geometry} = f;
  if (geometry) {
    helper(geometry.coordinates);
    //              ~~~~~~~~~~~
    // 'Geometry' 형식에 'coordinates' 속성이 없습니다.
    // 'GeometryCollection' 형식에 'coordinates' 속성이 없습니다.
  }

  return box;
}
```

`geometry`에 `coordinates` 속성이 있다고 가정한 것이 문제입니다. 이러한 관계는 점, 선, 다각형을 포함한 많은 도형에서는 맞는 개념입니다. 그러나 GeoJSON은 다양한(heterogeneous) 도형의 모음인 `GeometryCollection`일 수도 있습니다. 다른 도형 타입과 다르게 `GeometryCollection`에는 `coordinates` 속성이 없습니다.

2 GeoJSON은 RFC 7946으로도 알려져 있습니다. 자세한 내용은 GeoJSON 공식 문서(*http://geojson.org*)에서 확인할 수 있습니다.

3 (옮긴이) DefinitelyTyped는 타입스크립트 커뮤니티에서 유지보수하고 있는 자바스크립트 라이브러리의 타입을 정의한 모음입니다. 더 자세한 내용은 아이템 65를 참고하기 바랍니다.

4 라이브러리의 메이저 버전 숫자가 비정상적으로 큽니다. 처음에는 RFC 번호와 같게 하려는 재밌는 시도였지만, 결국은 좋지 않은 사례가 되었습니다.

geometry가 GeometryCollection 타입인 Feature를 사용해서 calculateBoundingBox를 호출하면 undefined의 0 속성을 읽을 수 없다는 오류가 발생합니다.

이 오류를 고치는 한 가지 방법은 다음 코드처럼 GeometryCollection을 명시적으로 차단하는 것입니다.

```
const {geometry} = f;
if (geometry) {
  if (geometry.type === 'GeometryCollection') {
    throw new Error('GeometryCollections are not supported.');
  }
  helper(geometry.coordinates);  // 정상
}
```

타입스크립트는 타입을 체크하는 방법으로 도형 타입 정제를 사용할 수 있으므로 정제된 타입에 한해서 geometry.coordinates의 참조를 허용하게 됩니다. 차단된 GeometryCollection 타입의 경우, 사용자에게 명확한 오류 메시지를 제공합니다.

그러나 GeometryCollection 타입을 차단하는 것보다는 모든 타입을 지원하는 것이 더 좋은 방법입니다. 조건을 분기해서 헬퍼 함수를 호출하면 모든 타입을 지원할 수 있습니다.

```
const geometryHelper = (g: Geometry) => {
  if (g.type === 'GeometryCollection') {
    g.geometries.forEach(geometryHelper);
  } else {
    helper(g.coordinates);  // 정상
  }
}

const {geometry} = f;
if (geometry) {
  geometryHelper(geometry);
}
```

그동안 GeoJSON을 사용해 온 경험을 바탕으로 GeoJSON의 타입 선언을 직접 작성했을 수도 있습니다. 직접 작성한 타입 선언에는 GeometryCollection 같은 예외 상황이 포함되지 않았을 것이며 완벽할 수도 없습니다. 반면, 명세를 기

반으로 타입을 작성한다면 현재까지 경험한 데이터뿐 아니라 사용 가능한 모든 값에 대해서 작동한다는 확신을 가질 수 있습니다.

API 호출에도 비슷한 고려 사항이 적용됩니다. API의 명세로부터 타입을 생성할 수 있다면 그렇게 하는 것이 좋습니다. 만약 그럴 수 없는 상황이라면, 공식 소스 코드로부터 타입을 생성해 내는 방법도 있습니다.

특히 GraphQL API는 모든 쿼리와 변경 그리고 모든 타입이 정의되어 있는 스키마를 포함하고 있습니다. 그리고 GraphQL 쿼리에 타입스크립트 타입을 추가할 수 있는 많은 도구가 존재합니다. 검색엔진에서 검색해 보면 사용법을 금세 찾을 수 있습니다.

많은 REST API는 OpenAPI 스키마를 공개하고 있습니다. OpenAPI 스키마는 모든 엔드포인트와 HTTP 메서드(GET, POST 등), 그리고 JSON 스키마를 사용해서 타입까지 설명하는 파일입니다.

블로그에 댓글을 등록하는 API를 가정해 보겠습니다. 해당 API의 OpenAPI 스키마는 다음과 같을 것입니다.

```
// schema.json
{
  "openapi": "3.0.3",
  "info": { "version": "1.0.0", "title": "Sample API" },
  "paths": {
    "/comment": {
      "post": {
        "requestBody": { "content": { "application/json": {
          "schema": { "$ref": "#/components/schemas/Comment" }
        }}}
      },
      "responses": {
        "200": { /* ... */ }
      }
    }
  },
  "components": {
    "schemas": {
      "CreateCommentRequest": {
        "properties": {
          "body": { "type": "string" },
          "postId": { "type": "string" },
```

```
          "title": { "type": "string" }
        },
        "type": "object",
        "required": ["postId", "title", "body"]
      }
    }
  }
}
```

paths 부분은 엔드포인트를 정의하고 components/schemas에 정의된 타입들을 연결하는 역할을 합니다. 타입을 자동생성하려 할 때 필요한 모든 정보가 바로 여기에 있습니다. OpenAPI 스키마에서 타입을 추출하기 위한 방법은 여러 가지가 존재합니다. 그중 하나는 json-schema-to-typescript를 사용하는 것입니다.

```
$ jq .components.schemas.CreateCommentRequest schema.json > comment.json
$ npx json-schema-to-typescript comment.json > comment.ts
$ cat comment.ts
// ....
export interface CreateCommentRequest {
  body: string;
  postId: string;
  title: string;
}
```

추출된 인터페이스는 깔끔하고, 타입 안전성을 보장하면서 API를 사용할 수 있을 만큼 훌륭합니다. 이 인터페이스를 사용하면 타입스크립트는 직접 작성한 요청 본문이나 응답 타입에 대해서 잘못된 부분을 잘 짚어줄 것입니다. 중요한 점은 타입을 직접 작성하지 않고, 신뢰할 수 있는 소스 코드로부터 생성했다는 것입니다. 만약 어떠한 필드가 선택적이거나 null일 가능성이 있다면, 타입스크립트는 정확하게 인지하고 여러분의 실수를 방지할 수 있게 도와줄 것입니다.

다음 단계로 런타임 유효성 검증을 추가하고, 엔드포인트와 직접적으로 관련된 타입을 연결하는 작업이 필요합니다. 아이템 74에서 이러한 작업에 필요한 많은 도구와 사용 예시를 소개합니다.

타입을 자동생성할 때는 사용하려는 API와 대응되는 API 스키마가 같은 형상을 대상으로 하고 있는지 확인해야 합니다. 아이템 58에서 이러한 상황에 대한 전략을 다룹니다.

만약 명세 정보나 공식 스키마가 없다면 데이터로부터 타입을 생성해야 합니다. 이를 위해 `quicktype` 같은 도구를 사용할 수 있습니다. 그러나 생성된 타입이 실제 데이터와 일치하지 않을 수 있고, 예외 상황을 놓칠 수 있다는 점을 주의해야 합니다(반대로 1,000개의 JSON 파일을 담고 있는 디렉터리처럼 데이터 세트가 한정되어 있을 때는, 모든 경우를 이미 알고 있으므로 놓치는 부분이 없을 것입니다).

우리는 이미 자동 타입 생성의 이점을 누리고 있습니다. 웹 브라우저 DOM API에 대한 타입 선언은 MDN의 공식 API 명세로부터 생성되었습니다(아이템 75 참고). 이를 통해 복잡한 시스템을 정확히 모델링할 수 있으며, 타입스크립트가 오류나 코드상의 의도치 않은 실수를 잡을 수 있습니다.

요약

- 눈으로 본 데이터로부터 직접 타입을 작성하는 것은 좋지 않습니다. 스키마를 오해하거나, `null`일 가능성을 잘못 정의하기 십상입니다.
- 공식 사이트나 커뮤니티에서 얻은 타입을 사용하는 것이 좋습니다. 만약 구할 수 없다면, 스키마로부터 타입을 자동생성하는 것이 좋습니다.

5장

Effective TypeScript Second Edition

불안전한 any 타입

전통적으로 프로그래밍 언어들의 타입 시스템은 완전히 정적이거나 완전히 동적으로 확실히 구분되어 있었습니다. 그러나 타입스크립트의 타입 시스템은 선택적이고 점진적이기 때문에 정적이면서도 동적인 특성을 동시에 가집니다. 따라서 타입스크립트는 프로그램의 일부분에만 타입 시스템을 적용할 수 있습니다.

프로그램의 일부분에만 타입 시스템을 적용할 수 있는 특성 덕분에 점진적인 마이그레이션(자바스크립트 코드를 타입스크립트로 전환)이 가능합니다(아이템 10 참고). 마이그레이션을 할 때 코드 일부분에 대한 타입 체크를 비활성화하는 any 타입이 중요한 역할을 합니다. 또한 any를 현명하게 사용하는 방법을 익혀야만 효과적인 타입스크립트 코드를 작성할 수 있습니다. any가 매우 강력한 힘을 가지므로 남용하게 될 소지가 크기 때문입니다. 이번 장에서는 any의 장점은 살리면서 단점을 줄이는 방법을 살펴보겠습니다.

심벌의 정적 타입이 런타임 타입과 맞지 않을 때 불안전성 문제가 발생합니다. 타입의 불안전성 문제는 매우 흔하게 발생하는데, 그중에서도 any 타입에서 발생하는 문제를 가장 극단적인 예로 꼽을 수 있습니다. 모든 코드에서 any 타입을 제거하더라도 여전히 안전성 문제로 고민하고 있을 수 있습니다. 아이템 48에서 이와 관련한 몇 가지 문제와 해결책을 다룹니다.

아이템 43 any 타입은 가능한 한 좁은 스코프에서만 사용하기

먼저, 함수와 관련된 any의 사용법을 살펴보겠습니다.

```
declare function getPizza(): Pizza;
function eatSalad(salad: Salad) { /* ... */ }

function eatDinner() {
  const pizza = getPizza();
  eatSalad(pizza);
  //       ~~~~~
  // 'Pizza' 형식의 인수는 'Salas' 형식의 매개변수에 할당될 수 없습니다.
  pizza.slice();
}
```

만약 eatSalad를 호출했을 때 정상적으로 동작해야 하는 상황이라면, 타입스크립트가 이해할 수 있도록 타입을 개선하는 것이 좋습니다(따지고 보면 파르메산 치즈와 레몬을 곁들인 루꼴라 피자는 샐러드라고 할 수 있습니다!). 그러나 어떠한 이유로 인해 타입을 수정할 수 없다면, 타입스크립트가 오류로 받아들이지 않도록 타입을 강제해야 합니다. 그 방법은 두 가지입니다.

```
function eatDinner1() {
  const pizza: any = getPizza();  // 이렇게 하지 맙시다!
  eatSalad(pizza);                // 정상
  pizza.slice();                  // 이 호출은 체크되지 않습니다!
}

function eatDinner2() {
  const pizza = getPizza();
  eatSalad(pizza as any);  // 이 방식이 선호됩니다.
  pizza.slice();           // 이 호출은 안전합니다.
}
```

두 가지 해결책 중에서 eatDinner1에 사용된 pizza: any보다 eatDinner2에 사용된 pizza as any 형태를 권장합니다. 그 이유는 any 타입이 eatSalad 함수의 매개변수에만 사용된 표현식이므로 다른 코드에는 영향을 미치지 않기 때문입니다. eatDinner2에서는 eatSalad 호출 이후에 pizza가 그대로 Pizza 타입인 반면, eatDinner1에서는 함수의 마지막까지 pizza의 타입이 any입니다. 즉, pizza.slice() 호출 시점에 타입 체커가 동작하지 않게 되어, 스펠링 실수나 잘

못된 매개변수 타입에도 타입 체커가 동작하지 않게 되고, 결국 컴파일 타임이 아닌 런타임에 오류가 발생하게 됩니다.

eatSalad가 any 타입을 허용하는 것도 좋지 않습니다. pizza가 eatDinner 내에서는 Pizza 타입으로 남아 있지만, eatSalad를 포함한 any로 전달된 매개변수가 사용되는 모든 곳에서 타입 체커가 동작하지 않게 됩니다.

만일 eatDinner1 함수가 pizza를 반환한다면 문제가 커집니다. 예를 들어 보겠습니다.

```
function eatDinner1() {
  const pizza: any = getPizza();
  eatSalad(pizza);
  pizza.slice();
  return pizza;  // 안전하지 않은 피자가 반환되었습니다!
}

function spiceItUp() {
  const pizza = eatDinner1();
  //    ^? const pizza: any
  pizza.addRedPepperFlakes();  // 이 호출도 체크되지 않습니다!
}
```

spiceItUp 함수 내에서 eatDinner1이 any 타입을 반환하므로 spiceItUp 속 pizza의 타입에도 영향을 미칩니다. 이렇게 함수에서 any를 반환하면 그 영향력은 프로젝트 전반에 전염병처럼 퍼집니다. 반면, any의 사용 스코프를 좁게 제한하는 eatDinner2 함수를 사용한다면 any 타입이 함수 바깥으로 영향을 미치지 않습니다.

비슷한 관점에서, 타입스크립트가 함수의 반환 타입을 추론할 수 있다고 하더라도 함수의 반환 타입을 명시하는 것이 좋습니다. 함수의 반환 타입을 명시하면 any 타입이 함수 바깥으로 영향을 미치는 것을 방지할 수 있습니다. 특히 any 타입은 반드시 명시해야 합니다. 함수의 반환 타입을 명시할 때의 장점과 단점은 아이템 18에서 자세히 다룬 바 있습니다. 그리고 JSON.parse처럼 표준 라이브러리 중에서도 any 타입을 반환하는 경우가 있습니다. 굉장히 위험한 패턴인데, 아이템 71에서 이를 안전하게 다루는 방법을 살펴봅니다.

지금까지는 실제 오류는 아니지만, 오류라고 표시되는 경우를 없애기 위해

any를 사용했습니다. 또 다른 방법으로는 @ts-ignore 또는 @ts-expect-error와 같은 지시자를 추가하는 것을 들 수 있습니다.

```
function eatDinner1() {
  const pizza = getPizza();
  // @ts-ignore
  eatSalad(pizza);
  pizza.slice();
}

function eatDinner2() {
  const pizza = getPizza();
  // @ts-expect-error
  eatSalad(pizza);
  pizza.slice();
}
```

pizza를 건드리지 않고도 오류를 제거했습니다. 그런데 두 가지 형태 중에서 @ts-expect-error를 사용하는 것이 더 나은 선택입니다. 나중에 eatSalad를 수정해서 타입을 제대로 동작하게 만드는 순간, 타입스크립트가 오류가 수정되었음을 표시해 주고 이를 보고 사용자가 해당 지시자를 제거할 수 있기 때문입니다.

@ts-ignore와 @ts-expect-error 지시자는 한 줄에만 영향을 미치므로 any처럼 전염되지는 않습니다. 그러나 애초에 타입스크립트가 알려 주는 오류는 문제가 될 가능성이 높은 부분이므로 이들 지시자에 너무 의존하기보다 근본적인 원인을 찾아 적극적으로 해결하는 것이 바람직합니다. 그리고 한 줄에 두 가지 오류가 있었다면 또 다른 오류는 영원히 발견할 수 없게 됩니다.

이번에는 객체와 관련한 any의 사용법을 살펴보겠습니다. 어떠한 큰 객체 안 하나의 속성이 타입 오류를 가지는 상황을 예로 들어 보겠습니다.

```
const config: Config = {
  a: 1,
  b: 2,
  c: {
    key: value
 // ~~~ ... 속성이 'Foo' 형식에 필요하지만 'Bar' 형식에는 없습니다.
  }
};
```

단순히 생각하면, config 객체 전체를 as any로 선언해서 오류를 제거할 수 있습니다.

```
const config: Config = {
  a: 1,
  b: 2,
  c: {
    key: value
  }
} as any;  // 이렇게 하지 맙시다!
```

객체 전체를 any로 단언하면 다른 속성들(a와 b) 역시 타입 체크가 되지 않는 부작용이 생깁니다. 그러므로 다음 코드처럼 최소한의 스코프에만 any를 사용하는 것이 좋습니다.

```
const config: Config = {
  a: 1,
  b: 2,  // 이 속성은 여전히 체크됩니다.
  c: {
    key: value as any
  }
};
```

첫 번째 예제가 any의 스코프를 시간의 관점(이번만)에서 제한하는 것이라면, 두 번째 예제는 공간의 관점(여기만)에서 제한하는 것입니다. 두 가지 모두 스코프를 제한하다는 목적은 같지만, 영향을 최소화하기 위해 any의 스코프를 최대한 좁게 줄여야 합니다.

만약 typescript-eslint의 recommended-type-checked 프리셋을 적용한다면, no-unsafe-assignment와 no-unsafe-return 같은 규칙을 활성화해서 any 타입이 영향을 미치는 부분을 표시할 수 있습니다.

요약

- 의도치 않은 타입 안전성의 손실을 피하기 위해서 any의 사용 스코프를 최소한으로 좁혀야 합니다.

- 함수의 반환 타입이 any인 경우 타입 안정성이 나빠집니다. 따라서 any 타입을 반환하면 절대 안 됩니다.
- as any를 사용할 때는, 전체 객체보다 각각의 속성에 사용해야 합니다.

아이템 44 any를 구체적으로 변형해서 사용하기

any는 자바스크립트에서 표현할 수 있는 모든 값을 아우르는 매우 큰 범위의 타입입니다. any 타입에는 모든 숫자, 문자열, 배열, 객체, 정규식, 함수, 클래스, DOM 엘리먼트는 물론 null과 undefined까지도 포함됩니다. 반대로 말하면, 일반적인 상황에서는 any보다 더 구체적으로 표현할 수 있는 타입이 존재할 가능성이 높습니다. 따라서 더 구체적인 타입을 찾아 타입 안전성을 높일 수 있도록 노력해야 합니다.

예를 들어, any 타입의 값을 그대로 정규식이나 함수에 넣는 것을 권장하지 않습니다.

```
function getLengthBad(array: any) {  // 이렇게 하지 맙시다!
  return array.length;
}

function getLength(array: any[]) {  // 이게 낫습니다.
  return array.length;
}
```

any를 사용하는 getLengthBad보다는 any[]를 사용하는 getLength가 더 좋은 함수입니다. 그 이유는 세 가지입니다.

- 함수 내의 array.length 타입이 체크됩니다.
- 함수의 반환 타입이 any 대신 number로 추론됩니다.
- 함수 호출 시 매개변수가 배열인지 체크됩니다.

배열이 아닌 값을 넣어서 실행해 보면, getLength는 제대로 오류를 표시하지만, getLengthBad는 오류를 잡아내지 못하는 것을 볼 수 있습니다.

```
getLengthBad(/123/);  // 오류 없음, undefined를 반환합니다.
getLength(/123/);
//        ~~~~~
// 'RegExp' 형식의 인수는 'any[]' 형식의 매개변수에 할당될 수 없습니다.

getLengthBad(null);  // 오류 없음, 런타임에 예외 발생
getLength(null);
//        ~~~~
// 'null' 형식의 인수는 'any[]' 형식의 매개변수에 할당될 수 없습니다.
```

함수의 매개변수를 구체화할 때, (요소의 타입에 관계없이) 배열의 배열 형태라면 `any[][]`처럼 선언하면 됩니다.

그리고 함수의 매개변수가 객체이긴 하지만, 값을 알 수 없는 상황이라면 `{[key: string]: any}` 또는 `Record<string, any>`처럼 선언하면 됩니다.

```
function hasAKeyThatEndsWithZ(o: Record<string, any>) {
  for (const key in o) {
    if (key.endsWith('z')) {
      console.log(key, o[key]);
      return true;
    }
  }
  return false;
}
```

앞의 예제처럼 함수의 매개변수가 객체지만, 값을 알 수 없는 상황이라면 `{[key: string]: any}` 대신 모든 비기본형(non primitive) 타입을 포함하는 `object` 타입을 사용할 수도 있습니다. `object` 타입은 객체의 키를 열거할 수는 있지만, 속성에 접근할 수 없다는 점에서 `{[key: string]: any}`와 약간 다릅니다.

```
function hasAKeyThatEndsWithZ(o: object) {
  for (const key in o) {
    if (key.endsWith('z')) {
      console.log(key, o[key]);
      //               ~~~~~~
      //               'string' 형식의 식을 '{}' 인덱스 형식에 사용할 수 없으므로
      //               요소에 암시적으로 'any' 형식이 있습니다.
      return true;
    }
  }
  return false;
}
```

타입스크립트에서 객체 타입을 순회할 때는 몇 가지 특별한 요령이 필요합니다. 이에 대한 자세한 내용은 아이템 60에서 다룹니다.

함수의 타입에도 단순히 any를 사용해서는 안 됩니다. 최소한으로나마 구체화해야 하는데, 이때 사용할 수 있는 세 가지 방법이 있습니다.

```
type Fn0 = () => any;                // 매개변수 없이 호출 가능한 모든 함수
type Fn1 = (arg: any) => any;        // 매개변수 1개
type FnN = (...args: any[]) => any;  // 모든 개수의 매개변수
                                     // "Function" 타입과 동일합니다.
```

앞의 예제에 등장한 세 가지 함수 타입 모두 any보다는 구체적입니다. 마지막 줄을 잘 살펴보면 ...args1의 타입을 any[]로 선언했습니다. any로 선언해도 동작하지만, any[]로 선언하면 배열 형태라는 것을 바로 확인할 수 있어 더 구체적입니다.

```
const numArgsBad = (...args: any) => args.length;
//    ^? const numArgsBad: (...args: any) => any
const numArgsBetter = (...args: any[]) => args.length;
//    ^? const numArgsBetter: (...args: any[]) => number
```

반환 타입이 다르다는 점에 주목하기 바랍니다. any[] 타입의 가장 일반적인 사례는 나머지 매개변수(rest parameter)[1]일 것입니다.

배열을 사용하면서 그 요소의 타입을 신경 쓰고 싶지 않다면, any[]가 아닌 unknown[]을 사용하는 것이 좋습니다. unknown[]을 사용하는 것이 보다 더 안전하기 때문입니다. unknown 타입에 대한 자세한 설명은 아이템 46을 참고하기 바랍니다.

요약

- any를 사용할 때는 정말로 모든 값이 허용되어야만 하는지 면밀히 검토해야 합니다.
- any보다 더 정확하게 모델링할 수 있도록 any[] 또는 {[id: string]: any} 또는 () => any처럼 구체적인 형태를 사용해야 합니다.

1 (옮긴이) ... 문법은 ES6에 도입된 나머지 매개변수(rest parameter)와 전개 연산자(spread operator)를 나타냅니다. 타입스크립트는 ES6 문법을 포함하므로 사용 가능합니다.

아이템 45 함수 안으로 타입 단언문 감추기

이상적인 경우라면, 여러분이 작성한 함수가 정확한 타입 시그니처와 정확한 구현체를 가지기 때문에 타입 단언문이나 any 타입이 포함되지 않으며 안전성의 함정(아이템 48 참고)에 빠지지도 않을 것입니다. 다행히 여러분이 작성하는 대부분의 함수는 이상적인 경우에 해당할 것입니다. 그러나 5장은 any의 위험성에 대해서 다루고 있기 때문에 이상하거나 오류투성이인 코드들이 의도적으로 자주 등장합니다. 이에 당황하거나 놀라지 않기 바랍니다.

만약 타입 단언이 존재하지 않을 정도로 안전하게 작성된 함수 구현체와 여러분이 원하는 타입 시그니처 중 하나만 선택해야 하는 상황이 온다면, 원하는 모양의 타입 시그니처를 선택하는 것이 현명합니다. 왜냐하면 함수의 구현체는 사용자에게 보이지 않게 숨겨지는 세부 사항일 뿐, 사용자에게 보이는 부분은 타입 시그니처이기 때문입니다. 타입 단언문이나 any 타입은 가려지기 때문에 사용자에게 보이지 않습니다. 사용자 입장에서는 너무 엄격해서 사용하기 어려운 타입 시그니처보다는 조금 덜 안전해 보이더라도 테스트로 면밀히 검증된 구현체가 훨씬 실용적입니다.

구체적으로 설명하기 위해 산봉우리에 대한 정보를 가져오는 코드를 예로 들어 보겠습니다.

```
interface MountainPeak {
  name: string;
  continent: string;
  elevationMeters: number;
  firstAscentYear: number;
}

async function checkedFetchJSON(url: string): Promise<unknown> {
  const response = await fetch(url);
  if (!response.ok) {
    throw new Error(`Unable to fetch! ${response.statusText}`);
  }
  return response.json();
}
```

```
export async function fetchPeak(peakId: string): Promise<MountainPeak> {
  return checkedFetchJSON(`/api/mountain-peaks/${peakId}`);
// ~~~~~ 'unknown' 형식은 'MountainPeak' 형식에 할당할 수 없습니다.
}
```

checkedFetchJSON 래퍼 함수는 두 가지 기능을 제공합니다. 첫 번째는 fetch가 실패하는 경우 예외(또는 Promise.reject)를 발생시키는 것입니다. 두 번째는 fetch의 기본 반환값인 any 대신 더 안전한 unknown 타입(아이템 46 참고)으로 반환하는 것입니다.

그러나 unknown은 MountainPeak 타입에 할당할 수 없기 때문에 오류가 발생합니다. 만약 fetchPeak 구현체에서 타입 단언문이나 any 타입을 만들고 싶지 않다면 반환 타입을 일치시켜야 합니다.

```
export async function fetchPeak(peakId: string): Promise<unknown> {
  return checkedFetchJSON(`/api/mountain-peaks/${peakId}`);  // 정상
}
```

이렇게 수정하면 타입 체커도 통과하며 위험한 타입 단언문도 없기 때문에 안전한 코드라고 생각할 수 있지만, 대신 너무 큰 대가를 치르게 됩니다. 이제 fetchPeak 함수는 사용하기가 너무 까다로워졌습니다.

```
const sevenPeaks = [
  'aconcagua', 'denali', 'elbrus', 'everest', 'kilimanjaro', 'vinson', 'wilhelm'
];
async function getPeaksByHeight(): Promise<MountainPeak[]> {
  const peaks = await Promise.all(sevenPeaks.map(fetchPeak));
  return peaks.toSorted(
  // ~~~ 'unknown[]' 형식은 'MountainPeak[]' 형식에 할당할 수 없습니다.
    (a, b) => b.elevationMeters - a.elevationMeters
    //        ~                      'b'은(는) 'unknown' 형식입니다.
    //                             ~ 'a'은(는) 'unknown' 형식입니다.
  );
}
```

fetchPeak 함수를 호출하는 곳에서 타입 단언을 사용할 가능성이 높습니다.

```
async function getPeaksByDate(): Promise<MountainPeak[]> {
  const peaks = await Promise.all(sevenPeaks.map(fetchPeak)) as MountainPeak[];
```

```
  return peaks.toSorted((a, b) => b.firstAscentYear - a.firstAscentYear);
}
```

이제 fetchPeak를 호출하는 모든 곳에 타입 단언문을 도배해야 합니다. 이는 반복적이고 지루한 작업이며, 여러 곳에서 서로 다른 타입으로 단언문을 선언할 가능성이 높아집니다.

fetchPeak의 반환 타입을 unknown으로 수정하는 대신, 기존의 타입 시그니처를 유지하고 구현체 내에서 타입 단언을 하는 것이 더 나은 방법입니다.

```
export async function fetchPeak(peakId: string): Promise<MountainPeak> {
  return checkedFetchJSON(
    `/api/mountain-peaks/${peakId}`,
  ) as Promise<MountainPeak>;
}
```

함수 구현 내에서 타입 단언문을 처리하고 감춤으로써 호출하는 곳에서는 any의 존재를 모르는 채로 깔끔한 코드를 작성할 수 있게 됩니다.

```
async function getPeaksByContinent(): Promise<MountainPeak[]> {
  const peaks = await Promise.all(sevenPeaks.map(fetchPeak));  // 단언 없음!
  return peaks.toSorted((a, b) => a.continent.localeCompare(b.continent));
}
```

타입 단언문의 영역을 함수 내부로 제한함으로써 타입 안전성을 체크하는 코드 작성도 간단해집니다. 다음 예제는 응답 객체의 형태를 최소한으로만 체크하는 코드입니다.

```
export async function fetchPeak(peakId: string): Promise<MountainPeak> {
  const maybePeak = checkedFetchJSON(`/api/mountain-peaks/${peakId}`);
  if (
    !maybePeak ||
    typeof maybePeak !== 'object' ||
    !('firstAscentYear' in maybePeak)
  ) {
    throw new Error(`Invalid mountain peak: ${JSON.stringify(maybePeak)}`);
  }
  return checkedFetchJSON(
    `/api/mountain-peaks/${peakId}`,
  ) as Promise<MountainPeak>;
}
```

비록 객체의 형태를 체크하는 코드가 모든 호출마다 실행되지는 않지만, 한 곳에서만 타입 단언을 수행하면 될 정도로 코드가 간단해졌습니다. 이러한 종류의 검증 코드를 자주 작성하고 있다면, 아이템 74를 살펴보며 런타임에 타입 검증을 수행하는 체계적인 방법을 알아보기 바랍니다. 타입 단언을 내부에 숨기면서도 타입을 잘 작성하는 방법을 설명합니다.

타입 단언을 숨기는 다른 방법으로는 함수 단일 오버로딩을 하는 것을 들 수 있습니다.

```
export async function fetchPeak(peakId: string): Promise<MountainPeak>;
export async function fetchPeak(peakId: string): Promise<unknown> {
  return checkedFetchJSON(`/api/mountain-peaks/${peakId}`);  // 정상
}

const denali = fetchPeak('denali');
//    ^? const denali: Promise<MountainPeak>
```

이 예제에서는 실제 구현체가 나타내는 타입 시그니처와 다른 형태의 시그니처를 오버로딩해 제공하고 있습니다. 타입스크립트는 두 개의 시그니처가 호환되는지 체크하기 때문에 안전성이 일부 보장됩니다. 그러나 근본적으로 타입 단언문과 다를 바 없기 때문에 데이터 검증은 별도로 수행해야 합니다.

타입 체커가 코드를 완벽히 이해할 수 없는 경우는 불가피하게 타입 단언을 사용해야 할 수도 있습니다. 예를 들어, 다음의 함수처럼 두 개의 객체가 얕은 수준에서 서로 동일한지 체크하는 경우가 있습니다.

```
function shallowObjectEqual(a: object, b: object): boolean {
  for (const [k, aVal] of Object.entries(a)) {
    if (!(k in b) || aVal !== b[k]) {
      //                         ~~~~
      //                         'string' 형식의 식을 '{}' 인덱스 형식에 사용할 수
      //                         없으므로 요소에 암시적으로 'any' 형식이 있습니다.
      return false;
    }
  }
  return Object.keys(a).length === Object.keys(b).length;
}
```

if 구문의 k in b 체크로 b 객체에 k 속성이 있다는 것을 확인했지만, b[k] 부분에서 오류가 발생하는 것이 이상합니다(타입스크립트가 구문 간 맥락까지 이해하지는 못했습니다). 어쨌든 실제 오류가 아니라는 사실을 알고 있기 때문에 @ts-expect-error를 명시하거나 any로 단언하는 수밖에 없습니다.

다음은 잘못된 방법으로 오류를 해결한 예제입니다.

```
function shallowObjectEqualBad(a: object, b: any): boolean {
  for (const [k, aVal] of Object.entries(a)) {
    if (!(k in b) || aVal !== b[k]) {  // 정상
      return false;
    }
  }
  return Object.keys(a).length === Object.keys(b).length;
}
```

b의 타입을 any로 수정해서 오류가 사라졌지만, 실제로는 런타임에 문제가 발생합니다.

```
shallowObjectEqual({x: 1}, null)
//                         ~~~~ 'null' 타입을 'object' 타입에 할당할 수 없습니다.
shallowObjectEqualBad({x: 1}, null);  // 정상, 런타임에 예외 발생
```

대신 any 타입을 내부로 감추는 것이 더 낫습니다.

```
function shallowObjectEqualGood(a: object, b: object): boolean {
  for (const [k, aVal] of Object.entries(a)) {
    if (!(k in b) || aVal !== (b as any)[k]) {
      // `k in b`를 체크했기 때문에 `(b as any)[k]`는 정상
      return false;
    }
  }
  return Object.keys(a).length === Object.keys(b).length;
}
```

이 예제의 any는 스코프를 좁혔기 때문에(아이템 43 참고) 함수의 타입 시그니처에 영향을 주지 않습니다. 그리고 실제로 유효한 이유를 주석으로 달아 두었습니다. 이러한 패턴을 any 타입과 타입 단언문을 제대로 쓰는 모범 사례로 들 수 있습니다. 코드가 정확히 동작하고 타입 시그니처는 명확하기 때문에 이 함

수를 호출하는 곳에서는 세부 사항을 신경 쓸 필요가 없습니다.

단위 테스트는 당연히 모든 코드에 대해서 수행해야 하지만, 특히 타입 단언문이 등장하는 곳에서는 더욱 수행되어야 합니다. 타입스크립트가 믿고 넘어갈 수 있도록 단언문을 사용했기 때문에 그에 대한 믿음을 증명하는 것은 여러분의 몫입니다. 그리고 타입 단언문이 유효한 이유를 주석으로 설명하는 것이 도움되기는 하지만, 테스트 코드로 정확성을 보여 주는 것이 훨씬 좋은 방법입니다.

요약

- 타입 선언문은 일반적으로 타입을 위험하게 만들지만, 상황에 따라 필요하기도 하고 현실적인 해결책이 되기도 합니다. 불가피하게 사용해야 한다면 정확한 정의를 가지는 함수 안으로 숨기도록 합니다.
- 구현체의 타입 오류를 개선하려고 함수의 타입 시그니처를 수정해서는 안 됩니다.
- 타입 단언문이 유효한 이유를 주석으로 설명하고, 철저하게 단위 테스트를 수행해야 합니다.

아이템 46 타입을 모르는 경우 any 대신 unknown 사용하기

YAML 파서인 parseYAML 함수를 작성한다고 가정해 보겠습니다(YAML은 JSON은 물론 JSON 문법의 상위집합까지 표현할 수 있는 강력한 표현력을 가지고 있습니다). JSON.parse의 반환 타입과 동일하게 parseYAML 메서드의 반환 타입을 any로 만들어 보겠습니다.

```
function parseYAML(yaml: string): any {
  // ...
}
```

아이템 43에서 any의 전염성을 설명한 적 있습니다. 따라서 함수의 반환 타입으로 any를 사용하도록 설계하는 것은 좋지 않습니다(아이템 71에서 JSON.parse가 any를 반환하지 않도록 수정하는 방법을 설명합니다).

대신 parseYAML을 호출한 곳에서 반환값을 원하는 타입으로 할당하는 것이 이상적입니다.

```
interface Book {
  name: string;
  author: string;
}
const book: Book = parseYAML(`
  name: Wuthering Heights
  author: Emily Brontë
`);
```

그러나 함수의 반환값에 타입 선언을 강제할 수 없기 때문에 호출한 곳에서 타입 선언을 생략하면 book 변수는 암시적 any 타입이 되며, 사용되는 곳마다 타입 오류가 발생합니다.

```
const book = parseYAML(`
  name: Jane Eyre
  author: Charlotte Brontë
`);
console.log(book.title);  // 오류 없음, 런타임에 "undefined" 경고
book('read');             // 오류 없음, "book은 함수가 아닙니다" 예외 발생
```

대신 parseYAML이 unknown 타입을 반환하게 만드는 것이 더 안전합니다.

```
function safeParseYAML(yaml: string): unknown {
  return parseYAML(yaml);
}
const book = safeParseYAML(`
  name: The Tenant of Wildfell Hall
  author: Anne Brontë
`);
console.log(book.title);
//          ~~~~ 'book'은 'unknown' 형식입니다.
book("read");
// Error: 'book'은 'unknown' 형식입니다.
```

unknown 타입을 이해하기 위해서는 할당 가능성의 관점에서 any를 생각해 볼 필요가 있습니다. any가 강력하면서도 위험한 이유는 다음 두 가지 특징으로부터 비롯됩니다.

- 어떠한 타입이든 any 타입에 할당 가능하다.
- any 타입은 어떠한 타입으로도 할당 가능하다(never 타입은 예외).

'타입을 값의 집합이라고 생각하기(아이템 7 참고)'의 관점으로 보면 한 집합은 다른 모든 집합의 부분집합이면서 동시에 상위집합이 될 수 없습니다. 따라서 분명히 any는 타입 시스템과 상충되는 면을 가지고 있습니다. 이러한 점이 any의 강력함의 원천이면서 동시에 문제를 일으키는 원인이 됩니다. 타입 체커는 집합 기반이기 때문에 any를 사용하면 타입 체커가 무용지물이 된다는 점을 주의해야 합니다.

unknown은 any 대신 쓸 수 있는 유용한 타입입니다. unknown 타입은 앞에서 언급한 any의 첫 번째 특징을 만족(어떠한 타입이든 unknown에 할당 가능)하지만, 두 번째 특징은 만족하지 않습니다(unknown은 오직 unknown과 any에만 할당 가능). unknown은 타입 계층의 가장 상단에 위치하기 때문에 최상위 타입이라고 불리기도 합니다. 반면, never 타입은 unknown과 정반대입니다. 첫 번째 특징은 만족하지 않지만(어떠한 타입도 never에 할당 불가), 두 번째 특징은 만족(never는 어떠한 타입으로도 할당 가능)합니다.

한편 unknown 타입인 채로 값을 사용하면 오류가 발생합니다. unknown인 값에 함수 호출을 하거나 연산을 하려고 해도 마찬가지입니다. unknown 상태로 사용하려고 하면 오류가 발생하기 때문에 적절한 타입으로 변환되도록 강제해야 합니다.

```
const book = safeParseYAML(`
  name: Villette
  author: Charlotte Brontë
`) as Book;
console.log(book.title);
//               ~~~~~ 'Book' 형식에 'title' 속성이 없습니다.
book('read');
// Error: 이 식은 호출할 수 없습니다.
```

함수의 반환 타입인 unknown 그대로 값을 사용할 수 없기 때문에 Book으로 타입 단언을 해야 합니다. 애초에 반환값이 Book일 것이라 기대하며 함수를 호출하기 때문에 단언문은 문제가 되지 않습니다. 그리고 Book 타입 기준으로 타입 체크가 되기 때문에 unknown 타입 기준으로 오류를 표시했던 예제보다 오류의 정보가 더 정확합니다.

다음으로 변수 선언과 관련된 unknown을 알아보겠습니다. 어떠한 값이 있지만, 그 타입을 모르는 경우에 unknown을 사용합니다. 앞서 예로 든 parseYAML 외에 다른 예시도 있습니다. 예로, GeoJSON 사양에서 Feature의 properties 속성은 JSON 직렬화(serialization)가 가능한 모든 것을 담는 잡동사니 주머니(grab bag) 같은 존재라고 할 수 있습니다. 그래서 타입을 예상할 수 없기에 unknown을 사용합니다.

```
interface Feature {
  id?: string | number;
  geometry: Geometry;
  properties: unknown;
}
```

만약 배열의 요소가 10개 미만인지 체크하는 함수를 작성해야 한다면 각 요소의 타입에 대해서는 특별히 신경 쓰지 않아도 됩니다. 이러한 경우도 unknown 타입을 사용할 수 있습니다.

```
function isSmallArray(arr: readonly unknown[]): boolean {
  return arr.length < 10;
}
```

타입 단언문을 사용하는 것이 unknown을 원하는 타입으로 변환하는 유일한 방법은 아닙니다. instanceof를 체크한 후 unknown을 원하는 타입으로 변환할 수 있습니다.

```
function processValue(value: unknown) {
  if (value instanceof Date)  {
    value
    // ^? (parameter) value: Date
  }
}
```

또한 사용자 정의 타입 가드를 사용해서도 unknown을 원하는 타입으로 변환할 수 있습니다.

```
function isBook(val: unknown): val is Book {
  return (
    typeof(val) === 'object' && val !== null &&
    'name' in val && 'author' in val
  );
}
function processValue(value: unknown) {
  if (isBook(value)) {
    value;
    // ^? (parameter) value: Book
  }
}
```

unknown 타입의 범위를 좁히기 위해서는 상당히 많은 노력이 필요합니다. in 연산자에서 오류를 피하기 위해 먼저 value가 객체임을 확인해야 하고, typeof null === 'object'이므로 별도로 value가 null이 아님을 확인해야 합니다. 사용자 정의 타입 가드도 타입 단언문만큼 위험하다는 것을 주의해야 합니다. 타입 가드를 올바르게 구현했는지, 실제 타입에 맞게 현행화되었는지 확인할 방법은 없습니다(아이템 74에서 이에 대한 해결책을 살펴봅니다).

가끔 unknown 대신 제네릭 매개변수가 사용되는 경우도 있습니다. 제네릭을 사용하기 위해 다음 코드처럼 safeParseYAML 함수를 선언할 수 있습니다.

```
function safeParseYAML<T>(yaml: string): T {
  return parseYAML(yaml);
}
```

그러나 앞의 코드는 일반적으로 타입스크립트에서 사용하기에는 좋지 않은 스타일입니다. 제네릭을 사용한 스타일은 타입 단언문과 달라 보이지만, 기능적으로는 동일합니다. 제네릭보다는 unknown을 반환하고 사용자가 직접 단언문을 사용하거나, 원하는 대로 타입을 좁히도록 강제하는 것이 좋습니다. 또한 이 예제는 불필요한 제네릭 사용의 일반적인 사례인데, 이는 아이템 51에서 자세히 다룹니다.

다음으로 단언문과 관련된 unknown을 알아보겠습니다. 이중 단언문에서 any 대신 unknown을 사용할 수도 있습니다.

```
declare const foo: Foo;
let barAny = foo as any as Bar;
let barUnk = foo as unknown as Bar;
```

barAny와 barUnk는 기능적으로 동일하지만, 나중에 두 개의 단언문을 분리하는 리팩터링을 해야 한다면 unknown 형태를 사용하는 편이 좋습니다. any의 경우는 분리되는 순간 그 영향력이 전염병처럼 퍼집니다. 그러나 unknown의 경우는 분리되는 즉시 오류를 발생시키므로 더 안전합니다.

마지막으로 unknown과 유사하지만, 조금 다른 타입도 알아보겠습니다. 이번 아이템에서 unknown에 대해서 설명한 것과 비슷한 방식으로 object 또는 {}를 사용하는 코드가 존재합니다. object 또는 {} 역시 unknown만큼 범위가 넓은 타입이긴 하지만, unknown보다는 범위가 약간 좁습니다.

- {} 타입은 null과 undefined를 제외한 모든 값을 포함합니다.
- Object 타입(대문자 O로 시작함)은 {}와 거의 동일합니다. 문자열, 숫자, 불, 그리고 다른 기본형 타입을 Object에 할당할 수 있습니다.
- object 타입은 모든 비기본형 타입으로 이루어집니다. 여기에는 true 또는 12 또는 "foo"가 포함되지 않지만, 객체, 배열, 함수는 포함됩니다.

일반적인 상황에서는 unknown 타입을 사용하면 되고, 정말로 null과 undefined를 사용할 수 없다고 판단되는 경우에만 unknown 대신 {}를 사용하면 됩니다.

요약

- unknown은 any 대신 사용할 수 있는 안전한 타입입니다. 어떠한 값이 있지만 그 타입을 알지 못하는 경우라면 unknown을 사용하면 됩니다.
- 사용자가 타입 단언문이나 타입 좁히기를 사용하도록 강제하려면 unknown을 사용하면 됩니다.
- 보안에 문제를 일으킬 수 있는 반환 전용 타입 매개변수 사용을 피해야 합니다.
- {}, object, unknown의 차이점을 이해해야 합니다.

아이템 47 몽키 패치보다는 안전한 타입 사용하기

자바스크립트의 유명한 특징 중 하나는 객체와 클래스에 임의의 속성을 추가할 수 있을 만큼 유연하다는 것입니다. 객체에 속성을 추가할 수 있는 기능은 종종 웹 페이지에서 window나 document에 값을 할당해 전역 변수를 만드는 데 사용됩니다.

```
window.monkey = 'Tamarin';
document.monkey = 'Howler';
```

또는 DOM 엘리먼트에 데이터를 추가하기 위해서도 사용됩니다.

```
const el = document.getElementById('colobus');
el.home = 'tree';
```

런타임에 객체에 속성을 추가하는 것을 **몽키 패치**라고 부르며, 특히 제이쿼리나 D3를 사용하는 코드에서 흔히 볼 수 있습니다.

심지어 내장 기능의 프로토타입에도 속성을 추가할 수 있습니다. 그런데 이상한 결과를 보일 때가 있습니다.

```
> RegExp.prototype.monkey = 'Capuchin'
'Capuchin'
> /123/.monkey
'Capuchin'
```

정규식(/123/)에 monkey라는 속성을 추가한 적이 없는데 'Capuchin'이라는 값이 들어 있습니다. 사실 객체에 임의의 속성을 추가하는 것은 일반적으로 좋은 설계가 아닙니다. 예를 들어, window 또는 DOM 노드에 데이터를 추가한다고 가정해 보겠습니다. 그러면 그 데이터는 기본적으로 전역 변수가 됩니다. 전역 변수를 사용하면 은연중에 프로그램 내에서 서로 멀리 떨어진 부분 간 의존성이 만들어집니다. 그러면 함수를 호출할 때마다 부작용(side effect)을 고려해야만 합니다. 자바스크립트에서 strict 모드가 아닌 경우라면 전역 변수를 만들기는 매우 쉽습니다. 변수 할당에서 let, var, const 키워드만 제거해도 전역 변수가 됩니다.

여기에 타입스크립트까지 더하면 또 다른 문제가 발생합니다. 타입 체커는 Document와 HTMLElement의 내장 속성에 대해서는 알고 있지만, 임의로 추가한 속성에 대해서는 알지 못합니다.

```
document.monkey = 'Tamarin';
//       ~~~~~~ 'Document' 형식에 'monkey' 속성이 없습니다.
```

이 오류를 해결하는 가장 간단한 방법은 any 단언문을 사용하는 것입니다.

```
(document as any).monkey = 'Tamarin';  // 정상
```

타입 체커는 통과하지만 단점이 있습니다. any를 사용함으로써 타입 안전성을 상실하고, 언어 서비스를 사용할 수 없게 된다는 것입니다.

```
(document as any).monky = 'Tamarin';   // 정상, 오타
(document as any).monkey = /Tamarin/;  // 정상, 잘못된 타입
```

최선의 해결책은 document 또는 DOM으로부터 데이터를 분리하는 것입니다. 만약 분리할 수 없는 경우(객체와 데이터가 붙어 있어야만 하는 라이브러리를 사용 중이거나 자바스크립트 애플리케이션을 마이그레이션하는 과정)라면, 몽키 패치가 불가피하며(아이템 76 참고) 타입스크립트 모델링도 필요하게 됩니다. 완벽한 방법은 없을지라도 최소한의 안전성과 개발 생산성을 위한 두 가지 차선책이 존재합니다.

웹 애플리케이션을 작성 중이라고 가정해 보겠습니다. 현재 로그인된 사용자의 정보를 저장하는 객체가 있을 것입니다. 페이지가 로드될 때 API를 통해 정보를 받게 되며 어디서든 편하게 사용할 수 있도록 전역 변수로 저장하기로 결정했습니다.

```
interface User {
  name: string;
}

document.addEventListener("DOMContentLoaded", async () => {
  const response = await fetch('/api/users/current-user');
  const user = (await response.json()) as User;
```

```
  window.user = user;
  //     ~~~~ 'Window & typeof globalThis' 형식에 'user' 속성이 없습니다.
});

// ...
export function greetUser() {
  alert(`Hello ${window.user.name}!`);
  //                      ~~~~ 'Window...' 형식에 'user' 속성이 없습니다.
}
```

전역 객체에 알 수 없는 속성이 추가되려 하기 때문에 타입 오류가 발생합니다. window 부분을 (window as any)로 바꾸는 방법도 있겠지만, interface의 특별한 기능(아이템 13 참고) 중 하나인 보강 기법도 선택지가 될 수 있습니다.

```
declare global {
  interface Window {
    /** 현재 로그인된 사용자 */
    user: User;
  }
}
```

이 코드는 Window에 내장 DOM 타입 이외에 다른 타입이 추가되는 것을 타입스크립트에게 알려 주는 역할을 합니다. 보강 코드를 추가하면 오류는 사라집니다.

```
document.addEventListener("DOMContentLoaded", async () => {
  const response = await fetch('/api/users/current-user');
  const user = (await response.json()) as User;
  window.user = user;  // 정상
});

// ... elsewhere ...
export function greetUser() {
  alert(`Hello ${window.user.name}!`);  // 정상
}
```

보강을 사용한 방법이 any를 사용하는 방법보다 나은 점은 다음과 같습니다.

- 타입이 더 안전합니다. 타입 체커는 오타나 잘못된 타입의 할당을 오류로 표시합니다.

- 속성에 주석을 붙일 수 있습니다(아이템 68 참고).
- 속성에 자동완성을 사용할 수 있습니다.
- 몽키 패치가 어떠한 부분에 적용되었는지 정확한 기록이 남습니다.

다만, 보강 기법에도 몇 가지 문제점이 있습니다. user의 경우처럼, 애플리케이션이 실행되는 과정에서 전역 변수가 수정된 직후의 상황을 보강 기법으로 해결할 수 없습니다. 예를 들면, window.user가 설정되기 전에 greetUser() 호출이 발생하는 경우처럼 경쟁 조건(race condition)이 되기 때문입니다.

이러한 문제를 피하기 위해서 전역 변수에 undefined의 가능성을 포함해서 접근이 불가능한 상황을 처리하도록 강제할 수 있습니다.

```
declare global {
  interface Window {
    /** 현재 로그인된 사용자 */
    user: User | undefined;
  }
}

// ...
export function greetUser() {
  alert(`Hello ${window.user.name}!`);
  //             ~~~~~~~~~~~ 'window.user'은(는) 'undefined'일 수 있습니다.
}
```

이 방식은 정확성과 편의성이 충돌하는 상황에서 정확성을 선택한 방법입니다.

인라인으로 user 변수를 할당하는 코드를 HTML 페이지에 삽입해 해결하는 방법도 있습니다(인프라 설정으로 허용이 필요할 수 있습니다).

```
<script type="text/javascript">
window.user = { name: 'Bill Withers' };
</script>
<script src="your-code.js"></script>
```

이 방법은 다른 어떠한 코드보다 먼저 user가 설정되므로 경쟁 조건이 성립하지 않고, undefined의 가능성을 안전하게 제거할 수 있습니다.

보강 기법의 또 다른 문제점으로는, declare global 구문이 전역으로 적용되기 때문에 코드의 다른 부분이나 라이브러리로부터 감출 수 없다는 것입니다. 만약 작성 중인 애플리케이션에 다수의 페이지가 존재하지만, user 정보는 일부의 페이지에서만 접근해야 한다면, 전역 보강 기법으로는 정확한 모델링이 불가능합니다.

전역 스코프에 영향을 주지 않는 다른 방법으로, 타입을 좁히는 타입 단언을 사용할 수 있습니다. window 대신 (window as any)를 쓰지 않고, 새로운 속성이 추가된 다른 타입을 정의할 수 있습니다.

```
type MyWindow = (typeof window) & {
  /** 현재 로그인된 사용자 */
  user: User | undefined;
}

document.addEventListener("DOMContentLoaded", async () => {
  const response = await fetch('/api/users/current-user');
  const user = (await response.json()) as User;
  (window as MyWindow).user = user;  // 정상
});

// ...
export function greetUser() {
  alert(`Hello ${(window as MyWindow).user.name}!`);
  //              ~~~~~~~~~~~~~~~~~~~~~~~~ 개체가 'undefined'인 것 같습니다.
}
```

MyWindow는 Window를 확장하기 때문에(아이템 9 참고) 타입 단언문은 정상이며 할당문의 타입은 안전합니다. 또한 Window 타입을 건드리지 않고 별도로 확장하는 새로운 타입을 도입했기 때문에 모듈 스코프 문제도 해결할 수 있습니다(임포트하는 곳의 스코프에만 해당됩니다).

단점으로는 몽키 패치된 속성을 참조하는 경우에 단언문을 사용하거나 새로운 변수를 도입해야 한다는 것입니다. 그리고 (window as any)를 사용하지 못하도록 린터 규칙 등을 사용해야 할 수도 있습니다.

어쨌든 이러한 방법들이 더욱 좋은 설계로 리팩터링할 수 있게 만드는 계기가 됩니다. 그렇다고 몽키 패치를 남용해서는 안 됩니다.

요약

- 전역 변수나 DOM에 데이터를 저장하지 말고, 데이터를 분리해 사용해야 합니다.
- 내장 타입에 데이터를 저장해야 하는 경우, 안전한 타입 접근법 중 하나(보강이나 사용자 정의 인터페이스로 단언)를 사용해야 합니다.
- 보강의 모듈 영역 문제를 이해해야 합니다. 런타임에 `undefined`가 발생할 가능성을 고려해야 합니다.

아이템 48 무결성 함정 피하기

타입스크립트가 완전하지 않다거나, 타입스크립트에 결함(unsoundness)이 있다는 말을 인터넷에서 한 번쯤은 들어 봤을 것입니다. 이 말을 듣고 타입스크립트 사용하는 것을 망설이거나 꺼리는 경우도 있을 것입니다. 이번 아이템에서는 타입스크립트의 결함이라는 말이 무슨 의미인지와 함께, 어떠한 부분에서 이러한 문제가 두드러지는지 알아보겠습니다. 어쨌든 인터넷상의 이야기는 정답도 아니고 무조건 믿을 필요도 없습니다. 타입스크립트는 안심하고 사용해도 될 만큼 훌륭한 언어입니다.

모든 심벌의 정적 타입과 런타임 타입의 호환이 보장된다면, 해당 프로그래밍 언어는 '무결(sound)'하다고 할 수 있습니다. 아이템 7의 용어와 표현법을 바탕으로, 모든 심벌의 런타임 값이 정적 타입의 영역에 남아 있다고 말할 수 있습니다.

다음은 무결한 타입의 예시입니다.

```
const x = Math.random();
//    ^? const x: number
```

`x`의 정적 타입은 `number`로 추론되었고, `Math.random()`이 런타임에 반환하는 값은 `number` 타입이기 때문에 무결합니다. 그러나 `x`가 런타임에 어떠한 `number` 타입이든 될 수 있다는 의미는 아닙니다. 사실 정확하게는 수학적인 표현으로 반열림(half open) 구간인 [0, 1)이 되어야 합니다. 하지만 타입스크립트에서는

정확하게 표현할 방법이 없기도 하고, number 타입만을 사용해도 충분합니다. 무결성은 정밀도보다는 정확도와 관련 있습니다.

다음은 무결하지 못한 타입의 예시입니다.

```
const xs = [0, 1, 2];
//    ^? const xs: number[]
const x = xs[3];
//    ^? const x: number
```

x의 정적 타입은 number로 추론되었지만, 실제 런타임의 값은 undefined입니다. 이는 무결하지 못하며, 만약 x로 함수를 호출한다면 런타임에 문제가 될 수 있습니다.

```
console.log(x.toFixed(1));
```

타입 오류가 발생하지는 않지만, 실제 코드를 실행해 보면 오류가 발생합니다.

```
console.log(x.toFixed(1));
              ^

TypeError: Cannot read properties of undefined (reading 'toFixed')
```

무결하지 못한 타입은 런타임 오류로 이어질 수 있기 때문에 무결한 타입 시스템은 일반적으로 프로그래밍 언어의 중요한 속성으로 여겨집니다.

그러나 무결성에는 대가가 따르는데, 다시 말해서 강력한 타입 시스템일수록 무결성을 보장하기 어렵습니다. 만약 타입스크립트가 제네릭 타입을 지원하지 않는다면, 이후에 소개할 수많은 결함을 없앨 수 있습니다. 그러나 제네릭 타입은 유용한 기능입니다. 타입스크립트에 제네릭 타입이 없다면 자바스크립트를 제대로 모델링하기 어렵고, 수많은 버그를 방지하기도 어려울 것입니다.

그러므로 타입 시스템의 표현력과 무결성, 편의성은 동시에 달성하기 어려운 상충관계(trade off)를 이룹니다. 타입스크립트는 이들 사이의 절충점을 선택할 수 있도록 몇 가지 옵션을 제공합니다. 예를 들어, strictNullChecks를 활성화하면(아이템 2 참고), 몇 가지 불편함을 감수(null 타입에 어노테이션을 달거나 null 체크를 수행)하는 대신 표현력이 증가합니다.

앞서 언급한 대로 타입스크립트 전체가 무결하다고는 말할 수 없습니다. 사실 타입스크립트는 무결성을 달성하기 위해 만들어진 것이 아닙니다. 무결성 대신, 사용의 편의성과 함께 이미 존재하는 자바스크립트와의 호환성을 우선시합니다.

그러나 무결하지 않음으로 인해 크래시, 버그, 심지어 데이터 손상이 발생할 수도 있기 때문에 가급적 이러한 상황이 발생하지 않도록 노력해야 합니다. 타입스크립트에는 무결성의 함정(soundness trap)이라는 개념이 존재하고, 가장 잘 알려진 사례는 체크되지 않은 배열에 대한 접근 문제입니다. 이번 아이템의 남은 부분에서는 타입스크립트가 무결하지 않은 이유를 알아보고 이러한 문제들을 어떻게 다뤄야 하는지 살펴보겠습니다.

any

특정 부분에 any를 넣는 순간 모든 것이 허용됩니다. 정적 타입은 런타임 타입에 아무런 영향을 미치지 못합니다.

```
function logNumber(x: number) {
  console.log(x.toFixed(1));  // 런타임에 x는 string
  //          ^? (parameter) x: number
}
const num: any = 'forty two';
logNumber(num);  // 오류 없음
```

편집기상에서는 타입 오류가 표시되지 않지만, 실제 런타임에는 오류가 발생합니다.

해결책은 간단합니다. any의 사용을 제한하거나 전혀 사용하지 않는 것입니다. 이번 장에서는 any를 사용함으로써 발생하는 여러 문제를 다루는 방법을 소개하고 있습니다. 요점은 any의 사용 스코프를 제한하고 가급적 any 대신 더 안전한 unknown으로 바꿔 사용하라는 것입니다. 아이템 71에서는 JSON.parse처럼 any 타입을 반환하는 내장 함수을 더 안전하게 사용할 수 있도록 해 주는 선언 병합 기법을 다룹니다.

타입 단언문

any보다는 조금 덜 공격적인, 사촌형제 격의 타입 단언이 있습니다. 아이템 9에서 이미 다루었지만, 다시 한번 떠올려 보겠습니다.

```
function logNumber(x: number) {
  console.log(x.toFixed(1));
}
const hour = (new Date()).getHours() || null;
//    ^? const hour: number | null
logNumber(hour);
//        ~~~~ ... 'null' 형식은 'number' 형식에 할당할 수 없습니다.
logNumber(hour as number); // 타입을 체크하지만, 런타임에 문제가 발생합니다.
```

마지막 줄의 as number는 타입 단언문입니다. 이러면 타입 오류는 제거되지만, 런타임에는 오류가 발생합니다. 이 문제를 제대로 해결하려면 단언문을 조건문이나 삼항(ternary) 연산자로 바꾸어야 합니다.

```
if (hour !== null) {
  logNumber(hour);  // 정상
  //        ^? const hour: number
}
```

if 블록 내에서 hour의 정적 타입이 좁혀지기 때문에(아이템 22 참고) 단언문이 필요 없습니다.

타입 단언문은 입력 검증을 할 때 자주 등장합니다. 그러나 정적 타입과 런타임 타입 검증 로직을 일치시키기 위해서는 체계적인 접근 방식을 적용하는 것이 좋습니다. 아이템 74에서 여러 가지 방법을 소개합니다.

객체와 배열 조회

타입스크립트는 strict 모드에서도 배열을 조회할 때 배열의 크기나 경계에 대한 검사를 하지 않습니다. 그렇기 때문에 이번 아이템의 초반에서 본 것처럼 결함이나 런타임 오류를 발생시키기도 합니다. 객체의 속성을 참조할 때도 인덱스 형식을 사용한다면 같은 문제가 발생할 수 있습니다.

```
type IdToName = { [id: string]: string };
const ids: IdToName = {'007': 'James Bond'};
```

```
const agent = ids['008'];  // 런타임에 undefined
//    ^? const agent: string
```

타입스크립트가 이러한 종류의 코드를 허용하는 이유는 매우 흔하게 사용되는 패턴이지만, 특정 인덱스나 배열에 대한 접근이 유효한지 확인하는 것이 매우 어렵기 때문입니다. 만약 타입스크립트에서 이러한 패턴을 허용하지 않으려면 noUncheckedIndexedAccess 설정을 사용하면 됩니다. 해당 설정을 활성화하면 이번 아이템 초반 예제에서 다루었던 오류를 찾아낼 수 있으면서도 실제 유효한 코드에도 오류 발생 가능성을 나타나게 할 수 있습니다.

```
const xs = [1, 2, 3];
alert(xs[3].toFixed(1));  // 잘못된 코드
//    ~~~~~ 개체가 'undefined'인 것 같습니다.
alert(xs[2].toFixed(1));  // 제대로 된 코드
//    ~~~~~ 개체가 'undefined'인 것 같습니다.
```

이 설정을 활성화하면 무결성과 편의성 사이에서 무결성 쪽에 무게를 두는 셈이 됩니다. 타입스크립트가 더 많은 오류를 찾아낼 수 있지만, 실제 오류가 아닌 곳에도 오류 가능성을 표시하기 때문에 사용하기가 까다로워집니다. noUncheckedIndexedAccess 설정은 널리 쓰이는 배열 사용 패턴을 이해할 수 있을 만큼 영리한 편입니다.

```
const xs = [1, 2, 3];
for (const x of xs) {
  console.log(x.toFixed(1));  // 정상
}
const squares = xs.map(x => x * x);  // 역시 정상
```

특정 배열이나 객체에 대해서 안전하지 않은 접근이 걱정된다면, 값의 타입에 명시적으로 undefined를 추가할 수 있습니다.

```
const xs: (number | undefined)[] = [1, 2, 3];
alert(xs[3].toFixed(1));
//    ~~~~~ 개체가 'undefined'인 것 같습니다.

type IdToName = { [id: string]: string | undefined };
const ids: IdToName = {'007': 'James Bond'};
```

```
const agent = ids['008'];
//    ^? const agent: string | undefined
alert(agent.toUpperCase());
//    ~~~~~ 'agent'은(는) 'undefined'일 수 있습니다.
```

이 방법이 noUncheckedIndexedAccess 설정보다 나은 점은 제한된 스코프에서 사용할 수 있고 긍정 오류(false positive)를 방지할 수 있다는 것입니다. 반대로 단점은 noUncheckedIndexedAccess 설정에 비해서 똑똑하지 못하다는 것입니다. 만약 for-of 루프와 함께 사용한다면 오류가 발생할 것이고, undefined가 배열에 포함될 가능성이 높아집니다.

마지막으로, 이러한 형태로 접근하지 않도록 코드를 리팩터링할 수 있는 경우도 있습니다. 함수에 인덱스나 키를 전달하기보다는 실제 참조하려는 객체를 직접 다루는 경우가 바로 그것입니다.

부정확한 타입 정의

자바스크립트 라이브러리에 대한 타입 선언은 마치 거대한 타입 단언과 같습니다. 라이브러리의 모든 런타임 동작을 정적으로 모델링한다고 선언하지만, 실제로는 아무것도 보장하지 않는 셈입니다(최소한 타입스크립트로 작성된 라이브러리이면서 tsc를 사용해서 타입 선언을 자동생성하고, 라이브러리 내에 모든 타입이 무결한 경우라면 예외입니다).

특히 DefinitelyTyped(@types)의 선언은 이러한 종류의 버그가 언급되는 순간 바로 수정되기 때문에 실제 예시를 보여 주기는 어렵습니다. 과거의 유명한 사례로 @types/react의 React.FC 정의를 들 수 있습니다. UI 컴포넌트가 자식을 허용하도록 정의되어 있었지만, 실제 논리적으로는 말이 되지 않았습니다.

이러한 문제를 해결하는 가장 좋은 방법은 버그를 수정하는 것입니다. 실제로 DefinitelyTyped의 경우는 보통 일주일 이내로 버그가 수정됩니다. 만약 기존의 버그를 수정하는 것이 불가능한 경우라면 보강 기법이나 최악의 경우 타입 단언문을 사용해야 합니다.

어떠한 함수는 정적으로 모델링하기 매우 어렵다는 사실을 기억해야 합니다. 예를 들어, String.prototype.replace의 매개변수 목록을 살펴보면 매우 당황스럽습니다.

```
'foo'.replace(/f(.)/, (fullMatch, group1, offset, fullString, namedGroups) =>
{
  console.log(fullMatch);    // "fo"
  console.log(group1);       // "o"
  console.log(offset);       // 0
  console.log(fullString);   // "foo"
  console.log(namedGroups);  // undefined
  return fullMatch;
});
```

offset 매개변수는 주어진 정규식의 캡처 그룹(괄호로 묶인 표현식)의 수에 따라 결정됩니다. 타입스크립트에는 정규식 리터럴 타입의 개념이 없으므로 캡처 그룹의 수를 정적으로 결정할 수 있는 방법이 없습니다. 따라서 콜백의 매개변수는 any 타입이 됩니다.

과거의 여러 가지 사건으로 인해 잘못된 타입을 가지는 함수도 존재합니다. 가령 Object.assign을 사용하면서 문제를 겪게 된다면 아이템 71을 참고해 해결할 수 있습니다.

타입 선언은 단지 자바스크립트 라이브러리뿐 아니라 예상되는 자바스크립트 런타임이나 전역 환경 같은 코드가 실행되는 환경까지 모델링합니다. 아이템 76에서는 실행 환경을 포함해서 정확한 모델링을 하는 것이 중요한 이유에 대한 더 많은 내용을 다룹니다.

클래스 계층의 이중변동성

함수 타입에 대한 할당 가능성은 다루기 어려운 내용입니다. 반환 타입인지 매개변수 타입인지에 따라 약간 다르게 동작하기 때문입니다. 반환 타입의 할당 가능성은 여느 다른 타입과 완전히 똑같은 방식으로 동작합니다.

```
declare function f(): number | string;
const f1: () => number | string | boolean = f;  // 정상
const f2: () => number = f;
//    ~~ '() => string | number' 형식은 '() => number' 형식에 할당할 수 없습니다.
//         'string | number' 형식은 'number' 형식에 할당할 수 없습니다.
```

이 예제의 오류는 정상입니다. number를 반환할 것으로 예상되는 함수를 호출했는데, string을 반환한다면 문제가 됩니다. 이러한 경우를 함수가 반환 타입에 대해서 공변적(covariant)이라고 말합니다. 매개변수의 타입의 경우 이와는 반대로 동작합니다.

```
declare function f(x: number | string): void;
const f1: (x: number | string | boolean) => void = f;
//    ~~ 'string | number | boolean' 형식은 'string | number' 형식에
//         할당할 수 없습니다.
const f2: (x: number) => void = f;  // 정상
```

이 예제의 오류 역시 정상입니다. 매개변수로 number|string이 예상되는 함수에 boolean 타입의 매개변수를 사용할 수 없어야 합니다. 이러한 경우를 함수가 매개변수 타입에 대해서 반공변적(contravariant)이라고 말합니다. 이 개념을 클래스에 적용해 보겠습니다.

```
class Parent {
  foo(x: number | string) {}
  bar(x: number) {}
}
class Child extends Parent {
  foo(x: number) {}           // 정상
  bar(x: number | string) {}  // 정상
}
```

아이템 7에서 다루었듯이 클래스나 인터페이스로 확장된 것을 서브타입이라고 말할 수 있습니다. 그러나 이 경우는 방금 전 함수의 할당 가능성에서 배운 대로, Child의 메서드 두 개 중 하나에서는 오류가 발생해야 합니다. 함수는 매개변수에 대해서 반공통변동적(contravariant)이기 때문에 Child의 foo 메서드는 Parent의 foo 메서드에 할당할 수 없어야 합니다.

이러한 불완전함으로 인해 발견되지 않은 오류를 실제로 발생시켜 보겠습니다.

```
class FooChild extends Parent {
  foo(x: number) {
    console.log(x.toFixed());
  }
}
```

```
const p: Parent = new FooChild();
p.foo('string');  // 타입 오류 없음, 런타임에 크래시 발생
```

타입스크립트는 클래스의 메서드를 **이중변동**(bivariant)으로 모델링합니다. 부모나 자식 메서드가 다른 한쪽으로 할당 가능하다면, 유효하다고 판단합니다. 역사적으로 모든 함수는 이와 같은 방식으로 모델링되어 왔습니다. 그러나 2017년에 타입스크립트 2.6에서 `strictFunctionTypes` 설정이 도입된 이후로 독립된(standalone) 함수의 타입은 더욱 정확하게 처리됩니다.

실제로 클래스를 상속할 때, 메서드의 시그니처가 정확한지 주의를 기울여야 합니다. 일반적으로, 자식 클래스는 부모 클래스와 정확히 동일한 메서드 시그니처를 가져야 합니다. 만약 시간이 흘러 부모 클래스 메서드의 시그니처가 변경되는 경우, 자식의 관련된 부분에서 오류가 발생해야 하지만 그렇지 않을 수도 있습니다. 계층 구조를 가지는 클래스의 메서드 시그니처가 바뀌어야 하는 경우, 반드시 부모나 자식 클래스의 메서드도 확인해야 한다는 것을 주의해야 합니다.

객체와 배열의 변동성에 대한 부정확한 모델링

이 문제는 온라인에서 폭넓게 논의되어 왔습니다. 대표적인 예시는 다음과 같습니다.

```
function addFoxOrHen(animals: Animal[]) {
  animals.push(Math.random() > 0.5 ? new Fox() : new Hen());
}

const henhouse: Hen[] = [new Hen()];
addFoxOrHen(henhouse);  // 닭장에 여우가!
```

여기서의 문제는 `Hen[]`을 `Animal[]`에 안정하게 할당하려면 배열을 수정하지 않아야 한다는 것입니다. 즉, `readonly Hen[]`의 경우만 `readonly Animal[]`에 할당 가능하다는 것입니다. 그러나 타입스크립트 초창기에는 `readonly`가 존재하지 않았기 때문에 `readonly`가 없는 코드가 허용되었습니다. 아마 미래에는 이러한 불완전성을 보완하는 새로운 설정이 추가될 것입니다.

이 예제의 문제를 해결해 보겠습니다. 가장 좋은 방법은 함수의 매개변수를 변경하지 않도록 readonly를 추가하는 것입니다(아이템 14에서 다루었습니다).

```
function addFoxOrHen(animals: readonly Animal[]) {
  animals.push(Math.random() > 0.5 ? new Fox() : new Hen());
  //      ~~~~ 'readonly Animal[]' 형식에 'push' 속성이 없습니다.
}
```

함수가 배열에 요소를 직접 추가하게 하는 대신 Animal을 반환하도록 수정해서 문제를 회피할 수 있습니다.

```
function foxOrHen(): Animal {
  return Math.random() > 0.5 ? new Fox() : new Hen();
}

const henhouse: Hen[] = [new Hen(), foxOrHen()];
//                                  ~~~~~~~~~~ 오류, 예! 닭은 안전합니다.
// 'Animal' 형식에 'Hen' 형식의 isFox, isHen 속성이 없습니다.
```

배열뿐 아니라 객체로 된 매개변수를 변경하는 함수에서도 유사한 문제가 발생합니다. 함수 호출이 아니더라도, 객체의 별칭(아이템 23 참고)을 만들고 객체를 수정한다면 문제가 발생합니다.

변동성은 예상하기 어려울 수 있지만, 여기서 얻을 수 있는 교훈은 직관적입니다. 함수 내에서 매개변수를 변경해서는 안 되며, readonly 또는 Readonly로 선언해서도 안 된다는 것입니다.

함수 호출이 타입 좁히기를 무효화하지 않음

언뜻 보기에는 다음 예제에서 타입 안정성 측면에서 문제를 발견하기 어려울 것입니다.

```
interface FunFact {
  fact: string;
  author?: string;
}

function processFact(fact: FunFact, processor: (fact: FunFact) => void) {
  if (fact.author) {
```

```
    processor(fact);
    console.log(fact.author.blink());  // 정상
    //              ^? (property) FunFact.author?: string
  }
}
```

그러나 processor가 무엇을 하는지에 따라 blink() 호출은 오류를 유발할 수 있습니다.

```
processFact(
  {fact: 'Peanuts are not actually nuts', author: 'Botanists'},
  f => delete f.author
);
// 타입 체크는 통과, 그러나 blink 호출에서 오류 발생
```

if(fact.author) 부분이 fact.author의 타입을 string|undefined에서 string으로 좁히는 동작까지는 문제가 없지만, processor(fact) 호출은 이러한 타입 좁히기를 무효화해야 하는 부분에서 문제가 됩니다. 타입스크립트는 타입이 좁혀진 fact에 대해서 콜백 함수가 어떠한 동작을 하는지 알 수 없기 때문에 fact.author의 타입은 다시 string|undefined로 되돌아가야 합니다.

타입스크립트가 이러한 코드를 허용하는 이유는, 대부분의 함수가 매개변수를 변경하지 않기도 하고, 자바스크립트에서 이러한 패턴이 매우 흔하게 사용되기 때문입니다.

어떻게 이러한 문제를 해결할 수 있을지 생각해 보겠습니다. 함수의 매개변수를 변경하지 말고 Readonly 버전의 객체(아이템 14 참고)를 콜백 함수에 전달해 이 문제를 해결할 수 있습니다.

할당 가능성과 선택적 속성

타입스크립트에서 객체 타입은 봉인되지 않았음을 기억하는 것이 중요합니다. 즉, 객체는 선언된 속성 외의 속성도 가질 수 있는데(아이템 4 참고), 선택적 속성과 만난다면 무결성이 깨질 수 있습니다. 다음 예제를 보겠습니다.

```
interface Person {
  name: string;
}
```

```
interface PossiblyAgedPerson extends Person {
  age?: number;
}
const p1 = { name: "Serena", age: "42 years" };
const p2: Person = p1;
const p3: PossiblyAgedPerson = p2;
console.log(`${p3.name} is ${p3.age?.toFixed(1)} years old.`);
```

p1을 p2로 할당하면 잉여 속성 체크(아이템 11참고)를 건너뜁니다. p2의 정적 타입은 Person입니다. {name: string; age: string}을 Person에 할당 가능하므로 코드는 무결합니다. 구조적 타이핑 관점에서 선언되지 않은 추가 속성을 가지는 것도 가능합니다.

p3로 할당하는 부분에서는 무결성이 깨집니다. 만약 타입이 봉인되었다고 가정한다면 추가 속성을 가지지 않을 것이고, 이 할당문은 허용됩니다. Person에는 age 속성이 없으며, PossiblyAgedPerson에서 age는 선택적 속성이므로 문제가 없습니다. 그러나 실제로 타입은 봉인되어 있지 않기 때문에 선택적 속성과 호환되지 않는 타입의 값을 가질 수 있습니다.[2]

자세히 살펴보면 너무 일반적인 이름(예: type)을 사용해서 이름 사이에 충돌이 발생했기 때문에 발생한 문제라는 것을 알 수 있습니다. 속성명은 충분히 구체적인 것이 좋습니다. 이 예제의 경우 단순히 age보다는 ageInYears와 ageFormatted 같은 이름을 사용해 오류를 예방할 수 있습니다.

선택적 속성은 무결성을 해치는 것 외에 다른 문제도 일으킬 수 있습니다. 선택적 속성을 사용할 때 주의해야 할 점은 아이템 37에서 다룬 바 있습니다.

타입스크립트의 무결성을 해치는 몇 가지 다른 사례도 있지만, 이번 아이템에서 소개한 것들이 실무에서 접할 수 있는 대부분의 사례에 해당합니다. 타입스크립트의 결함은 단지 편의성과 표현력, 안전성 사이에서 절충을 선택한 결과라는 것을 반드시 유념해야 합니다. 편의성과 안전성 사이에서 다른 스타일로 바꾸려면 strictNullChecks와 noUncheckedIndexedAccess 같은 설정을 조절하면 됩니다. 설정을 바꾸지 않으려면 결함을 보완할 수 있는 여러 가지 패턴을 숙지하고 적용해야 합니다.

2 (옮긴이) 예제에서는 age의 실제 값이 string 타입이므로 런타임에 오류가 발생합니다.

요약

- 심벌의 정적 타입과 런타임 값이 달라질 때 '결함'이 발생합니다. 타입 오류로 발견되지 않으므로 크래시나 알 수 없는 동작이 발생할 수 있습니다.
- '결함'이 발생할 수 있는 일반적인 패턴을 숙지해야 합니다. any 타입, 타입 단언(as, is), 객체와 배열의 조회, 부정확한 타입 선언 등이 이에 해당합니다.
- 함수의 매개변수를 변경하면 '결함'이 발생할 수 있습니다. 변경할 의도가 없다면 readonly로 만들어야 합니다.
- 부모 클래스와 자식 클래스의 메서드 선언을 일치시켜야 합니다.
- 선택적 속성은 무결성을 해칠 수 있으므로 주의해서 사용해야 합니다.

아이템 49 타입 커버리지를 추적해 타입 안전성 유지하기

noImplicitAny를 설정하고 모든 암시적 any 대신 명시적 타입 구문을 추가한다고 해서 any 타입과 관련된 문제로부터 안전하다고는 말할 수는 없습니다. 그럼에도 any 타입이 여전히 프로그램 내에 존재할 수 있는 두 가지 경우가 있기 때문입니다.

- 명시적 any 타입

  아이템 43과 아이템 44의 내용에 따라 any 타입의 범위를 좁히고 구체적으로 만든다고 할지라도 여전히 any 타입이라는 사실은 변함없습니다. 특히 any[]와 {[key: string]: any} 같은 타입은 인덱스를 생성하는 순간, 단순 any가 되고 코드 전반에 영향을 미칩니다.

- 서드 파티 타입 선언

  이 경우는 @types 선언 파일로부터 any 타입이 전파되기 때문에 특별히 조심해야 합니다. 이 경우 noImplicitAny를 설정하고 절대 any를 사용하지 않았다 하더라도 여전히 any 타입은 코드 전반에 영향을 미칩니다.

any 타입은 타입 안전성과 생산성에 부정적 영향을 미칠 수 있으므로(아이템 5 참고) 프로젝트에 사용된 any의 개수를 추적하는 것이 좋습니다. npm의

type-coverage 패키지를 활용해 any를 추적할 수 있는 몇 가지 방법이 있습니다.

```
$ npx type-coverage
9985 / 10117  98.69%
```

결과를 통해 이 프로젝트의 10,117개 심벌 중 9,985개(98.69%)가 any가 아니거나 any의 별칭이 아닌 타입을 가지고 있음을 알 수 있습니다. 실수로 any 타입이 추가된다면, 백분율(percentage)이 감소하게 됩니다.

앞 결과의 백분율은 이번 장의 다른 아이템들에서 소개한 조언을 얼마나 잘 따랐는지에 대한 점수라고 할 수 있습니다. any의 스코프를 좁힘으로써 any 타입의 숫자를 줄일 수 있고, any보다 정확한 any[] 같은 타입으로 개선할 수 있을 것입니다. 점수를 추적함으로써 코드의 품질을 높일 수 있습니다.

타입 커버리지 정보를 수집해 보는 것도 any를 추적하는 데 유용합니다. type-coverage를 실행할 때 --detail 플래그를 붙이면, any 타입이 있는 곳을 모두 출력해 줍니다.

```
$ npx type-coverage --detail
path/to/code.ts:1:10 getColumnInfo
path/to/module.ts:7:1 pt2
...
```

이것을 조사해 보면 미처 발견하지 못한 any의 근원지를 찾을 수도 있습니다. 코드에 any가 남아 있는 이유는 다양합니다.

오류를 간단히 해결하기 위해 종종 명시적으로 any를 선언했을 수 있습니다. 타입 오류가 발생했지만, 해결하는 데 시간을 쏟고 싶지 않아서 그랬을 수도 있습니다. 또는 아직까지 타입을 제대로 작성하지 못했을 수도 있습니다. 아니면 급하게 작업하느라 any인 채로 놔두었을 수도 있습니다.

any 타입 단언은 의도치 않은 타입의 흐름을 방해할 수도 있습니다. 표 형태의 데이터에서 어떠한 종류의 열(column) 정보를 만들어 내는 함수를 선언한다고 가정해 보겠습니다.

```
function getColumnInfo(name: string): any {
  return utils.buildColumnInfo(appState.dataSchema, name); // any를 반환합니다.
}
```

utils.buildColumnInfo 호출은 any를 반환합니다. 그래서 getColumnInfo 함수의 반환에는 주석과 함께 명시적으로 : any 구문을 추가했습니다.

이후에 타입 정보를 추가하기 위해 ColumnInfo 타입을 정의하고 utils.buildColumnInfo가 any 대신 ColumnInfo를 반환하도록 코드를 개선하더라도 getColumnInfo 함수의 반환문에 있는 any 타입이 모든 타입 정보를 날려 버립니다. getColumnInfo에 남아 있는 any까지 제거해야 이 문제가 해결됩니다.

서드 파티 라이브러리로부터 비롯되는 any 타입은 몇 가지 형태로 등장할 수 있지만, 그중 가장 극단적인 예로는 전체 모듈에 any 타입을 부여하는 것을 들 수 있습니다.

```
declare module 'my-module';
```

앞의 선언으로 인해 my-module에서 어떠한 것이든 오류 없이 임포트할 수 있습니다. 임포트한 모든 심벌은 any 타입이고, 임포트한 값이 사용되는 곳마다 any 타입을 양산하게 됩니다.

```
import {someMethod, someSymbol} from 'my-module';  // 정상

const pt1 = { x: 1, y: 2 };
//    ^? const pt1: {x: number; y: number; }
const pt2 = someMethod(pt1, someSymbol);  // 정상
//    ^? const pt2: any
```

일반적인 모듈의 사용법과 동일하기 때문에 타입 정보가 모두 제거됐다는 사실을 간과할 수 있습니다. 또는 동료가 모든 타입 정보를 날려 버렸지만, 알아차리지 못할 수도 있습니다. 그렇기 때문에 가끔 해당 모듈을 점검해야 합니다. 어느 순간 모듈에 대한 공식 타입 선언이 릴리스되었을지도 모릅니다. 또는 모듈을 충분히 이해한 후에 직접 타입 선언을 작성해서 커뮤니티에 공개할 수도 있습니다.

서드 파티 라이브러리로부터 비롯되는 any의 또 다른 형태는 타입의 버그로부터 유발된 것입니다. 예로, 아이템 30의 조언(값을 생성할 때는 엄격하게 타입을 적용)을 무시한 채로, 함수가 유니온 타입을 반환하도록 선언하고 실제로는 유니온 타입보다 훨씬 더 특정된 값을 반환하는 경우를 들 수 있습니다. 선언된 타입과 실제 반환된 타입이 맞지 않으면 어쩔 수 없이 any 단언문을 사용해야 합니다. 그러나 나중에 라이브러리가 업데이트되어 함수의 선언문이 제대로 수정된다면 any를 제거해야 합니다. 또는 직접 라이브러리의 선언문을 수정하고 커뮤니티에 공개할 수도 있습니다.

여러분이 작성한 코드에 존재하는 any 타입의 존재를 잊지 않기 위해 타입스크립트 언어 서비스 플러그인으로 `type-coverage`를 설정하는 방법을 사용할 수 있습니다. 이를 활성화하면 마치 엑스레이처럼, 코드 내에 남아 있는 any 타입을 볼 수 있게 해 줄 것입니다(그림 5-1 참고).

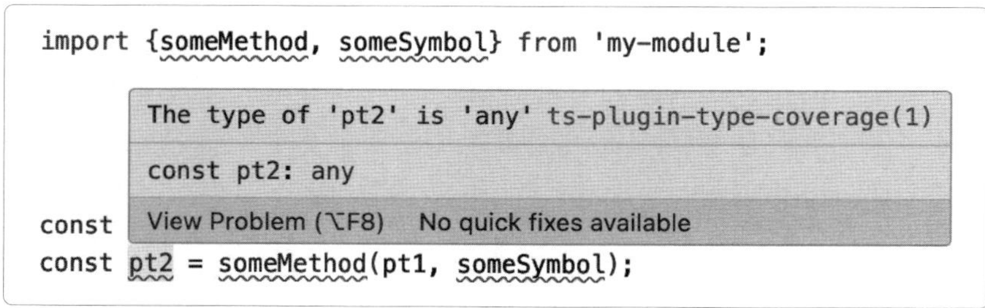

그림 5-1 any 타입에 해당하는 심벌이 하이라이트됩니다. `noImplicitAny` 오류에 해당하지 않는 것들입니다.

`type-coverage`를 CI(continuous integration, 지속 통합) 시스템에 추가하면, 타입 안전성이 크게 저해되는 순간 바로 인지할 수 있습니다.

any 타입이 사용되는 코드가 실제로는 더 이상 실행되지 않는 코드일 수도 있습니다. 또는 어쩔 수 없이 any를 사용했던 부분이 개선되어 제대로 된 타입으로 바뀌었다면 any가 더 이상 필요 없을 수도 있습니다. 버그가 있는 타입 선언문이 업데이트되어 제대로 된 타입 정보를 가질 수도 있습니다. 타입 커버리지를 추적하면 이러한 부분을 쉽게 발견할 수 있어 코드를 꾸준히 점검하는 데 도움이 됩니다.

요약

- `noImplicitAny`가 설정되어 있더라도 명시적 any 또는 서드 파티 타입 선언(@types)으로 인해 any 타입은 코드 내에 여전히 존재할 수 있다는 점을 주의해야 합니다.
- 작성한 프로그램의 타입이 얼마나 잘 선언되었는지 추적해야 합니다. 추적함으로써 any의 사용을 줄여 나가며 타입 안전성을 꾸준히 높일 수 있습니다.

6장

Effective TypeScript Second Edition

제네릭과 타입 레벨 프로그래밍

타입스크립트의 타입 시스템은 자바스크립트 코드의 런타임 동작을 모델링하도록 설계되었습니다. 자바스크립트가 매우 동적이고 유연하기 때문에 그에 맞게 타입스크립트의 타입 시스템 역시 강력한 기능을 가지도록 개발되었습니다. 한 가지 예로, 타입 간 매핑 로직을 들 수 있습니다.

제네릭 타입 별칭을 추가하면 타입스크립트의 타입 시스템은 독립적인 프로그래밍 언어로 생각할 수 있을 만큼 충분히 강력해집니다(실제로도 타입스크립트는 튜링 완전(Turing Complete)합니다(*https://github.com/microsoft/TypeScript/issues/14833*)). 또한 이제는 자바스크립트에서 값을 대상으로 프로그래밍했던 것과는 다르게, 타입을 대상으로 프로그래밍하게 됩니다. 이러한 형태의 프로그래밍 기법을 타입 레벨 프로그래밍이라고 합니다. 이는 프로그램으로 프로그램을 작성하는 메타프로그래밍과 구분되는 개념인데, 두 용어가 혼용되는 경우도 있습니다.

새로운 언어를 배우는 것은 즐겁습니다. 그리고 게임부터 SQL 파서까지, 타입스크립트의 타입 시스템을 기반으로 구축된 다양한 애플리케이션을 찾을 수 있는데, 이들은 점점 더 증가하는 복잡한 문제를 타입 시스템 내에서 해결하기 위해 추진된 타입 챌린지 프로젝트(Type Challenges project)(*https://tsch.js.org*)의 결과물 중 일부입니다. 이번 장을 읽으며 이러한 문제를 해결하는 과정을 함께 한다면 새로 배우는 내용을 제대로 이해할 수 있을 것입니다.

이번 장에는 몇 가지 주의 사항도 포함되어 있습니다. 타입스크립트가 타입을 위한 프로그래밍 언어라고 해서 특별히 직관적이거나 사용이 편리하거나 친절한 언어라는 의미는 아닙니다. 타입 레벨의 로직을 작성하는 것이 항상 좋은 생각은 아닙니다. 제네릭 타입을 남용하면 코드가 복잡해지고 유지보수하기 어려워집니다. 조시 골드버그는 《러닝 타입스크립트》에 다음과 같이 서술했습니다.

> 제네릭을 사용하면 타입을 표현하는 데 많은 유연성을 부여할 수 있지만, 생각보다 빠르게 복잡해집니다. 타입스크립트를 처음 접하는 개발자는 읽기 어렵고 작업하기 복잡할 정도로 제네릭을 과도하게 사용하는 과정을 거치게 됩니다. 타입스크립트의 모범 사례에서는 일반적으로 꼭 필요한 경우만 제네릭을 사용하고, 어떠한 용도로 사용되었는지 명확하게 설명합니다.

이번 장에서는 제네릭이 필요한 상황인지 판단할 수 있게 도와주는 몇 가지 대안을 안내합니다. 멋지게 작성된 타입 레벨 코드가 적재적소에 사용하면, 눈치채지 못할 정도로 자연스럽게 동작하게 되는데 이러면 다른 개발자들의 개발 경험을 향상시켜 줄 것입니다.

아이템 50 제네릭이 타입 간 함수라고 생각하기

아이템 15에서는 타입 간 반복을 줄이기 위한 몇 가지 타입 연산자(`extends`, `keyof`, 매핑된 타입, 인덱싱)를 사용하는 방법을 알아보았습니다. 값의 영역에서 반복되는 코드를 묶는 중요한 방법 중 하나는 함수입니다. 타입의 영역에서 함수와 동일한 역할을 하는 것이 바로 **제네릭 타입**입니다. 제네릭 타입은 하나 이상의 타입 매개변수를 취해 제네릭이 아닌 구체적인 타입을 만들어 냅니다. 즉, 함수를 호출(call)하는 것과는 달리, 제네릭 타입을 인스턴스화(instantiate)하게 됩니다.

내장된 `Partial` 제네릭 타입은 모든 속성의 타입을 조건부로 만들어 줍니다. 직접 정의해 보면 다음과 같은 형태가 됩니다.

```
type MyPartial<T> = {[K in keyof T]?: T[K]};
```

여기서 T는 타입 매개변수입니다. 내장 Partial 타입과 완전히 동일하게 동작함을 볼 수 있습니다.

```
interface Person {
  name: string;
  age: number;
}

type MyPartPerson = MyPartial<Person>;
//   ^? type MyPartPerson = { name?: string; age?: number; }

type PartPerson = Partial<Person>;
//   ^? type PartPerson = { name?: string; age?: number; }
```

제네릭 타입을 정의함으로써 모든 속성을 조건부로 바꾸는 데 필요한 타입 레벨 연산자를 감췄습니다. 이는 함수가 하나의 값을 취하고 다른 값을 반환하면서 그 동작 로직을 감추는 것과 매우 유사합니다. Math.cos 함수가 코사인 값을 어떻게 계산하도록 구현되었는지 구체적으로 알 필요가 없습니다.

여러 개의 타입 매개변수를 받도록 제네릭 타입을 작성할 수도 있습니다. 내장된 Pick과 동일한 제네릭 타입을 직접 정의하면 다음과 같습니다.

```
type MyPick<T, K> = {
  [P in K]: T[P]
  //    ~         'K' 형식은 'string | number | symbol' 형식에 할당할 수 없습니다.
  //        ~~~~ 'P' 형식을 인덱스 형식 'T'에 사용할 수 없습니다.
};
```

타입 레벨에서 프로그래밍하더라도 타입스크립트는 할당 가능성과 함께 또 다른 오류를 체크하기 위해 정적 분석을 수행합니다. 여기서 두 가지 문제가 발생합니다.

- K가 속성의 키로 사용되기 위해서 string, number, symbol 같은 타입을 포함할 수 있는지 알 수 없습니다.
- 만약 K가 유효한 속성 키라고 하더라도 T의 인덱스로 P가 사용될 수 있는지 알 수 없습니다. T는 객체 타입이 아닐 수도 있고, P를 속성 키로 사용하지 못할 수도 있습니다.

제네릭이 아닌 코드의 타입 오류를 다루는 많은 방법처럼, 타입 레벨 오류를 다루는 수많은 방법이 있습니다. 여기서 오류를 해결하는 가장 단순한 방법은 그저 오류를 무시하는 것입니다.

```
// @ts-expect-error (절대 이렇게 하지 마세요.)
type MyPick<T, K> = { [P in K]: T[P] };
type AgeOnly = MyPick<Person, 'age'>;
//   ^? type AgeOnly = { age: number; }
```

오류가 발생해도 자바스크립트로 컴파일이 가능했던 것처럼(아이템 3 참고), 타입 레벨에서도 동일한 동작이 일어난다고 생각하면 됩니다. 제네릭 타입의 구현에 오류가 있더라도 사용하지 못한다는 의미는 아닙니다. 물론 현재 버전의 MyPick은 오류투성이입니다.

```
type FirstNameOnly = MyPick<Person, 'firstName'>;
//   ^? type FirstNameOnly = { firstName: unknown; }
type Flip = MyPick<'age', Person>;
//   ^? type Flip = {}
```

잘못된 MyPick의 사용은 타입 오류를 발생시키는 대신, 잘못된 타입을 반환합니다. 이는 자바스크립트의 동작과 굉장히 유사합니다.

오류를 제거하는 또 다른 방법은 예상되는 타입을 인터섹션으로 끼워 넣는 것입니다. 다음 예제를 보겠습니다.

```
type MyPick<T, K> = { [P in K & PropertyKey]: T[P & keyof T] };

type AgeOnly = MyPick<Person, 'age'>;
//   ^? type AgeOnly = { age: number; }
type FirstNameOnly = MyPick<Person, 'firstName'>;
//   ^? type FirstNameOnly = { firstName: never; }
```

PropertyKey는 string | number | symbol에 대한 내장된 별칭입니다. 이러한 인터섹션 기법을 마치 as any의 타입 레벨 버전이라고 생각할 수 있습니다. 오류는 사라지고, 정상적인 코드에는 영향이 없습니다. 잘못된 코드는 약간 개선되는데 never 타입이 반환되므로 무언가 잘못되었다는 사실을 알 수 있습니다.

값 영역에서 as any를 사용하면 좋지 못한 것처럼 PropertyKey 인터섹션 기법을 타입 영역에서 사용하는 것 역시 일반적으로는 좋지 않습니다. 보통은 매개변수의 타입을 좁히는 함수를 만들어서 문제를 해결하는 것이 권장되며, 이번 예제에서 정확히 필요한 것입니다. 타입 매개변수에 extends 키워드를 사용해 제한을 둘 수 있습니다.

```
type MyPick<T extends object, K extends keyof T> = {[P in K]: T[P]};

type AgeOnly = MyPick<Person, 'age'>;
//   ^? type AgeOnly = { age: number; }
type FirstNameOnly = MyPick<Person, 'firstName'>;
//                                  ~~~~~~~~~~~
// '"firstName"' 형식이 'keyof Person' 제약 조건을 만족하지 않습니다.
type Flip = MyPick<'age', Person>;
//                 ~~~~~ 'string' 형식이 'object' 제약 조건을 만족하지 않습니다.
```

T를 객체 타입으로 제한하고 K를 T 키의 서브타입으로 제한했습니다. 구현부의 타입 오류를 제거했고, MyPick의 무효한 경우에서 타입 오류를 발생시킴으로써 두 가지 문제를 한꺼번에 해결했습니다.

noImplicitAny가 설정되어 있다면, 모든 함수 매개변수(function parameter)에 타입 어노테이션이 필요해집니다. 타입 매개변수에는 동일한 동작이 없습니다. 만약 아무런 제한을 걸지 않으면 기본적으로 unknown이 되며, 어떠한 타입이든 사용할 수 있습니다. 제네릭 타입을 정의할 때는 편의성과 안전성 사이의 절충점을 고민해야 합니다.

함수를 작성할 때, 매개변수명은 의미를 가지도록 지어야 하며, TSDoc 주석을 남겨서 그 의미를 설명해야 합니다(아이템 68 참고). 제네릭 타입을 작성할 때도 마찬가지입니다. 이번 아이템의 예제들이 그러하듯 타입 매개변수의 이름으로는 한 글자를 사용하는 것이 관례입니다. 이때 한 글자 변수를 사용하는 것과 마찬가지로 주의가 필요합니다.

이름을 지을 때 가장 중요한 규칙은, 이름의 길이와 그 범위가 일치해야 한다는 것입니다. 제한된 스코프에서 사용되는 간단한 익명 함수 내에서는 i, k, v 같은 짧은 이름이 사용되는 반면, 장기간 사용되는 전역 변수에는 길이가 길고 의미가 담긴 이름을 지어 줘야 합니다. 예를 들어, MyPick 같은 간단한 제네릭에서 T, K라고 이름 지어도 괜찮습니다. 그러나 제네릭 클래스처럼 타입 매개변수가 넓은 스코프에서 사용된다면 길고 의미 있는 이름을 사용하는 편이 더욱 명료합니다.

제네릭 타입에는 TSDoc을 작성할 수 있고, 함수에서처럼 타입스크립트 언어 서비스가 동작합니다. `@param`의 타입 레벨 버전은 `@template`[1]입니다.

```
/**
 * 다른 객체 속성의 부분집합을 사용해서 새 객체를 생성
 * (내장 `Pick` 타입과 동일)
 * @template T 원본 객체 타입
 * @template K 선택할 키, 보통 문자열 리터럴 타입의 유니온
 */
type MyPick<T extends object, K extends keyof T> = {
  [P in K]: T[P]
};
```

`MyPick`이 정의되는 곳을 살펴보면, 전체 문서를 확인할 수 있습니다. 그리고 `T` 또는 `K`가 정의된 곳에 마우스 커서를 올려 보면, 타입 매개변수에 대한 문서를 확인할 수 있습니다(그림 6-1 참고).

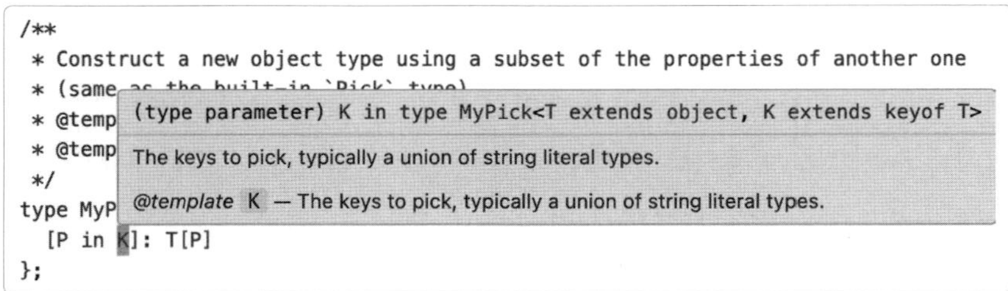

그림 6-1 TSDoc의 `@template` 태그로 타입 매개변수에 대한 문서를 작성할 수 있습니다.

타입스크립트의 타입을 값의 집합(아이템 7 참고)이라고 생각하는 것이 좋습니다. 이러면 제네릭 타입은 본질적으로 집합으로 동작한다고 볼 수 있습니다. 이는 자바스크립트 함수가 호출될 때마다 각 매개변수가 별도의 값을 가지는 동작과는 상당히 다릅니다. 실제로 제네릭 타입이 유니온 타입처럼 동작한다는 것을 기억해야 합니다. 더 자세한 내용은 아이템 53에서 다루겠습니다.

1 C++를 사용해 봤다면, 이 명칭이 이해가 될 것입니다. C++에서 제네릭 타입은 '템플릿 타입'이라고도 불리며, 개발자들은 '템플릿 메타프로그래밍'에 대해 이야기합니다.

값 공간에서 테스트 코드를 작성하는 것처럼 타입 공간에서도 테스트 코드를 반드시 작성해야 합니다. 타입 공간에서의 테스트는 흥미롭고 심도 깊은 주제이며 하나의 아이템에 할당해 다룰 만한 가치가 있습니다. 따라서 아이템 55에서 자세히 다룹니다.

함수나 클래스 같은 값 공간의 코드 구조에도 타입 매개변수를 추가할 수 있습니다. 예를 들면, Pick 제네릭 타입에 상응하는 pick 함수를 만들 수 있습니다.

```
function pick<T extends object, K extends keyof T>(
  obj: T, ...keys: K[]
): Pick<T, K> {
  const picked: Partial<Pick<T, K>> = {};
  for (const k of keys) {
    picked[k] = obj[k];
  }
  return picked as Pick<T, K>;
}

const p: Person = { name: 'Matilda', age: 5.5 };
const age = pick(p, 'age');
//    ^? const age: Pick<Person, "age">
console.log(age);  // logs { age: 5.5 }
```

괄호 사이의 차이를 무시하고 타입 관점으로 바라본다면 앞에서 다루었던 MyPick 타입의 정의와 매우 유사합니다.

```
type P = typeof pick;
//   ^? type P = <T extends object, K extends keyof T>(
//        obj: T, ...keys: K[]
//      ) => Pick<T, K>
```

제네릭 함수는 연관된 제네릭 타입을 개념적으로 정의한 것이라고 생각할 수 있습니다. 그러나 제네릭 함수의 특출난 점은 함수가 호출되는 시점에 값으로부터 타입 매개변수를 추론할 수 있다는 것입니다. 앞의 예제에서는 pick(p, 'age')를 작성했을 뿐이지만, 타입을 명시적으로 작성하는 것보다 훨씬 간결하면서도 그와 동일한 결과를 도출합니다.

```
const age = pick<Person, 'age'>(p, 'age');
//    ^? const age: Pick<Person, "age">
```

또 다른 장점은 pick 함수를 사용하는 곳에서는 제네릭 타입이나 타입 레벨 연산자를 신경 쓸 필요가 없다는 것입니다. 정확하고 정밀한 타입을 얻기 위해 함수를 호출하기만 하면 됩니다. age의 타입은 타입 레벨의 로직이 동작한다는 것을 드러내지만, 원한다면 이것 역시 감출 수 있습니다. 자세한 내용은 아이템 56에서 다루겠습니다.

클래스 역시 타입 매개변수를 가질 수 있으며, 자동으로 추론될 수 있습니다.

```
class Box<T> {
  value: T;
  constructor(value: T) {
    this.value = value;
  }
}

const dateBox = new Box(new Date());
//    ^? const dateBox: Box<Date>
```

아이템 8에서도 설명했지만, 클래스는 타입 공간과 값 공간 양쪽에서 모두 동작하는 구성 요소 중 하나입니다. 제네릭 클래스는 타입 매개변수(T)를 클래스의 속성과 메서드에 적용합니다.

클래스가 특정 주제의 상태 값을 캡슐화하고 유지하는 데 유용한 것처럼, 제네릭 클래스는 타입을 유지하는 데 유용합니다. 제네릭 클래스의 타입 매개변수는 클래스가 생성될 때 설정되며, 메서드를 호출할 때마다 지정해 줄 필요는 없습니다(물론 메서드는 별도로 메서드만의 타입 매개변수를 가질 수 있습니다). 타입 추론을 더욱 섬세하게 제어할 수 있는 방법은 아이템 28에서 소개한 바 있습니다.

값 공간에서는 함수를 매개변수로 취할 수 있는 map, filter, reduce 같은 **고차 함수**를 작성할 수 있습니다. 이는 엄청난 유연성을 제공하며 특정 로직과 동작을 묶을 수 있게 해 줍니다.

반면, 타입 공간에서는 동일한 역할을 하는 개념이 현재까지는 존재하지 않습니다. 개념적으로는 '타입을 위한 함수에 대한 함수' 또는 '고차 타입' 정도로 알려져 있습니다. 만약 그런 것들이 존재한다면 객체의 속성 타입에 제네릭 타입을 적용해 공통 연산을 묶을 수 있을 것입니다.

```
type MapValues<T extends object, F> = {
  [K in keyof T]: F<T[K]>;
  //              ~~~~~~~ 'F'은(는) 제네릭 타입이 아닙니다.
};
```

다행인 점은 제네릭 타입 스스로에 대한 표현이 불가능하다는 것만 제외하면, 제네릭 타입으로 할 수 있는 작업에 제한은 없다는 것입니다. 이러한 경우는 `MapValues` 대신 매핑된 타입을 사용해야 합니다. 마찬가지로 익명 제네릭 타입 같은 개념도 존재하지 않습니다.

제네릭 타입을 타입과 타입 간 함수로 생각하는 것이 좋습니다. 이 책을 읽는 순간부터 이미 새롭고 흥미로운 개념인 타입 레벨의 작업을 하고 있다는 사실을 잊지 않기 바랍니다. 또한 지금까지 값 공간의 코드에서 배우고 적용해 왔던 모범 사례 역시 적용되고 있다는 점도 유념해야 합니다.

요약

- 제네릭 타입을 타입 간 함수로 생각하는 것이 좋습니다.
- 타입 매개변수를 제한하기 위해 extends를 사용하는 것처럼, 함수 매개변수를 제한하기 위해 타입 어노테이션을 사용하면 됩니다.
- 타입 매개변수명을 지을 때는 가독성을 고려해야 하며, TSDoc을 작성해야 합니다.
- 제네릭 함수와 클래스는 타입 추론을 돕는 제네릭 타입을 정의하는 개념이라고 생각하면 좋습니다.

아이템 51 불필요한 타입 매개변수 지양하기

타입스크립트 공식 핸드북에서는 제네릭 함수에 대해서 다음과 같이 언급하고 있습니다.

> 제네릭 함수를 작성하는 것이 생산적이므로 타입 매개변수를 다양하게 도입하고 싶을 수 있습니다. 그러나 타입 매개변수를 과도하게 사용하거나 불필

> 요한 제한을 거는 것은 타입 추론을 어렵게 하고, 함수 사용을 복잡하게 만듭니다.

이어서 제네릭의 황금 법칙이라고 불리기도 하는 조언을 포함한, 제네릭을 잘 사용하는 몇 가지 방법을 소개합니다.

> 타입 매개변수는 두 번 등장해야 합니다.
> 타입 매개변수는 여러 값의 타입을 연관시키기 위해 사용됩니다. 만약 타입 매개변수가 하나의 함수 시그니처에서 오직 한 번만 쓰인다면, 아무런 역할을 하지 못합니다.
> **규칙: 타입 매개변수가 한 번만 등장한다면, 정말로 필요한 것인지 신중히 생각해 봐야 합니다.**

이 규칙은 타입 매개변수가 적절한지 아닌지를 판단할 수 있는 구체적인 방법을 알려 주지만, 실제로 적용할 때는 불명확한 경우도 존재하며 제네릭 사용이 잘못되었을 때 어떻게 수정해야 하는지 충분한 가이드를 제공하지 않습니다. 이번 아이템에서는 이 규칙이 어떻게 동작하는지 설명하기 위해 좋은 예제와 잘못된 예제를 보여 주고, 잘못된 예제는 수정해 봅니다.

가장 먼저 `identity` 함수를 살펴보겠습니다.

```
function identity<T>(arg: T): T {
  return arg;
}
```

이 함수는 하나의 매개변수를 받아서 바로 반환하며, 타입을 변환하지는 않습니다. 실제 사용 방법은 다음과 같습니다.

```
const date = identity(new Date());
//    ^? const date: Date
const nums = [1, 2, 3];
//    ^? const nums: number[]
const numsCopy = nums.map(identity);
//    ^? const numsCopy: number[]
```

이 함수는 콜백을 전달해야 하면서 데이터를 변경하고 싶지 않은 경우에 사용하면 유용할 수도 있습니다. 이 예제를 황금 법칙에 빗대어 제네릭을 올바르게 사용한 것인지 아닌지 생각해 보겠습니다. 타입 매개변수 T는 선언 이후에 두 번 등장했습니다.

```
function identity<T>(arg: T): T {
  //          (decl.)    1   2
  return arg;
}
```

규칙에 부합하므로 제네릭을 올바르게 사용했다고 볼 수 있습니다. 실제로도 입력 매개변수의 타입과 반환 타입이 동일하다고 연관 짓고 있습니다.

다른 예제를 살펴보겠습니다.

```
function third<A, B, C>(a: A, b: B, c: C): C {
  return c;
}
```

타입 매개변수 C가 두 번 등장했으므로 C는 올바르게 사용되었다고 볼 수 있습니다. 그러나 A와 B는 선언 외에 한 번씩만 등장했기 때문에 이 함수는 잘못되었다고 봐야 합니다. 이때 타입 매개변수를 하나만 사용하도록 수정하면 문제를 해결할 수 있습니다.

```
function third<C>(a: unknown, b: unknown, c: C): C {
  return c;
}
```

YAML을 파싱하는 함수의 타입 선언을 보겠습니다.

```
declare function parseYAML<T>(input: string): T;
```

타입 매개변수 T는 단 한 번 사용되었으므로 분명히 잘못 사용된 것입니다. 그러나 이것을 수정하는 방법은 이 함수의 사용 목적에 따라 달라집니다. 이러한 형태를 반환 전용 제네릭이라고 부르며, 타입 단언문(아이템 9 참고)과 동일한 원리로 동작하므로 위험한 패턴입니다.

```
interface Weight {
  pounds: number;
  ounces: number;
}

const w: Weight = parseYAML('');
```

타입 단언이나 any 타입이 없기 때문에 안전한 코드처럼 보이지만, 눈속임일 뿐입니다. Weight 타입 대신 다른 어떠한 타입을 넣어도 오류가 발생하지 않습니다. 타입 매개변수의 기본값을 설정하더라도 별다른 변화는 없습니다.

```
declare function parseYAML<T=null>(input: string): T;
const w: Weight = parseYAML('');  // 여전히 허용됨
```

대신 unknown을 반환하도록 하는 것이 좋습니다(unknown 타입에 대해서는 아이템 46을 참고하기 바랍니다).

```
declare function parseYAML(input: string): unknown;
```

이러면 함수를 사용하는 곳에서 타입 단언을 사용하도록 강제하게 됩니다.

```
const w = parseYAML('') as Weight;
```

이러한 패턴은 안전하지 않은 타입 단언을 표면으로 드러내므로 사용하기 좋습니다. 실제로도 타입이 안전해 보이기만 하는 눈속임이 없습니다.[2]

다른 예제를 살펴보겠습니다.

```
function printProperty<T, K extends keyof T>(obj: T, key: K) {
  console.log(obj[key]);
}
```

T는 매개변수 타입과 K의 제한자로서 두 번 등장하므로 괜찮지만, K는 한 번만 등장하므로 잘못 사용된 것으로 보입니다. keyof T를 매개변수 타입으로 옮기고 K를 제거해 보겠습니다.

2 표준 라이브러리에는 JSON.parse처럼 any를 반환하는 함수가 존재합니다. any 대신 unknown을 반환하도록 하는 방법은 아이템 71에서 설명합니다.

```
function printProperty<T>(obj: T, key: keyof T) {
  console.log(obj[key]);
}
```

이 함수는 표면적으로 유사해 보입니다.

```
function getProperty<T, K extends keyof T>(obj: T, key: K) {
  return obj[key];
}
```

그러나 이 함수를 살펴보면 실제로 제네릭이 올바르게 사용된 것을 알 수 있습니다. 그 이유는 함수의 반환 타입을 추론해 보면 알 수 있습니다. 편집기에서 `getProperty`의 시그니처를 조사해 보면 반환 타입이 `T[K]`임을 볼 수 있습니다. 시그니처를 제대로 써 보면 다음과 같습니다.

```
function getProperty<T, K extends keyof T>(obj: T, key: K): T[K] {
  return obj[key];
}
```

`K`가 두 번 등장하는 것을 볼 수 있습니다. `K`는 `T`와 연관되어 있고, 반환 타입에는 `K`와 `T`가 모두 연관되어 있으므로 제네릭을 올바르게 사용한 것입니다. 클래스의 경우는 어떨지 살펴보겠습니다.

```
class ClassyArray<T> {
  arr: T[];
  constructor(arr: T[]) { this.arr = arr; }

  get(): T[] { return this.arr; }
  add(item: T) { this.arr.push(item); }
  remove(item: T) {
    this.arr = this.arr.filter(el => el !== item)
  }
}
```

구현부에서 `T`가 여러 번 등장하기 때문에 올바르게 사용되었다고 볼 수 있습니다. `ClassyArray`의 인스턴스를 만들 때, 바인딩된 타입 매개변수는 모든 속성과 메서드의 타입과 연관됩니다(아이템 28에서 살펴본 것처럼 추론 영역을 생성할 때 유용합니다).

반면, 다음 예제의 클래스는 적절하지 않습니다.

```
class Joiner<T extends string | number> {
  join(els: T[]) {
    return els.map(el => String(el)).join(',');
  }
}
```

우선 T는 join 메서드에만 적용되고 있으므로 클래스가 아닌 메서드 수준으로 내릴 수 있습니다.

```
class Joiner {
  join<T extends string | number>(els: T[]) {
    return els.map(el => String(el)).join(',');
  }
}
```

T의 선언을 실제 사용되는 곳에 더 가까운 곳으로 이동시킴으로써 타입스크립트가 T에 대한 추론을 할 수 있도록 해 주었으며 이러한 수정은 일반적인 패턴을 따른 것입니다. 그러나 이번 경우는 T가 단 한 번만 등장하기 때문에 제네릭으로 만들 필요가 없습니다.

```
class Joiner {
  join(els: (string | number)[]) {
    return els.map(el => String(el)).join(',');
  }
}
```

마지막으로, 클래스이어야만 하는 이유가 있는지 따져 보겠습니다. 이러한 종류의 래퍼 클래스는 자바(독립 함수를 지원하지 않음)에서는 당연한 일입니다. 그러나 자바스크립트에서는 래퍼 클래스가 불필요하므로[3] 독립 함수로 만들면 됩니다.

```
function join(els: (string|number)[]) {
  return els.map(el => String(el)).join(',');
}
```

3 객체 지향 개발자들에게는 유명한 격언이 있습니다. "er로 끝나는 객체는 만들지 마라."

다음으로 배열 형태의 객체의 길이를 구하는 함수를 생각해 보겠습니다.

```
interface Lengthy {
  length: number;
}
function getLength<T extends Lengthy>(x: T) {
  return x.length;
}
```

T가 정의된 후로 한 번만 등장하므로 제네릭의 잘못된 사용이라고 할 수 있으며, 다음처럼 수정할 수 있습니다.

```
function getLength(x: Lengthy) {
  return x.length;
}
```

심지어 다음처럼도 작성 가능합니다.

```
function getLength(x: {length: number}) {
  return x.length;
}
```

또는 타입스크립트에는 내장된 ArrayLike 타입이 존재하므로 다음처럼도 작성 가능합니다.

```
function getLength(x: ArrayLike<unknown>) {
  return x.length;
}
```

모든 규칙에는 예외가 있기 마련입니다. 드문 경우이지만, 외부 타입 매개변수를 도입하는 일이 제대로 된 구현에 도움이 되는 경우도 있습니다. 예를 들어, 다음 함수의 두 타입 매개변수는 잘못 사용되었습니다.

```
declare function processUnrelatedTypes<A, B>(a: A, b: B): void;
```

이를 다음처럼 수정할 수 있습니다.

```
declare function processUnrelatedTypes(a: unknown, b: unknown): void;
```

그러나 이러한 수정은 구현부에 영향을 미칩니다. 첫 번째 함수의 시그니처로 a와 b를 서로 할당할 수 없습니다.

```
function processUnrelatedTypes<A, B>(a: A, b: B) {
    a = b;
//  ~ 'B' 형식은 'A' 형식에 할당할 수 없습니다.
    b = a;
//  ~ 'A' 형식은 'B' 형식에 할당할 수 없습니다.
}
```

수정했던 시그니처에서는 다음과 같은 결과가 나타납니다.

```
function processUnrelatedTypes(a: unknown, b: unknown) {
  a = b;  // 정상
  b = a;  // 정상
}
```

이 문제를 해결하는 방법은 단일 오버로딩을 활용해, 호출하는 곳에서 참조할 수 있도록 구현과는 다른 형태의 시그니처를 생성하는 것입니다. 자세한 내용은 아이템 52를 참고하기 바랍니다. 그러나 일반적으로 이러한 상황은 매우 드물게 발생하기 때문에 제네릭 타입 매개변수가 한 번만 등장하는 코드 자체를 피하는 것이 좋습니다.

이제 제네릭의 황금 법칙을 적용하는 방법과 법칙에 맞게 코드를 수정하는 감각을 어느 정도 익혔을 것입니다. 제네릭 함수를 읽고 작성할 때마다 황금 법칙에 맞는지 생각해 보기 바랍니다.

함수나 클래스에 제네릭이 필요 없다면, 제네릭을 넣지 않는 것이 읽기 쉽고 관리하기 쉬운 코드입니다. 즉, 제네릭 사용 규칙, 첫 번째는 '하지 마시오'입니다.

요약

- 꼭 필요한 경우에만 함수나 클래스에 타입 매개변수를 추가합니다.
- 타입 매개변수는 타입들을 연관 짓는 역할을 하므로, 모든 타입 매거변수는 두 번 이상 등장해야 합니다.

- 타입 매개변수는 추론된 타입에 등장할 수도 있다는 사실을 유념해야 합니다.
- 반환 전용 제네릭은 사용하면 안 됩니다.
- 불필요한 타입 매개변수는 대개 unknown 타입으로 대체할 수 있습니다.

아이템 52 오버로딩 타입보다는 조건부 타입 사용하기

다음 예제의 double 함수에 타입 정보를 추가해 보겠습니다.

```
function double(x) {
  return x + x;
}
```

double 함수에는 string 또는 number 타입의 매개변수가 들어올 수 있습니다. 그러므로 유니온 타입을 추가했습니다.

```
declare function double(x: string | number): string | number;
```

선언이 틀린 것은 아니지만, 모호한 부분이 있습니다. 다음 코드를 봅시다.

```
const num = double(12);
//    ^? const num: string | number
const str = double('x');
//    ^? const str: string | number
```

double에 number 타입을 매개변수로 넣으면 number 타입을 반환합니다. 그리고 string 타입을 매개변수로 넣으면 string 타입을 반환합니다. 그러나 선언문에는 number 타입을 매개변수로 넣고 string 타입을 반환하는 경우도 포함되어 있습니다. 제네릭을 사용하면 이러한 동작을 모델링할 수 있습니다.

```
declare function double<T extends string | number>(x: T): T;

const num = double(12);
//    ^? const num: 12
const str = double('x');
//    ^? const str: "x"
```

타입을 구체적으로 만들어 보려는 시도는 좋았지만, 너무 과했습니다. 이제는 타입이 너무 과하게 구체적입니다. string 타입을 매개변수로 넘기면 string 타입이 반환되어야 합니다. 그러나 리터럴 문자열 'x'를 매개변수로 넘긴다고 해서 동일한 리터럴 문자열 'x' 타입이 반환되어야 하는 것은 아닙니다. 'x'의 두 배는 'x'가 아니라 'xx'입니다. 아이템 40에서 설명했듯이 정확성을 포기하는 것보다 정밀함을 포기하는 것이 낫습니다. 그래서 이번 예제는 좋지 못한 시도입니다.

또는 오버로드 시그니처라고도 알려진, 여러 개의 타입 선언을 제공하는 방법도 있습니다(아이템 3 참고). 자바스크립트에서는 단 하나의 함수 구현만을 허용하지만, 타입스크립트의 타입 시그니처는 몇 개든 작성할 수 있습니다. 이를 이용해 double 타입을 개선할 수 있습니다.

```
declare function double(x: number): number;
declare function double(x: string): string;

const num = double(12);
//    ^? const num: number
const str = double('x');
//    ^? const str: string
```

함수 타입이 조금 명확해졌지만, 여전히 버그는 남아 있습니다. string이나 number 타입의 값으로는 잘 동작하지만, 유니온 타입 관련해서 문제가 발생합니다.

```
function f(x: number|string) {
  return double(x);
  //            ~ 'string | number' 형식의 인수는
  //              'string' 형식의 매개변수에 할당될 수 없습니다.
}
```

이 예제에서 double 함수의 호출은 정상적이며 string|number 타입이 반환되기를 기대합니다. 한편 타입스크립트는 오버로딩 타입 중에서 일치하는 타입을 찾을 때까지 순차적으로 검색합니다. 그래서 오버로딩 타입의 마지막 선언(string 버전)까지 검색했을 때, string|number 타입은 string에 할당할 수 없기 때문에 오류가 발생합니다.

세 번째 오버로딩(string|number 타입)을 추가해 문제를 해결할 수도 있지만, 가장 좋은 해결책은 **조건부 타입**(conditional type)을 사용하는 것입니다. 조건부 타입은 타입 공간의 if 구문과 같습니다.

```
declare function double<T extends string | number>(
  x: T
): T extends string ? string : number;
```

이 코드는 제네릭을 사용했던 예제와 유사하지만, 반환 타입이 더 정교합니다. 조건부 타입은 자바스크립트의 삼항 연산자 ?:처럼 사용하면 됩니다.

- T가 string의 부분집합이면(string 또는 문자열 리터럴 또는 문자열 리터럴의 유니온), 반환 타입이 string입니다.
- 그 외의 경우는 반환 타입이 number입니다.

조건부 타입이라면 앞선 모든 예제가 동작합니다.

```
const num = double(12);
//    ^? const num: number
const str = double('x');
//    ^? const str: string

function f(x: string | number) {
  //     ^? function f(x: string | number): string | number
  return double(x);  // 정상
}
```

유니온에 조건부 타입을 적용하면, 조건부 타입의 유니온으로 분리되기 때문에 number|string의 경우에도 동작합니다. 예를 들어, T가 number|string이라면 타입스크립트는 조건부 타입을 다음 단계로 해석합니다.

```
  (string|number) extends string ? string : number
→ (string extends string ? string : number) |
  (number extends string ? string : number)
→ string | number
```

유니온에 조건부 타입을 적용하는 방식은 타입스크립트에서 의도된 설계입니다. 억지로 이러한 형태를 만들 필요는 없지만, 이번 예제와 유사한 많은 경우에서 이러한 동작은 정확하고 매우 편리합니다.

오버로딩 타입은 작성하기 쉽다는 이점이 있지만, 조건부 타입은 개별 타입의 유니온으로 일반화하기 때문에 타입이 더 정확해진다는 장점이 있습니다. 타입 오버로딩이 필요한 경우에 가끔 조건부 타입이 필요한 상황이 발생합니다. 각각의 오버로딩 타입이 독립적으로 처리되는 반면, 조건부 타입은 타입 체커가 단일 표현식으로 받아들이기 때문에 유니온 문제를 해결할 수 있습니다.

조건부 타입을 작성할 때는 유니온에 적용할 가능성이 있을지 생각해 봐야 합니다. 흔한 경우이지만, 그렇다고 항상 해당되지는 않습니다. 아이템 53에서는 이러한 적용이 잘못된 경우와 이를 제어할 수 있는 방법을 설명합니다.

오버로딩을 사용해야만 하는 상황이 있을 수도 있습니다. 유니온이 불가능하거나 함수가 실제로 완전히 구분된 두 가지 동작과 완전히 구분된 시그니처로 이루어져 있다면, 억지로 바꾸는 것이 무의미하고 구분된 오버로딩으로 남겨 두는 것이 더 읽기 쉬운 코드일 수 있습니다.

완전히 구분된 두 가지 함수도 있을 수 있습니다. 한 예로, Node 표준 라이브러리에서 `readFile` 같은 함수가 콜백 버전과 `Promise` 기반 버전을 동시에 제공됩니다. 매개변수에 따라 다르게 동작하는 하나의 함수일 수도 있지만, 콜백과 `Promise` 중 어느 버전을 사용할 것인지 미리 알 수 있으므로 완전히 구분된 두 개의 함수로 나뉘어 있는 것이 명확하고 간단합니다.

이번 아이템은 타입에 관한 것을 다루고 있으므로 타입 관점으로만 초점을 맞추고 있습니다. 그러나 잠시 오버로딩 함수와 조건부 타입을 반환하는 함수의 구현에 대해서 간략히 언급해 보겠습니다. 함수의 구현체는 상당히 어색하거나 타입 단언이 필요할 수도 있습니다. 타입스크립트는 변수에 대한 조건부 타입을 추론하지 않을 것입니다.

한 가지 전략은 함수 구현체의 시그니처와는 다른 타입 시그니처 형태로 단일 오버로딩을 정의해 제공하는 것입니다.

```
function double<T extends string | number>(
  x: T
): T extends string ? string : number;
```

```
function double(x: string | number): string | number {
  return typeof x === 'string' ? x + x : x + x;
}
```

외부에 보여지는 API에는 조건부 타입을 사용하지만, 실제 구현에서는 간단한 타입을 사용하고 있습니다(`typeof` 체크가 조금 이상해 보이지만, 타입 단언을 방지해 줍니다). 타입스크립트는 이들 두 개의 시그니처가 호환되는지 체크하기는 하지만, 완벽하지는 않습니다. 아이템 55에서 설명한 대로 타입 테스트는 여전히 중요합니다.

요약

- 오버로딩 타입보다 조건부 타입을 사용하는 것이 좋습니다. 조건부 타입은 추가적인 오버로딩 없이 유니온 타입을 지원합니다.
- 유니온을 사용하기 어려운 경우, 다른 이름으로 함수를 분리하는 것이 더 나은 선택일 수 있습니다.
- 조건부 타입으로 선언된 함수라면, 단일 오버로딩 전략을 고려해야 합니다.

아이템 53 조건부 타입에 적용되는 유니온 영역을 제어하는 방법 숙지하기

아이템 52에서는 조건부 타입에 유니온이 어떻게 적용되는지, 그리고 `double` 함수의 타입을 정의할 때 어떻게 도움이 되는지 살펴보았습니다.

```
declare function double<T extends number | string>(
  x: T
): T extends string ? string : number;

const num = double(12);
//    ^? const num: number
const str = double('x');
//    ^? const str: string

declare let numOrStr: number | string;
const either = double(numOrStr);
//    ^? const either: number | string
```

이 경우에는 조건부 타입에 유니온을 적용함으로써 원하는 결과를 얻을 수 있었습니다. 일반적인 경우는 동일한 패턴을 적용할 수 있지만, 상황에 따라 그렇지 않은 경우도 존재합니다.

패턴을 적용할 수 없는 경우를 살펴보기 위해, 첫 번째 인수가 두 번째 인수보다 작은지를 판단하는 isLessThan 함수를 정의해 보겠습니다. 입력으로는 Date, number, 그리고 string을 받을 수 있도록 구현하겠습니다. 편의를 위해, 첫 번째 인수에 Date가 들어온다면, 두 번째 인수에는 number(epoch 이후의 밀리초)를 허용하도록 만들어 보겠습니다. 이러한 경우 조건부 타입으로 모델링할 수 있습니다.

```
type Comparable<T> =
  T extends Date ? Date | number:
  T extends number ? number :
  T extends string ? string :
  never;

declare function isLessThan<T>(a: T, b: Comparable<T>): boolean;
```

기대한 대로 동작해 예상되는 조합들을 적절히 허용하거나 허용하지 않는 것을 확인할 수 있습니다.

```
isLessThan(new Date(), new Date());  // 정상
isLessThan(new Date(), Date.now());  // 정상, Date/number 비교 가능
isLessThan(12, 23);                  // 정상
isLessThan('A', 'B');                // 정상
isLessThan(12, 'B');
//             ~~~ 'string' 형식의 인수는 'number' 형식의 매개변수에 할당될 수 없습니다.
```

작성된 코드를 보면 Comparable에 유니온이 적용되었습니다. 이것이 적절한지 생각해 보면 확실히 그렇지 않다는 사실을 알 수 있습니다.

```
let dateOrStr = Math.random() < 0.5 ? new Date() : 'A';
//  ^? let dateOrStr: Date | string
isLessThan(dateOrStr, 'B')  // 정상, 그러나 오류여야 함
```

두 번째 매개변수는 두 가지 가능성의 인터섹션이어야 하며, 유니온이어서는 안 됩니다. 그리고 (Date | number) & string은 never로 판단되어야 하므로 마

지막 호출은 허용되어서는 안 됩니다.

이를 제어할 수 있는 방법을 강구해 보겠습니다. 유니온은 노출된(bare) 타입에 적용되는 경우(T extends ...)에 조건부 타입의 영역을 넘어가게 됩니다. 그러므로 영역을 제어하기 위해서는 약간 복잡한 표현식이 필요합니다. 이를 제대로 표현하는 방법은 T를, 하나의 요소를 가지는 튜플 타입인 [T]로 감싸는 것입니다.

```
type Comparable<T> =
  [T] extends [Date] ? Date | number:
  [T] extends [number] ? number :
  [T] extends [string] ? string :
  never;
```

A를 B에 할당할 수 있는 경우에만 [A]를 [B]에 할당할 수 있습니다. 이러한 변경은 표면적으로 Comparable의 동작에 영향을 미치지 않는 것처럼 보입니다. 그러나 [T]는 노출된 타입이 아니기 때문에 유니온은 더 이상 Comparable에서 영역을 침범하지 않습니다. 이제 제대로 된 오류가 발생하며, 기존의 유효한 호출들도 그대로 유지됩니다.

```
isLessThan(new Date(), new Date());  // 정상
isLessThan(new Date(), Date.now());  // 정상, Date/number 비교 가능
isLessThan(12, 23);                  // 정상
isLessThan('A', 'B');                // 정상
isLessThan(12, 'B');
//             ~~~ 'string' 형식의 인수는 'number' 형식의 매개변수에 할당될 수 없습니다.
isLessThan(dateOrStr, 'B');
//                       ~~~ 'string' 형식의 인수는 'never' 형식의 매개변수에
//                           할당될 수 없습니다.
```

때로는 상황에 따라 반대의 동작을 원하게 될 수도 있지만, 대개는 구현된 제네릭 타입이 의도와는 다른 방식으로 동작합니다.

조금 더 구체적으로 설명하기 위해 N개의 요소가 모두 T 타입인 튜플을 생성하는 NTuple<T, N> 제네릭 타입을 구현해 보겠습니다. 지금까지 본 타입들보다 복잡하므로 집중하기 바랍니다. 누산기(accumulator)를 활용해 구현하는 방법은 다음과 같습니다.

```
type NTuple<T, N extends number> = NTupleHelp<T, N, []>;

type NTupleHelp<T, N extends number, Acc extends T[]> =
  Acc['length'] extends N
  ? Acc
  : NTupleHelp<T, N, [T, ...Acc]>;
```

여기서 보이는 한 가지 트릭은 `length` 속성이 원하는 길이의 숫자와 일치할 때까지 튜플 타입에 요소들이 계속 추가된다는 것입니다. 지금 보는 코드들은 타입 시스템에서 동작한다는 사실을 유념하기 바랍니다. 배열 타입에서 `length`를 조회하면 `number` 타입이지만, 튜플 타입에서는 `0`, `1`, `2` 같은 더 구체적인 숫자 형태의 리터럴 타입이 조회됩니다.

이 제네릭 타입은 N이 단일 숫자인 경우에는 의도한 대로 동작합니다.

```
type PairOfStrings = NTuple<string, 2>;
//   ^? type PairOfStrings = [string, string]
type TripleOfNumbers = NTuple<number, 3>;
//   ^? type TripleOfNumbers = [number, number, number]
```

그러나 N이 유니온인 경우는 제대로 동작하지 않습니다.

```
type PairOrTriple = NTuple<bigint, 2 | 3>;
//   ^? type PairOrTriple = [bigint, bigint]
```

예상한 타입은 `[bigint, bigint] | [bigint, bigint, bigint]`이었습니다. 가장 표면적인 문제는 `Acc['length'] extends 2 | 3`에서 누산기의 길이가 2가 되는 순간 조건이 만족된다는 것입니다. 보다 근본적인 문제는 조건부 타입에 유니온이 의도한 대로 적용되지 않는다는 것입니다. 그 원인을 살펴보고 어떻게 해결할 수 있을지 생각해 보겠습니다.

문제는 `Acc['length'] extends N`의 조건이, 유니온이 제대로 적용되기 위한 조건인 `N extends...`로 시작하지 않는다는 점입니다. 가장 간단한 해결법은 다음 예제처럼 조건부 타입을 추가하는 것입니다.

```
type NTuple<T, N extends number> =
    N extends number
    ? NTupleHelp<T, N, []>
    : never;
```

N이 number 타입으로 제한되기 때문에 이 조건은 항상 참이 됩니다(N extends any 또는 N extends unknown으로 작성해도 됩니다). 이 조건을 추가한 진짜 목적은 단지 유니온이 제대로 적용될 수 있도록 형식을 맞추기 위함입니다.

```
type PairOrTriple = NTuple<bigint, 2 | 3>;
//   ^? type PairOrTriple = [bigint, bigint] | [bigint, bigint, bigint]
```

NTupleHelp가 N = 2와 N = 3으로 인스턴스화된 후, 유니온으로 묶이는 순서로 동작합니다. 누산기는 제네릭 타입에 재귀를 적용함으로써 성능을 개선할 때 사용할 수 있는 일반적인 패턴입니다. 자세한 내용은 아이템 57에서 다루겠습니다.[4]

조건부 타입은 또 다른 두 가지 특징을 가집니다. 이들은 boolean과 never 타입을 대상으로 특이하게 동작하는 특징이 있으므로 이를 반드시 숙지해야 합니다. 먼저 boolean을 살펴보겠습니다. 매개변수가 참인 경우 축하 메시지를 생성하는 제네릭 타입을 정의해 보겠습니다.

```
type CelebrateIfTrue<V> = V extends true ? 'Huzzah!' : never;

type Party = CelebrateIfTrue<true>;
//   ^? type Party = "Huzzah!"
type NoParty = CelebrateIfTrue<false>;
//   ^? type NoParty = never
type SurpriseParty = CelebrateIfTrue<boolean>;
//   ^? type SurpriseParty = "Huzzah!"
```

boolean extends true 조건이 참이라고 생각하지 않았을 것이므로 마지막 구문의 결과가 "Huzzah!"가 된 것이 당황스러울 수 있습니다. 내부적으로 타입스크립트는 boolean 타입을 유니온으로 다루고 있습니다.

```
type boolean = true | false;
```

boolean이 유니온이기 때문에 조건부 타입에서는 다음 예제처럼 동작합니다. 이해를 돕기 위해 조금 풀어 써 보겠습니다.

4 이번 정의에서 남은 문제는, NTuple<string, number>가 string[]이 아니라 []라는 점입니다. 기존 동작을 해치지 않으면서 해결할 수 있는 방법을 스스로 고민해 보기 바랍니다.

```
type SurpriseParty
    = CelebrateIfTrue<boolean>
    = CelebrateIfTrue<true | false>
    = CelebrateIfTrue<true> | CelebrateIfTrue<false>
    = "Huzzah!" | never
    = "Huzzah!";
```

이러한 결과를 의도하지는 않았을 것입니다. 앞서 살펴본 대로 유니온을 제대로 적용하기 위해서 매개변수를 튜플로 감쌀 수 있습니다.

```
type CelebrateIfTrue<V> = [V] extends [true] ? 'Huzzah!' : never;

type SurpriseParty = CelebrateIfTrue<boolean>;
//   ^? type SurpriseParty = never
```

never 타입이 도출된 것도 당황스럽습니다. 이해를 돕기 위해 조금 다른 예제를 살펴보겠습니다. AllowIn<T>는 "Yes", "No"이거나 "Yes" | "no"가 되기를 기대할 것입니다.

```
type AllowIn<T> = T extends {password: "open-sesame"} ? "Yes" : "No";
```

만약 T가 never 타입이었다면 다음처럼 동작할 가능성도 있습니다.

```
type N = AllowIn<never>;
//   ^? type N = never
```

조건문의 어느 쪽도 never가 아님에도 불구하고 never가 도출된 이유는 유니온의 영향 때문입니다. 타입스크립트에서 never 타입은 비어 있는(empty) 유니온으로 간주하며, 더 이상 적용할 것이 없다면 비어 있는 유니온이 적용됩니다. 이해가 어렵다면 T를 T|never(T와 동일함)로 바꾼 후 어떠한 일이 일어나는지 살펴보면 도움이 될 것입니다.

```
AllowIn<T>
  = AllowIn<T | never>
  = AllowIn<T> | AllowIn<never>
  = AllowIn<T> | never
  = AllowIn<T>
```

확실히 T | never는 T와 동일하게 취급되어야 합니다. 그리고 유니온이 적용될 때, F의 정의가 무엇이든 상관없이 F<never>는 never가 되어야 합니다. 앞서 살펴본 대로, 이러한 동작을 원하지 않는다면 조건문을 요소가 한 개인 튜플 형태로 감싸는 해결책을 사용할 수 있습니다.

조건부 타입에 유니온이 적용되는 방식은 아주 강력하면서도 유용합니다. 그러나 절대적인 것은 없기 때문에 제네릭 타입을 작성할 때는 유니온을 적용할 수 있는지 고려해야 합니다. 또한 표면적으로 영향을 미치지 않을 것 같은 리팩터링이 조건부 타입에 유니온이 적용되는 방법에 영향을 미칠 수도 있다는 점을 유념해야 합니다.

요약

- 조건부 타입에 유니온을 적용할지 고려해야 합니다.
- 조건을 추가하거나, 튜플로 감싸서 유니온의 적용을 제어하는 방법을 알아야 합니다.
- 조건부 타입에 유니온을 적용할 때, boolean과 never 타입의 특별한 동작에 대해서 숙지하고 있어야 합니다.

아이템 54 DSL과 문자열의 관계를 모델링하기 위해 템플릿 리터럴 사용하기

아이템 35에서는 string 타입보다 더 정밀한 제어를 하도록 도와주는 대안을 제안했습니다. 그러나 세상에는 수많은 문자열이 존재하기 때문에 모든 경우를 고려하는 것은 불가능합니다. 타입스크립트는 문자열의 패턴과 관계를 다루기 위한 템플릿 리터럴 타입이라는 고유한 기능을 제공합니다. 이번 아이템에서는 이 기능이 어떻게 동작하는지 살펴보고, 템플릿 리터럴을 사용해야만 얻을 수 있는 안전성을 확보하는 방법을 알아보겠습니다.

모든 프로그래밍 언어가 그렇듯이 타입스크립트에도 string 타입이 있습니다. 그러나 지난 아이템에서 살펴본 것처럼, 단일 문자열 값의 영역을 가지는 문자열 리터럴 타입도 존재합니다. 이러한 타입을 조합해서 표현하는 경우가 종종 있습니다.

```
type MedalColor = 'gold' | 'silver' | 'bronze';
```

문자열 리터럴 타입의 유니온을 활용해 유한한 문자열 집합을 모델링할 수 있습니다. string 타입 자체를 사용하면, 가능한 모든 문자열의 무한한 집합을 다룰 수 있습니다. 템플릿 리터럴 타입은 예를 들어, pseudo로 시작하는 모든 문자열 집합 사이를 모델링할 수 있습니다.

```
type PseudoString = `pseudo${string}`;
const science: PseudoString = 'pseudoscience';  // 정상
const alias: PseudoString = 'pseudonym';        // 정상
const physics: PseudoString = 'physics';
//    ~~~~~~~ '"physics"' 형식은 '`pseudo${string}`' 형식에 할당할 수 없습니다.
```

string 타입과 마찬가지로 PseudoString 타입은 무한 영역을 가집니다(아이템 7 참고). 그러나 string과 다르게 PseudoString 타입의 값은 모두 pseudo로 시작하는 특정 구조를 지닙니다. 여느 다른 타입 레벨의 코드 구조처럼 템플릿 리터럴 타입의 문법은 자바스크립트의 템플릿 리터럴로 동작하도록 의도적으로 설계되었습니다.

자바스크립트에는 다양한 종류의 구조화된 문자열이 존재합니다. 예로, 어떠한 객체에 지정된 수의 속성이 필요하면서도 동시에 data-로 시작하는 속성이 허용되어야 하는 경우 등을 들 수 있습니다. 실제로 이러한 패턴은 DOM에서 흔히 발견됩니다.

```
interface Checkbox {
  id: string;
  checked: boolean;
  [key: `data-${string}`]: unknown;
}

const check1: Checkbox = {
  id: 'subscribe',
  checked: true,
  value: 'yes',
// ~~~~ 개체 리터럴은 알려진 속성만 지정할 수 있으며
//      'Checkbox' 형식에 'value'이(가) 없습니다.
  'data-listIds': 'all-the-lists',  // 정상
};
const check2: Checkbox = {
```

```
  id: 'subscribe',
  checked: true,
  listIds: 'all-the-lists',
// ~~~~~~~ 개체 리터럴은 알려진 속성만 지정할 수 있으며
//        'Checkbox' 형식에 'listIds'이(가) 없습니다.
};
```

문자열을 인덱스 타입으로 사용하면, check1에 대한 잉여 속성 체크의 이점을 모두 잃게 되고(아이템 11 참고), check2에는 data-로 시작하지 않는 속성이 허용되는 오류가 발생합니다.

```
interface Checkbox {
  id: string;
  checked: boolean;
  [key: string]: unknown;
}

const check1: Checkbox = {
  id: 'subscribe',
  checked: true,
  value: 'yes',  // 허용됨
  'data-listIds': 'all-the-lists',
};
const check2: Checkbox = {
  id: 'subscribe',
  checked: true,
  listIds: 'all-the-lists'  // 역시 허용됨, 인덱스 타입과 일치
};
```

템플릿 리터럴 타입은 문자열의 부분집합을 모델링하는 데도 도움이 됩니다, 하지만 그 진가는 템플릿 리터럴 타입과 제네릭 그리고 타입 추론을 조합해 타입 간 관계를 표현할 때 비로소 나타납니다.

DOM에서 제공하는 querySelector 함수에 대해 생각해 보겠습니다. 타입스크립트는 HTMLElement에 대한 쿼리를 하면 더욱 구체적인 서브타입을 제시할 만큼 충분히 영리합니다.

```
const img = document.querySelector('img');
//    ^? const img: HTMLImageElement | null
```

예를 들어, 덜 구체적인 Element 타입일 때에는 허용되지 않던 img.src 같은 속

성에도 접근할 수 있습니다(타입스크립트와 DOM에 대한 내용은 아이템 75에서 다룹니다).

그렇다고 그 이상으로 똑똑하지는 않습니다. 특정 ID를 가지는 이미지를 쿼리해 보면, 단지 `Element` 타입만을 얻게 됩니다.

```
const img = document.querySelector('img#spectacular-sunset');
//    ^? const img: Element | null
img?.src
//   ~~~ 'Element' 형식에 'src' 속성이 없습니다.
```

템플릿 리터럴을 활용하면 이 문제를 해결할 수 있습니다. 타입스크립트의 DOM(*lib.dom.d.ts*)에 대한 타입 선언에는 태그명과 타입의 매핑 정보가 포함되어 있습니다.

```
interface HTMLElementTagNameMap {
  "a": HTMLAnchorElement;
  "abbr": HTMLElement;
  "address": HTMLElement;
  "area": HTMLAreaElement;
  // ...
  "video": HTMLVideoElement;
  "wbr": HTMLElement;
}
```

`querySelector`[5]에 대한 몇 가지 선언도 포함되어 있습니다.

```
interface ParentNode extends Node {
  // ...
  querySelector<E extends Element = Element>(selectors: string): E | null;
  // ...
}
```

이제 템플릿 리터럴 타입을 사용해 `tag#id`에 오버로딩을 추가할 수 있습니다.

```
type HTMLTag = keyof HTMLElementTagNameMap;
declare global {
  interface ParentNode {
    querySelector<
```

5 E는 이 선언에서 단 한 번만 등장하므로 타입 매개변수가 잘못 사용되었다고 할 수 있습니다(아이템 51 참고).

```
      TagName extends HTMLTag
    >(
      selector: `${TagName}#${string}`
    ): HTMLElementTagNameMap[TagName] | null;
  }
}
```

이제 의도한 대로 동작하며, 더 정밀한 이미지 타입을 반환하고 `src` 속성에 대한 접근도 가능합니다.

```
const img = document.querySelector('img#spectacular-sunset');
//    ^? const img: HTMLImageElement | null
img?.src  // 정상
```

상당히 개선되었지만, 아직 부족한 부분이 있습니다.

```
const img = document.querySelector('div#container img');
//    ^? const img: HTMLDivElement | null
```

CSS 선택기 문법에서 빈칸은 '~의 자손'을 의미합니다. 이번 경우는 템플릿 리터럴 타입 `${TagName}#${string}`이 `"div"`, `"#"`, `"container img"`와 일치되었습니다. 더 정밀한 타입을 얻으려다가 아이템 40의 조언(부정확한 타입보다는 미완성 타입이 낫다)을 어겼습니다.

템플릿 리터럴 타입을 사용해 CSS 선택기 전체를 구축하는 방법을 떠올릴 수도 있습니다. 하지만, 조금 덜 부담스러운 방법은 또 다른 오버로딩을 도입해 특수한 의미를 가지는 문자를 보호하는 것입니다.

```
type CSSSpecialChars = ' ' | '>' | '+' | '~' | '||' | ',';
type HTMLTag = keyof HTMLElementTagNameMap;

declare global {
  interface ParentNode {
    // 탈출구
    querySelector(
      selector: `${HTMLTag}#${string}${CSSSpecialChars}${string}`
    ): Element | null;

    // 이전과 같음
    querySelector<
      TagName extends HTMLTag
```

```
    >(
      selector: `${TagName}#${string}`
    ): HTMLElementTagNameMap[TagName] | null;
  }
}
```

비록 복잡한 문법을 사용해 조금 덜 정확한 타입을 얻게 되었지만, 결과가 잘못되지는 않습니다.

```
const img = document.querySelector('img#spectacular-sunset');
//    ^? const img: HTMLImageElement | null
const img2 = document.querySelector('div#container img');
//    ^? const img2: Element | null
```

이렇게 해서 안전한 사용을 보장할 수 있습니다. 타입스크립트와 DOM에 대한 더 자세한 내용은 아이템 75를 참고하기 바랍니다.

템플릿 리터럴 타입은 CSS 선택기 같은 도메인 특화 언어(domain specific language, DSL)의 파서를 구현하기 위해 조건부 타입과 조합되어 사용되는 경우가 있습니다. 그 원리를 파악하기 위해서, 스네이크 케이스(snake_cased)의 키를 카멜 케이스(camelCase)로 변환하는 `objectToCamel` 함수의 타입을 정밀하게 모델링해 보겠습니다.

```
// 예: foo_bar -> fooBar
function camelCase(term: string) {
  return term.replace(/_([a-z])/g, m => m[1].toUpperCase());
}

// 반환 타입은 곧 채워집니다.
function objectToCamel<T extends object>(obj: T) {
  const out: any = {};
  for (const [k, v] of Object.entries(obj)) {
    out[camelCase(k)] = v;
  }
  return out;
}

const snake = {foo_bar: 12};
//    ^? const snake: { foo_bar: number; }
const camel = objectToCamel(snake);
// camel의 런타임 값은 {fooBar: 12};
```

```
// 타입이 {fooBar: number}이 되어야 함
const val = camel.fooBar;    // number 타입이어야 함
const val2 = camel.foo_bar;  // 오류이어야 함
```

타입 레벨의 ToCamelOnce 헬퍼 함수부터 정의해 보겠습니다.

```
type ToCamelOnce<S extends string> =
    S extends `${infer Head}_${infer Tail}`
    ? `${Head}${Capitalize<Tail>}`
    : S;

type T = ToCamelOnce<'foo_bar'>;  // 타입이 "fooBar"
```

여기서는 밑줄(_) 앞뒤의 문자열을 추출하기 위해 조건부 타입에서 infer 키워드를 사용했습니다. S가 "foo_bar"이면, Head는 문자열 리터럴 타입 "foo"가 되고 Tail은 문자열 리터럴 타입 "bar"가 됩니다. 타입이 일치했다면, 밑줄이 없고 뒷부분이 대문자로 변환(Capitalize는 내장 헬퍼 함수)된 새로운 문자열(템플릿 리터럴 타입을 사용)을 생성하게 됩니다. 만약 여러 개의 밑줄을 가진 "foo_bar_baz" 같은 문자열에도 동작하게 하려면, 재귀적인 형태로 만들어야 합니다.

```
type ToCamel<S extends string> =
    S extends `${infer Head}_${infer Tail}`
    ? `${Head}${Capitalize<ToCamel<Tail>>}`
    : S;
type T0 = ToCamel<'foo'>;          // 타입이 "foo"
type T1 = ToCamel<'foo_bar'>;      // 타입이 "fooBar"
type T2 = ToCamel<'foo_bar_baz'>;  // 타입이 "fooBarBaz"
```

이제 매핑된 타입(아이템 15 참고)으로 키를 변환하는 헬퍼를 사용해 다음과 같이 objectToCamel 함수에 대한 더욱 정밀한 타입을 모델링할 수 있게 되었습니다.

```
type ObjectToCamel<T extends object> = {
  [K in keyof T as ToCamel<K & string>]: T[K]
};

function objectToCamel<T extends object>(obj: T): ObjectToCamel<T> {
  // ...
}
```

이제 정확히 원하는 타입이 되었습니다.

```
const snake = {foo_bar: 12};
//    ^? const snake: { foo_bar: number; }
const camel = objectToCamel(snake);
//    ^? const camel: ObjectToCamel<{ foo_bar: number; }>
//                                   ({ fooBar: number; }와 동일)
const val = camel.fooBar;
//    ^? const val: number
const val2 = camel.foo_bar;
//                 ~~~~~~~ 'foo_bar' 속성이
//                         'ObjectToCamel<{ foo_bar: number; }>' 형식에 없습니다.
//                         'fooBar'을(를) 사용하시겠습니까?
```

이번에 작성한 `objectToCamel`에 대한 새롭고도 정밀한 타입은, 개발자들의 생산성 향상을 위해 마련된 '세련된' 타입스크립트 기능에 대한 훌륭한 예입니다. `objectToCamel` 함수를 사용하기 위해 템플릿 리터럴 타입이나 조건부 타입, 매핑된 타입에 대한 내용을 모르더라도 더 정밀한 타입을 얻을 수 있습니다. 구체적인 동작을 모르더라도 코드를 이해할 수 있다는 것이 바로 타입스크립트의 장점입니다.

한 가지 작은 문제는 `camel`의 타입에 대한 표시가 어색하다는 것입니다. 아이템 56에서 이를 개선하는 방법을 알아보겠습니다.

요약

- 문자열 타입과 도메인 특화 언어(DSL)를 모델링할 때는 템플릿 리터럴 타입을 사용하면 됩니다.
- 타입 간 미묘한 관계를 표현하기 위해 템플릿 리터럴 타입과 매핑, 조건부 타입을 조합하면 됩니다.
- 부정확한 타입으로 발전하지 않도록 선을 잘 지켜야 합니다. 세련된 언어 기능을 모르더라도 개발자 생산성을 향상시킬 수 있도록 템플릿 리터럴 타입을 최대한 활용하기 위해 신경 써야 합니다.

아이템 55 타입을 위한 테스트 작성하기

두려움이 지루함으로 변할 때까지 테스트를 작성해야 합니다.

– 플립(켄트 벡, 《테스트 주도 개발》(인사이트, 2014)에서 인용)

프로젝트를 공개하기 전에 테스트 코드를 작성해야 하며, 타입 선언도 테스트해야 합니다. 그러나 타입 선언을 테스트하기는 매우 어렵습니다. 다른 프로그래밍 언어에 비해서 타입스크립트에서 타입 관점의 테스트가 특히 중요한 두 가지 이유가 있습니다.

- 타입스크립트를 사용하면 타입에 상당량의 로직을 넣게 됩니다. 로직이 존재한다면 버그가 존재할 것이고, 버그가 존재할 수 있는 곳에는 당연히 테스트를 작성해야 합니다.
- 자바스크립트 라이브러리를 사용하거나 확장할 때, 런타임 구현과 별도로 타입 정의를 하게 됩니다. 즉, 구현과 타입이 별도로 존재하게 되므로 불일치가 발생할 수 있으며 이를 방지하기 위한 테스트를 작성해야 합니다.

타입을 테스트하기 위한 두 가지 표준 방법이 있습니다. 타입 시스템을 활용하거나 타입 시스템과 별도의 도구를 사용하는 것인데, 두 가지 모두 각자의 장점이 존재합니다. 이번 아이템에서는 먼저 타입을 테스트하며 발생하는 비효율적인 측면을 알아보고, 그 후에 두 가지 방법의 장단점을 살펴보겠습니다.

유틸리티 라이브러리에서 제공하는 `map` 함수의 타입 선언을 작성한다고 가정해 보겠습니다(매우 유명한 유틸리티 라이브러리인 로대시와 언더스코어는 `map` 함수를 제공합니다).

```
declare function map<U, V>(array: U[], fn: (u: U) => V): V[];
```

타입 선언을 통해 예상한 타입이 결과로 나타나는지 체크할 수 있는 방법 중 하나는 함수를 호출하는 테스트 파일을 작성하는 것입니다(구현체를 위한 별도의 테스트는 있다고 가정합니다).

```
map(['2017', '2018', '2019'], v => Number(v));
```

이 코드는 오류 체크를 수행하지만, 허점이 존재합니다. 예를 들어, map의 첫 번째 매개변수에 배열이 아닌 단일 값이 있었다면 매개변수의 타입에 대한 오류는 잡을 수 있습니다. 그러나 반환값에 대한 체크가 누락되어 있기 때문에 완전한 테스트라고 할 수 없습니다.

이해를 돕기 위해 다른 예를 들어 보겠습니다. 앞의 코드와 동일한 스타일로 square라는 함수의 런타임 동작을 테스트한다면 다음과 같은 테스트 코드를 작성할 수 있습니다.

```
test('square a number', () => {
  square(1);
  square(2);
});
```

이 테스트 코드는 square 함수 '실행' 과정에서 오류가 발생하지 않는지 체크합니다. 그런데 반환값에 대해서는 체크하지 않기 때문에 실행 결과에 대한 테스트는 하지 않습니다. 따라서 square의 구현이 잘못되어 있더라도 테스트를 통과하게 됩니다.

타입 선언 파일을 테스트할 때는 일반적으로 이 테스트 코드처럼 단순히 함수를 실행만 하는 방식을 적용하게 되는데, 그 이유는 라이브러리 구현체의 기존 테스트 코드를 복사하면 간단히 만들 수 있기 때문입니다. 함수를 실행만 하는 테스트 코드가 의미 없는 것은 아니지만, 실제로 반환 타입을 체크하는 것이 훨씬 좋은 테스트 코드입니다.

반환값을 특정 타입의 변수에 할당해 간단히 반환 타입을 체크하는 방법을 알아보겠습니다.

```
const lengths: number[] = map(['john', 'paul'], name => name.length);
```

이 코드는 일반적으로 불필요한 타입 선언(아이템 18 참고)에 해당합니다. 그러나 테스트 코드 관점에서는 중요한 역할을 하고 있습니다. number[] 타입 선언은 map 함수의 반환 타입이 number[]임을 보장합니다. 실제로 DefinitelyTyped를 살펴보면, 테스트를 위해 동일한 방식을 사용하는 수많은 타입 선언을 볼 수 있습니다. 그러나 테스트를 위해 할당을 사용하는 방법에는 두 가지 근본적인 문제가 있습니다.

첫 번째, 불필요한 변수를 만들게 됩니다. 반환값을 할당하는 변수는 보일러플레이트 코드를 양산하는 원인이 되며, 또한 일부 린팅 규칙(미사용 변수 경고)을 비활성해야 하는 상황을 초래합니다. 이 사태에 대한 일반적인 해결책은 변수를 도입하는 대신 헬퍼 함수를 정의하는 것입니다.

```
function assertType<T>(x: T) {}

assertType<number[]>(map(['john', 'paul'], name => name.length));
```

두 번째, 두 타입이 동일한지 체크하는 것이 아니라 할당 가능성을 체크합니다. 다음 예제처럼 잘 동작하는 경우도 있습니다.

```
const n = 12;
assertType<number>(n);  // 정상
```

n 심벌을 조사해 보면 타입이 실제로 숫자 리터럴 타입인 12임을 볼 수 있습니다. 12는 number의 서브타입이고 할당 가능성 체크를 통과합니다. 그러나 객체의 타입을 체크하는 경우를 살펴보면 문제를 발견할 수 있습니다.

```
const beatles = ['john', 'paul', 'george', 'ringo'];
assertType<{name: string}[]>(
  map(beatles, name => ({
    name,
    inYellowSubmarine: name === 'ringo'
  }))
);  // 정상
```

map은 {name: string, inYellowSubmarine: boolean} 객체의 배열을 반환합니다. 반환된 배열은 {name: string}[]에 할당 가능하지만, inYellowSubmarine 속성에 대한 부분이 체크되지 않았습니다. 상황에 따라 타입이 정확한지 체크할 수도 있고, 할당이 가능한지 체크할 수도 있습니다. 게다가 assertType에 함수를 넣어 보면 이상한 결과가 나타납니다.

```
const add = (a: number, b: number) => a + b;
assertType<(a: number, b: number) => number>(add);  // 정상
```

```
const double = (x: number) => 2 * x;
assertType<(a: number, b: number) => number>(double);  // 정상!?
```

double 함수의 체크가 성공하는 이유는, 타입스크립트의 함수를 매개변수가 더 적은 함수 타입에 할당 가능하기 때문입니다. 이해를 돕기 위해 또 다른 예를 들어 보겠습니다.

```
const g: (x: string) => any = () => 12;  // 정상
```

앞의 코드는 선언된 것보다 적은 매개변수를 가진 함수를 할당하는 것이 아무런 문제가 없다는 사실을 보여 줍니다. 이러한 사례는 콜백 함수에서 흔히 볼 수 있기 때문에 타입스크립트에서는 이러한 동작(선언보다 많은 수의 매개변수)을 모델링하도록 설계되어 있습니다. 예를 들어, 로대시의 map 함수 콜백은 세 가지 매개변수를 받습니다.

```
map(array, (element, index, array) => { /* ... */ });
```

콜백 함수는 보통 세 가지 매개변수 element, index, array 중에서 한두 개만 사용합니다. 매개변수 세 개를 모두 사용하는 경우는 매우 드뭅니다. 만약 매개변수의 개수가 맞지 않는 경우를 타입 체크에서 허용하지 않으면, 매우 많은 곳의 자바스크립트 코드에서 콜백 함수의 타입과 관련된 오류가 발생할 것입니다.

다시, assertType 문제로 돌아와 보겠습니다. 제대로 된 assertType 사용 방법은 무엇일까요? 다음 코드처럼 Parameters와 ReturnType 제네릭 타입을 이용해서 함수의 매개변수 타입과 반환 타입만 분리해 테스트할 수 있습니다.

```
const double = (x: number) => 2 * x;
declare let p: Parameters<typeof double>;
assertType<[number, number]>(p);
//                              ~ '[number]' 형식의 인수는 '[number, number]'
//                                형식의 매개변수에 할당될 수 없습니다.
declare let r: ReturnType<typeof double>;
assertType<number>(r);  // 정상
```

한편, this가 등장하는 콜백 함수의 경우는 또 다른 문제가 있습니다. map은 콜백 함수에서 this의 값을 사용할 때가 있으며 타입스크립트는 이러한 동작을

모델링할 수 있으므로(아이템 69 참고), 타입 선언에 반영해야 하며 테스트도 해야 합니다.

map에 대한 테스트는 모두 블랙박스 스타일이었습니다. map의 매개변수로 배열을 넣어 함수를 실행하고 반환 타입을 테스트했지만, 중간 단계의 세부 사항은 테스트하지 않았습니다. 세부 사항을 테스트하기 위해서 콜백 함수 내부에서 매개변수들의 타입과 this를 직접 체크해 보겠습니다.

```
const beatles = ['john', 'paul', 'george', 'ringo'];
assertType<number[]>(map(
  beatles,
  function(name, i, array) {
    // ~~~ '(name: any, i: any, array: any) => any' 형식의 인수는
    //     '(u: string) => any' 형식의 매개변수에 할당될 수 없습니다.
    assertType<string>(name);
    assertType<number>(i);
    assertType<string[]>(array);
    assertType<string[]>(this);
    //                    ~~~~ 'this'에는 암시적으로 'any' 형식이 포함됩니다.
    return name.length;
  }
));
```

이 코드는 map의 콜백 함수에서 몇 가지 문제가 발생했습니다. 콜백은 하나의 매개변수만 받으며, this에 대한 타입은 정의되지 않았습니다. 한편, 이번 예제의 콜백 함수는 화살표 함수가 아니기 때문에 this의 타입을 테스트할 수 있음을 주의하기 바랍니다.

다음 코드의 선언을 사용하면 타입 체크를 통과합니다.

```
declare function map<U, V>(
  array: U[],
  fn: (this: U[], u: U, i: number, array: U[]) => V
): V[];
```

그러나 여전히 중요한 마지막 문제가 남아 있습니다. 다음 모듈 선언은 까다로운 테스트를 통과할 수 있는 완전한 타입 선언 파일이지만, 결과적으로는 좋지 않습니다.

```
declare module 'your-amazing-module';
```

이 선언은 전체 모듈에 any 타입을 할당합니다. 따라서 테스트를 전부 통과하겠지만, 모든 타입 안전성을 확보할 수는 없습니다. 더 나쁜 점은 해당 모듈에 속하는 모든 함수의 호출마다 암시적으로 any 타입을 반환하기 때문에 코드 전반에 걸쳐 타입 안전성을 지속적으로 무너뜨린다는 것입니다. noImplicitAny를 설정하더라도 타입 선언을 통해 여전히 any 타입이 생겨납니다.

이 문제를 다룰 수 있는 한 가지 방법은 예외가 발생하기를 기대하는 '부정적' 테스트를 추가하는 것입니다. 이를 위해 @ts-expect-error 구문을 사용할 수 있습니다.

```
// @ts-expect-error는 두 개의 매개변수만 취할 수 있습니다.
map([1, 2, 3], x => x * x, 'third parameter');
```

이는 오류 체크 결과를 반대로 만듭니다. 이제는 타입 오류가 없으면 컴파일러 오류가 발생합니다. 이 방법은 any 타입 사용을 어느 정도 방지해 줍니다. 그러나 @ts-expect-error는 매우 불분명한 표현이기 때문에 어떠한 오류가 발생했는지를 설명하지 못합니다. 예를 들어, 직전 예제에서는 매개변수에 암시적 any 오류가 있을 수 있기 때문에 any 타입을 허용합니다.

```
declare const map: any;
map([1, 2, 3], x => x * x, 'third parameter');
//              ~ 'x' 매개변수에는 암시적으로 'any' 형식이 포함됩니다.
```

한 가지 우회책은 코드를 여러 줄로 나누어서 지시자의 적용 스코프를 제한하는 것입니다.

```
map(
  [1, 2, 3],
  x => x * x,
  // @ts-expect-error는 두 개의 매개변수만 취할 수 있습니다.
  'third parameter'
);
```

이처럼 손이 많이 가는 any 타입을 다루기 위해 assertType을 적용할 수 있다면 더 나을 것입니다. 타입 별칭을 활용해서 any 타입을 감지하는 영리한 방법도 있습니다. 그러나 테스트 코드에 복잡성을 더하기보다는 테스트 라이브러리를 사용하는 방향으로 개선해 보겠습니다.

타입 시스템 내에서 많이 사용되는 테스트 라이브러리 중 하나가 바로 expect-type입니다. 직접 사용할 수도 있고, vitest 테스트 프레임워크 번들로 사용할 수도 있습니다. 다음 예제를 확인하기 바랍니다.

```
import {expectTypeOf} from 'expect-type';

const beatles = ['john', 'paul', 'george', 'ringo'];
expectTypeOf(map(
  beatles,
  function(name, i, array) {
    expectTypeOf(name).toEqualTypeOf<string>();
    expectTypeOf(i).toEqualTypeOf<number>();
    expectTypeOf(array).toEqualTypeOf<string[]>();
    expectTypeOf(this).toEqualTypeOf<string[]>();
    return name.length;
  }
)).toEqualTypeOf<number[]>();
```

기대한 바와 같이 any 타입, 다양한 함수 타입, readonly 속성 같은 미묘한 차이점을 잡아냈습니다.

```
const anyVal: any = 1;
expectTypeOf(anyVal).toEqualTypeOf<number>();
//                                 ~~~~~~
// 'number' 형식이 'never' 제약 조건을 만족하지 않습니다.

const double = (x: number) => 2 * x;
expectTypeOf(double).toEqualTypeOf<(a: number, b: number) => number>();
//                                 ~~~~~~~~~~~~~~~~~~~~~~~~~~~~~~~~
// ... 형식이 '"Expected: function, Actual: never"' 제약 조건을 만족하지 않습니다.

interface ABReadOnly {
  readonly a: string;
  b: number;
}
declare let ab: {a: string, b: number};
expectTypeOf(ab).toEqualTypeOf<ABReadOnly>();
//                 ~~~~~~~~~~~~
// REST 매개변수 'MISMATCH'에 대한 인수가 제공되지 않았습니다.
expectTypeOf(ab).toEqualTypeOf<{a: string, b: number}>();  // 정상
```

이러한 방식으로 타입을 테스트하면 몇 가지 장점이 있습니다.

- 추가적인 도구가 필요하지 않습니다. 모든 타입 테스트는 이미 사용하고 있는 tsc를 통해 수행됩니다.
- 타입은 구조적으로 테스트되므로 1|2와 2|1 같은 의미 없는 차이로 인한 문제가 발생하지 않습니다.
- 타입스크립트 언어 서비스가 리팩터링에 도움을 줍니다. 만약 인터페이스의 이름을 바꾸면 연결된 타입 단언문에서도 이름이 갱신됩니다.
- prettier 같은 포맷팅 도구를 사용 중이라면 단언문 역시 동일한 포맷으로 조정됩니다.

반면, 몇 가지 단점도 존재합니다.

- 타입 불일치 메시지('MISMATCH')는 어떠한 부분에서 어떠한 불일치인지 자세히 알려 주지 않습니다.
- 타입의 구조를 테스트하기 때문에, 표시와 관련된 문제는 감지하지 못합니다. 이와 관련된 문제를 어떻게 다루어야 하고, 어떻게 주의해야 하는지를 아이템 56에서 설명합니다.

이러한 방식은 타입을 테스트할 때 활용할 수 있는 훌륭하면서도, 아이템 초반에 등장한 수작업 테스트보다 훨씬 개선된 것입니다.

타입 챌린지 저장소(*https://tsch.js.org*)로부터 대중화된 또 다른 접근법도 있습니다.

```
export type Equals<X, Y> =
  (<T>() => T extends X ? 1 : 2) extends
  (<T>() => T extends Y ? 1 : 2) ? true : false;

export type Expect<T extends true> = T;

const double = (x: number) => 2 * x;
type Test1 = Expect<Equals<typeof double, (x: number) => number>>;
type Test2 = Expect<Equals<typeof double, (x: string) => number>>;
//                    ~~~~~~~~~~~~~~~~~~~~~~~~~~~~~~~~~~~~~~~~~~~~~
//                    'false' 형식이 'true' 제약 조건을 만족하지 않습니다.
```

아이템 48을 참고해 함수 타입은 반환 타입과 대응하며 공변적이라는 점을 떠올려 보기 바랍니다. 그러나 첫 번째 조건부 타입을 두 번째에 제대로 할당하려면 X가 Y와 동일해야 합니다(확실히 확인해 보려면 X와 Y 사이에 T를 끼워 넣어 보면 됩니다). 타입이 동일한지 확인하기 위해 타입 레벨의 로직에 의존하지 않고, 타입스크립트 자체를 활용해 동일성을 비교하는 드문 경우입니다.

expect-type보다 조금 더 강력한 방법이지만, 역시 장점과 단점을 동반합니다. 테스트가 실패하는 경우 출력되는 오류 메시지가 명확하지 않습니다. 그리고 타입 동일성은 타입스크립트에서 매우 드문 개념이어서 의미가 조금 모호합니다. 타입의 표시 관점에서 제대로 동작하거나 그렇지 않은 경우도 있습니다.

```
type Test3 = Expect<Equals<1 | 2, 2 | 1>>;                    // 정상
type Test4 = Expect<Equals<[a: 1, b: 2], [1, 2]>>;            // 좋지 않음
type Test5 = Expect<Equals<{x: 1} & {y: 2}, {x: 1, y: 2}>>;   // 이상 동작
//                  ~~~~~~~~~~~~~~~~~~~~~~~~~~~~~~~~~~~~~~~~
//                  'false' 형식이 'true' 제약 조건을 만족하지 않습니다.
```

타입 시스템 내에서 타입을 테스트하는 방법에 대한 설명은 이 정도로 마무리하겠습니다. 타입 시스템 외부에서 타입을 테스트하는 일반적인 두 가지 도구는 dtslint와 eslint-plugin-expect-type입니다. 이름에서 알 수 있듯이 두 가지 모두 린터(linter)로서 동작합니다.

DefinitelyTyped의 타입 선언을 위한 도구는 dtslint입니다. dtslint는 특별한 형태의 주석을 통해 동작합니다. dtslint를 사용하면 beatles 관련 예제의 테스트를 다음처럼 작성할 수 있습니다.

```
const beatles = ['john', 'paul', 'george', 'ringo'];
map(beatles, function(
  name,  // $ExpectType string
  i,     // $ExpectType number
  array  // $ExpectType string[]
) {
  this   // $ExpectType string[]
  return name.length;
});      // $ExpectType number[]
```

dtslint는 할당 가능성을 체크하는 대신 각 심벌의 타입을 추출해 글자 자체가 같은지 비교합니다. 이 비교 과정은 편집기에서 타입 선언을 눈으로 보고 확인하는 것과 같은데, dtslint는 이러한 과정을 자동화합니다. 그러나 이러한 비교 방식에는 단점이 있습니다. number|string과 string|number는 같은 타입이지만 글자 자체로만 보면 다르므로 다른 타입으로 인식됩니다. string과 any를 비교할 때도 마찬가지인데, 두 타입은 서로 간 할당 가능하지만, 글자 자체는 다르므로 다른 타입으로 인식됩니다.

eslint-plugin-expect-type은 방식은 비슷하지만, ESLint 플러그인으로 동작합니다. DefinitelyTyped의 타입이 아니라 직접 작성한 타입을 테스트하는 경우라면 이 방법을 사용하는 것이 더 편리합니다. $ExpectType 방식 외에도 투 슬래시(twoslash) 스타일 방식도 사용할 수 있습니다.

```
const spiceGirls = ['scary', 'sporty', 'baby', 'ginger', 'posh'];
//    ^? const spiceGirls: string[]
```

이 형태가 이 책의 예제들에서 사용되는 것과 동일한 문법이기 때문에 더 익숙해 보일 것입니다. 타입스크립트 플레이그라운드에서도 투 슬래시 주석을 사용할 수 있습니다('2판 서문'의 그림 P-1 참고).

외부 도구를 사용해 타입을 테스트하는 경우, 몇 가지 장점이 있습니다.

- 편집기상에서 타입을 확인하는 방식과 일치합니다. 타입을 글자 단위로 비교할 때 어떠한 타입 레벨의 기교도 필요하지 않습니다.
- 타입의 문자열 표현을 테스트하기 때문에 타입 표시 관점에서 문제를 감지할 수 있습니다(아이템 56에서 자세히 다룹니다).
- ESLint 플러그인의 자동 수정 기능을 사용하면 테스트를 쉽게 업데이트할 수 있습니다.

다만, 몇 가지 단점도 있습니다.

- ESLint를 사용하고 있지 않았다면 도구를 새로 설정해야 합니다.
- 너무 민감할 수 있습니다. 예를 들어, 1|2와 2|1을 다른 타입으로 인식합니다.
- 타입이 주석에 존재하므로 포맷팅이나 리팩터링에서 제외될 수 있습니다.

어떠한 도구는 하이브리드 방식을 취합니다. 예를 들어, tsd는 타입 시스템 내에서 동작하는 테스트 도구이지만, 다른 도구에서는 얻을 수 없는 강력한 타입 체크 기능을 제공하는 외부 도구를 포함합니다.

마지막으로, 어떠한 도구도 테스트에 도움이 되지 않는 경우도 있습니다. 예를 들어 보겠습니다. 다음 예제는 모든 string을 허용하지만, 몇 가지 값에 대해서는 자동완성을 제공합니다.

```
type Game = 'wordle' | 'crossword' | (string & {});
const spellingBee: Game = 'spelling bee';
let g: Game = '';
```

만약 마지막 빈 문자열 안에서 [Ctrl] - [Space] 키를 누르면, 타입스크립트는 'wordle'이나 'crossword'를 추천해 줄 것입니다. 그러나 여전히 어떠한 문자열이든 Game에 할당 가능합니다. 이 부분이 의도대로 동작하는지 테스트해 보면 앞서 설명한 두 가지 방법 모두 제대로 동작하지 않을 것입니다(그림 6-2 참고).

그림 6-2 타입스크립트가 두 개의 자동완성 값을 제안하지만, 다른 모든 문자열도 할당 가능합니다.

타입 선언을 테스트하는 것은 어렵지만, 반드시 해야 하는 작업입니다. 그러나 타입 테스트를 위한 일반적인 기법에는 몇 가지 문제가 있다는 것을 주의해야 합니다. 그렇다고 타입을 테스트하는 자체 시스템을 구축해서는 안 됩니다. 만약 DefinitelyTyped의 타입 선언을 작성 중이라면 표준 도구인 dtslint를 사용해야 합니다. 직접 만든 타입을 테스트하려면 vitest, expect-type, tsd 같은 라이브러리를 사용하는 것이 좋습니다. 타입의 구조뿐 아니라 표시 형식까지 테스트하려면 eslint-plugin-expect-type을 사용하는 것이 좋습니다.

요약

- 타입을 테스트할 때는 함수 타입의 동일성(equality)과 할당 가능성(assignability)의 차이점을 알고 있어야 합니다.
- 콜백이 있는 함수를 테스트할 때, 콜백 매개변수의 추론된 타입을 체크해야 합니다. 또한 this가 API의 일부분이라면 역시 테스트해야 합니다.
- 자체 테스트 도구를 만들지 말고, 표준 도구 중 하나를 사용해야 합니다.
- DefinitelyTyped의 테스트에는 dtslint를 사용해야 합니다. 작성 중인 타입을 테스트할 때는 vitest, expect-type 또는 타입 챌린지 접근법을 사용하는 것이 좋습니다. 끝으로 타입의 표시 형식을 테스트하는 목적이라면 eslint-plugin-expect-type을 사용하는 것이 좋습니다.

아이템 56 타입이 표시되는 방식 관리하기

코드를 작성할 때 보통은 타입이 무엇인지, 어떠한 값이 할당 가능한지 신경 씁니다. 그러나 타입스크립트 라이브러리를 사용할 때는 타입이 표시되는 방식에 따라 생산성이 크게 달라집니다. 즉, 라이브러리 작성자라면 타입이 어떻게 보여지는지 신경을 써야 합니다.

어떠한 타입이든, 표시되는 방법은 여러 가지가 존재합니다. 예를 들어, 유니온 타입은 일반적으로 요소가 나열된 순서대로 표시됩니다.

```
type T123 = '1' | '2' | '3';
//   ^? type T123 = "1" | "2" | "3"
```

그러나 만약 앞서 소개했던 것처럼 영역이 겹치는 타입의 유니온은, 조금 다른 형태로 표시될 수도 있습니다.

```
type T21 = '2' | '1';
//   ^? type T21 = "2" | "1"

type T123 = '1' | '2' | '3';
//   ^? type T123 = "2" | "1" | "3"
```

1, 2, 3과 2, 1, 3 이 두 가지 형태는 동일한 타입을 표현하고 있습니다. 가독성 측면에서는 두 가지 모두 거의 동일하지만, 경우에 따라서 다른 효력을 가질 수 있습니다.

의도치 않은 타입 표시에 대한 예시를 들기 위해, 객체의 일부 속성만 선택적으로 만드는 `PartiallyPartial` 제네릭을 구현해 보겠습니다.

```
type PartiallyPartial<T, K extends keyof T> =
  Partial<Pick<T, K>> & Omit<T, K>;
```

실제 테스트 결과는 다음과 같습니다.

```
interface BlogComment {
  commentId: number;
  title: string;
  content: string;
}

type PartComment = PartiallyPartial<BlogComment, 'title'>;
//   ^? type PartComment =
//          Partial<Pick<BlogComment, "title">> &
//          Omit<BlogComment, "title">
```

제네릭 타입은 올바르게 구현되었으며, 타입의 표시도 완벽히 유효한 형태입니다. 그러나 `PartComment`의 타입을 조사해 보면 몇 가지 의문이 듭니다. `title`의 타입이 무엇인지, `null`이 가능한 것인지, 그리고 `Omit` 연산 후에 남는 필드는 무엇인지 알기 어렵습니다. 타입이 연산된 결과를 보여 주기보다는, 연산이 어떠한 과정으로 이루어지는지 그 구현을 보여 주는 것처럼 느껴집니다.

이러한 제네릭 타입의 문제를 개선하기 위해 몇 가지 작업을 추가해 보겠습니다. 이 문제를 해결하기 위해 널리 쓰이는 기법이 있습니다.

```
type Resolve<T> = T extends Function ? T : {[K in keyof T]: T[K]};
```

먼저 사용하는 방법을 살펴보고 이어서 그 동작 원리를 생각해 보겠습니다.

```
type PartiallyPartial<T, K extends keyof T> =
  Resolve<Partial<Pick<T, K>> & Omit<T, K>>;
```

```
type PartComment = PartiallyPartial<BlogComment, 'title'>;
//   ^? type PartComment = {
//          title?: string | undefined;
//          commentId: number;
//          content: string;
//      }
```

제네릭 타입을 간단히 Resolve로 감싸는 것만으로 모든 속성이 표시되게 만들었습니다. 이로써 타입이 무엇인지 명확히 알 수 있을 뿐 아니라 구현이나 동작 원리에 대한 것도 모두 감출 수 있게 되었습니다. PartiallyPartial을 사용하는 곳에서는 Partial, Pick, Omit 같은 연산자가 사용되었는지 알 필요가 없습니다.

이제 Resolve가 어떻게 동작하는지 살펴보겠습니다. 조건부 타입을 제외한다면, 단지 객체 타입의 속성을 정의하는 표현만 남습니다.

```
type ObjIdentity<T> = {[K in keyof T]: T[K]};
```

실제 이러한 방식으로 임의의 타입을 분석(resolve)할 수 있습니다. 이는 동형 매핑 타입(아이템 15 참고)이기 때문에 기본형 타입을 건드리지 않고 그대로 허용합니다.

```
type S = ObjIdentity<string>;
//   ^? type S = string
type N = ObjIdentity<number>;
//   ^? type N = number
type U = ObjIdentity<'A' | 'B' | 'C'>;
//   ^? type U = "A" | "B" | "C"
```

그러나 함수를 대상으로는 분석할 수 없습니다. 왜냐하면 Resolve를 보호하는 조건부 타입이 없기 때문입니다.

```
type F = ObjIdentity<(a: number) => boolean>;
//   ^? type F = {}
```

이 헬퍼 함수는 제네릭 타입을 많이 사용하는 타입스크립트 코드에서 흔히 볼 수 있습니다. Resolve라는 이름은 하나의 예시일 뿐입니다. 실제로는 다음과 같이 `Simplify`, `NOP`, `NOOP`, `MergeInsertion`라고 부르기도 합니다.

객체 타입을 재귀적으로 분석하기 위해 `DeepResolve` 같은 함수를 만들 수도 있습니다. 하지만 클래스에 대해서는 너무 과도하게 동작할 수 있기 때문에 일반적으로 좋은 방법이라고 할 수는 없습니다.

```
type D = Resolve<Date>;
//   ^? type D = {
//        toLocaleString: {
//            (locales?: Intl.LocalesArgument,
//            options?: Intl.DateTimeFormatOptions | undefined): string;
//            (): string;
//            (locales?: string | string[] | undefined,
//            options?: Intl.DateTimeFormatOptions | undefined): string;
//        };
//        ...;
//        [Symbol.toPrimitive]: {
//            ...;
//        };
//      }
```

인라인을 모두 보여 주니 너무 장황합니다. 차라리 여기서는 단지 `Date`라고만 표시되는 편이 낫습니다. 인라인으로 사용된 `keyof` 표현식을 분해하고 싶은 경우에도 `Resolve`를 사용할 수 있습니다.

```
interface Color { r: number; g: number; b: number; a: number };
type Chan = keyof Color;
//   ^? type Chan = keyof Color
type ChanInline = Resolve<keyof Color>;
//   ^? type ChanInline = "r" | "g" | "b" | "a"
```

표시되는 타입이 깔끔해야 하는 경우도 있습니다. `PartiallyPartial`은 타입 매개변수 `K`가 `never`인 경우(필드에 선택적 필드가 없을 때)에 해당합니다.

```
type FullComment = PartiallyPartial<BlogComment, never>;
//   ^? type FullComment = {
//            title: string;
//            commentId: number;
//            content: string;
//          }
```

타입을 표시하는 유효한 방법이며 결과도 정확합니다. 그러나 더욱 간결하게 표현할 수 있습니다. FullComment는 BlogComment와 동일하므로 특정한 경우의 수를 하나 추가하면 됩니다.

```
type PartiallyPartial<T extends object, K extends keyof T> =
  [K] extends [never]
  ? T                   // 특수 케이스
  : T extends unknown   // 유니온의 전파를 유지하기 위한 부가 조건
  ? Resolve<Partial<Pick<T, K>> & Omit<T, K>>
  : never;

type FullComment = PartiallyPartial<BlogComment, never>;
//   ^? type FullComment = BlogComment
```

조건을 K 대신 [K]를 사용해 튜플 타입으로 감싸고 T extends unknown을 추가한 이유는 아이템 53을 참고하기 바랍니다. 이러한 경우의 수를 하나 추가함으로써 기존 PartiallyPartial의 동작에는 전혀 영향을 주지 않으면서도 결과 타입을 표시하는 방식을 개선할 수 있습니다.

타입 표시를 조정하는 몇 가지 다른 기법도 있습니다.

- 인라인 keyof 표현식을 Exclude<keyof T, never>로 변경
- 인라인 객체 타입에 unknown & T 또는 {} & T로 변경

두 가지 모두 Resolve로 대체할 수 있습니다. Resolve는 같은 효과를 내면서도 더욱 견고합니다.

특정 부분의 가독성을 개선하기 위해 타입 표시를 조정할 때, 다른 부분의 가독성을 떨어뜨려서는 안 됩니다. 이러한 조정은 미묘해 동작에 변화를 주지는 않기 때문에 코드 품질이 떨어지는 것을 알기 어렵습니다. 타입스크립트 버전 변화도 타입 표시에 영향을 미칠 수 있습니다. 그렇기 때문에 타입의 표시를 테스트하기 위한 체계를 마련하는 것이 중요합니다. 테스트 방법은 아이템 55에서 다룬 바 있습니다.

요약

- 하나의 타입을 표시하는 여러 가지 방법이 존재하며, 방법마다 가독성 차이가 있습니다.
- 타입스크립트는 `Resolve` 제네릭을 포함한, 타입 표시를 제어하는 몇 가지 도구를 제공합니다. 타입 표시를 명확하게 만들고 구현 세부 사항을 숨길 수 있지만, 신중하게 사용해야 합니다.
- 타입 표시를 개선할 때, 중요한 몇 가지 경우를 별도로 처리하는 것을 고려해야 합니다.
- 코드 품질을 유지하기 위해 제네릭 타입과 타입 표시에 대한 테스트를 작성해야 합니다.

아이템 57 제네릭 타입 반복에는 꼬리 재귀 사용하기

역사적으로 컴퓨터 프로그래밍은 계획적으로 발전하기보다 우연한 계기로 발전한 경우가 훨씬 많았습니다. 만약 여러분이 어떠한 시스템에 커스텀 기능을 추가하면, 사용자는 해당 기능을 좋아하며, 관련된 더 많은 기능을 요구할 것입니다. 이에 부응해서 여러분은 유용한 기능을 더 추가해 사용자에게도 더 많은 제어 권한을 부여할 것입니다. 이러한 과정이 반복되면 어느 순간 시스템이 튜링 완전(Turing Complete)[6]하게 되었음을 깨닫게 됩니다. 실제로 이렇게 역동적으로 발전한 사례로는 마이크로소프트 엑셀, C 전처리기, C++ 템플릿, 그리고 타입스크립트 제네릭 타입을 들 수 있습니다.

우연한 계기로 발전한 프로그래밍 언어 대부분은 순수 함수형 언어입니다. 순수 함수형 언어는 함수의 조합과 분기문 같은 최소한의 개념만으로 최대한의 기능을 제공합니다. 타입스크립트 타입 시스템의 경우, 제네릭 타입을 인스턴스화하는 것이 함수의 조합이며, 객체 타입의 키를 조회하거나 조건부 타입을 사용하는 것이 분기문에 해당합니다.

순수 함수형 언어에서는 일반적으로 재귀를 통해 반복문을 구현합니다. 아이템 54에서 본 것처럼, 문자열 타입을 처리할 때 매우 효율적입니다. 그러나

6 타입스크립트의 사례는 *https://github.com/microsoft/TypeScript/issues/14833*을 참고하기 바랍니다.

재귀가 개념적으로 효율적이긴 하지만, 재귀 호출마다 메모리 스택에 새 엔트리가 생성되어야 하므로 현실에서는 몇 가지 문제를 일으킵니다. 구체적으로 어떠한 문제가 발생하는지 살펴보기 위해, 재귀를 사용해 리스트 내의 모든 숫자를 더하는 자바스크립트 함수를 작성해 보겠습니다.

```
function sum(nums: readonly number[]): number {
  if (nums.length === 0) {
    return 0;
  }
  return nums[0] + sum(nums.slice(1));
}

console.log(sum([0, 1, 2, 3, 4]));
```

예상한 대로 다음과 같이 출력됩니다.

```
10
```

이 방법은 리스트의 숫자를 모두 더하기에 그리 효율적이지 않습니다. 리스트의 각 요소는 스택 공간을 소비하는 또 다른 재귀를 호출하므로 결국 오버플로를 발생시킵니다. 이 책을 쓰는 시점에 Node.js를 사용해서 실행했더니 리스트의 길이가 7,000에서 8,000 사이일 때 오버플로가 발생했습니다.

```
const arr = Array(7875).fill(1);
console.log(sum(arr));

    return nums[0] + sum(nums.slice(1));
                                    ^

RangeError: Maximum call stack size exceeded
```

`for-of` 루프를 사용해 구현한 버전에서는 이러한 제한이 없었습니다. 그렇다고 재귀보다 루프가 더 나은 방법이라고 단정 짓기에는 섣부릅니다. 오래전, 함수형 개발자들은 이 문제를 극복하기 위한 기발한 해결책을 발견했습니다. 임의의 함수가 마지막으로 수행하는 작업이 자기 스스로를 재귀적으로 호출하고 바로 그 결과를 반환한다면, 그 값을 유지하지 않아도 되므로 스택의 공간을 사용할 필요가 없다는 점에 착안했습니다. 이와 같은 개념을 꼬리 물기 최

적화(Tail Call Optimization, TCO)라고 부르며, 이러한 형태로 구성된 함수를 **꼬리 재귀**(tail recursion)라고 부릅니다.

다음 예제는 누산기를 사용해 합계를 구하는 함수의 꼬리 재귀 버전입니다.

```
function sum(nums: readonly number[], acc=0): number {
  if (nums.length === 0) {
    return acc;
  }
  return sum(nums.slice(1), nums[0] + acc);
}
```

실행해 보면 스택오버플로 없이도 정확한 결과가 빠르게 도출됩니다.[7]

```
$ bun sum-tail-rec.js
7875
```

지금까지 살펴본 개념을 타입스크립트의 재귀적인 타입 별칭에도 적용할 수 있습니다. 타입스크립트는 무한 루프나 타입 체커의 속도 저하를 방지하기 위해 타입 별칭의 재귀 인스턴스 수를 제한합니다. 그러나 꼬리 물기 최적화를 지원하기 때문에 타입 별칭에 꼬리 재귀 형태를 사용한다면 훨씬 깊은 단계까지 반복할 수 있습니다. 타입 별칭의 반복이 필요할 때는 더욱 효율적이고 더 많은 기능을 활용하기 위해서 가급적 꼬리 재귀 형태로 만들어야 합니다.

특히 문자열 리터럴 타입을 한 글자씩 처리하는 제네릭과 관련이 있습니다. 예로, 문자열 리터럴 타입을 한 글자씩 분리한 유니온으로 변환하는 제네릭을 생각해 보겠습니다.

```
type GetChars<S extends string> =
    S extends `${infer FirstChar}${infer RestOfString}`
    ? FirstChar | GetChars<RestOfString>
    : never;

type ABC = GetChars<"abc">;
//   ^? type ABC = "a" | "b" | "c"
```

7 ES2015에서는 자바스크립트 엔진이 꼬리 물기 최적화(TCO)를 지원하도록 되어 있으나, 이 책을 쓰는 시점에는 사파리만 지원합니다. 실제 TCO의 동작을 확인하려면, V8(크롬) 기반의 Node 대신 JavaScriptCore(사파리) 기반의 bun 같은 런타임을 사용해야 합니다.

이 방식은 재귀 호출 후에 FirstChar로 유니온 연산을 수행하므로 꼬리 재귀 형태가 아닙니다. 만약 문자열 리터럴 타입의 길이가 50보다 크다면, 오버플로가 발생합니다.

```
type Long = GetChars<"abcdefghijklmnopqrstuvwxyzABCDEFGHIJKLMNOPQRSTUVWX">;
//          ~~~~~~~~~~~~~~~~~~~~~~~~~~~~~~~~~~~~~~~~~~~~~~~~~~~~~~~~~~~~~~~~~
//          형식 인스턴스화는 깊이가 매우 깊으며 무한할 수도 있습니다.
```

이러한 문제가 실제 상황에서 어떻게 발현되는지 살펴보기 위해, 아이템 54의 objectToCamel을 다시 불러오겠습니다. 이 함수는 스네이크 케이스(snake_case) 속성({foo_bar: 0})을 가지는 객체를 받아서 카멜 케이스(camelCase) 속성({fooBar: 0})을 반환합니다. 문자열 리터럴 타입 "foo_bar"를 "fooBar"로 변환하기 위해 ToCamel 제네릭을 작성했습니다.

이제 반대로 ToSnake 함수를 만들어 보겠습니다. 이 경우에는 구분자("_")가 없기 때문에 글자 하나씩 처리하도록 만들어 보겠습니다. 이를 구현하면 다음과 같습니다.

```
type ToSnake<T extends string> =
    string extends T
    ? string  // We want ToSnake<string> = string
    : T extends `${infer First}${infer Rest}`
    ? (First extends Uppercase<First>           // 첫 글자가 대문자인지 확인
      ? `_${Lowercase<First>}${ToSnake<Rest>}`  // 예: "B" -> "_b"
      : `${First}${ToSnake<Rest>}`)
    : T;

type S = ToSnake<'fooBarBaz'>;
//   ^? type S = "foo_bar_baz"

type Two = ToSnake<'className' | 'tagName'>;
//   ^? type Two = "class_name" | "tag_name"
```

문자열 리터럴 타입의 첫 번째 글자가 대문자인지에 따라서 두 가지 재귀가 별도로 호출됩니다. 하나는 밑줄을 붙이며 소문자로 바꾸는 동작이고, 또 다른 하나는 글자를 그대로 유지하는 동작입니다. 마지막 실행에서는 유니온의 적용 범위가 올바르게 동작함을 볼 수 있습니다(아이템 53 참고).

타입 별칭은 조건문의 각 분기(문자열 연결, 소문자로 변경)에서 재귀 호출 후에 동작하기 때문에 꼬리 재귀 형태가 아닙니다. 그리고 이제는 스택에서 오버플로가 발생하기 쉬운 구조라는 사실도 쉽게 알아챌 수 있을 것입니다.

```
type Long = ToSnake<'reallyDescriptiveNamePropThatsALittleTooLoquacious'>;
//          ~~~~~~~~~~~~~~~~~~~~~~~~~~~~~~~~~~~~~~~~~~~~~~~~~~~~~~~~~~~~~~~~~~~~~
//          형식 인스턴스화는 깊이가 매우 깊으며 무한할 수도 있습니다.
```

이 헬퍼 함수로 길이가 긴 키를 스네이크 케이스(snake_case)로 바꾸려 하면 문제가 발생합니다. 속성명이 50자인 경우는 충분히 있을 수 있으며, 특히 자바 세계에서는 이보다도 훨씬 긴 속성명이 사용된 사례가 많습니다.[8]

ToSnake를 꼬리 재귀 형태로 리팩터링해 긴 문자열에 대한 한계를 극복하고 다양한 경우의 타입 체크의 속도까지 개선해 보겠습니다.

```
type ToSnake<T extends string, Acc extends string = ""> =
  string extends T
  ? string // 원하는 결과는 ToSnake<string> = string
  : T extends `${infer First}${infer Rest}`
  ? ToSnake<
      Rest,
      First extends Uppercase<First>
      ? `${Acc}_${Lowercase<First>}`
      : `${Acc}${First}`
    >
  : Acc;

type S = ToSnake<'fooBarBaz'>;
//   ^? type S = "foo_bar_baz"

type Two = ToSnake<'className' | 'tagName'>;
//   ^? type Two = "class_name" | "tag_name"

type Long = ToSnake<'reallyDescriptiveNamePropThatsALittleTooLoquacious'>;
//   ^? type Long = "really_descriptive_name_prop_thats_a_little_too_
//                   loquacious"
```

sum 함수를 꼬리 재귀 형태로 만들었던 것처럼, 스택 대신 중간값을 유지하기

8 구글에서 'VirtualMachineDeviceRuntimeInfoVirtualEthernetCardRuntimeStateVmDirectPathGen2InactiveReasonOther'를 검색해 보기 바랍니다.

위해 이번에도 누산기를 추가했습니다. 이 패턴을 통해 재귀 호출을 함수의 가장 마지막으로 옮길 수 있고, 메모리 제한을 극복할 수 있습니다. 이제는 자바 프로그램에서 넘어온 긴 문자열 속성명에도 스네이크 케이스(snake_case)를 사용할 수 있게 되었습니다.

요약

- 재귀적인 제네릭 타입을 가급적 꼬리 재귀 형태로 만들 수 있어야 합니다. 공간 효율적이며 호출 제한을 극복할 수 있습니다.
- 재귀 타입 별칭은 누산기를 활용해 꼬리 재귀 형태로 만들 수 있는 경우가 많습니다.

아이템 58 복잡한 타입 대신 코드 생성 사용하기

> 모든 것이 가능하지만, 쉬운 것은 하나 없는 튜링 구덩이(tar pit)를 조심해야 합니다.
>
> – 앨런 펄리스(Ala Perlis)

지금까지 타입스크립트의 타입 레벨 프로그래밍에 대해서 살펴보았습니다. 타입 레벨 프로그래밍이란 값 공간이 아닌 타입 공간에서 동작하는 로직과 함수를 구현하는 것을 의미합니다(아이템 50 참고). 보통의 프로그램과 마찬가지로 테스트를 작성할 수 있으며(아이템 55 참고), 동작 성능에 대해서도 고려해야 합니다(아이템 57 참고). 특히 템플릿 리터럴 타입을 위한 도구들을 사용해서(아이템 54 참고) 타입스크립트에서 타입 레벨 프로그래밍이 엄청난 것들을 해낼 수 있음을 보았습니다.

타입스크립트의 타입 시스템은 튜링 완전하기 때문에 이론적으로 어떠한 계산식이든 표현할 수 있습니다. 그러나 이번 아이템의 시작 부분에서 인용한 것처럼, 가능하다는 말이지 쉽다는 말은 아니라는 점을 명심해야 합니다.

어떠한 타입스크립트 프로그램이 데이터베이스와 연동되며 일부 SQL문을 포함한다고 가정해 보겠습니다.

```
async function getBooks(db: Database) {
  const result = await db.query(
    `SELECT title, author, year, publisher FROM books`
  );
  return result.rows;
}
```

앞서 배운 내용을 기반으로 템플릿 리터럴 타입과 조건부 타입을 활용해서 타입 시스템 내에서 쿼리를 파싱할 수 있을 것입니다. 데이터베이스 스키마와 타입 표현식을 조합하면, 실제로 SQL이 수행된 결과의 타입을 추론할 수도 있습니다. 타입 시스템을 매우 잘 활용한 성과라고 할 수 있으며, 이를 통해 훨씬 정밀한 타입을 얻을 수 있게 됩니다. 그러나 다음과 같은 쿼리를 포함하고 있다고 생각하면 이야기는 조금 달라집니다.

```
async function getLatestBookByAuthor(db: Database, publisher: string) {
  const result = await db.query(
    `SELECT author, MAX(year) FROM books GROUP BY author WHERE publisher=$1`,
    [publisher]
  );
  return result.rows;
}
```

이번 쿼리에 대해서는 정확한 타입을 얻어 내기가 상당히 어렵습니다. SQL 쿼리 파서는 `GROUP BY` 구문과 `MAX` 표현식에 대해 이해할 수 있어야 하며, `$1` 부분으로 인해 두 번째 매개변수에 문자열 하나로 된 배열이 필요하다는 것도 알아야 합니다. 첫 번째 쿼리에 대한 파서를 완성할 수 있었다고 하더라도 이미 튜링 구덩이(모든 것이 가능하지만, 쉬운 것은 하나 없는)에 빠져들고 있을 가능성이 높습니다. 더군다나 아이템 40에서 조언했던 '부정확한 타입보다는 미완성 타입을 사용하라'는 규칙을 지킬 수 있는지 확신할 수도 없습니다. 복잡한 프로그램일수록 실수하기 마련입니다.

그러나 코드 생성이라는 훨씬 간단한 대안이 존재합니다. 코드 생성은 진정한 의미의 메타프로그래밍입니다. 메타프로그램이란 코드로서 동작하지만, 다른 코드를 만들어 내는 프로그램을 의미합니다. 코드 생성의 장점은 선호하는 언어로 타입 조작을 가능하게 해 준다는 것입니다. 타입스크립트의 타입 시스템은 충분히 강력하지만, 코드 생성을 위한 최적의 선택은 아닙니다. 코드 생성을 활용하면 일반 타입스크립트를 사용하면서도 타입을 조작할 수 있습니다. 파이썬이나 러스트, 심지어 셸 스크립트로도 가능하기는 합니다.

SQL 쿼리의 경우는 PgTyped 라이브러리를 사용할 수 있습니다. 이 라이브러리는 타입스크립트 내에서 적절히 태그된 SQL 쿼리를 찾고, 실제 데이터베이스와 비교 대조해 입력과 출력에 대한 타입 선언 파일을 만들어 냅니다. 타입스크립트에서 PgTyped를 사용해 쿼리를 작성하는 방법은 다음과 같습니다.

```
// books-queries.ts
import { sql } from '@pgtyped/runtime';
const selectLatest = sql`
    SELECT author, MAX(year)
    FROM books
    GROUP BY author
    WHERE publisher=$publisher
`;

async function getLatestBookByAuthor(db: Database, publisher: string) {
  const result = await selectLatest.run({publisher}, db);
  //    ^? const result: any[]
  return result;
}
```

그러한 다음 pgtyped 명령을 실행해 코드를 생성합니다.

```
$ npx pgtyped -c pgtyped.config.json
```

명령을 실행하면 몇 가지 타입이 포함된 파일이 생성됩니다(*pgtyped.config.json*은 PgTyped가 데이터베이스에 접속할 때 사용되는 설정 파일입니다).

```
// books-queries.types.ts
/** "books-queries.ts"에 포함된 쿼리를 위한 타입 생성 */

/** 'selectLatest' 매개변수 타입 */
export interface selectLatestParams {
  publisher: string;
}

/** 'selectLatest' 반환 타입 */
```

```
export interface selectLatestResult {
  author: string;
  year: number;
}

/** 'selectLatest' 쿼리 타입 */
export interface selectLatestQuery {
  params: selectLatestParams;
  result: selectLatestResult;
}
```

그리고 *book-queries.ts* 파일에도 변경이 발생합니다.

```
// books-queries.ts
import { sql } from '@pgtyped/runtime';
import { selectLatestQuery } from './books-queries.types';
export const selectLatestBookByAuthor = sql<selectLatestQuery>`
    SELECT author, MAX(year)
    FROM books
    GROUP BY author
    WHERE publisher=$publisher
`;

async function getLatestBookByAuthor(db: Database, publisher: string) {
  const result = await selectLatestBookByAuthor.run({publisher}, db);
  //    ^? const result: selectLatestResult[]
  return result;
}
```

이제 쿼리의 타입이 정확하게 수정되었습니다. 확실히 PgTyped는 간단한 프로그램은 아니지만, 타입스크립트로 작성되었고 표준 데이터베이스와 테스트 라이브러리를 사용하며, 타입스크립트의 타입 시스템을 활용한 다른 도구들보다는 덜 고통스럽게 사용할 수 있습니다.

코드 생성을 활용한 방법은 타입 시스템을 활용한 방법보다 일반적인 프로그래밍에 가깝고 타입의 표시도 확실하게 제어할 수 있습니다. 코드 생성으로 만들어진 타입에는 아이템 56에서 소개했던 기법들을 고려할 필요가 없으며, 원하는 타입의 모양으로 정확히 만들어 낼 수 있습니다. 만약 스네이크 케이스 타입명이 마음에 들지 않는다면, sed 또는 텍스트 처리 도구를 프로세스 파이프로 연결해서 치환하면 됩니다. 코드 생성의 결과로 만들어진 타입은 직접 작성한 SQL 파서에 비해 타입스크립트 컴파일러나 언어 서비스에도 부담을 덜 줍니다.

코드 생성을 할 때 한 가지 주의해야 할 점은, 코드가 변경될 때마다 타입 코드 생성을 수행하도록 빌드 단계를 하나 추가해야 한다는 것입니다. SQL의 경우, 쿼리가 변경되거나 데이터베이스 스키마가 변경될 때마다 `pgtyped` 명령을 수행해야 합니다. 일반적으로는 CI 시스템에서 코드 생성을 수행하고, `git diff`를 실행해 변경된 사항이 없는지 확인하게 만들면 됩니다. 코드 푸시 직전에 확인하는 단계로 추가할 수도 있습니다.

소프트웨어 엔지니어링은 복잡성을 줄이기 위한 끊임없는 노력입니다. 타입스크립트 같은 주류 프로그래밍 언어들과 그 생태계는 여러분 역시 복잡성을 줄일 수 있도록 구축되어 있습니다. 타입스크립트의 타입 레벨 도구들은 강력하기는 하지만, 이번 아이템 같은 경우에 적용하기에는 최고라고 할 수는 없습니다. 타입 레벨에서 멋진 코드를 작성하고 있지만, 튜링 구덩이에 빠진 것 같은 기분이 느껴진다면, 코드 생성으로 타입을 만들어 내고 더 간단한 코드를 작성할 수 있을지 고려해 봐야 합니다. 아이템 42와 74에서는 코드 생성을 사용해 타입 안전성을 강화하고 유지보수 부담을 줄일 수 있는 방법을 다룹니다.

요약

- 타입스크립트의 타입 레벨 프로그래밍은 매우 강력한 도구이지만, 만능은 아닙니다.
- 복잡한 타입을 다룰 때는 타입 레벨 작업보다 코드 생성을 고려해야 합니다. 코드 생성 도구는 타입스크립트나 다른 언어로 작성되어 있을 수 있습니다.
- 타입 정의가 최신 코드를 반영하고 있는지 확인하기 위해서 CI 시스템에서 코드 생성과 `git diff`를 수행해야 합니다.

7장

Effective TypeScript Second Edition

타입스크립트 기교

타입스크립트 커뮤니티가 성장함에 따라 개발자들은 특정 문제를 해결하기 위해 다양한 기법을 고안해 내기 시작했습니다. 이러한 기법 중 일부는 값이 일치하지 않는 문제나 분기문에 빠진 조건이 있는 경우 등 타입 체커에 존재하지 않는 부분을 메우는 역할을 합니다. 기타 다른 기법은 객체 순회, 배열에서 `null` 값 발라내기, 가변 함수 모델링 등 타입스크립트만으로는 해결하기 까다로운 부분을 보완하는 역할을 합니다.

이번 장에서 다루는 기법을 적용하면 타입스크립트를 실무에서 사용하며 겪는 많은 문제의 긍정 오류(false positive)를 해결하는 데 도움이 될 것입니다. 더 많은 기법을 찾아보려면《실무로 통하는 타입스크립트》를 확인하기 바랍니다.

아이템 59 완전성 체크를 위해 never 타입 사용하기

정적 타입 분석은 발생해서는 안 되는 일을 찾아낼 때 사용할 수 있는 훌륭한 방법입니다. 값을 잘못된 타입에 할당하거나, 존재하지 않는 속성을 참조하거나, 함수를 호출할 때 매개변수가 불일치한다면 타입 오류로 찾아낼 수 있습니다.

그러나 반대로 어떠한 행위를 반드시 수행해야 하지만 하지 않아서 발생하는 오류도 존재합니다. 타입스크립트 자체만으로는 이러한 경우를 모두 잡아내기 어렵습니다. 따라서 `switch` 구문이나 `if` 구문에서 타입 오류 형태로 오류를 잡아내기 위한 유명한 기법이 만들어졌습니다. 바로 **완전성 체크**입니다.

HTML의 <canvas> 요소를 사용해 그리기 프로그램을 구현한다고 가정해 보겠습니다. 다음과 같이 태그된 유니온을 활용해 그릴 수 있는 모양의 집합을 정의할 수 있을 것입니다.

```
type Coord = [x: number, y: number];
interface Box {
  type: 'box';
  topLeft: Coord;
  size: Coord;
}
interface Circle {
  type: 'circle';
  center: Coord;
  radius: number;
}
type Shape = Box | Circle;
```

canvas의 내장된 메서드를 사용해 그릴 수 있습니다.

```
function drawShape(shape: Shape, context: CanvasRenderingContext2D) {
  switch (shape.type) {
    case 'box':
      context.rect(...shape.topLeft, ...shape.size);
      break;
    case 'circle':
      context.arc(...shape.center, shape.radius, 0, 2 * Math.PI);
      break;
  }
}
```

지금까지는 그럭저럭 괜찮은 구현입니다. 이제 세 번째 모양을 추가해 보겠습니다.

```
interface Line {
  type: 'line';
  start: Coord;
  end: Coord;
}
type Shape = Box | Circle | Line;
```

타입 오류는 없지만, 버그가 발생했습니다. drawShape는 Line 타입을 무시합니다. 이것이 바로 누락의 오류입니다. 어떻게 해결할 수 있을지 살펴보겠습니다. 조건에 빈틈이 없는 switch 구문을 살펴봄으로써 힌트를 얻을 수 있습니다.

```
function processShape(shape: Shape) {
  switch (shape.type) {
    case 'box': break;
    case 'circle': break;
    case 'line': break;
    default:
      shape
      // ^? (parameter) shape: never
  }
}
```

아이템 7에서 never 타입이 공집합 영역을 가지는 최하단 타입이라는 점을 다루었습니다. Shape의 타입 중 가능한 모든 경우를 커버한다면, 남는 것은 never뿐입니다. 만약 조건이 빠졌다면 never가 아닌 다른 조건이 됩니다.

```
function processShape(shape: Shape) {
  switch (shape.type) {
    case 'box': break;
    case 'circle': break;
    // 'line'을 빠뜨림
    default:
      shape
      // ^? (parameter) shape: Line
  }
}
```

never 타입에는 아무런 값도 할당할 수 없으므로 이를 활용해 누락 오류를 타입 오류로 변환할 수 있습니다.

```
function assertUnreachable(value: never): never {
  throw new Error(`Missed a case! ${value}`);
}

function drawShape(shape: Shape, context: CanvasRenderingContext2D) {
  switch (shape.type) {
    case 'box':
      context.rect(...shape.topLeft, ...shape.size);
      break;
    case 'circle':
```

```
      context.arc(...shape.center, shape.radius, 0, 2 * Math.PI);
      break;
    default:
      assertUnreachable(shape);
      //                ~~~~~
      // 'Line' 형식의 인수는 'never' 형식의 매개변수에 할당될 수 없습니다.
  }
}
```

assertUnreachable을 자세히 살펴보기 전에, 누락된 경우를 추가해서 오류를 해결해 보겠습니다.

```
function drawShape(shape: Shape, context: CanvasRenderingContext2D) {
  switch (shape.type) {
    case 'box':
      context.rect(...shape.topLeft, ...shape.size);
      break;
    case 'circle':
      context.arc(...shape.center, shape.radius, 0, 2 * Math.PI);
      break;
    case 'line':
      context.moveTo(...shape.start);
      context.lineTo(...shape.end);
      break;
    default:
      assertUnreachable(shape);  // 정상
  }
}
```

이름이 의미하는 대로, assertUnreachable이 마지막에 위치하도록 놔두는 것이 중요합니다. 이렇게 해야 나중에 Shape에 새로운 모양이 추가되었을 때, 커버되지 않는 조건을 발견하고 오류를 발생시켜 줍니다.

assertUnreachable은 해당하는 조건이 없어서 실행될 가능성이 없는 코드로 생각할 수 있지만, 삭제하지 않고 놔두어야 합니다. 왜냐하면 drawShape는 자바스크립트에서 실행될 수도 있고, any 또는 다른 불안전한 타입(아이템 48 참고)과 함께 사용될 가능성이 있기 때문입니다. 그래야만 컴파일 시점의 타입 체크뿐 아니라 런타임 시점의 예상하지 못한 오류로부터 보호받을 수 있습니다.

drawShape의 경우에는 완전성 체크가 특히 더 유용합니다. drawShape는 반환값이 없고 오직 부수 효과만 수행합니다. 만약 함수에 반환값이 존재한다면,

반환값의 타입에 대한 어노테이션을 작성해 두고 누락되는 경우가 없는지 점검할 수 있습니다.

```
function getArea(shape: Shape): number {
  //                             ~~~~~~
  // 함수 끝에 return 문이 없으며 반환 형식에 'undefined'가 포함되지 않습니다.
  switch (shape.type) {
    case 'box':
      const [width, height] = shape.size;
      return width * height;
    case 'circle':
      return Math.PI * shape.radius ** 2;
  }
}
```

만약 반환 타입 어노테이션을 생략했다면, 타입스크립트는 오류를 발생시키지 않고 반환 타입을 number | undefined로 추론할 것입니다. 반환 타입이 없었더라도 getArea를 호출한 코드 어딘가에서 오류가 발생했을 것입니다. 하지만 원인을 쉽게 파악하기 위해서는 실제 실수가 있었던 곳과 가까운 곳에서 오류가 발생하는 편이 더 낫습니다. 아이템 18에서 설명한 대로 여러 개의 return 구문이 존재하는 함수일수록 반환 타입을 명시하면 좋습니다.

지금까지 설명한 내용은 모두 strictNullChecks가 설정된 경우에 동작합니다. 설정하지 않았다면 undefined는 number 타입에 속하기 때문입니다. strictNullChecks를 사용해야만 하는 이유가 하나 더 생겼습니다.

오류가 설명하는 대로 만약 undefined가 합당한 반환값이었다면, 이러한 체크 기법은 무용지물이 됩니다. 하지만 함수가 값을 반환하더라도 완전성 체크는 여전히 유용한 기법이므로 남겨 두는 것이 좋습니다.

그래서 앞서 살펴봤던 assertUnreachable에도 never를 반환 타입으로 추가했었습니다. never는 다른 모든 타입에 할당 가능하므로 호환성이나 함수의 반환 타입을 걱정하지 않고 추가할 수 있습니다.

```
function getArea(shape: Shape): number {
  switch (shape.type) {
    case 'box':
      const [width, height] = shape.size;
      return width * height;
    case 'circle':
```

```
      return Math.PI * shape.radius ** 2;
    case 'line':
      return 0;
    default:
      return assertUnreachable(shape);  // 정상
  }
}
```

assertUnreachable과 같은 패턴은 타입스크립트에서 일반적으로 사용되며, 이 패턴을 never를 직접 할당하는 등 다른 형태로 응용할 수도 있습니다.

```
function processShape(shape: Shape) {
  switch (shape.type) {
    case 'box': break;
    case 'circle': break;
    default:
      const exhaustiveCheck: never = shape;
      //    ~~~~~~~~~~~~~~~ 'Line' 형식은 'never' 형식에 할당될 수 없습니다.
      throw new Error(`Missed a case: ${exhaustiveCheck}`);
  }
}
```

satisfies 연산자를 응용할 수도 있습니다.

```
function processShape(shape: Shape) {
  switch (shape.type) {
    case 'box': break;
    case 'circle': break;
    default:
      shape satisfies never
      //    ~~~~~~~~~ 형식 'Line'이(가) 필요한 형식 'never'을(를) 충족하지 않습니다.
      throw new Error(`Missed a case: ${shape}`);
  }
}
```

이러한 패턴은 모두 같은 방식으로 동작하므로 선호하는 행태를 선택해서 사용하면 됩니다. 조금 더 머리를 써 본다면, 같은 기법을 확장해서 두 개 타입의 짝을 다루는 데 사용할 수도 있습니다. 가위바위보를 예로 들어 보겠습니다.

```
type Play = 'rock' | 'paper' | 'scissors';

function shoot(a: Play, b: Play) {
```

```
  if (a === b) {
    console.log('draw');
  } else if (
    (a === 'rock' && b === 'scissors') ||
    (a === 'paper' && b === 'rock')
  ){
    console.log('A wins');
  } else {
    console.log('B wins');
  }
}
```

한 가지 누락된 경우가 존재합니다. A가 가위를 내고 B가 보를 내면 실제로는 A가 이겨야 하지만, 현재 구현에서는 B가 이긴다는 결과가 나옵니다. 이때 템플릿 리터럴 타입(아이템 54 참고)과 완전성 체크를 사용해서 모든 경우를 커버할 수 있게 만들 수 있습니다.

```
function shoot(a: Play, b: Play) {
  const pair = `${a},${b}` as `${Play},${Play}`;  // 또는 as const
  //    ^? const pair: "rock,rock" | "rock,paper" | "rock,scissors" |
  //                   "paper,rock" | "paper,paper" | "paper,scissors" |
  //                   "scissors,rock" | "scissors,paper" |
"scissors,scissors"
  switch (pair) {
    case 'rock,rock':
    case 'paper,paper':
    case 'scissors,scissors':
      console.log('draw');
      break;
    case 'rock,scissors':
    case 'paper,rock':
      console.log('A wins');
      break;
    case 'rock,paper':
    case 'paper,scissors':
    case 'scissors,rock':
      console.log('B wins');
      break;
    default:
      assertUnreachable(pair);
      //                ~~~~
      // 'string' 형식의 인수는 'never' 형식의 매개변수에 할당될 수 없습니다.
  }
}
```

`${a},${b}`의 타입은 문자열입니다. `${Play},${Play}`는 게임의 결과가 될 수 있는 9가지 경우를 쉼표로 구분한 문자열의 서브타입입니다. 여기에서도 9가지 경우가 모두 포함되었는지 확인하기 위해 완전성 체크를 적용할 수 있습니다. 이 예제에서는 1가지 경우가 누락되었고, 타입 오류가 되었습니다. 오류의 내용에는 실제 누락된 케이스까지 표현되어 있습니다. 여기서도 마찬가지로 오류가 해결되었더라도 assertUnreachable은 남겨 두는 것이 좋습니다. 직관적으로 사용되는 완전성 체크만큼 자주 필요하지는 않겠지만, 상태 전환을 모델링하는 경우에도 가끔 유용하게 사용될 수 있습니다.

완전성 체크를 위해서 typescript-eslint의 switch-exhaustiveness-check가 사용될 수도 있습니다. assertUnreachable이 선택적이라면, 린터 규칙을 활성화하면 모든 곳에서 항상 완전성 체크가 수행됩니다. 설정을 활성화하면 타입 시스템으로 표현하기 어렵지만, 논리적으로는 문제가 없는 switch 구문에서 오류가 발생할 수도 있습니다. 그리고 assertUnreachable은 if 구문 같은 switch 구문이 아닌 곳에서도 완전성 체크를 위해 사용할 수 있습니다. 그러나 버그를 찾기 위해서 린터 룰을 적용해 보는 것은 시도할 만한 가치가 있습니다.

누락 오류는 반대의 경우(발생해서 문제가 되는 경우)만큼 중요한 문제입니다. never 타입과 assertUnreachable 기법을 활용해서 완전성 체크를 더 면밀히 하기 바랍니다.

요약

- 완전성 체크(어떠한 타입의 가능한 모든 값이 커버 되었는지)를 위해 never 타입 할당을 활용하면 됩니다.
- 다양한 분기문이 있는 함수에는 반환 타입을 명시해야 합니다. 그러나 여전히 명확한 안전성 체크가 필요할 수 있습니다.
- 두 개 이상 타입의 모든 조합이 다루어지는지 확인할 때는 템플릿 리터럴 타입을 사용하면 됩니다.

아이템 60 객체를 순회하는 노하우 이해하기

다음 예제는 정상적으로 실행되지만, 편집기에서는 오류가 발생합니다. 오류의 원인이 무엇인지 생각해 보겠습니다.

```
const obj = {
  one: 'uno',
  two: 'dos',
  three: 'tres',
};
for (const k in obj) {
  const  v = obj[k];
  //         ~~~~~~ obj에 인덱스 시그니처가 없기 때문에
  //                엘리먼트는 암시적으로 'any' 타입입니다.
}
```

코드를 수정해 가며 원인을 찾다 보면 obj 객체를 순회하는 루프 내의 상수 k와 관련된 오류라는 사실을 알 수 있습니다.

```
const obj = { one: 'uno', two: 'dos', three: 'tres' };
//    ^? const obj: {
//         one: string;
//         two: string;
//         three: string;
//       }
for (const k in obj) {
  //       ^? const k: string
  // ...
}
```

k의 타입은 string인 반면, obj 객체에는 'one', 'two', 'three' 세 개의 키만 존재합니다. k와 obj 객체의 키 타입이 서로 다르게 추론되어 오류가 발생한 것입니다. k의 타입을 더욱 구체적으로 명시해 주면 오류는 사라집니다.

```
for (const kStr in obj) {
  const k = kStr as keyof typeof obj;
  //    ^? const k: "one" | "two" | "three"
  const v = obj[k];  // 정상
}
```

이번 아이템의 첫 번째 문장의 질문(오류의 원인이 무엇인지)을 좀 더 구체적으로 바꿔 보겠습니다. 첫 번째 예제의 k 타입이 "one" | "two" | "three"가 아닌 string으로 추론된 원인이 무엇인지 생각해 보겠습니다. 이해를 돕기 위해 다른 예제를 보겠습니다.

```
interface ABC {
  a: string;
  b: string;
  c: number;
}

function foo(abc: ABC) {
  for (const k in abc) {
    //       ^? const k: string
    const v = abc[k];
    //        ~~~~~~ 'ABC' 타입에 인덱스 시그니처가 없기 때문에
    //               엘리먼트는 암시적으로 'any'가 됩니다.
  }
}
```

첫 번째 예제와 동일한 오류가 발생합니다. 그러므로 k as keyof ABC 같은 단언문으로 오류를 제거할 수 있습니다. 오류의 내용이 잘못된 것처럼 보이지만, 실제 오류가 맞고 또한 타입스크립트가 정확히 오류를 표시했습니다. 제대로 된 오류인 이유를 예를 들어 설명하겠습니다.

```
const x = {a: 'a', b: 'b', c: 2, d: new Date()};
foo(x);  // 정상
```

foo 함수는 a, b, c 속성 외에 d를 가지는 x 객체로 호출이 가능합니다. foo 함수는 ABC 타입에 '할당 가능한' 어떠한 값이든 매개변수로 허용하기 때문입니다(아이템 4 참고). 즉, ABC 타입에 할당 가능한 객체에는 a, b, c 외에 다른 속성이 존재할 수도 있기 때문에 타입스크립트는 ABC 타입의 키를 string 타입으로 선택해야 합니다.[1]

keyof 키워드를 사용한 방법은 또 다른 문제점을 내포하고 있습니다.

1 심벌도 객체의 키가 될 수 있지만, 순회는 불가능합니다.

```
function foo(abc: ABC) {
  for (const kStr in abc) {
    let k = kStr as keyof ABC;
    //  ^? let k: keyof ABC (equivalent to "a" | "b" | "c")
    const v = abc[k];
    //    ^? const v: string | number
  }
}
```

k가 "a" | "b" | "c" 타입으로 한정되어 문제가 되었던 것처럼, v도 string | number 타입으로 한정되어 범위가 너무 좁아 문제가 됩니다. d: new Date()가 있는 이전 예제처럼, d 속성은 Date 타입뿐 아니라 어떠한 타입이든 될 수 있기 때문에 v가 string | number 타입으로 잘못 추론되었으며 런타임의 동작을 예상하기 어렵습니다. 아이템 9에서도 설명했듯이, 타입 단언은 어떠한 타입으로도 변경할 수 있기 때문에 계속 주의를 기울여야 합니다(심지어 for-in 루프 내에서 let k: keyof ABC로 선언하고 k를 반복자(iterator)로 사용할 수도 있지만, 타입 단언보다 안전하다고 할 수 없으며 모호한 면도 많습니다).

골치 아픈 타입 문제없이 단지 객체의 키와 값을 순회하고 싶은 경우라면 Object.entries를 사용하면 됩니다.

```
function foo(abc: ABC) {
  for (const [k, v] of Object.entries(abc)) {
    //        ^? const k: string
    console.log(v);
    //          ^? const v: any
  }
}
```

Object.entries를 사용한 루프가 직관적이지는 않지만, 복잡한 기교 없이 사용할 수 있습니다.[2]

for-in 루프 내에서 문자열로 추론되는 또 다른 이유는 프로토타입 오염 문제 때문입니다. Object.prototype에 정의된 속성이 다른 모든 객체로 상속되는 보안 문제가 존재하는데, 이렇게 상속된 속성 역시 for-in 루프에서 순회에 사

2 로대시의 _.forEach 같은 유틸리티 함수는 k와 v에 대해 더 정밀한 타입을 제공할 수 있지만, 이번 아이템에서 언급한 이유들로 인해 이를 활용해 타입 지정을 할 경우 타입 안정성이 보장되지 않습니다.

용되므로 문자열을 사용하는 방법이 더욱 안전합니다(Object.entries는 상속된 속성을 제외합니다).

더 정밀한 타입을 얻는 안전한 방법은 사용하려는 키를 명시적으로 나열하는 것입니다.

```
function foo(abc: ABC) {
  const keys = ['a', 'b', 'c'] as const;
  for (const k of keys) {
    //       ^? const k: "a" | "b" | "c"
    const v = abc[k];
    //    ^? const v: string | number
  }
}
```

ABC의 모든 키를 나열하려는 의도라면, 실제 타입과 키의 배열을 일치되게 유지하는 방법이 필요합니다. 객체를 순회하는 것에는 많은 위험이 따르지만, 맵을 순회할 때는 그렇지 않습니다.

```
const m = new Map([
  //  ^? const m: Map<string, string>
  ['one', 'uno'],
  ['two', 'dos'],
  ['three', 'tres'],
]);
for (const [k, v] of m.entries()) {
  //        ^? const k: string
  console.log(v);
  //          ^? const v: string
}
```

맵은 구조적 동작이 객체와 다르기 때문에 순회하기에 더욱 간단합니다. Map<string, string> 타입에 숫자값을 넣으려면 타입 단언이나 any 변환을 거쳐야만 합니다. 그러나 데이터가 JSON으로부터 도출되거나, 이미 객체를 사용하도록 설계된 API로부터 도출되는 경우라면 맵으로 다루기에는 번거로울 수 있습니다. 아이템 16에서 객체 타입을 맵으로 대체해 타입 안전성을 개선하는 방법을 다룬 예제를 참고하기 바랍니다.

불변 객체를 순회하며 키와 값을 조회하려면 for-in 루프 내에서 키에 대한 명시적 타입 단언을 사용하면 됩니다. 추가적인 속성을 가지는 객체를 안전하게 순회하려면 `Object.entries`를 사용하면 되지만, 키와 값의 타입을 다루기는 까다롭습니다. 이러한 경우는 맵 타입이 더욱 적절한 대안이 될 수 있을지 고려해야 합니다.

요약

- 함수의 매개변수로 쓰이는 객체에는 추가적인 키가 존재할 수 있다는 점을 명심해야 합니다.
- 객체를 순회하며 키와 값을 얻는 가장 일반적인 방법은 `Object.entries`를 사용하는 것입니다.
- 객체를 순회할 때, 키가 어떠한 타입인지 정확히 파악하고 있다면 명시적 타입 단언을 사용하면 됩니다.
- 키와 값을 순회하기에 객체보다 맵 타입이 더욱 간단한 경우도 있습니다.

아이템 61 레코드 타입을 사용해 값 동기화하기

산점도(scatter plot)를 그리기 위한 UI 컴포넌트를 작성한다고 가정해 보겠습니다. 여기에는 디스플레이와 동작을 제어하기 위한 몇 가지 다른 타입의 속성이 포함됩니다.

```
interface ScatterProps {
  // 데이터
  xs: number[];
  ys: number[];

  // 디스플레이
  xRange: [number, number];
  yRange: [number, number];
  color: string;

  // 이벤트
  onClick: (x: number, y: number, index: number) => void;
}
```

불필요한 작업을 피하기 위해 필요할 때에만 차트를 다시 그릴 수 있습니다. 데이터나 디스플레이 속성이 변경되면 다시 그려야 하지만, 이벤트 핸들러가 변경되면 다시 그릴 필요가 없습니다. 최적화를 두 가지 방법으로 구현해 보겠습니다. 첫 번째 방법은 다음과 같습니다.

```
function shouldUpdate(
  oldProps: ScatterProps,
  newProps: ScatterProps
) {
  for (const kStr in oldProps) {
    const k = kStr as keyof ScatterProps;
    if (oldProps[k] !== newProps[k]) {
      if (k !== 'onClick') return true;
    }
  }
  return false;
}
```

예제의 루프에 있는 keyof 단언문에 대한 설명은 아이템 60에서 다룬 바 있습니다. 여기서는 값의 타입을 비교하는 것이 아니라 값 자체가 동일한지 확인하는 코드이기 때문에 단언문이 위험하지 않습니다.

새로운 속성이 추가되면 shouldUpdate 함수는 값이 변경될 때마다 차트를 다시 그릴 것입니다. 이런 처리 방식을 **실패에 열린 접근법**(fail open approach)[3] 또는 보수적 접근법(conservative approach)이라고 합니다. 이 접근법을 이용하면 차트가 정확하게 표현되지만, 너무 자주 그려질 가능성이 있습니다. 두 번째 최적화 방법은 다음과 같이 '실패에 열린' 접근법을 사용하는 것입니다.

```
function shouldUpdate(
  oldProps: ScatterProps,
  newProps: ScatterProps
) {
  return (
    oldProps.xs !== newProps.xs ||
    oldProps.ys !== newProps.ys ||
```

3 (옮긴이) 실패에 닫힌 접근법은 오류 발생 시에 적극적으로 대처하는 것을 말합니다. 말 그대로 방어적, 보수적 접근법입니다. 반대로 실패에 열린 접근법은 오류 발생 시에 소극적으로 대처하는 것입니다. 만약 보안과 관련된 곳이라면 실패에 닫힌 접근법을 써야 할 것이고, 기능에 무리가 없고 사용성이 중요한 곳이라면 실패에 열린 접근법을 써야 할 것입니다.

```
    oldProps.xRange !== newProps.xRange ||
    oldProps.yRange !== newProps.yRange ||
    oldProps.color !== newProps.color
    // onClick을 체크하지 않음
  );
}
```

차트를 불필요하게 다시 그리는 단점을 해결했습니다. 하지만 실제로 차트를 다시 그려야 할 경우에 누락되는 일이 발생할 수 있습니다. '우선, 망치지 말 것(first, do no harm)'이라는 중요한 최적화 원칙이 있습니다. 정확도를 희생하며 성능을 추구해서는 안 됩니다.

앞선 두 가지 최적화 방법 모두 이상적이지 않습니다. 새로운 속성이 추가될 때 개발자가 직접 shouldUpdate를 고치도록 유도하는 것이 낫습니다. 이 내용을 주석으로 추가해 보겠습니다.

```
interface ScatterProps {
  xs: number[];
  ys: number[];
  // ...
  onClick: (x: number, y: number, index: number) => void;

  // 참고: 여기에 속성을 추가하려면, shouldUpdate를 고치세요!
}
```

그러나 이 방법 역시 최선이 아닙니다. 더 좋은 방법은 타입 체커가 이를 대신할 수 있게 코드를 수정하는 것입니다.

다음은 타입 체커가 동작하도록 개선한 코드입니다. 핵심은 매핑된 타입과 객체 사용입니다.

```
const REQUIRES_UPDATE: Record<keyof ScatterProps, boolean> = {
  xs: true,
  ys: true,
  xRange: true,
  yRange: true,
  color: true,
  onClick: false,
};

function shouldUpdate(
  oldProps: ScatterProps,
```

```
  newProps: ScatterProps
) {
  for (const kStr in oldProps) {
    const k = kStr as keyof ScatterProps;
    if (oldProps[k] !== newProps[k] && REQUIRES_UPDATE[k]) {
      return true;
    }
  }
  return false;
}
```

keyof ScatterProps는 타입 체커에게 REQUIRES_UPDATE가 ScatterProps와 동일한 속성을 가져야 한다는 정보를 제공합니다. 나중에 ScatterProps에 새로운 속성을 추가한다면 다음 코드와 같은 형태가 될 것입니다.

```
interface ScatterProps {
  // ...
  onDoubleClick?: () => void;
}
```

그리고 REQUIRES_UPDATE의 정의에 오류가 발생합니다.

```
const REQUIRES_UPDATE: Record<keyof ScatterProps, boolean> = {
  //    ~~~~~~~~~~~~~~~ 'onDoubleClick' 속성이 형식에 없습니다.
  // ...
};
```

잉여 속성 체크(아이템 11 참고)를 통해 객체가 정확히 의도한 속성만 가지도록 제어할 수 있습니다. 타입스크립트는 고전 문제인 실패에 열림(fail open)/실패에 닫힘(fail closed) 딜레마에서 또 다른 선택인 '그냥 실패'를 하도록 동작합니다.

여기서 boolean 값을 가진 객체를 사용했다는 점이 중요합니다. 배열을 사용했다면 다음과 같은 코드가 됩니다.

```
const PROPS_REQUIRING_UPDATE: (keyof ScatterProps)[] = [
  'xs',
  'ys',
  // ...
];
```

여기서 앞에서 다루었던 최적화 예제처럼 실패에 열린 접근법을 선택할지, 단힌 접근법을 선택할지 결정해야 합니다.

레코드 타입과 매핑된 타입은 두 객체가 정확히 동일한 속성을 갖도록 할 때 이상적으로 사용할 수 있습니다. 이번 예시에서는 실패에 열림과 실패에 닫힘 딜레마를 피하기 위해 레코드 타입을 사용했지만, 그렇지 않은 경우에도 사용할 수 있습니다. 예로, 모든 상태에 상응하는 URL 매개변수가 필요한 경우를 들 수 있습니다.

요약

- 실패에 열림과 실패에 닫힘 딜레마에 해당하는지 인지해야 합니다.
- 관련 값과 타입이 최신 상태를 유지하도록 레코드 타입을 사용해야 합니다.
- 인터페이스에 새로운 속성을 추가할 때, 선택을 강제하도록 매핑된 타입을 고려해야 합니다.

아이템 62 가변 함수 모델링을 위해 나머지 매개변수와 튜플 타입 사용하기

타입스크립트 타입에 따라 다른 개수의 매개변수를 받는 함수를 만들고 싶을 수도 있습니다. 웹 앱의 다양한 진입 경로를 표현하는 쿼리 매개변수를 가지는 인터페이스가 있다고 가정해 보겠습니다.

```
interface RouteQueryParams {
  '/': null,
  '/search': { query: string; language?: string; }
  // ...
}
```

이 인터페이스는 루트 페이지(/)가 어떠한 쿼리 매개변수도 받지 않는 반면, `/search` 페이지는 `query` 매개변수와 선택적으로 `language` 매개변수를 받는 형태를 정의하고 있습니다. 다음과 같이 진입 경로에 대한 URL을 구성하는 함수를 정의할 수 있습니다.

```
function buildURL(route: keyof RouteQueryParams, params?: any) {
  return route + (params ? `?${new URLSearchParams(params)}` : '');
}

console.log(buildURL('/search', {query: 'do a barrel roll', language: 'en'}))
console.log(buildURL('/'))
```

예상한 대로 URL이 만들어집니다.

```
/search?query=do+a+barrel+roll&language=en
/
```

다만, any가 위치한 두 번째 매개변수는 안전하지 않습니다. 지금 버전은 매개변수를 어떻게 조합하는지 상관없이, URL을 어떠한 경로로든 자유롭게 구성할 수 있기 때문입니다.

```
buildURL('/', {query: 'recursion'});  // 오류이어야 함(/에는 매개변수 없음)
buildURL('/search');                  // 오류이어야 함(매개변수 누락)
```

더 안전한 버전은 다음과 같습니다.

```
function buildURL<Path extends keyof RouteQueryParams>(
  route: Path,
  params: RouteQueryParams[Path]
){
  return route + (params ? `?${new URLSearchParams(params)}` : '');
}
```

route 매개변수를 일반적으로 추론 가능한 제네릭으로 만들었고, params 매개변수 타입은 route에 따라 결정되도록 만들었습니다. 이 새로운 타입 시그니처는 /search에 대해서는 완벽하게 동작합니다.

```
buildURL('/search', {query: 'do a barrel roll'})
buildURL('/search', {query: 'do a barrel roll', language: 'en'})
buildURL('/search', {})
//                  ~~ '{}' 형식에 'query' 속성이 없습니다.
```

그러나 루트 페이지의 경우는 두 번째 매개변수에 null을 추가해 줘야 정상으로 동작합니다.

```
buildURL('/', {query: 'recursion'});  // 정상 동작
//            ~~~~~~~~~~~~~~~~~~~~~~
// '{ query: string; }' 형식의 인수는 'null' 형식의 매개변수에 할당될 수 없습니다.
buildURL('/', null);  // 정상
buildURL('/');        // 허용되어야 함
// ~~~~~ 2개의 인수가 필요한데 1개를 가져왔습니다.
```

null을 추가하는 것은 어렵지는 않지만, 번거로울 수도 있고 오히려 선택적 매개변수였던 이전 버전의 API가 더욱 나아 보이기도 합니다. 새 버전에서도 두 번째 매개변수를 선택 사항으로 만들 수 있지만, route가 두 번째 매개변수를 사용하지 않는 경우에만 허용되어야 합니다. 다시 말해서, 추론된 타입에 따라서 매개변수의 개수가 가변적으로 정해져야 한다는 의미입니다.

이를 해결하는 방법은 조건부 타입(아이템 52 참고)과 나머지 매개변수를 활용하는 것입니다.

```
function buildURL<Path extends keyof RouteQueryParams>(
  route: Path,
  ...args: (
    RouteQueryParams[Path] extends null
    ? []
    : [params: RouteQueryParams[Path]]
  )
){
  const params = args ? args[0] : null;
  return route + (params ? `?${new URLSearchParams(params)}` : '');
}
```

쿼리 매개변수 타입이 null을 확장하는 경우 단일 매개변수 함수인 (route: Path, ...args: []) 형태가 됩니다. 만약 그렇지 않다면, 두 개의 매개변수를 받는 (route: Path, ...args: [params: ...]) 형태가 됩니다.

이제는 정확히 원하는 대로 동작합니다.

```
buildURL('/search', {query: 'do a barrel roll'})
buildURL('/search', {query: 'do a barrel roll', language: 'en'})
buildURL('/search', {})
//                  ~~ '{}' 형식에 'query' 속성이 없습니다.
buildURL('/', {query: 'recursion'});
//            ~~~~~~~~~~~~~~~~~~~~~~ 1개의 인수가 필요한데 2개를 가져왔습니다.
```

```
buildURL('/', null);
//             ~~~~ 1개의 인수가 필요한데 2개를 가져왔습니다.
buildURL('/');  // 정상
```

호출부를 살펴보면 실제로 경로에 따라 두 가지 다른 함수가 있는 것처럼 보입니다. 나머지 매개변수는, 호출부에서는 알 수 없는 구현 세부 사항까지 들어갔습니다. 잘 살펴보면 두 번째 매개변수의 이름(params)도 시그니처에서 지정한 튜플 요소의 이름으로부터 넘어온 것임을 알 수 있습니다.

```
buildURL('/');
// ^? function buildURL<"/">(route: "/"): string
buildURL('/search', {query: 'do a barrel roll'})
// ^? function buildURL<"/search">(
//      route: "/search", params: { query: string; language?: string; }
//    ): string
```

만약 튜플 요소에 이름을 지정하지 않으면, 조금 추상적인 args_0 같은 이름으로 표시됩니다.

이는 가변 함수를 모델링하는 가장 일반적인 기법입니다. 비슷한 효과를 얻기 위해서 오버로딩 시그니처를 사용할 수도 있지만, 아이템 52에서 설명한 것처럼 코드가 중복될 수 있고 조건부 타입을 다루기 위해서는 오버로딩보다 유니온을 사용하는 편이 더욱 자연스럽습니다.

타입스크립트 타입에 따라 함수의 매개변수의 개수나 타입이 달라지기도 합니다. 이러한 경우에는 나머지 매개변수와 튜플 타입을 사용해 모델링할 수 있습니다.

요약

- 매개변수의 타입에 따라 함수의 시그니처가 달라진다면, 나머지 매개변수와 튜플 타입을 사용하면 됩니다.
- 특정 한 개의 매개변수의 타입에 따라 다른 매개변수의 개수와 타입의 관계를 모델링하려면 조건부 타입을 사용하면 됩니다.
- 호출하는 곳에서 의미 있는 매개변수명을 보려면, 튜플 타입의 요소에 이름을 붙여야 합니다.

아이템 63 배타적 OR를 모델링하기 위해 선택적 never 속성 사용하기

일반적으로는 또는(or)을 **배타적 OR**(exclusive or)의 의미로 사용하지만, 개발자와 논리학자는 **포함적 OR**(inclusive or)의 의미로 사용합니다. 타입스크립트에서는 이 두 가지를 혼동하기 쉽습니다.

```
interface ThingOne {
  shirtColor: string;
}
interface ThingTwo {
  hairColor: string;
}
type Thing = ThingOne | ThingTwo;
```

예제의 마지막 줄을 보통은 'Thing은 ThingOne이거나 ThingTwo이다'라고 생각합니다. 그러나 자바스크립트 런타임의 OR(||)와 마찬가지로, 타입스크립트의 타입 레벨 OR(|)는 포함적 OR입니다. 즉, ThingOne과 ThingTwo가 동시에 성립하지 못할 이유는 없습니다.

```
const bothThings = {
  shirtColor: 'red',
  hairColor: 'blue',
};
const thing1: ThingOne = bothThings;  // 정상
const thing2: ThingTwo = bothThings;  // 정상
```

이 코드가 정상 작동하는 이유는 타입스크립트가 구조적 타입 시스템(아이템 4 참고)이기 때문입니다. ThingOne과 ThingTwo 타입 모두 선언되지 않은 추가 속성을 허용하지만, 아이템 11에서 설명한 대로 잉여 속성 체크로 인해 모호해질 때가 있습니다.

정말로 배타적 OR가 필요한 경우는 어떻게 해야 할지 생각해 보겠습니다. 다시 말해서, ThingOne과 ThingTwo가 구분되도록 모델링하는 방법을 알아보겠습니다. 표준 방법은 기존 인터페이스에 선택적 never 타입을 추가해 특정 속성을 차단하는 것입니다.

```
interface OnlyThingOne {
  shirtColor: string;
  hairColor?: never;
}
interface OnlyThingTwo {
  hairColor: string;
  shirtColor?: never;
}
type ExclusiveThing = OnlyThingOne | OnlyThingTwo;
```

이전 예제의 어떠한 것도 이제는 타입 체커를 통과하지 못합니다.

```
const thing1: OnlyThingOne = bothThings;
//    ~~~~~~ 'hairColor' 속성의 형식이 호환되지 않습니다.
const thing2: OnlyThingTwo = bothThings;
//    ~~~~~~ shirtColor 속성의 형식이 호환되지 않습니다.
const allThings: ExclusiveThing = {
  // ~~~~~~~~~ 'hairColor' 속성의 형식이 호환되지 않습니다.
  shirtColor: 'red',
  hairColor: 'blue',
};
```

never 타입에는 어떠한 값도 할당할 수 없기 때문에 이러한 동작이 가능합니다. 그러나 속성은 선택사항이기 때문에 이를 우회할 수 있는 한 가지 방법이 존재합니다. 바로 속성을 갖지 않는 것입니다.

이 방법은 유니온 외에도 유용하게 사용될 수 있습니다. 2D와 3D 벡터에 대해서 구조적 타이핑을 적용했던 아이템 4의 예제를 다시 떠올려 보겠습니다. 이 예제는 2D 벡터에 z가 전달되는 문제가 있어 그리 좋은 모델이 아니었습니다. 2D 벡터에서 z 속성을 차단하려면 선택적 never 타입으로 지정하면 됩니다.

```
interface Vector2D {
  x: number;
  y: number;
  z?: never;
}
```

이 타입을 사용하면, 2D 벡터가 필요한 norm 같은 함수에 실수로 3D 벡터가 전달되는 오류를 방지할 수 있습니다.

```
function norm(v: Vector2D) {
  return Math.sqrt(v.x ** 2 + v.y ** 2);
}
const v = {x: 3, y: 4, z: 5};
const d = norm(v);
//             ~ 'z' 속성의 형식이 호환되지 않습니다.
```

해당 호출은 구조적으로 유효하기 때문에 의미상으로 문제가 있다 하더라도, z?: never가 없으면 오류가 발생하지 않습니다. 2D 벡터 문제를 해결하는 또 다른 접근법으로 상표 기법을 들 수 있는데, 이는 아이템 64에서 살펴보겠습니다.

배타적 OR를 구현하기 위해서 태그된 유니온(아이템 34 참고)을 사용할 수도 있습니다.

```
interface ThingOneTag {
  type: 'one';
  shirtColor: string;
}
interface ThingTwoTag {
  type: 'two';
  hairColor: string;
}
type Thing = ThingOneTag | ThingTwoTag;
```

문자열은 동시에 'one'과 'two'가 될 수 없으므로 두 타입이 겹치는 일은 없습니다. 이 경우에는 포함적 OR와 배타적 OR를 구분할 필요가 없습니다. 이것이 가능하다면 태그된 유니온을 사용해야 하는 여러 가지 이유 중 하나이기도 합니다.

직접 선택적 never 속성을 추가하는 대신, 제네릭 배타적 OR(XOR) 헬퍼를 정의하는 것도 가능합니다.

```
type XOR<T1, T2> =
  (T1 & {[k in Exclude<keyof T2, keyof T1>]?: never}) |
  (T2 & {[k in Exclude<keyof T1, keyof T2>]?: never});
```

이 방법으로 이번 아이템 초반에 등장했던 인터페이스에서 ExclusiveThing을 직접 구현할 수 있습니다.

```
type ExclusiveThing = XOR<ThingOne, ThingTwo>;
const allThings: ExclusiveThing = {
  //  ~~~~~~~~~ 'hairColor' 속성의 형식이 호환되지 않습니다.
  shirtColor: 'red',
  hairColor: 'blue',
};
```

태그된 유니온을 사용하는 것이 타입스크립트에서 배타적 타입을 만드는 더욱 일반적인 방법이지만, 선택적 never 기법은 명시적 태그를 추가할 수 없거나 추가하고 싶지 않은 경우에 도움이 될 수 있습니다.

요약

- 타입스크립트에서 OR는 포함적 OR를 의미합니다. A | B는 A, B, 또는 둘 다를 의미합니다.
- '둘 다'일 가능성이 있다면 명시적으로 허용하거나 차단하도록 처리해야 합니다.
- 배타적 OR를 모델링할 때 가급적 태그된 유니온을 사용하면 됩니다. 여의치 않은 상황이라면 선택적 never 속성을 사용하면 됩니다.

아이템 64 공식 명칭에는 상표 붙이기

구조적 타이핑(아이템 4 참고)의 특성 때문에 가끔 코드가 이상한 결과를 낼 수 있습니다. 다음 코드를 보겠습니다.

```
interface Vector2D {
  x: number;
  y: number;
}
function calculateNorm(p: Vector2D) {
  return Math.sqrt(p.x ** 2 + p.y ** 2);
}

calculateNorm({x: 3, y: 4});  // 정상, 결과는 5
const vec3D = {x: 3, y: 4, z: 1};
calculateNorm(vec3D);         // 정상! 결과는 동일하게 5
```

이 코드는 구조적 타이핑 관점에서는 문제가 발생하지 않지만, 현재 계산식에서 3D 벡터는 허용되지 않아야 합니다.

아이템 63에서는 선택적 never 속성을 활용해 z 필드를 특정해서 차단하는 방법을 알아보았습니다. 순수하게 타입 레벨의 수정이었기 때문에 런타임 시점의 값을 변경할 필요가 없었습니다. 또한 런타임 시점에 값에 태그를 추가해서로 다른 타입이 할당되는 것을 방지할 수도 있습니다.

```
interface Vector2D {
  type: '2d';
  x: number;
  y: number;
}
```

여기서 사용된 type 속성은 태그의 역할을 합니다. 이 패턴은 특히 유니온 타입에서 흔히 사용됩니다. 아이템 34에서 태그된 유니온 기법을 자세히 살펴보았는데, 확실히 이 문제를 해결하는 방법 중 하나라고 할 수 있습니다. 그러나 몇 가지 단점이 존재합니다. 아주 간단한 숫자값을 표현하는 객체에 태그를 달기 위해 문자열 속성까지 추가해야 하는 부담이 있습니다. 또한 이러한 명시적 태그는 객체 타입에만 추가할 수 있습니다.

타입 시스템에서만 동작하면서도 명시적 태그와 동일한 효과를 얻는 방법이 있는데, 이러한 맥락에서 태그는 **상표**(brand)라고도 불립니다(비유를 들자면 스타벅스가 아니라, 커피[4]라고 할 수 있습니다). 이렇게 타입 공간에서만 동작하는 기법은 런타임 오버헤드를 가지지 않으며, '추가' 속성을 추가할 수 없는 문자열이나 숫자 같은 기본형 타입에도 적용할 수 있습니다. 이는 타입스크립트의 일반적인 구조적 타이핑과 다르게, **명목적 타이핑**(nominal typing) 또는 공식 명칭이라고 부릅니다. Vector2D를 예로 들자면, 명목형 타이핑 방식은 값의 모양이 제대로 된 Vector2D 타입이기 때문이 아니라 명시적으로 Vector2D 타입이라고 지칭하기 때문에 Vector2D가 됩니다.

절대 경로를 사용해 파일 시스템에 접근하는 함수를 가정해 보겠습니다. 런타임에는 절대 경로('/')로 시작하는지 체크하기 쉽지만, 타입 시스템에서는 절대 경로를 판단하기 어렵기 때문에 상표 기법을 사용합니다.

4 (옮긴이) 객체와 클래스의 관계를 생각하면 됩니다. 스타벅스는 현실에 존재하는 구체적 개념이고 커피는 추상적인 개념입니다.

```
type AbsolutePath = string & {_brand: 'abs'};
function listAbsolutePath(path: AbsolutePath) {
  // ...
}
function isAbsolutePath(path: string): path is AbsolutePath {
  return path.startsWith('/');
}
```

string 타입이면서 _brand 속성을 가지는 객체를 만들 수는 없습니다. 실제로 AbsolutePath는 온전히 타입 시스템의 영역에 존재합니다(문자열에 속성을 할당할 수 있다고 생각한다면 아이템 10을 다시 확인해 보기 바랍니다).

만약 path 값이 절대 경로와 상대 경로 둘 다 될 수 있다면, 타입을 정제해 주는 타입 가드를 사용해서 오류를 방지할 수 있습니다.

```
function f(path: string) {
  if (isAbsolutePath(path)) {
    listAbsolutePath(path);
  }
  listAbsolutePath(path);
  //               ~~~~ 'string' 형식의 인수는 'AbsolutePath' 형식의
  //                      매개변수에 할당될 수 없습니다.
}
```

if 체크로 타입을 정제하는 방식은 매개변수 path가 절대 경로인지 또는 상대 경로인지에 따라 분기하기 때문에 분기하는 이유를 주석으로 붙이기에도 좋습니다. 단, 주석이 오류를 방지해 주는 것은 아니라는 점은 주의해야 합니다. 반면, 로직을 분기하는 대신 오류가 발생한 곳에 path as AbsolutePath를 사용해서 오류를 제거할 수도 있지만, 단언문 사용은 지양해야 합니다. 단언문을 쓰지 않고 AbsolutePath 타입을 얻기 위한 유일한 방법은 AbsolutePath 타입을 매개변수로 받거나 타입이 맞는지 체크하는 것뿐입니다.

number 타입에도 상표를 붙일 수 있습니다. 단위를 한번 붙여 보겠습니다.

```
type Meters = number & {_brand: 'meters'};
type Seconds = number & {_brand: 'seconds'};

const meters = (m: number) => m as Meters;
const seconds = (s: number) => s as Seconds;
```

```
const oneKm  = meters(1000);
//    ^? const oneKm: Meters
const oneMin = seconds(60);
//    ^? const oneMin: Seconds
```

number 타입에 상표를 붙여도 산술 연산 후에는 상표가 없어지기 때문에 실제로 사용하기에는 무리가 있습니다.

```
const tenKm = oneKm * 10;
//    ^? const tenKm: number
const v = oneKm / oneMin;
//    ^? const v: number
```

그러나 코드에 여러 단위가 혼합된 많은 수의 숫자가 들어 있는 경우에는 이와 같은 방법이 숫자의 단위를 문서화할 때 괜찮을 수도 있습니다.

상표를 붙이기 위한 다른 기법도 있습니다. private 필드를 사용해서 클래스에 상표를 붙이거나, 공식 명칭(아이템 72 참고)으로 문자열 기반 enum 타입을 만들고 인터섹션으로 활용하는 코드들을 발견할 수 있을 것입니다.

또 다른 일반적인 기법으로는 고유한 심벌 타입을 사용하는 것을 들 수 있습니다.

```
declare const brand: unique symbol;
export type Meters = number & {[brand]: 'meters'};
```

이 기법의 장점은 상표 심벌이 노출되지 않기 때문에 Meter 타입의 값을 얻기 위해서는 타입 단언문이나 헬퍼 함수를 사용해야 한다는 것입니다. 상표를 직접 사용하거나 호환되는 또 다른 타입을 만들 수 없습니다.

상표 기법은 타입 시스템 내에서 표현할 수 없는 수많은 속성을 모델링하는데 사용되기도 합니다. 예로, 목록에서 한 요소를 찾기 위해 이진 검색을 하는 경우를 살펴보겠습니다.

```
function binarySearch<T>(xs: T[], x: T): boolean {
  let low = 0, high = xs.length - 1;
  while  (high  >= low) {
    const mid = low + Math.floor((high - low) / 2);
    const v = xs[mid];
```

```
    if (v === x) return true;
    [low, high] = x > v ? [mid + 1, high] : [low, mid - 1];
  }
  return false;
}
```

이진 검색은 이미 정렬된 상태를 가정하기 때문에 목록이 이미 정렬되어 있다면 문제가 없습니다. 하지만 목록이 정렬되어 있지 않다면 잘못된 결과가 나옵니다. 타입스크립트 타입 시스템에서는 목록이 정렬되어 있다는 의도를 표현하기 어렵습니다. 따라서 다음 예제처럼 상표 기법을 사용해 보겠습니다.

```
type SortedList<T> = T[] & {_brand: 'sorted'};

function isSorted<T>(xs: T[]):  xs is SortedList<T> {
  for (let i = 1; i < xs.length; i++) {
    if (xs[i] < xs[i - 1]) {
      return false;
    }
  }
  return true;
}

function binarySearch<T>(xs: SortedList<T>, x: T): boolean {
  // ...
}
```

binarySearch를 호출하려면, 정렬되었다는 상표가 붙은 SortedList 타입의 값을 사용하거나 isSorted를 호출해 정렬되었음을 증명해야 합니다. isSorted에서 목록 전체를 루프하는 것이 효율적인 방법은 아니지만 적어도 안전성은 확보할 수 있습니다.

앞의 예제는 타입 체커를 유용하게 사용하는 일반적인 패턴입니다. 예를 들어, 객체의 메서드를 호출하는 경우 null이 아닌 객체를 받거나 조건문을 사용해서 해당 객체가 null이 아닌지 체크하는 코드와 동일한 형태입니다. 이는 SortedList를 얻기 위한 두 가지 방법(상표를 사용하거나 정렬되었음을 증명하거나)과 비슷합니다.

요약

- 명목적 타이핑에서는, 타입의 모양이 아니라 그렇게 부르기로 명시적으로 약속했기 때문에 해당 타입을 갖게 됩니다.
- 기본형 타입이나 객체 타입은 구조적으로 동일하지만, 의미상 다르게 사용된다면 상표를 붙이는 것을 고려해야 합니다.
- 객체 타입 속성 추가, 문자열 기반 enum, private 필드, 고유한 심벌 등 상표를 붙이는 다양한 기법을 숙지해야 합니다.

8장

Effective TypeScript Second Edition

타입 선언과 @types

타입스크립트를 포함한 모든 프로그래밍 언어에서 라이브러리 의존성 관리는 어려운 일입니다. 8장에서는 의존성에 대한 개념을 잡을 수 있도록 타입스크립트에서 의존성이 어떻게 동작하는지 설명합니다. 또한 의존성 관리를 하다가 맞닥뜨릴 수 있는 몇 가지 문제를 보여 주고 해결하는 방법을 찾아봅니다. 이번 장에서 배울 내용은 프로젝트를 공개하기 전에 타입 선언 파일을 작성하는 데 도움이 될 것입니다. 제대로 된 타입 선언문을 작성해 공개하는 것은 프로젝트뿐 아니라 타입스크립트 전체 커뮤니티에 기여하는 일이기도 합니다.

아이템 65 devDependencies에 typescript와 @types 추가하기

npm(Node Package Manager)은 자바스크립트 세상에서 필수적입니다. npm은 자바스크립트 라이브러리 저장소(npm 레지스트리)와, 프로젝트가 의존하고 있는 라이브러리들의 버전을 지정하는 방법(*package.json*)을 제공합니다.

npm은 세 가지 종류의 의존성을 구분해서 관리하는데, 다음과 같이 각각의 의존성은 *package.json* 파일 내의 별도 영역에 들어 있습니다.

- dependencies

  현재 프로젝트를 실행하는 데 필수적인 라이브러리들이 포함됩니다. 프로젝트의 런타임에 로대시가 사용된다면 dependencies에 포함되어야 합니다. 만약 프로젝트를 npm에 공개해 다른 사용자가 해당 프로젝트를 설치한다면, dependencies에 들어 있는 라이브러리도 함께 설치될 것입니다. 이러한 현상을 전이 의존성(transitive dependencies)이라고 합니다.

- devDependencies

  현재 프로젝트를 개발하고 테스트하는 데 사용되지만, 런타임에는 필요 없는 라이브러리들이 포함됩니다. 예를 들어, 프로젝트에서 사용 중인 테스트 프레임워크가 devDependencies에 포함될 수 있는 라이브러리입니다. 만약 프로젝트를 npm에 공개해 다른 사용자가 해당 프로젝트를 설치한다면, devDependencies에 포함된 라이브러리들은 제외됩니다. 이러한 특성이 dependencies와 다른 점입니다.

- peerDependencies

  런타임에 필요하긴 하지만, 의존성을 직접 관리하지 않는 라이브러리들이 포함됩니다. 예를 들어, 리액트 컴포넌트를 배포한다면, 몇 가지 버전의 리액트와 호환될 것입니다. 리액트 버전을 컴포넌트에서 지정하기보다는 컴포넌트를 사용하는 곳에서 지정하도록 해야 여러 개의 리액트 버전이 설치되는 것을 막을 수 있습니다.

이 세 가지 의존성 중에서는 dependencies와 devDependencies가 일반적으로 사용됩니다. 타입스크립트 개발자라면 라이브러리를 추가할 때 어떠한 종류의 의존성을 사용해야 하는지 알고 있어야 합니다. 타입스크립트는 개발 도구일 뿐이고 타입 정보는 런타임에 존재하지 않기 때문에(아이템 3 참고), 타입스크립트와 관련된 라이브러리는 일반적으로 devDependencies에 속합니다.

모든 타입스크립트 프로젝트에서 공통적으로 고려해야 할 의존성 두 가지를 살펴보겠습니다. 첫 번째, 타입스크립트 자체 의존성을 고려해야 합니다. 타입스크립트를 시스템 레벨로 설치할 수도 있지만, 다음 두 가지 이유 때문에 추천하지는 않습니다.

- 팀원들 모두가 항상 동일한 버전을 설치한다는 보장이 없습니다.
- 프로젝트를 셋업할 때 별도의 단계가 추가됩니다.

따라서 타입스크립트를 시스템 레벨로 설치하기보다는 devDependencies에 넣는 것이 좋습니다. devDependencies에 포함되어 있다면, npm install을 실행할 때 팀원들 모두 항상 정확한 버전의 타입스크립트를 설치할 수 있습니다. 그리고 타입스크립트 버전 업데이트는 다른 라이브러리의 업데이트와 같은 방법을 사용하게 됩니다.

대부분의 타입스크립트 IDE와 빌드 도구는 devDependencies를 통해 설치된 타입스크립트의 버전을 인식할 수 있도록 되어 있습니다. 또한 커맨드 라인에서 npx를 사용해서 devDependencies를 통해 설치된 타입스크립트 컴파일러를 실행할 수 있습니다.

```
$ npx tsc
```

두 번째, 타입 의존성(@types)을 고려해야 합니다. 사용하려는 라이브러리에 타입 선언이 포함되어 있지 않더라도, DefinitelyTyped에서 타입 정보를 얻을 수 있습니다. DefinitelyTyped의 타입 정의는 npm 레지스트리의 @types 스코프에 공개됩니다. 즉, @types/jquery에는 제이쿼리의 타입 정의가 있고, @types/lodash에는 로대시의 타입 정의가 있습니다. @types 라이브러리는 타입 정보만 포함하고 있으며 구현체는 포함하지 않습니다.

원본 라이브러리 자체가 dependencies에 있다고 하더라도 @types 의존성은 devDependencies에 있어야 합니다. 예를 들어, 리액트의 타입 선언과 리액트를 의존성에 추가하려면 다음처럼 실행해야 합니다.

```
$ npm install react
$ npm install --save-dev @types/react
```

그러면 다음과 같은 *package.json* 파일이 생성됩니다.

```
{
  "devDependencies": {
    "@types/react": "^18.2.23",
```

```
    "typescript": "^5.2.2"
  },
  "dependencies": {
    "react": "^18.2.0"
  }
}
```

이 예제의 의도는 런타임에 `@types/react`와 `typescript`에 의존하지 않겠다는 것입니다(타입스크립트 사용자는 이러한 `@types`에 의존하겠지만, 전이적 타입 의존성은 가급적 피하는 것이 좋습니다. 아이템 70에서 자세히 살펴보겠습니다).

단지 웹 앱을 만들고 있으며, 어떠한 라이브러리도 npm에 공개할 계획이 없는 경우를 생각해 보겠습니다. 이러한 경우는 `devDependencies`를 분리해서 관리할 필요가 없으며, 모두 `dependencies`에 넣어서 관리하는 것이 낫다는 조언도 찾을 수 있습니다. 그러나 라이브러리를 공개하지 않는 경우라고 하더라도 `@types`를 `devDependencies`에 넣으면 몇 가지 장점을 얻을 수 있습니다.

- 앱에 서버 컴포넌트가 존재하는 경우 `npm install --production`을 실행해 운영 환경에는 `dependencies`만 설치할 수 있습니다. 이미 타입스크립트를 자바스크립트로 컴파일한 경우라면 앱을 실행하는 것에 필요한 의존성은 `dependencies`에만 존재할 것입니다. 이렇게 하면 더 경량화된 이미지가 되고 이미지를 가동하는 시간도 더욱 빨라질 것입니다.
- 자동 의존성 업데이트 도구(Renovate 또는 Dependabot 등)를 사용하는 경우라면 운영 환경의 의존성에 대한 우선 순위를 지정할 수 있습니다. 여기에 포함된 라이브러리는 최종 사용자에게 영향을 미칠 수 있는 중요한 보안 업데이트가 발생할 가능성이 높은 것들이므로 그 부분에 신경 써야 합니다.

`@types` 의존성과 관련해서 문제가 발생할 수 있는 몇 가지 주의 사항이 있는데, 자세한 내용은 다음 아이템에서 다루겠습니다.

요약

- *package.json*의 dependencies와 devDependencies의 차이를 이해해야 합니다.
- 타입스크립트를 devDependencies에 포함시켜야 하며, 시스템 레벨로 설치하면 안 됩니다.
- @types 의존성은 dependencies가 아니라, devDependencies에 포함시켜야 합니다.

아이템 66 타입 선언과 관련된 세 가지 버전 이해하기

의존성 관리는 개발자에게 매우 힘든 일입니다. 그래서 여러분은 아마 단순히 라이브러리를 프로젝트에 추가해서 사용할 뿐 라이브러리의 전이 의존성이 호환되는지 깊게 생각하지 않았을 것입니다.

그런데 실제로 타입스크립트는 알아서 의존성 문제를 해결해 주기는커녕 의존성 관리를 오히려 더 복잡하게 만듭니다. 왜냐하면 타입스크립트를 사용하면 다음 세 가지 사항을 추가로 고려해야 하기 때문입니다.

- 라이브러리의 버전
- 타입 선언(@types)의 버전
- 타입스크립트의 버전

세 가지 버전 중 하나라도 맞지 않으면 의존성과 상관없어 보이는 곳에서 엉뚱한 오류가 발생할 수 있습니다. 이렇게 발생한 오류의 원인을 파악하고 고치기 위해서는 타입스크립트 라이브러리 관리의 복잡한 메커니즘을 모두 이해해야 합니다. 라이브러리 관리의 메커니즘을 이해하면 프로젝트 내에서 작성한 타입 선언을 외부에 공개해야 하는 시점이 되었을 때 버전과 관련해서 제대로 된 결정을 내릴 수 있습니다.

타입스크립트에서 일반적으로 의존성을 사용하는 방식은 다음과 같습니다. 특정 라이브러리를 dependencies로 설치하고, 타입 정보는 devDependencies로 설치합니다(아이템 65 참고).

```
$ npm install react
+ react@18.2.0

$ npm install --save-dev @types/react
+ @types/react@18.2.23
```

메이저 버전과 마이너 버전(18.2)이 일치하지만, 패치 버전(.0과 .23)은 일치하지 않는다는 점에 주목하기 바랍니다. @types/react의 18.2는 타입 선언들이 리액트 18.2 버전의 API를 나타냄을 의미합니다. 만약 리액트 모듈이 시맨틱(semantic) 버전[1] 규칙을 제대로 지킨다고 가정하면 패치 버전들(18.2.1, 18.2.2, ...)은 공개 API의 사양을 변경하지 않습니다. 따라서 타입 선언을 업데이트할 필요가 없습니다. 그러나 타입 선언 자체에도 버그나 누락이 존재할 수 있으며, @types 모듈의 패치 버전은 버그나 누락으로 인한 수정과 추가에 따른 것입니다. 앞선 예제의 경우 라이브러리 자체보다 타입 선언에 더 많은 업데이트가 있었습니다(23 대 0).

그러나 실제 라이브러리와 타입 정보의 버전이 별도로 관리되는 방식은 다음과 같은 네 가지 문제점이 있습니다.

첫 번째, 라이브러리를 업데이트했지만, 실수로 타입 선언은 업데이트하지 않는 경우입니다. 이러한 경우 라이브러리 업데이트와 관련된 새로운 기능을 사용하려 할 때마다 타입 오류가 발생합니다. 특히 하위 호환성이 깨지는 변경이 있었다면, 코드가 타입 체커를 통과하더라도 런타임에 오류가 발생할 수 있습니다.

일반적인 해결책은 타입 선언도 업데이트해 라이브러리와 버전을 맞추는 것입니다. 그러나 업데이트해야 할 타입 선언의 버전이 아직 준비되지 않은 경우라면 두 가지 선택지가 있습니다. 보강 기법을 활용해 사용하려는 새 함수와 메서드의 타입 정보를 프로젝트 자체에 추가하는 것입니다(아이템 71에서 다룹니다). 또는 타입 선언의 업데이트를 직접 작성하고 공개해 커뮤니티에 기여하는 방법도 있습니다.

두 번째, 라이브러리보다 타입 선언의 버전이 최신인 경우입니다. 이러한 경

1 (옮긴이) *https://semver.org/lang/ko/*

우는 타입 정보 없이 라이브러리를 사용해 오다가(아마도 `declare module`을 사용해서 `any` 타입으로 사용했을 것입니다) 타입 선언을 설치하려고 할 때 뒤늦게 발생합니다. 그 사이에 라이브러리와 타입 선언의 새 버전이 릴리스되었다면 라이브러리와 타입 선언의 버전 정보는 어긋나게 됩니다. 첫 번째 문제와 상황이 비슷하지만, 버전의 대소 관계가 반대입니다. 타입 체커는 최신 API를 기준으로 코드를 검사하지만, 런타임에 실제로 쓰이는 것은 과거 버전입니다. 해결책은 라이브러리와 타입 선언의 버전이 일치하도록 라이브러리 버전을 올리거나 타입 선언의 버전을 내리는 것입니다.

세 번째, 프로젝트에서 사용하는 타입스크립트 버전보다 라이브러리에서 필요로 하는 타입스크립트 버전이 최신인 경우입니다. 일반적으로 로대시, 리액트, 람다 같은 유명 자바스크립트 라이브러리의 타입 정보를 더 정확하게 표현하기 위해서 타입스크립트에서 타입 시스템이 개선되고 버전이 올라가게 됩니다. 그러므로 이러한 라이브러리의 최신 타입 정보를 얻기 위해서라면 당연히 타입스크립트의 최신 버전을 사용해야 합니다.

현재 프로젝트보다 라이브러리에서 요구하는 타입스크립트 버전이 높은 상황이라면 `@types` 선언 자체에서 타입 오류가 발생합니다. 이 오류를 해결하려면 프로젝트의 타입스크립트 버전을 올리거나, 라이브러리 타입 선언의 버전을 원래대로 내리거나, `declare module` 선언으로 라이브러리의 타입 정보를 없애 버리면 됩니다. 라이브러리에서 `typesVersions`를 통해 타입스크립트 버전별로 다른 타입 선언을 제공하는 방법도 있지만, 실제로 이 방법을 사용하는 라이브러리는 매우 드뭅니다. 최근까지도 DefinitelyTyped의 라이브러리들 중 `typesVersions`을 제공하는 것은 1% 미만이지만, `@types/node`와 `@types/react` 같이 널리 사용되는 타입에서는 마주칠 가능성이 높습니다.

타입스크립트의 특정 버전에 대한 `@types`를 설치하려면 다음처럼 실행하면 됩니다.

```
$ npm install --save-dev @types/lodash@ts4.9
```

라이브러리와 타입 선언의 버전을 일치시키는 것이 최선이겠지만, 상황에 따라 해당 버전의 타입 정보가 없을 수도 있습니다. 그러나 유명한 라이브러리일

수록 버전별로 타입 선언이 존재할 가능성이 높습니다.

네 번째, @types 의존성이 중복될 수도 있습니다. @types/foo와 @types/bar에 의존하는 경우를 가정해 보겠습니다. 만약 @types/bar가 현재 프로젝트와 호환되지 않는 버전의 @types/foo에 의존한다면 npm은 중첩된 폴더에 별도로 해당 버전을 설치해 문제를 해결하려고 합니다.

```
node_modules/
  @types/
    foo/
      index.d.ts @1.2.3
    bar/
      index.d.ts
      node_modules/
        @types/
          foo/
            index.d.ts @2.3.4
```

런타임에 사용되는 모듈이라면 괜찮을 수 있지만, 전역 네임스페이스(namespace)에 있는 타입 선언 모듈이라면 대부분 문제가 발생합니다. 전역 네임 스페이스에 타입 선언이 존재하면 중복된 선언 또는 선언이 병합될 수 없다는 오류가 나타납니다. 이러한 상황이라면 npm ls @types/foo를 실행해 어디서 타입 선언 중복이 발생했는지 추적할 수 있습니다. 해결책은 보통 @types/foo를 업데이트하거나 @types/bar를 업데이트해서 서로 버전이 호환되게 하는 것입니다.

그러나 @types가 전이 의존성을 가지도록 만드는 것은 종종 문제를 일으키기도 합니다. 만약 타입 선언을 작성하고 공개하려고 한다면, 아이템 70을 참고해 이러한 문제를 피하기 바랍니다. 중복된 타입 선언이 많다면, 타입스크립트 컴파일러 성능에 영향을 줄 수도 있습니다. 아이템 78에서 이 주제에 대해서 더욱 자세히 다루겠습니다.

일부 라이브러리, 특히 타입스크립트로 작성된 라이브러리는 자체적으로 타입 선언을 번들링(bundling, 포함)하게 됩니다. 자체적인 타입 선언은 보통 *package.json*의 "types" 필드에서 *.d.ts* 파일을 가리키도록 되어 있습니다.

```
{
  "name": "left-pad",
  "version": "1.3.0",
```

```
  "description": "String left pad",
  "main": "index.js",
  "types": "index.d.ts",
  // ...
}
```

"types": "index.d.ts"를 추가하면 모든 문제가 해결될까요? 이처럼 번들링해 타입 선언을 포함하는 경우 특히 라이브러리가 타입스크립트로 작성되고 컴파일러를 통해 타입 선언이 생성된 경우라면 버전 불일치 문제는 해결됩니다. 그러나 번들링 방식은 네 가지 부수적인 문제점을 일으킵니다.

첫 번째, 번들된 타입 선언에 보강 기법(아이템 71 참고)으로 해결할 수 없는 오류가 있는 경우 또는 공개 시점에는 잘 동작했지만, 타입스크립트 버전이 올라가면서 오류가 발생하는 경우에 문제가 됩니다. @types를 별도로 사용하는 경우라면 라이브러리 자체의 버전에 맞추어 선택할 수 있습니다. 그러나 번들된 타입에서는 @types의 버전 선택이 불가능합니다. 단 하나의 잘못된 타입 선언으로 인해 타입스크립트의 버전을 올리지 못하는 불상사가 생길 수 있는 것입니다. 번들된 타입과 DefinitelyTyped가 비교되는 부분입니다. 마이크로소프트는 타입스크립트 버전이 올라감에 따라 DefinitelyTyped의 모든 타입 선언을 점검하며, 문제가 발견된 곳은 빠른 시간 내에 해결하고 있습니다.

두 번째, 프로젝트 내의 타입 선언이 다른 라이브러리의 타입 선언에 의존한다면 문제가 됩니다. 보통은 의존성이 devDependencies에 들어갑니다(아이템 65 참고). 그러나 프로젝트를 공개해 다른 사용자가 설치하면 devDependencies가 설치되지 않을 것이고 타입 오류가 발생합니다. 반면, 자바스크립트 사용자 입장에서는 @types를 설치할 이유가 없기 때문에 dependencies에 포함하고 싶지 않을 것입니다. 아이템 70에서는 이러한 상황에 대한 표준 해결책을 다룹니다. 한편 DefinitelyTyped에 타입 선언을 공개하는 경우라면 첫 번째 상황은 전혀 문제가 되지 않습니다. 타입 선언은 @types에 있을 것이고 타입스크립트 사용자만이 타입 정보를 사용하게 됩니다.

일부 프로젝트에서는 타입스크립트 타입을 별도 패키지로 공개하는 혼합 방식을 적용합니다. 이를 통해 타입 의존성 트리와 구현을 명확하게 분리할 수 있도록 코드를 제어할 수 있습니다.

세 번째, 프로젝트의 과거 버전에 있는 타입 선언에 문제가 있는 경우에는 과거 버전으로 돌아가서 패치 업데이트를 해야 합니다. 번들링된 타입 선언에서는 어려운 일이지만, DefinitelyTyped는 동일 라이브러리의 여러 버전의 타입 선언을 동시에 유지보수할 수 있는 메커니즘을 가지고 있습니다.

네 번째, 타입 선언의 패치 업데이트를 자주 하기 어렵다는 문제가 있습니다. 이번 아이템의 처음에 있었던 `react`와 `@types/react` 버전의 사례를 떠올려 보면 됩니다. 라이브러리 자체보다 타입 선언에 대한 패치 업데이트가 무려 세 배나 더 많았습니다. DefinitelyTyped는 커뮤니티에서 관리되기 때문에 이러한 작업량을 감당할 수 있습니다. 만약 어떠한 라이브러리의 유지보수 담당자가 5일 이내에 패치를 적용하지 않는 것으로 보인다면, 전체 유지보수 담당자가 패치를 하게 됩니다. 그러나 개별 프로젝트에서는 비슷한 처리 시간을 보장하기 어렵습니다.

타입스크립트에서 의존성 관리는 쉽지 않은 일이지만, 잘 관리한다면 그에 따른 보상이 함께 존재합니다. 잘 작성된 타입 선언은 라이브러리를 올바르게 사용하는 방법을 배우는 데 도움이 되며 생산성 역시 크게 향상시킬 수 있습니다. 만약 의존성 관리에 문제가 생긴다면 이번 아이템의 처음에 언급했던 세 가지 버전을 기억해야 합니다.

라이브러리를 공개하려는 경우 타입 선언을 자체적으로 포함하는 것과 타입 정보만 분리해 DefinitelyTyped에 공개하는 것의 장단점을 비교해 봐야 합니다. 공식적인 권장사항은 라이브러리가 타입스크립트로 작성된 경우에만 타입 선언을 라이브러리에 포함하는 것입니다. 실제로 타입스크립트 컴파일러가 타입 선언을 대신 생성해 주기 때문에 타입스크립트로 작성된 라이브러리에 타입 선언을 포함하는 방식은 잘 동작합니다(`declaration` 컴파일러 옵션을 사용). 자바스크립트로 작성된 라이브러리라면 손수 작성한 타입 선언은 오류가 있을 가능성이 높고 잦은 업데이트가 필요하게 됩니다. 자바스크립트로 작성된 라이브러리는 타입 선언을 DefinitelyTyped에 공개해 커뮤니티에서 관리하고 유지보수하도록 맡기는 것이 좋습니다.

요약

- @types 의존성과 관련된 세 가지 버전이 있습니다. 라이브러리 버전, @types 버전, 타입스크립트 버전입니다.
- 여러 타입의 버전이 불일치할 때 발생하는 현상을 잘 파악해야 합니다.
- 라이브러리를 업데이트하는 경우 해당 @types 역시 업데이트해야 합니다.
- 타입 선언을 라이브러리에 포함하는 것과 DefinitelyTyped에 공개하는 것 사이의 장단점을 이해해야 합니다. 타입스크립트로 작성된 라이브러리라면 타입 선언을 자체적으로 포함하고, 자바스크립트로 작성된 라이브러리라면 DefinitelyTyped에 타입 선언을 공개하는 것이 좋습니다.

아이템 67 공개 API에 등장하는 모든 타입 익스포트하기

타입스크립트를 사용하다 보면 언젠가는 서드 파티 라이브러리의 타입이나 인터페이스를 사용해야 하는 경우가 생기는데, 이때 제대로 익스포트되지 않은 경우를 발견하게 될 것입니다. 라이브러리 사용자로서는 난감한 상황이 아닐 수 없습니다. 그러나 공개 API의 일부분으로 사용되는 타입 정보는 명시적으로 익스포트되어 있지 않더라도 효율적으로 익스포트할 수 있습니다. 라이브러리 작성자라면, 라이브러리 사용자를 위해서 가장 먼저 타입 정보부터 익스포트해야 합니다.

어떠한 타입을 숨기고 싶어서 익스포트하지 않았다고 가정해 보겠습니다.

```
interface SecretName {
  first: string;
  last: string;
}

interface SecretSanta {
  name: SecretName;
  gift: string;
}

export function getGift(name: SecretName, gift: string): SecretSanta {
  // ...
}
```

해당 라이브러리 사용자는 SecretName 또는 SecretSanta를 직접 임포트할 수 없고, getGift만 임포트할 수 있습니다. 그러나 타입들은 익스포트된 함수 시그니처에 등장하기 때문에 추출해 낼 수 있습니다. 추출하는 한 가지 방법은 Parameters와 ReturnType 제네릭 타입을 사용하는 것입니다.

```
type MySanta = ReturnType<typeof getGift>;
//   ^? type MySanta = SecretSanta
type MyName = Parameters<typeof getGift>[0];
//   ^? type MyName = SecretName
```

만약 프로젝트의 융통성을 위해 타입들을 일부러 익스포트하지 않았던 것이라면, 쓸데없는 작업을 한 셈입니다. 공개 API 매개변수에 놓이는 순간 타입은 노출되기 때문입니다. 그러므로 굳이 숨기려 하지 말고 라이브러리 사용자를 위해 명시적으로 익스포트하는 것이 좋습니다.

요약

- 공개 메서드에 등장한 모든 타입을 익스포트하는 것이 좋습니다. 어차피 라이브러리 사용자가 추출할 수 있으므로 차라리 익스포트하기 쉽게 만드는 것이 좋습니다.

아이템 68 API 주석에 TSDoc 사용하기

다음 코드는 인사말을 생성하는 타입스크립트 함수입니다.

```
// 인사말을 생성합니다. 결과는 보기 좋게 꾸며집니다.
function greet(name: string, title: string) {
  return `Hello ${title} ${name}`;
}
```

함수의 앞부분에 주석이 있어서 함수가 어떠한 기능을 하는지 쉽게 알 수는 있습니다. 그러나 사용자를 위한 문서라면 JSDoc 스타일의 주석으로 만드는 것이 좋습니다.

```
/** 인사말을 생성합니다. 결과는 보기 좋게 꾸며집니다. */
function greetJSDoc(name: string, title: string) {
  return `Hello ${title} ${name}`;
}
```

왜냐하면 대부분의 편집기는 함수가 호출되는 곳에서 함수에 붙어 있는 JSDoc 스타일의 주석을 툴팁으로 표시해 주기 때문입니다(그림 8-1 참고).

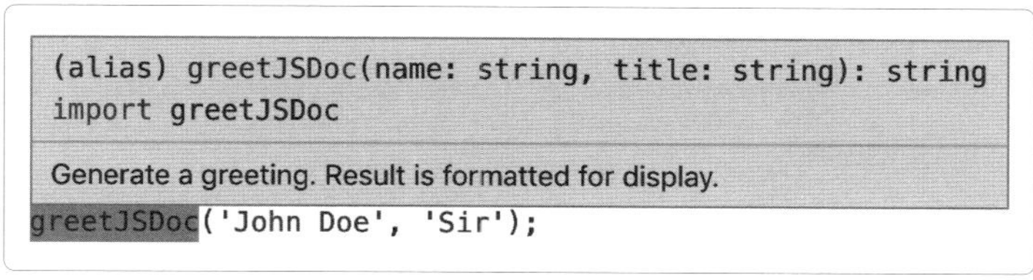

그림 8-1 JSDoc 스타일 주석은 일반적으로 편집기의 툴팁 설명에 표시됩니다.

그러나 인라인(inline) 주석은 편집기가 표시해 주지 않습니다(그림 8-2 참고).

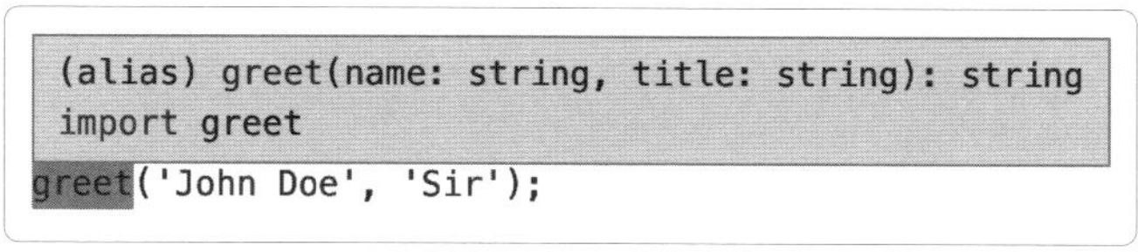

그림 8-2 인라인 주석은 일반적으로 툴팁 설명에 표시되지 않습니다.

타입스크립트 언어 서비스가 JSDoc 스타일을 지원하기 때문에 적극적으로 활용하는 것이 좋습니다. 만약 공개 API에 주석을 붙인다면 JSDoc 형태로 작성해야 합니다. JSDoc에는 `@param`과 `@returns` 같은 일반적 규칙을 사용할 수 있습니다. 한편 타입스크립트 관점에서는 TSDoc이라고 부르기도 합니다.

```
/**
 * 인사말을 생성합니다.
 * @param name: 인사할 사람의 이름
 * @param title: 그 사람의 칭호
 * @returns: 사람이 보기 좋은 형태의 인사말
 */
function greetFullTSDoc(name: string, title: string) {
  return `Hello ${title} ${name}`;
}
```

@param과 @returns를 추가하면 함수를 호출하는 부분에서 각 매개변수와 관련된 설명을 보여 줍니다(그림 8-3 참고). 여기서는 title이 아닌 name 매개변수에 대한 내용만 보여 줍니다.

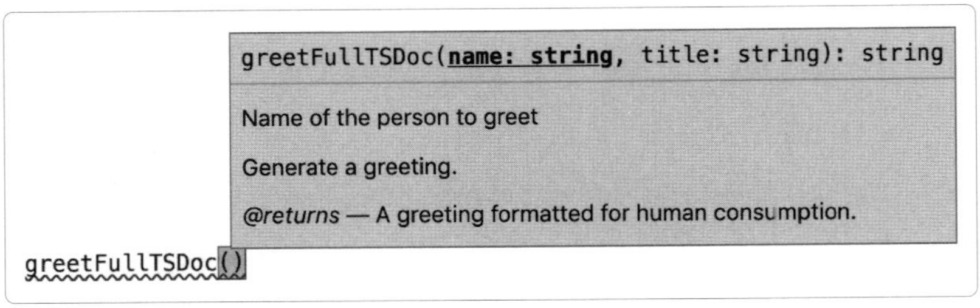

그림 8-3 @param 구문을 사용하면 매개변수에 대한 설명이 편집기에 표시됩니다.

타입 정의에 TSDoc을 사용할 수도 있습니다.

```
/** 특정 시간과 장소에서 수행된 측정 */
interface Measurement {
  /** 어디에서 측정되었나? */
  position: Vector3D;
  /** 언제 측정되었나? epoch에서부터 초 단위로 */
  time: number;
  /** 측정된 운동량 */
  momentum: Vector3D;
}
```

Measurement 객체의 각 필드에 마우스 커서를 올려 보면 필드별 설명을 볼 수 있습니다(그림 8-4 참고).

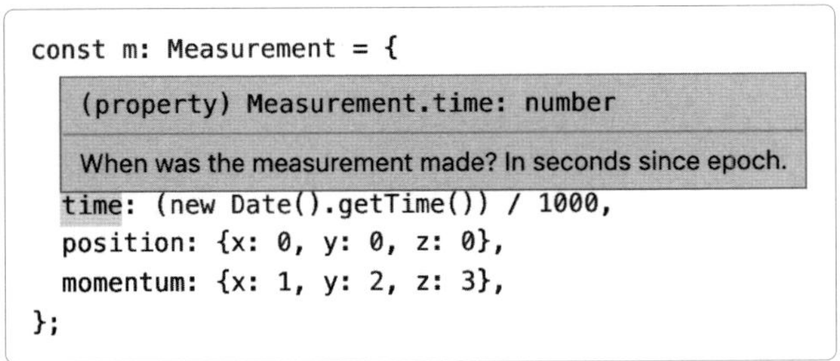

그림 8-4 편집기에서 해당 필드 위에 마우스 커서를 올리면 TSDoc이 표시됩니다.

개별 필드에 대한 문서는 동형(아이템 15 참고)일 동안은 매핑된 타입을 통해 유지됩니다. 여기에는 `Partial`과 `Pick` 같은 헬퍼 타입이 포함됩니다.

`@template` 태그를 사용해 제네릭 타입에 대한 타입 매개변수를 문서화할 수 있습니다. 동작 원리는 아이템 50에서 살펴보았습니다.

TSDoc 주석은 마크다운(markdown) 형식으로 꾸며지므로 굵은 글씨, 기울임 글씨, 글머리기호 목록을 사용할 수 있습니다(그림 8-5 참고).

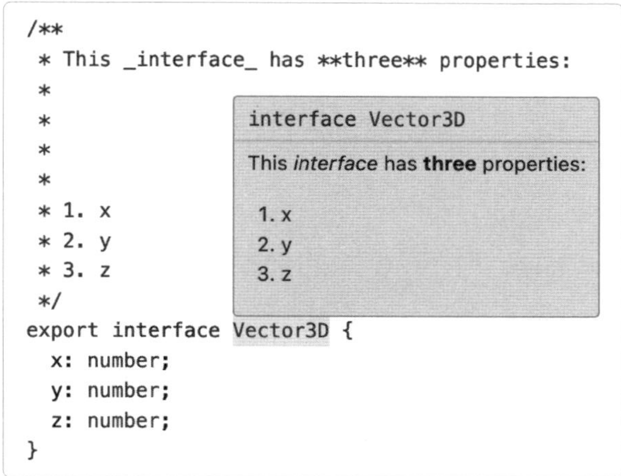

그림 8-5 TSDoc 주석에 마크다운 형식을 사용할 수 있습니다.

주석을 수필처럼 장황하게 쓰지 않도록 주의해야 합니다. 훌륭한 주석은 간단히 요점만 언급합니다.

JSDoc에는 타입 정보를 명시하는 규칙(`@param {string} name ...`)이 있지만, 타입스크립트에서는 타입 정보가 코드에 있기 때문에 TSDoc에서는 타입 정보를 명시하면 안 됩니다(아이템 31 참고).

마지막으로, 폐기된(deprecated) 심벌에는 `@depreated` 태그를 붙여야 합니다. 해당 심벌이 더 이상 사용되지 않는다는 명확한 표시일 뿐 아니라 가장 엄격한 TSDoc 기능도 활성화하게 됩니다. `@deprecated`가 붙은 심벌에는 취소선(strikethrough)이 붙습니다. 따라서 그림 8-6에서 볼 수 있듯이, 더 이상 사용되지 않는지 확인하기 위해 심벌을 검사할 필요조차 없습니다.

```
/** @deprecated use eslint instead */
function tslint() { alert('hi!') }

tslint();
```

그림 8-6 @deprecated 태그가 붙은 심벌은 취소선으로 표시됩니다.

어떠한 메서드를 폐기하는 것으로 표시할 때는, 해당 메서드를 사용하는 사용자에게 양해를 구하고 다른 대안이 무엇인지 안내해 주어야 합니다. 최소한 지원 중단 문서에 대한 참조 링크라도 기재해야 합니다.

요약

- 익스포트된 함수, 클래스, 타입에 주석을 달 때는 JSDoc/TSDoc 형태를 사용해야 합니다. JSDoc/TSDoc 형태의 주석을 달면 편집기가 주석 정보를 표시해 줍니다.
- @param, @returns 구문과 문서 서식을 위해 마크다운을 사용할 수 있습니다.
- 주석에 타입 정보를 포함하면 안 됩니다(아이템 31 참고).
- 폐기된 API에는 @deprecated를 달아야 합니다.

아이템 69 콜백 함수에서 this에 대한 타입 제공하기

자바스크립트에서 this 키워드는 매우 혼란스러운 기능입니다. let이나 const로 선언된 변수가 렉시컬 스코프(lexical scope)[2]인 반면, this는 다이나믹 스코프(dynamic scope)입니다. 다이나믹 스코프의 값은 '위치한' 장소가 아니라 '호출된' 맥락에 따라 달라집니다.

this는 객체의 현재 인스턴스를 참조하는 전형적인 클래스에서 가장 많이 쓰입니다.

```
class C {
  vals = [1, 2, 3];
  logSquares() {
```

2 (옮긴이) 이 책에서 자바스크립트 언어 기초를 다루지 않지만, 기초 서적이나 검색을 통해 배울 수 있습니다. 다른 것은 몰라도 변수 스코프와 관련된 특징은 반드시 숙지하기 바랍니다.

```
    for (const val of this.vals) {
      console.log(val ** 2);
    }
  }
}

const c = new C();
c.logSquares();
```

코드를 실행하면 다음처럼 출력됩니다.

```
1
4
9
```

이제 logSquares를 외부 변수에 넣고 호출하면 어떻게 되는지 보겠습니다.

```
const c = new C();
const method = c.logSquares;
method();
```

이 코드는 런타임에 다음과 같은 오류가 발생합니다.

```
    for (const val of this.vals) {
                           ^

TypeError: undefined의 'vals' 속성을 읽을 수 없습니다.
```

c.logSquares()가 실제로는 두 가지 작업을 수행하기 때문에 문제가 발생합니다. C.prototype.logSquares를 호출하고, this의 값을 c로 바인딩합니다. 앞의 코드에서는 logSquares의 참조 변수를 사용함으로써 두 가지 작업을 분리했으며, this의 값은 undefined로 설정됩니다.

자바스크립트에는 this 바인딩을 온전히 제어할 수 있는 방법이 있습니다. call을 사용하면 명시적으로 this를 바인딩해 문제를 해결할 수 있습니다.

```
const c = new C();
const method = c.logSquares;
method.call(c);  // 제곱을 출력합니다.
```

this가 반드시 C의 인스턴스에 바인딩되어야 하는 것은 아니며, 어떠한 것이든 바인딩할 수 있습니다. 그러므로 라이브러리들은 API의 일부에서 this의 값을 사용할 수 있게 합니다. 심지어 DOM에서도 this를 바인딩할 수 있습니다. 이벤트 핸들러를 예로 들 수 있습니다.

```
document.querySelector('input')?.addEventListener('change', function(e) {
  console.log(this);  // 이벤트가 발생한 input 엘리먼트를 출력합니다.
});
```

this 바인딩은 종종 콜백 함수에서 쓰입니다. 예를 들어, 클래스 내에 onClick 핸들러를 정의한다면 다음처럼 할 수 있습니다.

```
class ResetButton {
  render() {
    return makeButton({text: 'Reset', onClick: this.onClick});
  }
  onClick() {
    alert(`Reset ${this}`);
  }
}
```

그러나 ResetButton에서 onClick을 호출하면, this 바인딩 문제로 인해 'Reset undefined(Reset이 정의되지 않았습니다)'라는 경고가 뜹니다. 이 문제의 일반적인 해결책은 생성자에서 메서드에 this를 바인딩시키는 것입니다.

```
class ResetButton {
  constructor() {
    this.onClick = this.onClick.bind(this);
  }
  render() {
    return makeButton({text: 'Reset', onClick: this.onClick});
  }
  onClick() {
    alert(`Reset ${this}`);
  }
}
```

onClick() { ... }은 ResetButton.prototype[3]의 속성을 정의합니다. 그러므로 ResetButton의 모든 인스턴스에서 공유됩니다. 그러나 생성자에서 다음과 같은 this.onClick = ...으로 바인딩하면, onClick 속성에 this가 바인딩되어 해당 인스턴스에 생성됩니다. 속성 탐색 순서(lookup sequence)에서 onClick 인스턴스 속성은 onClick 프로토타입(prototype) 속성보다 앞에 놓이기 때문에 render() 메서드의 this.onClick은 바인딩된 함수를 참조하게 됩니다.

조금 더 간단한 방법으로 바인딩 문제를 해결할 수도 있습니다.

```
class ResetButton {
  render() {
    return makeButton({text: 'Reset', onClick: this.onClick});
  }
  onClick = () => {
    alert(`Reset ${this}`);  // "this"가 ResetButton 인스턴스를 참조합니다.
  }
}
```

onClick을 화살표 함수로 바꿨습니다. 화살표 함수로 바꾸면, ResetButton이 생성될 때마다 제대로 바인딩된 this를 가지는 새 함수를 생성하게 됩니다. 이해를 돕기 위해 자바스크립트가 실제로 생성한 코드를 살펴보겠습니다.

```
class ResetButton {
  constructor() {
    this.onClick = () => {
      alert(`Reset ${this}`); // "this"가 ResetButton 인스턴스를 참조합니다.
    };
  }
  render() {
    return makeButton({ text: 'Reset', onClick: this.onClick });
  }
}
```

this 바인딩은 자바스크립트의 동작이기 때문에 타입스크립트 역시 this 바인딩을 그대로 모델링합니다. 만약 작성 중인 라이브러리에 this를 사용하는 콜

3 (옮긴이) 자바스크립트가 프로토타입 기반 언어라는 것을 잊으면 안 됩니다. 또한 전형적인 객체 지향 언어의 클래스와 다르게 자바스크립트의 클래스는 단지 간편 문법(syntactic sugar)에 해당할 뿐이라는 사실도 주의해야 합니다.

백 함수가 있다면, this 바인딩 문제를 고려해야 합니다.

이 문제는 콜백 함수의 매개변수에 this를 추가하고, 콜백 함수를 call로 호출해서 해결할 수 있습니다.

```
function addKeyListener(
  el: HTMLElement,
  listener: (this: HTMLElement, e: KeyboardEvent) => void
) {
  el.addEventListener('keydown', e => listener.call(el, e));
}
```

콜백 함수의 첫 번째 매개변수에 있는 this는 특별하게 처리됩니다. 다음 예제처럼 call을 제거하고 listener를 두 개의 매개변수로 호출해 보면 그 처리 방법을 알 수 있습니다.

```
function addKeyListener(
  el: HTMLElement,
  listener: (this: HTMLElement, e: KeyboardEvent) => void
) {
  el.addEventListener('keydown', e => {
    listener(el, e);
    //           ~ 1개의 인수가 필요한데 2개를 가져왔습니다.
  });
}
```

콜백 함수의 매개변수에 this를 추가하면 this 바인딩이 체크되기 때문에 실수를 방지할 수 있습니다.

```
function addKeyListener(
  el: HTMLElement,
  listener: (this: HTMLElement, e: KeyboardEvent) => void
) {
  el.addEventListener('keydown', e => {
    listener(e);
    // ~~~~~~~~ 'void' 형식의 'this' 컨텍스트를
    //          메서드의 'HTMLElement' 형식 'this'에 할당할 수 없습니다.
  });
}
```

또한 라이브러리 사용자의 콜백 함수에서 this를 참조할 수 있고 완전한 타입 안전성도 얻을 수 있습니다.

```
declare let el: HTMLElement;
addKeyListener(el, function(e) {
  console.log(this.innerHTML);
  //         ^? this: HTMLElement
});
```

만약 라이브러리 사용자가 콜백을 화살표 함수로 작성하고 this를 참조하려고 하면 타입스크립트가 문제를 잡아냅니다.

```
class Foo {
  registerHandler(el: HTMLElement) {
    addKeyListener(el, e => {
      console.log(this.innerHTML);
      //               ~~~~~~~~~ 'Foo' 형식에 'innerHTML' 속성이 없습니다.
    });
  }
}
```

this의 사용법을 반드시 기억해야 합니다. 콜백 함수에서 this 값을 사용해야 한다면 this는 API의 일부가 되는 것이기 때문에 반드시 타입 선언에 포함해야 합니다.

새로운 API를 설계하는 경우라면, 다이나믹 this 바인딩을 사용하면 안 됩니다. 과거에 널리 사용되던 방법이지만, 항상 혼란의 원인이 되어 왔으며 이제는 화살표 함수가 널리 사용되고 있기 때문에 이러한 종류의 API를 현대 자바스크립트에서는 사용하기가 훨씬 어렵습니다.

요약

- this 바인딩이 동작하는 원리를 이해해야 합니다.
- 콜백 함수에서 this를 사용해야 한다면, 타입 정보를 명시해야 합니다.
- 새 API에서는 다이나믹 this 바인딩을 사용하면 안 됩니다.

아이템 70 의존성 분리를 위해 미러 타입 사용하기

CSV 파일을 파싱하는 라이브러리를 작성한다고 가정해 보겠습니다. CSV 파일의 내용을 매개변수로 받고, 열 이름을 값으로 매핑하는 객체들을 생성해 배열로 반환합니다. 그리고 Node.js 사용자를 위해 매개변수에 string 또는 Buffer 타입을 허용합니다.

```
// parse-csv.ts
import {Buffer} from 'node:buffer';

function parseCSV(contents: string | Buffer): {[column: string]: string}[] {
  if (typeof contents === 'object') {
    // Buffer 타입
    return parseCSV(contents.toString('utf8'));
  }
  // ...
}
```

Buffer의 타입 정의는 Node.js 타입 선언을 설치해서 얻을 수 있습니다.

```
$ npm install --save-dev @types/node
```

아이템 65의 조언에 따라, @types/node를 dependencies 대신 devDependencies로 지정해서 설치했습니다.

CSV 파싱 라이브러리를 공개할 때는 --declaration 옵션을 사용해서 타입 선언을 생성하고 패키지에 포함하게 됩니다. 생성한 *.d.ts* 파일은 다음과 같은 형태입니다.

```
// parse-csv.d.ts
import { Buffer } from 'node:buffer';
export declare function parseCSV(contents: string | Buffer): {
  [column: string]: string;
}[];
```

이러한 방법을 사용했다면 자바스크립트 개발자에게는 아무런 문제가 없지만, 타입스크립트 웹 개발자에게는 문제가 됩니다. 타입스크립트 웹 개발자에게 문제가 되는 오류는 다음과 같습니다.

```
'node:buffer' 모듈 또는 해당 타입 선언을 찾을 수 없습니다.
```

@types/node를 devDependencies로 지정했기 때문에 라이브러리의 타입이 의존하고 있더라도 사용자의 패키지 설치 시점에는 함께 설치되지 않습니다.

그렇다면 @types/node를 dependencies로 지정해서 설치하는 것이 맞을지 고민해 보겠습니다. 당장 오류는 해결되겠지만, 이제 다른 문제가 발생합니다.

- @types와 무관한 자바스크립트 개발자가 @types에 의존성을 가집니다.
- Node.js와 무관한 타입스크립트 웹 개발자가 Node.js에 의존성을 가집니다.
- 다른 버전의 Node.js를 사용 중인 타입스크립트 개발자가 중복된 타입 선언을 설치하게 됩니다.

사용자는 각자가 사용하지 않는 모듈이 포함되어 있기 때문에 혼란스러울 것입니다. Buffer는 Node.js 개발자에게만 필요합니다. 그리고 @types/node는 Node.js와 타입스크립트를 동시에 사용하는 개발자에게만 관련이 있습니다. @types/node 패키지는 10만 줄에 이를 정도로 규모가 크지만, 라이브러리가 사용하는 부분은 아주 적습니다.

각자가 필요한 모듈만 사용할 수 있도록 구조적 타이핑(아이템 4 참고)을 적용할 수 있습니다. @types/node에 있는 Buffer 선언을 사용하지 않고, 필요한 메서드와 속성만 별도로 작성할 수 있습니다. 앞선 예제의 경우에는 인코딩 정보를 매개변수로 받는 toString 메서드를 가지는 인터페이스를 별도로 만들어 사용하면 됩니다.

```
export interface CsvBuffer {
  toString(encoding?: string): string;
}
export function parseCSV(
  contents: string | CsvBuffer
): {[column: string]: string}[] {
  // ...
}
```

CsvBuffer는 Buffer 인터페이스보다 훨씬 짧으면서도 실제로 필요한 부분만을 떼어서 명시하고 있습니다. 또한 해당 타입이 Buffer와 호환되기 때문에 Node.

js 프로젝트에서는 실제 `Buffer` 인스턴스로 `parseCSV`를 호출하는 것이 가능합니다.

```
parseCSV(new Buffer("column1,column2\nval1,val2", "utf-8"));  // 정상
```

`CsvBuffer` 인터페이스를 다시 살펴보면 CSV 파일에 한정된다는 내용이 없습니다. 더욱 구조적인 이름을 지어 주겠습니다.

```
/** 지정한 인코딩으로 문자열로 변환 */
export interface StringEncodable {
  toString(encoding?: string): string;
}
```

주석에서 설명한 대로 Node의 `Buffer`를 `StringEncodable`에 할당하는 것이 중요하므로 이를 확인하는 단위 테스트를 작성해야 합니다.

```
import {Buffer} from 'node:buffer';
import {parseCSV} from './parse-csv';

test('parse CSV in a buffer', () => {
  expect(
    parseCSV(new Buffer("column1,column2\nval1,val2", "utf-8"))
  ).toEqual(
    [{column1: 'val1', column2: 'val2'}]
  );
});
```

이 테스트는 런타임의 동작과 함께 Node의 `Buffer`가 `StringEncodable`에 할당 가능한지를 모두 확인합니다. 테스트는 `node:buffer`를 임포트하지만, 사용자에게 영향을 주지 않도록 `@types/node`가 `devDependencies`에 지정될 수 있기 때문에 괜찮습니다.

코드에서 `Buffer` 인터페이스의 더 많은 메서드를 사용하기 시작한다면, 현재 인터페이스에도 해당 메서드를 추가해야 합니다. 약간의 중복 작업처럼 느껴질 수 있지만, Go 언어 커뮤니티의 말을 인용하자면 '작은 의존성보다 작은 중복이 더 낫습니다'라고 할 수 있습니다. 만약 다른 라이브러리의 상당 부분을 복사하는 상황이 된다면 그때는 제대로 의존성을 추가하는 방법을 선택할 수 있습니다.

어쨌든 @types 의존성을 분리하면 자바스크립트 개발자나 타입스크립트 개발자 모두에게 좋은 일이 될 것입니다. @types 자체에 의존성이 있는 경우라면, 전체 의존성 트리를 분리할 수 있으며 컴파일러 성능을 크게 향상(아이템 78 참고)할 수 있습니다.

미러링 기법은 유닛 테스트와 상용 시스템 간 의존성을 분리하는 데도 유용합니다. 자세한 내용은 아이템 4의 getAuthors 예제를 참고하기 바랍니다.

요약

- npm 모듈을 공개할 때는 전이 타입 의존성을 피해야 합니다.
- 필수가 아닌 의존성을 분리할 때는 구조적 타이핑을 사용하면 됩니다.
- 공개한 라이브러리를 사용하는 자바스크립트 사용자가 @types 의존성을 가지지 않게 해야 합니다. 그리고 타입스크립트 웹 개발자가 Node.js 관련된 의존성을 가지지 않게 해야 합니다.

아이템 71 타입 개선을 위해 보강 기법 사용하기

자바스크립트는 암시적 전역 변수와 타입 강제 같은 나쁜 부분이 있는 것으로 유명합니다. 이 중 대부분의 설계는 90년대 중반 비교적 언어 발전이 느리던 시절에 결정되었기 때문에 이제는 되돌리기가 사실상 불가능합니다.

타입스크립트에도 나름의 역사적 문제가 존재합니다. 그중 하나는 any를 반환하는 JSON.parse에 대한 타입 선언입니다.

```
declare let apiResponse: string;

const response = JSON.parse(apiResponse);
const cacheExpirationTime = response.lastModified + 3600;
//    ^? const cacheExpirationTime: any
```

response에 타입을 지정하지 않으면 어느새 코드 전반에 any 타입이 깔려 있는 것을 보게 될 것입니다. 아이템 5에서 설명한 것처럼 이는 안전성을 저해하고 언어 서비스를 방해하기 때문에 일반적으로 타입스크립트 사용 경험을 나쁘게 만듭니다.

아이템 46에서 언급한 대로 JSON.parse가 any보다는 unknown을 반환했다면 더욱 안전한 설계가 되었을 것입니다. 그러나 그렇게 하지 못한 이유는 바로 unknown 타입이 2018년 7월에 출시된 타입스크립트 3.0에서 도입되었기 때문입니다. 엄청난 양의 타입스크립트 코드가 이미 작성되어 있었고, 그러한 상황에서 JSON.parse의 반환 타입을 바꾸는 일은 엄청난 재앙을 불러왔을 것입니다. 그래서 타입스크립트 개발팀은 실용주의를 선택해 반환 타입을 유지했고, 미래의 코드는 덜 안전하겠지만, 기존의 코드는 동작할 수 있도록 했습니다.

그러나 타입스크립트 개발팀이 반환 타입을 그대로 놔두었다고 해서 이를 사용해야 한다는 의미는 아닙니다. 타입 별칭에는 없지만, 인터페이스에는 존재하는 특별한 기능인 선언 병합을 아이템 13에서 다루었습니다. 선언 병합은 같은 인터페이스에 대한 반복되는 정의를 누적해 최종 형태로 병합하는 기능입니다.

선언 병합을 사용해 JSON.parse의 타입 시그니처를 변경할 수 있습니다. *lib.es5.d.ts*에서 기존 시그니처를 찾을 수 있습니다.

```
interface JSON {
  parse(
    text: string,
    reviver?: (this: any, key: string, value: any) => any
  ): any;
  // ...
}
declare var JSON: JSON;
```

프로젝트 내의 타입 선언 파일에 JSON에 대한 별도의 인터페이스를 정의하면 타입스크립트는 기존의 라이브러리 선언과 병합합니다.

```
// declarations/safe-json.d.ts
interface JSON {
  parse(
    text: string,
    reviver?: (this: any, key: string, value: any) => any
  ): unknown;
}
```

반환 타입을 변경한 것에 주목하기 바랍니다. 타입스크립트 함수 오버로딩(아이템 52 참고)과 비슷합니다. libs는 프로젝트 코드보다 먼저 로드되기 때문에 프로젝트 코드의 오버로딩이 항상 가장 위에 덮어써집니다. 그 결과로 JSON.parse는 이제 unknown 타입을 반환합니다.

```
const response = JSON.parse(apiResponse);
//    ^? const response: unknown
const cacheExpirationTime = response.lastModified + 3600;
//                          ~~~~~~~~ 'response'은(는) 'unknown' 형식입니다.
```

이제 반환값을 사용하기 위해서는 타입 단언이 필요합니다. 정확히 원하는 모습이 되었습니다.

```
interface ApiResponse {
  lastModified: number;
}
const response = JSON.parse(apiResponse) as ApiResponse;
const cacheExpirationTime = response.lastModified + 3600;  // 정상
//    ^? const cacheExpirationTime: number
```

any를 반환하는 fetch API의 Response.prototype.json()에도 비슷한 작업을 할 수 있습니다.

```
// declarations/safe-response.d.ts
interface Body {
  json(): Promise<unknown>;
}
```

이 수정으로 확실히 프로젝트 내의 타입 안전성을 개선할 수 있습니다. 이러한 수정은 타입스크립트 생태계에 영향을 미치지 않고, 단지 프로젝트 내에서만 효과를 발휘하므로 여러 가지 실험적인 시도를 해 볼 수도 있을 것입니다.

예를 들어, Set 생성자가 문자열을 매개변수로 받는다는 것은 언어의 기본 사양입니다. 그러나 결과는 예상과 다를 수 있습니다.

```
> new Set('abc')
Set(3) { 'a', 'b', 'c' }
```

글자별 요소가 아니라 'abc' 문자열을 하나의 요소로 다루려는 의도로 이렇게 했다면 버그가 발생할 수 있습니다. 두 가지 동작 모두 Set<string> 타입이고

자바스크립트에서 수행되는 동작이기 때문에 타입스크립트가 실수를 잡아낼 수 없습니다.

프로젝트 내에서만 사용하는 규칙이라면, Set 생성자에 문자열 매개변수를 금지하는 방법도 시도해 볼 수 있습니다. JSON.parse의 반환 타입을 바꾸는 것보다 조금 더 어려운 작업이지만, 선언 병합을 이용해 이 문제를 해결해 보겠습니다.

*lib.es2015.collections.d.ts*의 Set 선언은 다음과 같습니다.

```
interface Set<T> {
  add(value: T): this;
  delete(value: T): boolean;
  has(value: T): boolean;
  readonly size: number;
  // ...
}

interface SetConstructor {
  new <T = any>(values?: readonly T[] | null): Set<T>;
  readonly prototype: Set<any>;
}
declare var Set: SetConstructor;
```

*lib.es2015.iterable.d.ts*에는 생성자의 오버로딩도 있습니다.

```
interface SetConstructor {
  new <T>(iterable?: Iterable<T> | null): Set<T>;
}
```

제외하고 싶은 경우(문자열 매개변수)가 이 부분에 해당합니다.

```
// declarations/ban-set-string-constructor.d.ts:
interface SetConstructor {
  new (str: string): void;
}
```

이 코드를 추가해도 문자열 매개변수로 Set을 생성하면 타입 오류가 발생하지 않습니다. 그러나 void를 반환하기 때문에 반환 이후 다음 동작을 취하려 할 때 무언가 잘못되었다는 힌트를 얻을 수 있습니다.

```
const s = new Set('abc');
//    ^? const s: void
console.log(s.has('abc'));
//            ~~~ 'void' 형식에 'has' 속성이 없습니다.
const otherSet: Set<string> = s;
//    ~~~~~~~~ 'void' 형식은 'Set<string>' 형식에 할당할 수 없습니다.
```

더욱 직관적인 힌트를 주기 위해 Set 생성자가 문자열 리터럴 타입을 포함한 오류를 반환하도록 할 수도 있습니다. 그리고 이 생성자에 @deprecated를 붙여서 편집기 화면에서 취소선이 표시되도록 할 수도 있습니다(아이템 68 참고).

```
interface SetConstructor {
  /** @deprecated */
  new (str: string): 'Error! new Set(string) is banned.';
}

const s = new Set('abc');
//    ^? const s: "Error! new Set(string) is banned."
```

앞서 제시한 어떠한 방법도 완벽한 해결책이 되지는 못합니다. 쓸모없는 타입을 생성하는 것보다는 생성 시점에 타입 오류를 발생시키는 것이 더 나은 방법이겠지만, 타입스크립트만으로는 불가능한 일이기 때문에 실제 애플리케이션에서 이러한 실용적인 기법이 종종 사용되고 있습니다.

큰 힘에는 큰 책임이 따르는 것처럼, 이러한 기법에도 몇 가지 주의 사항이 존재합니다.

- 타입 레벨 코드 구성과 마찬가지로 타입 체크에만 영향을 미칩니다. 라이브러리나 프로젝트에서 사용하는 JSON.parse와 Set 생성자의 런타임 동작에는 영향을 미치지 않습니다.
- 내장 타입을 개선하고 정밀하게 만들거나, 특정 항목을 차단하는 데 가장 효과적입니다. 그러나 런타임에 실제 반영되지 않는 선언을 추가하는 것이 혼란스러운 상황을 자초할 수도 있습니다. 아이템 40에서 언급한 것처럼, 부정확한 타입을 만드는 것보다 타입이 없는 편이 낫습니다.
- Set 생성자가 void나 오류 문자열을 반환하게 만들어서 특정 항목을 제거했습니다. 그러나 이미 void를 반환하는 함수나 메서드에 대해서는 이 방법을 적용할 수 없습니다.

내장 타입을 개선하는 것뿐 아니라, 서드 파티 `@types`와 번들된 타입 선언을 개선할 때에도 선언 병합을 사용하면 됩니다. 내장 타입을 개선한 모음을 npm의 `ts-reset` 패키지에서 찾을 수 있습니다.

요약

- 기존 API 또는 문제 코드를 개선하려면 선언 병합을 사용하면 됩니다.
- 특정 메서드를 제외하려면 `void` 또는 오류 문자열 반환 후 `@deprecated`를 붙이면 됩니다.
- 오버로딩은 타입 레벨에서만 동작한다는 것에 주의해야 합니다. 타입 개선이 실제 동작과 달라지지 않도록 해야 합니다.

9장

Effective TypeScript Second Edition

코드 작성 및 실행

이번 장에서는 타입과 관계는 없지만, 실제 코드를 작성하고 실행하면서 겪을 수 있는 문제를 다룹니다.

아이템 72 타입스크립트 기능보다 ECMAScript 기능 사용하기

타입스크립트가 태동하던 2010년경에는, 자바스크립트는 결함이 많고 개선해야 할 부분이 많은 언어였습니다. 그리고 클래스, 데코레이터, 모듈 시스템 같은 기능이 없어서 프레임워크나 트랜스파일러로 보완하는 것이 일반적이었습니다. 그렇기 때문에 타입스크립트도 초기 버전에는 독립적으로 개발한 클래스, 열거형(enum), 모듈 시스템을 포함할 수밖에 없었습니다.

시간이 흐르며 TC39(자바스크립트를 관장하는 표준 기구)는 부족했던 점 대부분을 내장 기능을 추가해 해결했습니다. 그러나 자바스크립트에 새로 추가된 기능은 타입스크립트 초기 버전에서 독립적으로 개발했던 기능과 호환성 문제를 발생시켰습니다. 그렇기에 타입스크립트 진영에서는 다음 전략 중 하나를 선택해야 했습니다. 한 가지 전략은 타입스크립트 초기 버전의 형태를 유지하기 위해 자바스크립트 신규 기능을 변형해서 끼워 맞추는 것입니다. 또 다른 전략은 자바스크립트의 신규 기능을 그대로 채택하고 타입스크립트 초기 버전과 호환성을 포기하는 것입니다.

타입스크립트 팀은 대부분 두 번째 전략을 선택했습니다. 결국 TC39는 런타임 기능을 발전시키고, 타입스크립트 팀은 타입 기능만 발전시킨다는 명확한 원칙을 세웠고 현재까지 지켜 오고 있습니다.

그런데 이 원칙이 세워지기 전에 이미 사용되고 있던 몇 가지 기능이 있습니다. 이 기능은 타입 공간(타입스크립트)과 값 공간(자바스크립트)의 경계를 혼란스럽게 만들기 때문에 사용하지 않는 것이 좋습니다. 여기서는 피해야 하는 기능을 몇 가지 살펴보겠습니다. 그리고 불가피하게 이 기능을 사용하게 될 경우 어떠한 점에 유의해야 호환성 문제를 일으키지 않는지 알아보겠습니다. 호환성 문제가 없다는 것은, 이미 작성된 코드가 타입스크립트와 호환되는 대체 컴파일러에서 동작하고, 미래에 추가될 표준 방침에도 문제가 없음을 의미합니다.

다음 조언을 준수한다면 타입스크립트를 마치 타입이 있는 자바스크립트로 생각하며 사용할 수 있습니다.

열거형

많은 언어에서 몇몇 값의 모음을 나타내기 위해 열거형(enum)을 사용합니다. 타입스크립트에서도 열거형을 사용할 수 있습니다.

```
enum Flavor {
  Vanilla = 0,
  Chocolate = 1,
  Strawberry = 2,
}

let flavor = Flavor.Chocolate;
//  ^? let flavor: Flavor

Flavor     // 자동완성: Vanilla, Chocolate, Strawberry
Flavor[0]  // 값은 "Vanilla"
```

단순히 값을 나열하는 것보다 실수가 적고 명확하기 때문에 일반적으로 열거형을 사용하는 것이 좋습니다. 그러나 타입스크립트의 열거형은 몇 가지 문제가 있습니다. 타입스크립트의 열거형은 다음 목록처럼 상황에 따라 다르게 동작합니다.

- **숫자 열거형**(앞 예제의 Flavor)에는 number 타입을 할당 가능하므로 매우 위험합니다(이 방법은 원래 비트 플래그 구조를 표현하기 위해 설계되었습니다).
- **문자열 열거형**은 런타임의 타입 안전성과 투명성을 제공합니다. 그러나 타입스크립트의 다른 타입과 달리 구조적 타이핑이 아닌 명목적 타이핑을 사용합니다(바로 이어서 설명합니다).
- **상수 열거형**은 보통의 열거형과 달리 런타임에 완전히 제거됩니다. 앞의 예제를 const enum Flavor로 바꾸면 컴파일러는 Flavor.Chocolate을 1로 바꿔버립니다. 이러한 결과는 기대하지 않은 것이며 문자열 열거형과 숫자 열거형과 전혀 다른 동작입니다.
- **preserveConstEnums 플래그를 설정한 상태의 상수 열거형**은 보통의 열거형처럼 런타임 코드에 상수 열거형 정보를 유지합니다.

타입스크립트의 일반적인 타입이 할당 가능성을 체크하기 위해서 구조적 타이핑(아이템 4 참고)을 사용하는 반면, 문자열 열거형은 명목적 타이핑[1]을 사용합니다.

```
enum Flavor {
  Vanilla = 'vanilla',
  Chocolate = 'chocolate',
  Strawberry = 'strawberry',
}

let flavor = Flavor.Chocolate;  // 타입이 Flavor
favoriteFlavor = 'strawberry';
// ~~~~~~~~~~~ '"strawberry"' 형식은 'Flavor' 형식에 할당될 수 없습니다.
```

1 (옮긴이) 구조적 타이핑은 구조가 같으면 할당이 허용되는 반면, 명목적 타이핑은 타입명이 같아야 할당이 허용됩니다.

명목적 타이핑은 라이브러리를 공개할 때 필요합니다. Flavor를 매개변수로 받는 함수를 가정해 봅시다.

```
function scoop(flavor: Flavor) { /* ... */ }
```

Flavor는 런타임 시점에는 문자열이기 때문에 자바스크립트에서 다음처럼 호출할 수 있습니다.

```
scoop('vanilla');  // 자바스크립트에서 정상
```

그러나 타입스크립트에서는 열거형을 임포트하고 문자열 대신 사용해야 합니다.

```
scoop('vanilla');
//    ~~~~~~~~~ '"vanilla"' 형식은 'Flavor' 형식의 매개변수에 할당될 수 없습니다.

import {Flavor} from 'ice-cream';
scoop(Flavor.Vanilla);  // 정상
```

이처럼 자바스크립트와 타입스크립트에서 동작이 다르기 때문에 문자열 열거형은 사용하지 않는 것이 좋습니다. 열거형 대신 리터럴 타입의 유니온을 사용하면 됩니다.

```
type Flavor = 'vanilla' | 'chocolate' | 'strawberry';

let favoriteFlavor: Flavor = 'chocolate';  // 정상
favoriteFlavor = 'americone dream';
// ~~~~~~~~~~~ '"americone dream"' 형식은 'Flavor' 형식에 할당될 수 없습니다.
```

리터럴 타입의 유니온은 열거형만큼 안전하며 자바스크립트와 호환되는 장점이 있습니다. 그리고 그림 9-1처럼 편집기에서 열거형처럼 자동완성 기능을 사용할 수 있습니다.

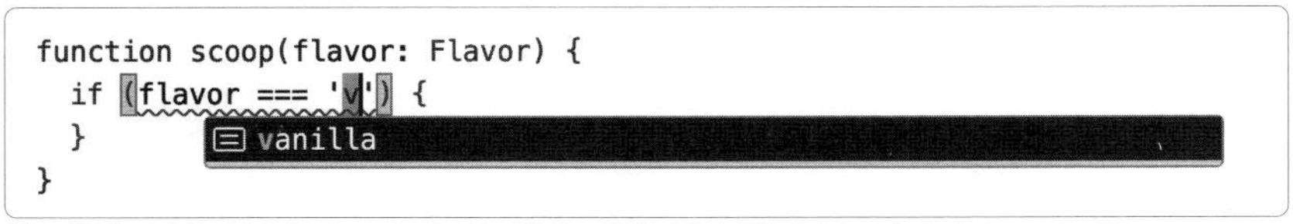

그림 9-1 타입스크립트는 문자열 리터럴 타입의 유니온에 자동완성 기능을 제공합니다.

문자열 리터럴의 유니온에 대한 자세한 내용은 아이템 35에서 다루었습니다.

Flavor의 가장 초기 버전에 등장했던, 숫자 형태 열거형을 생각해 보겠습니다. 가급적 원래 값보다 문자열 형태를 사용하는 것이 훨씬 낫습니다. 숫자 형태 열거형은 생각만큼 안전하지 않으며, 문자열 형태보다 다루기도 까다롭습니다. 자바스크립트 디버거나 네트워크 요청에서 `{"flavor": 1}`과 `{"flavor": "chocolate"}` 중 어느 것이 직관적인지 생각해 보면 됩니다.

매개변수 속성

일반적으로 클래스를 초기화할 때 속성을 할당하기 위해 생성자의 매개변수를 사용합니다.

```
class Person {
  name: string;
  constructor(name: string) {
    this.name = name;
  }
}
```

타입스크립트는 더 간결한 문법을 제공합니다.

```
class Person {
  constructor(public name: string) {}
}
```

예제의 `public name`은 **매개변수 속성**이라고 불리며, 멤버 변수로 `name`을 선언한 이전 예제와 동일하게 동작합니다. 그러나 매개변수 속성과 관련된 몇 가지 문제점이 존재합니다.

- 일반적으로 타입스크립트 컴파일은 타입 제거가 이루어지므로 코드가 줄어들지만, 매개변수 속성은 코드가 늘어나는 문법입니다.
- 매개변수 속성이 런타임에는 실제로 사용되지만, 타입스크립트 관점에서는 사용되지 않는 것처럼 보입니다.
- 매개변수 속성과 일반 속성을 섞어서 사용하면 클래스의 설계가 혼란스러워집니다.

문제점에 대한 예를 들어 보겠습니다.

```
class Person {
  first: string;
  last: string;
  constructor(public name: string) {
    [this.first, this.last] = name.split(' ');
  }
}
```

Person 클래스에는 세 가지 속성(first, last, name)이 있지만, first와 last만 속성에 나열되어 있고 name은 매개변수 속성에 있어서 일관성이 없습니다. 클래스에 매개변수 속성만 존재한다면 클래스 대신 인터페이스로 만들고 객체 리터럴을 사용하는 것이 좋습니다. 구조적 타이핑이라는 특성 때문에 다음 예제처럼 할당할 수 있음을 주의해야 합니다(아이템 4 참고).

```
class PersonClass {
  constructor(public name: string) {}
}
const p: PersonClass = { name: 'Jed Bartlet' };  // 정상

interface Person {
  name: string;
}
const jed: Person = new PersonClass('Jed Bartlet');  // 역시 정상
```

매개변수 속성을 사용하는 것이 좋은지에 대해서는 찬반 논란이 있습니다. 저자는 매개변수 속성을 선호하지 않지만, 어떠한 이는 코드양이 줄어들어서 좋아하기도 합니다. 매개변수 속성은 타입스크립트의 다른 패턴들과 이질적이고, 초급자에게 생소한 문법이라는 점을 기억해야 합니다. 또한 매개변수 속성과 일반 속성을 같이 사용하면 설계가 혼란스러워지기 때문에 한 가지만 사용하는 것이 좋습니다.

네임스페이스와 트리플 슬래시 임포트

ES2015 이전에는 자바스크립트에 공식적인 모듈 시스템이 없었습니다. 그래서 환경마다 자신만의 방식으로 모듈 시스템을 마련했습니다. Node.js는

require와 module.exports를 사용한 반면, AMD는 define 함수와 콜백을 사용했습니다.

타입스크립트 역시 자체적으로 모듈 시스템을 구축했고, module 키워드와 트리플 슬래시 임포트를 사용했습니다. ES2015가 공식적으로 모듈 시스템을 도입한 이후 타입스크립트는 충돌을 피하기 위해 module과 같은 기능을 하는 namespace 키워드를 추가했습니다.

```
// other.ts
namespace foo {
  export function bar() {}
}

// index.ts
/// <reference path="other.ts"/>
foo.bar();
```

트리플 슬래시 임포트와 module 키워드는 호환성을 위해 남아 있을 뿐입니다. 따라서 현시점에서는 ES2015 스타일의 모듈(import와 export)을 사용해야 합니다.

experimentalDecorators

데코레이터는 클래스, 메서드, 속성에 어노테이션을 붙이거나 기능을 추가하는 데 사용할 수 있습니다. 어떠한 심벌이 @ 기호로 시작한다면 데코레이터라고 생각하면 되며, 앵귤러(Angular)나 다른 몇 가지 프레임워크들에서 흔하게 사용되고 있습니다.

2015년에는 앵귤러 프레임워크를 지원하기 위해 초기 제안(draft proposal) 버전의 데코레이터가 도입되기 시작했습니다.

8년이 지난 2023년에는 데코레이터 제안이 3단계에 진입했고, 그 모양은 초기 제안 버전과는 상당히 다른 형태입니다. 이제는 별도의 설정 없이 표준 데코레이터를 사용할 수 있습니다. ECMAScript 표준 데코레이터는 다음과 같은 모습입니다.

```
class Greeter {
  greeting: string;
  constructor(message: string) {
    this.greeting = message;
  }
  @logged  // <-- 데코레이터
  greet() {
    return `Hello, ${this.greeting}`;
  }
}

function logged(originalFn: any, context: ClassMethodDecoratorContext) {
  return function(this: any, ...args: any[]) {
    console.log(`Calling ${String(context.name)}`);
    return originalFn.call(this, ...args);
  };
}

console.log(new Greeter('Dave').greet());
// Logs:
// Calling greet
// Hello, Dave
```

*tsconfig.json*의 `experimentalDecorators` 설정을 확인하면 어떠한 버전의 데코레이터를 사용하고 있는지 알 수 있습니다. 해당 플래그가 설정되어 있다면 비표준 데코레이터를 사용한다는 의미입니다. 현시점에는 가급적 해당 플래그를 해제하는 것이 좋습니다. 그러나 정식 표준이 되기 전까지는 라이브러리나 프레임워크 의존성 때문에 설정을 유지해야 할 수도 있습니다.

이미 `experimentalDecorators` 플래그가 설정되어 있다면 더 이상 비표준 데코레이터를 적극적으로 사용하지 않는 것이 좋습니다. 언젠가는 표준 버전으로 마이그레이션해야 하기 때문입니다.

이 플래그가 설정되어 있지 않다면 원하는 대로 데코레이터를 사용하면 됩니다. 다만, 데코레이터가 만능 도구는 아니며 데코레이터가 코드를 이해하기 어렵게 만들 수도 있다는 점에 주의해야 합니다. 예를 들어, 메서드의 타입 시그니처를 변경하는 데코레이터를 만들어서는 안 됩니다.

접근 제어자

자바스크립트에서는 클래스에 비공개 속성을 만들 수 없습니다. 많은 이가 비공개 속성임을 나타내기 위해 언더스코어(_)를 접두사로 붙이던 것이 관례로 인정될 뿐이었습니다.

```
class Foo {
  _private = 'secret123';
}
```

그러나 속성에 붙은 언더스코어는 이 속성이 그저 비공개라는 사실을 보여 주는 것에 불과합니다. 따라서 일반적인 속성과 동일하게 클래스 외부로 공개되어 있다는 점을 주의해야 합니다.

```
const f = new Foo();
f._private;  // 'secret123'
```

타입스크립트에는 `public`, `protected`, `private` 접근 제어자를 사용해서 공개 규칙을 강제할 수 있다고 오해할 수 있습니다.

```
class Diary  {
  private secret = 'cheated on my English test';
}

const diary = new Diary();
diary.secret
//    ~~~~~~ 'secret' 속성은 private이며 'Diary' 클래스 내에서만 접근할 수 있습니다.
```

그러나 `private` 접근 제어자는 타입스크립트 키워드이기 때문에 컴파일 후에는 제거됩니다(아이템 3 참고). 이 타입스크립트 코드를 컴파일하면 다음 예제의 자바스크립트 코드로 변환됩니다.

```
class Diary {
  constructor() {
    this.secret = 'cheated on my English test';
  }
}
const diary = new Diary();
diary.secret;
```

private 키워드는 사라졌고, secret은 일반적인 속성이므로 접근할 수 있습니다. 타입스크립트의 접근 제어자는 단지 컴파일 시점에만 오류를 표시해 줄 뿐, 언더스코어 관례와 마찬가지로 런타임에는 아무런 효력이 없습니다. 심지어 단언문이나 순회를 사용하면 타입스크립트 상태에서도 private 속성에 접근할 수 있습니다.

```
const diary = new Diary();
(diary as any).secret  // 정상

console.log(Object.entries(diary));
// 결과는 [["secret", "cheated on my English test"]]
```

ES2022에서는 private 필드가 공식 채택되었습니다. 타입스크립트의 private과 다르게, ECMAScript의 private은 타입 체크와 런타임 모두에 적용됩니다. 사용하려면 속성 앞에 #을 붙이면 됩니다.

```
class PasswordChecker {
  #passwordHash: number;

  constructor(passwordHash: number) {
    this.#passwordHash = passwordHash;
  }

  checkPassword(password: string) {
    return hash(password) === this.#passwordHash;
  }
}

const checker = new PasswordChecker(hash('s3cret'));
checker.#passwordHash
//      ~~~~~~~~~~~~~ '#passwordHash' 속성은 private 식별자를 포함하기 때문에
//                    'PasswordChecker' 클래스 외부에서 액세스할 수 없습니다.
checker.checkPassword('secret');  // 결과는 false
checker.checkPassword('s3cret');  // 결과는 true
```

#passwordHash 속성은 클래스 외부에서 접근할 수 없습니다. private 필드를 지원하지 않는 자바스크립트 버전(ES2021과 그 이전 버전)으로 컴파일하면 폴백(fallback) 구현으로 대체됩니다. ECMAScript의 private 필드는 타입스크립

트의 `private`보다 안전하고 널리 쓰이며 무엇보다 표준이므로 ECMAScript의 private 필드를 사용해야 합니다.

`public`과 `protected`에 대해서도 알아보겠습니다. 자바스크립트와 타입스크립트에서 `public`은 기본 접근 제한자이기 때문에 명시적으로 선언할 필요가 없습니다. `private`이 캡슐화(encapsulation)를 위해 사용되지만, `protected`는 상속(inheritance)을 위해 사용됩니다. 객체 지향 프로그래밍의 일반적인 규칙은 상속보다 조합(composition)을 사용하는 것입니다. 그러므로 `protected`의 실제 사용 사례는 거의 없습니다.

`readonly`는 타입 레벨의 접근 제어자로서 사용해도 괜찮습니다. 아이템 14를 참고하기 바랍니다. `A` 필드는 `#private`일 수도 있고 `readonly`일 수도 있습니다.

요약

- 일반적으로 타입스크립트 코드에서 모든 타입 정보를 제거하면 자바스크립트가 되지만, 열거형, 매개변수 속성, 트리플 슬래시 임포트, 데코레이터는 타입 정보를 제거한다고 자바스크립트가 되지는 않습니다.
- 타입스크립트의 역할을 명확하게 하려면, 열거형, 매개변수 속성, 트리플 슬래시 임포트, 데코레이터는 사용하지 않는 것이 좋습니다.

아이템 73 소스맵을 사용해 타입스크립트 디버깅하기

타입스크립트 코드를 실행한다는 의미는, 엄밀히 말하자면 타입스크립트 컴파일러가 생성한 자바스크립트 코드를 실행한다는 의미입니다. 사실 컴파일러뿐 아니라 압축기(minifier)나 전처리기(preprocessor)처럼, 기존 코드를 다른 형태의 코드로 변환하는 도구에도 모두 해당됩니다. 이러한 변환 과정이 투명하고 직관적이라면 이상적일 것입니다. 자바스크립트 코드를 살펴볼 필요 없이 마치 타입스크립트 코드가 직접 실행되는 것처럼 느껴진다면 말입니다. 하지만 현실은 그렇지 못합니다.

여러분은 디버깅이 필요한 시점에 비로소 타입스크립트가 직접 실행되는 것이 아니라는 사실을 깨닫게 될 것입니다. 디버거는 런타임에 동작하며 현재 동작하는 코드가 어떠한 과정을 거쳐서 만들어진 것인지 알지 못합니다. 디버깅을 하면 보게 되는 코드는 전처리기, 컴파일러, 압축기를 거친 자바스크립트 코드입니다. 이렇게 변환된 자바스크립트 코드는 복잡해 디버깅하기 매우 어렵습니다. 디버깅 문제를 해결하기 위해 웹 브라우저 제조사들은 서로 협력해 소스맵(source map)이라는 해결책을 내놓았습니다. 소스맵은 변환된 코드의 위치와 심벌을 원본 코드의 원래 위치와 심벌로 매핑합니다. 대부분의 웹 브라우저와 많은 IDE가 소스맵을 지원합니다.

클릭할 때마다 숫자를 증가시키는 버튼을 HTML 페이지에 추가하는 간단한 스크립트를 작성한다고 가정해 보겠습니다.

```
// index.ts
function addCounter(el: HTMLElement) {
  let clickCount = 0;
  const button = document.createElement('button');
  button.textContent = 'Click me';
  button.addEventListener('click', () => {
    clickCount++;
    button.textContent = `Click me (${clickCount})`;
  });
  el.appendChild(button);
}

addCounter(document.body);
```

이 코드를 웹 브라우저에서 로드하고 디버거를 열면 그림 9-2처럼 자바스크립트로 변환된 코드를 볼 수 있습니다. 변환된 코드는 원본 코드와 거의 비슷하기 때문에 디버깅은 크게 어렵지 않습니다.

*numbersapi.com*으로부터 각 숫자에 대한 흥미로운 설명을 로드한 후 페이지를 더 재미있게 꾸며 보겠습니다.

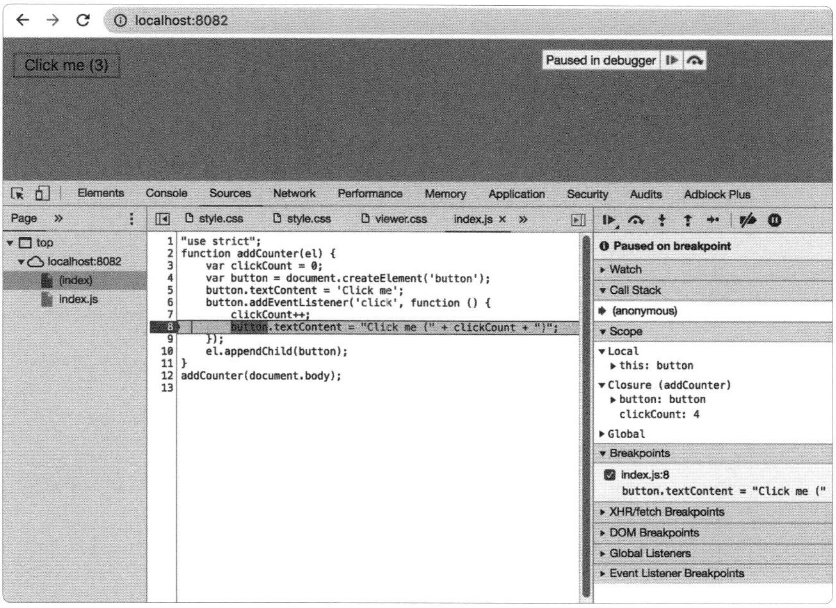

그림 9-2 크롬 개발자 도구를 사용해서 변환된 자바스크립트를 디버깅합니다. 이 예제에서는 변환된 자바스크립트와 원래의 타입스크립트 코드가 매우 비슷합니다.

```
// index.ts
function addCounter(el: HTMLElement) {
  let clickCount = 0;
  const triviaEl = document.createElement('p');
  const button = document.createElement('button');
  button.textContent = 'Click me';
  button.addEventListener('click', async  () => {
    clickCount++;
    const response = await fetch(`http://numbersapi.com/${clickCount}`);
    const trivia = await response.text();
    triviaEl.textContent = trivia;
    button.textContent = `Click me (${clickCount})`;
  });
  el.appendChild(triviaEl);
  el.appendChild(button);
}
```

버튼을 몇 번 빠르게 클릭하다 보면 경쟁 조건(race condition)을 발견하게 될 것입니다. 이제 웹 브라우저의 디버거를 열어 보면 변환된 코드가 엄청나게 복잡해진 것을 확인할 수 있습니다(그림 9-3 참고).

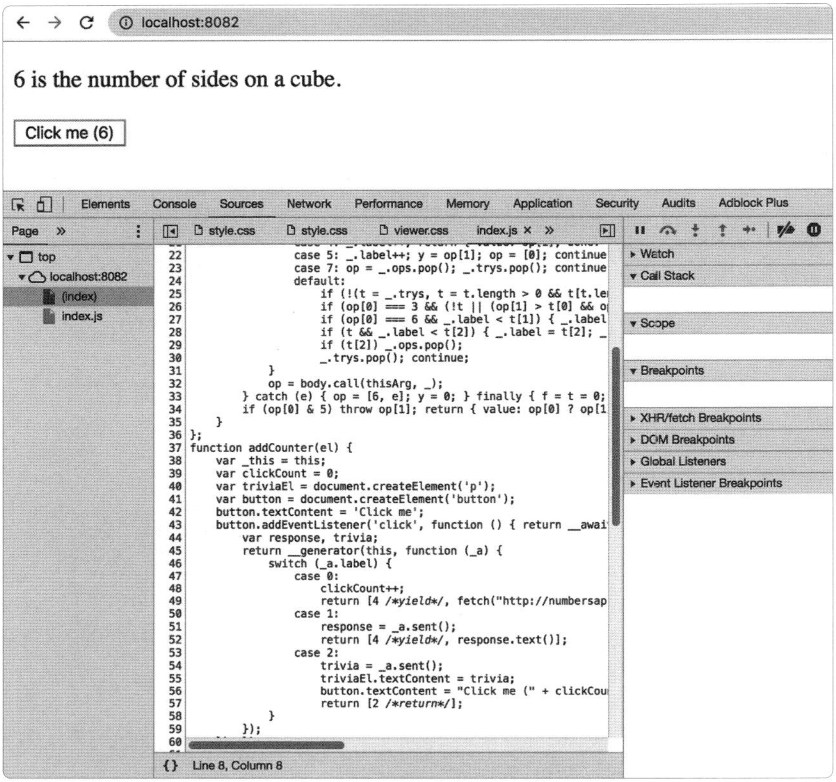

그림 9-3 이번에 타입스크립트 컴파일러는 원본과 매우 다른 형태의 자바스크립트를 생성했습니다. 이러한 경우는 디버깅이 매우 어렵습니다.

오래된 웹 브라우저에서 async와 await를 지원하기 위해 타입스크립트는 이벤트 핸들러를 상태 머신(state machine)으로 재작성합니다. 재작성된 코드는 원본 코드와 동일하게 동작하지만, 코드의 형태는 매우 다릅니다.

코드가 복잡하게 변환된다면 소스맵이 필요합니다. 타입스크립트가 소스맵을 생성할 수 있도록 *tsconfig.json*에서 sourceMap 옵션을 설정해 보겠습니다.

```
{
  "compilerOptions": {
    "sourceMap": true
  }
}
```

이제 컴파일을 실행하면 각 *.ts*파일에 대해서 *.js*와 *.js.map* 두 개의 파일을 생성합니다. *.js.map* 파일이 바로 소스맵입니다. 소스맵이 *.js* 파일과 같이 있으면 웹 브라우저의 디버거에서 새로운 *index.ts* 파일이 나타납니다. 이제 원하는 대로 브레이크포인트를 설정할 수 있고 변수를 조사할 수 있습니다(그림 9-4 참고).

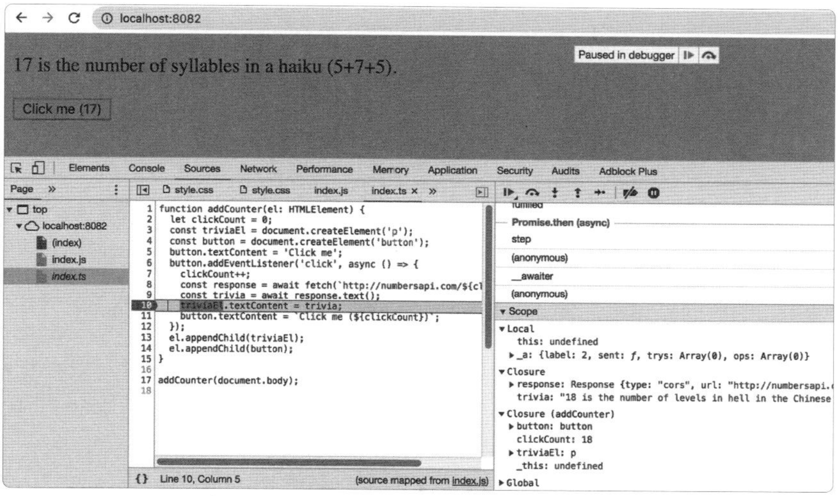

그림 9-4 소스맵이 있으면 디버거에서 생성된 자바스크립트 대신 원본 타입스크립트 소스를 사용할 수 있습니다.

디버거 좌측의 파일 목록에서 *index.ts*가 기울임(이탤릭) 글꼴로 나오는 것을 확인할 수 있습니다. 기울임 글꼴은 웹 페이지에 포함된 '실제' 파일이 아니라는 것을 뜻합니다. 실제로는 소스맵을 통해 타입스크립트처럼 보이는 것뿐입니다. 그리고 *index.js.map* 파일이 *index.ts* 파일의 참조를 포함(웹 브라우저가 네트워크를 통해 로드)하거나, 파일의 내용을 인라인으로 포함(별도 요청이 불필요)하도록 설정할 수 있습니다.

소스맵에 대해 알아야 할 몇 가지 사항을 살펴보면서 이번 아이템을 마무리하겠습니다.

- 타입스크립트와 함께 번들러(bundler)나 압축기를 사용하고 있다면 번들러나 압축기가 각자의 소스맵을 생성하게 됩니다. 이상적인 디버깅 환경이 되

려면 생성된 자바스크립트가 아닌 원본 타입스크립트 소스로 매핑되도록 해야 합니다. 번들러가 기본적으로 타입스크립트를 지원한다면 별도 설정 없이 잘 동작해야 합니다. 그렇지 않다면 번들러가 소스맵을 인식할 수 있도록 추가 설정을 해 주어야 합니다.

- 상용 환경에 소스맵이 유출되고 있는지 확인해야 합니다. 디버거를 열지 않는 이상은 소스맵이 로드되지 않으므로 실제 사용자에게 성능 저하는 발생하지 않습니다. 그러나 소스맵에 원본 코드의 인라인 복사본이 포함되어 있다면 공개해서는 안 될 내용이 들어 있을 수 있습니다. 저질 주석이나 내부 버그 추적을 위한 URL을 공개할 필요는 없습니다.

Node.js 프로그램의 디버깅에도 소스맵을 사용할 수 있습니다. 보통 편집기가 자동 인식하는데 그렇지 않다면 Node.js 프로세스를 웹 브라우저 디버거와 연결하면 됩니다. 다음 예제는 Node.js에서 실행되는 것을 고려한 타입스크립트 코드입니다.

```
// bedtime.ts
async function sleep(ms: number) {
  return new Promise<void>(resolve => setTimeout(resolve, ms));
}

async function main() {
  console.log('Good night!');
  await sleep(1000);
  console.log('Morning already!?');
}

main();
```

`Promise<void>`의 `void`는 함수가 `void`로 반환하는 것과 비슷한데 `sleep`이 의미 없는 값으로 `resolve` 하는 것을 의미합니다. 이를 디버깅하려면, *tsconfig.json*에 `sourceMap`이 설정된 채로 컴파일해야 합니다. 그다음 `--inspect-brk` 플래그를 사용해서 `node`를 실행하면 됩니다.

```
$ tsc bedtime.ts
$ node --inspect-brk bedtime.js
Debugger listening on ws://127.0.0.1:9229/587c380b-fdb4-48df-8c09-a83f36d8a2e7
For help, see: https://nodejs.org/en/docs/inspector
```

이제 웹 브라우저를 열고 디버깅을 할 수 있습니다. 예를 들어, 크롬에서는 *chrome://inspect* 주소로 이동하면 그림 9-5처럼 검사할 수 있는 원격 타깃을 볼 수 있습니다.

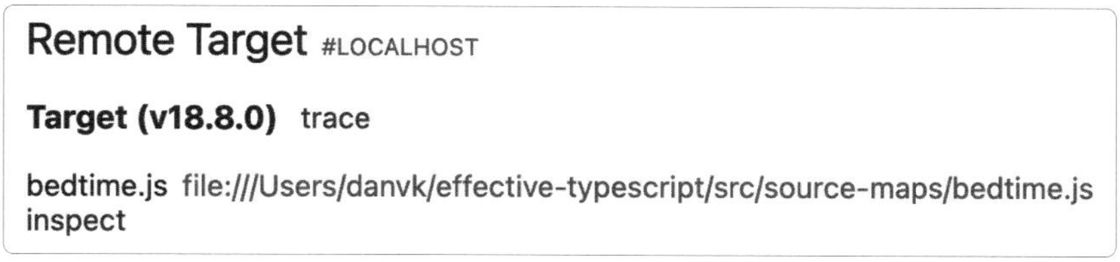

그림 9-5 크롬에서 검사하려면, chrome://inspect 주소에서 원격 디버깅 타깃을 선택합니다.

원격 타깃과 연결이 되면, 그림 9-6처럼 생성된 자바스크립트 코드와 함께 일반적인 개발자 도구가 나타납니다. 여기서는 ES2015 타깃을 컴파일했습니다.

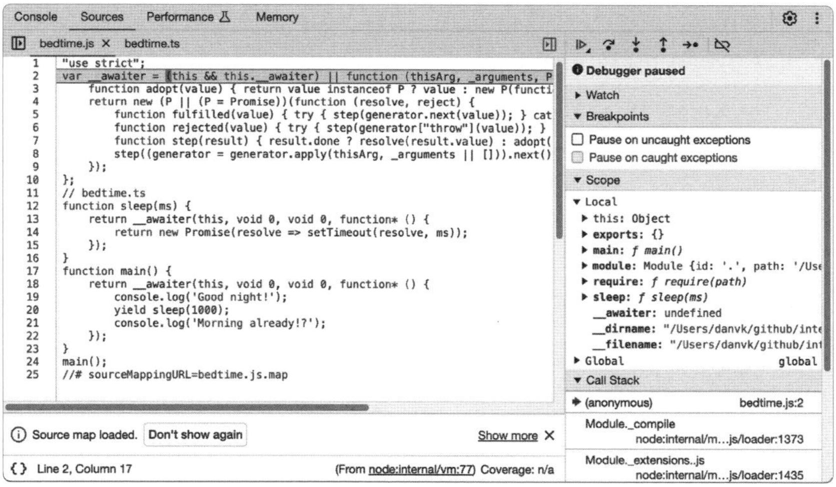

그림 9-6 크롬 개발자 도구로 살펴보는 Node.js 프로그램용으로 생성된 자바스크립트 코드. 하단의 소스맵 참조를 확인하기 바랍니다.

`--inspect-brk` 플래그는 원격 디버깅 프로토콜을 위한 웹소켓을 여는 것 외에도 코드 실행의 맨 처음부터 실행을 멈추는 역할도 합니다. 그림 9-7에서 보듯이 타입스크립트 보기로 전환하기 쉽고, 원본 소스에 브레이크포인트를 설정하기도 편리합니다.

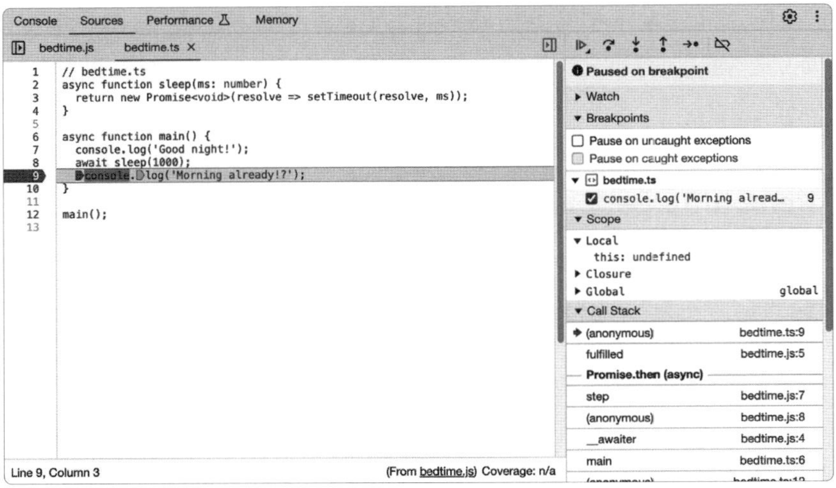

그림 9-7 Node.js 프로그램을 위한 원본 타입스크립트 소스를 디버깅하기

자바스크립트의 디버거 구문은 브레이크포인트를 정확하고 편리하게 설정할 수 있는 또 다른 방법입니다.

`declaration`을 설정해서 프로젝트에 대한 *.d.ts* 파일을 생성하는 경우에는 `declarationMap` 설정으로 원본 소스와 타입 선언을 매핑하기 위한 *.d.ts.map* 파일도 생성할 수 있습니다. 특히 프로젝트 참조(아이템 78 참고)를 사용한다면 편집기의 컨텍스트 메뉴 중 'Go to Definition(선언으로 가기)' 같은 언어 서비스를 개선하는 데 유용할 수 있습니다.

타입 체커가 코드를 실행하기 전에 많은 오류를 잡을 수 있지만, 디버거를 대체할 수는 없습니다. 소스맵을 사용해서 제대로 된 타입스크립트 디버깅 환경을 구축하기 바랍니다.

요약

- 원본 코드가 아닌 변환된 자바스크립트 코드를 디버깅하면 안 됩니다. 소스맵을 사용해서 런타임에 타입스크립트 코드를 디버깅해야 합니다.
- 소스맵이 최종적으로 변환된 코드에 완전히 매핑되었는지 확인해야 합니다.
- 타입스크립트로 작성된 Node.js 코드를 디버깅할 줄 알아야 합니다.

- 소스맵에 원본 코드가 그대로 포함되도록 설정되어 있을 수도 있습니다. 공개되지 않도록 설정을 확인해야 합니다.

아이템 74 런타임에 타입 정보 재구성하기

타입스크립트를 학습 중인 많은 개발자에게, 타입스크립트의 타입 정보가 환상이었음을 깨닫게 되는 순간이 찾아옵니다. 타입스크립트의 타입 정보는 런타임에 존재하지 않습니다(아이템 3 참고). 실존하지 않는다면 신뢰하기 어려울 수 있고, 사용하기 꺼려질 수 있습니다. 이번 아이템에서는 이에 대한 내용을 다루겠습니다.

타입 정보가 런타임 동작과 독립적이라는 것이 타입스크립트와 자바스크립트 관계의 핵심입니다(아이템 1 참고). 이러한 체계는 대부분의 경우에 매우 잘 동작하지만, 가끔은 런타임에도 타입스크립트 타입을 사용할 수 있다면 매우 편리한 경우가 있다는 것 또한 사실입니다. 이러한 상황이 어떠한 때에 발생하는지 그리고 그 상황을 해결하는 선택지로는 어떠한 것이 있는지 살펴보겠습니다.

웹 서버를 구현하는 중 블로그 포스트에 댓글을 달기 위한 API 엔드포인트를 정의한다고 가정하고(아이템 42 참고), 요청 본문에 대한 타입스크립트 타입을 정의해 보겠습니다.

```
interface CreateComment {
  postId: string;
  title: string;
  body: string;
}
```

요청에 대한 핸들러 함수는 요청에 대한 유효성을 검증해야 합니다. 어떠한 검증은 애플리케이션 레벨에서 수행되지만(댓글을 달려고 하는 포스트의 `postId` 참조가 존재하는지 등), 어떠한 검증은 타입 레벨에서 수행됩니다(요청에 필요한 모든 속성이 갖추어졌는지, 올바른 타입인지, 추가 속성이 있는지 등). 코드는 다음과 같습니다.

```
app.post('/comment', (request, response) => {
  const {body} = request;
  if (
    !body ||
    typeof body !== 'object' ||
    Object.keys(body).length !== 3 ||
    !('postId' in body) || typeof body.postId !== 'string' ||
    !('title' in body) || typeof body.title !== 'string' ||
    !('body' in body) || typeof body.body !== 'string'
  ) {
    return response.status(400).send('Invalid request');
  }
  const comment = body as CreateComment;
  // ...
  return response.status(200).send('ok');
});
```

단 세 가지 속성에 대한 검증을 하는 데도 이처럼 많은 코드가 필요합니다. 더 나쁜 점은 체크가 정확한지, 그리고 타입 정보와 일치하는지 확인할 방법이 없다는 것입니다. 게다가 속성의 철자가 정확한지 검증하는 부분이 없습니다. 그리고 새로운 속성을 추가하면 검증 코드도 추가해야 한다는 것을 기억하고 있어야 합니다.

이 예제의 코드 중복은 최악입니다. 최신 정보를 유지하기 위해서는 두 가지 관점(타입 정보와 검증 로직)의 코드를 계속 관리해야 합니다. 원천 정보가 한 가지라면 훨씬 나을 것입니다. 인터페이스가 당연하게 원천 정보가 될 수 있을 것처럼 보이지만, 런타임 시 삭제되는 정보이기 때문에 어떻게 활용할 수 있을지에 대한 해결책은 현재까지 학습한 내용 만으로는 떠오르지 않을 것입니다.

이제부터 몇 가지 해결책을 살펴보겠습니다.

다른 원천으로부터 타입 생성

만약 API가 GraphQL 또는 OpenAPI 스키마 등 다른 형태로 정의되어 있다면 그 형태를 원천으로 삼아 타입스크립트 타입을 생성할 수 있습니다.

보통은 이러한 과정에서 타입과 함께 유효성 검사 코드를 생성하는 외부 도구를 실행하게 됩니다. 예를 들어, OpenAPI 사양은 JSON 스키마를 사용하기 때문에 `json-schema-to-typescript` 같은 도구를 사용해 타입스크립트 타입을 생성하고, Ajv 같은 도구를 사용해 유효성 검사기를 생성합니다.

이러한 접근법의 단점은 복잡성이 증가하고, API 스키마가 변경될 때마다 빌드 단계 중 일부를 수행해야 한다는 것입니다. 그러나 이미 OpenAPI 또는 다른 시스템을 활용해 API를 정의하고 있다면 오히려 새로운 정보의 원천을 추가하지 않는다는, 엄청난 장점으로 작용하므로 반드시 이 접근법을 사용하는 것이 좋습니다.

이 접근법이 여러분의 상황에 적합하다면 아이템 42를 참고하기 바랍니다. 거기서 스키마로부터 타입스크립트 타입을 생성하는 예시를 살펴볼 수 있습니다.

런타임 라이브러리로부터 타입 정의

타입스크립트의 설계상으로는 정적 타입으로부터 런타임 값을 도출하는 일은 불가능합니다. 그러나 반대 방향(런타임 값으로부터 정적 타입을 도출)의 일은 타입 수준의 typeof 연산자를 사용하면 아주 간단하게 수행할 수 있습니다.

```
const val = { postId: '123', title: 'First', body: 'That is all'};
type ValType = typeof val;
//   ^? type ValType = { postId: string; title: string; body: string; }
```

그러므로 런타임 코드 조각을 활용해 타입을 정의하고, 이로부터 정적 타입을 도출하는 것이 한 가지 접근법이 될 수 있습니다. 리액트의 PropTypes 같은 예시도 있겠지만, 여기서는 가장 인기 있는 Zod를 예로 들어 보겠습니다.

Zod를 활용한 요청 본문 유효성 검증은 다음과 같습니다.

```
import { z } from 'zod';

// 타입 검증을 위한 런타임 값
const createCommentSchema = z.object({
  postId: z.string(),
  title: z.string(),
  body: z.string(),
});

// 정적 타입
type CreateComment = z.infer<typeof createCommentSchema>;
```

```
//    ^? type CreateComment = { postId: string; title: string; body: string; }

app.post('/comment', (request, response) => {
  const {body} = request;
  try {
    const comment = createCommentSchema.parse(body);
    //    ^? const comment: { postId: string; title: string; body: string; }
    // ...
    return response.status(200).send('ok');
  } catch (e) {
    return response.status(400).send('Invalid request');
  }
});
```

Zod를 활용해서 중복을 완전히 제거했습니다. createCommentSchema의 값이 이제 정보의 원천이 되고, 정적 타입인 CreateComment와 스키마 유효성 검사인 createCommentSchema.parse가 자연스럽게 파생됩니다.

Zod 같은 런타임 타입 라이브러리는 이러한 문제를 해결하는 데 매우 효과적입니다. 이제 이 접근법의 단점을 알아보겠습니다.

- Zod의 문법(z.object)과 타입스크립트의 interface 두 가지 방법으로 타입을 정의할 수 있습니다. 두 가지 방법은 매우 유사하지만, 완전히 동일하지는 않습니다. 이미 타입스크립트를 사용 중이었다면 interface로 타입을 정의하는 데 익숙할 텐데, Zod라는 새로운 타입 정의 방법을 새로 학습해야 합니다.
- 런타임의 타입은 의존성 문제를 야기할 수 있습니다. createCommentSchema가 다른 타입을 참조해야 하는 경우, 참조해야 할 타입도 역시 런타임 타입으로 재작성되어야 합니다. 예를 들어, 라이브러리나 데이터베이스의 타입(아이템 58 참고) 같은 외부의 타입을 참조해야 한다면 작업이 곤란해질 수 있습니다.

런타임 타입 검사 시스템이 가지는 몇 가지 부수적인 장점도 있습니다.

- Zod 같은 라이브러리는 유효한 이메일 주소 또는 정수 같이 타입스크립트만으로는 표현하기 어려운 타입을 다룰 수 있습니다. 만약 Zod 같은 도구를 사

용하지 않는다면 이러한 타입을 직접 작성해야 합니다.

- 추가적인 빌드 단계 없이 타입스크립트 단계에서 모두 수행됩니다. 스키마가 자주 변경되는 경우라면 빌드 단계가 없기 때문에 빌드 실패 또한 없어지고 배포 과정이 빨라집니다.

직접 작성한 타입으로부터 런타임 값 생성

새로운 도구를 도입하고 빌드 단계를 추가하는 다른 접근법도 존재합니다. 직전 섹션의 접근법을 거꾸로 해서 타입스크립트 타입으로부터 런타임 값을 생성하는 것입니다. JSON 스키마에서 널리 사용되는 방식입니다.

*api.ts*에 API 타입을 작성해 보겠습니다.

```
// api.ts
export interface CreateComment {
  postId: string;
  title: string;
  body: string;
}
```

그다음 typescript-json-schema를 실행해 JSON 스키마를 생성합니다.

```
$ npx typescript-json-schema api.ts '*' > api.schema.json
```

결과 파일을 실행해 보면 다음과 같은 모습을 하고 있습니다.

```
{
  "$schema": "http://json-schema.org/draft-07/schema#",
  "definitions": {
    "CreateComment": {
      "type": "object",
      "properties": {
        "body": { "type": "string" },
        "postId": { "type": "string" },
        "title": { "type": "string" }
      }
    }
  }
}
```

이제 런타임에 *api.schema.json*을 활용할 수 있습니다. 만약 타입스크립트의 resolveJson 모듈 옵션을 활성화했다면 일반적인 import 구문으로 가져올 수 있고, 어떠한 JSON 스키마 유효성 검사 라이브러리든 사용할 수 있습니다. 여기서는 Ajv 라이브러리를 사용해 보겠습니다.

```
import Ajv from 'ajv';

import apiSchema from './api.schema.json';
import {CreateComment} from './api';

const ajv = new Ajv();

app.post('/comment', (request, response) => {
  const {body} = request;
  if (!ajv.validate(apiSchema.definitions.CreateComment, body)) {
    return response.status(400).send('Invalid request');
  }
  const comment = body as CreateComment;
  // ...
  return response.status(200).send('ok');
});
```

타입스크립트 타입으로부터 값을 생성하는 방식의 가장 큰 장점은, 알고 있거나 익숙한 모든 타입스크립트 도구를 그대로 사용할 수 있다는 것입니다. JSON 스키마 자체가 구현의 세부 사항이기 때문에 타입을 정의하기 위해 새로운 학습을 할 필요가 없습니다. API 타입은 단지 타입스크립트 타입이므로 @types 또는 다른 소스를 참조할 수 있습니다.

단점이라면 새로운 도구와 빌드 단계가 추가된다는 것입니다. *api.ts*가 변경될 때마다 *api.schema.json*을 새로 생성해야 하므로 실제로는 정보의 동기화를 유지하기 위해 CI 시스템에 빌드 단계를 추가해야 합니다.

보통은 타입스크립트 타입을 런타임에 접근할 필요가 없지만, 가끔 발생하는 입력 유효성 검사 같은 상황에서는 매우 유효합니다. 지금까지 이러한 상황에 시도해 볼 수 있는 세 가지 접근법을 살펴보았습니다.

안타깝게도 완벽한 해답은 없으며 선택지마다 장단점이 존재합니다. 만약 타입 정보가 OpenAPI 스키마 같은 다른 형태로 이미 존재한다면 타입 정보와 유효성 검사 로직의 원천으로 사용하는 것이 좋습니다. 도구와 절차가 추가되겠지만, 단일 정보 원천을 가진다는 것은 매우 큰 가치가 있습니다.

다른 경우라면 결정이 더욱 어려워집니다. 런타임 값으로부터 타입을 정의하는 두 번째 방법을 도입하거나 빌드 단계를 추가하는 세 번째 방법이 남아 있습니다. 타입스크립트 타입만을 참조(라이브러리를 참조하거나 라이브러리로부터 이미 생성된 타입)해야 한다면 타입으로부터 JSON 스키마를 생성하는 것이 가장 좋습니다.

요약

- 타입스크립트 타입은 런타임 시점에 존재하지 않습니다. 추가 작업 없이는 런타임에 접근할 수 없습니다.
- 별도의 런타임 타입 시스템(예: Zod), 값으로부터 타입을 생성(json-schema-to-typescript), 타입으로부터 값을 생성(typescript-json-schema) 같은 런타임 타입과 관련된 선택지의 특징을 잘 알고 있어야 합니다.
- 스키마 같은 다른 형태의 사양 정보가 존재한다면 단일 정보 원천으로 사용해야 합니다.
- 외부 타입을 참조해야 한다면 typescript-json-schema 또는 그에 상응하는 도구를 사용해야 합니다.
- 그렇지 않은 경우 빌드 단계를 추가하거나 타입을 정의할 수 있는 별도의 시스템을 도입해야 합니다.

아이템 75 DOM 계층 구조 이해하기

이 책의 내용은 대부분 타입스크립트의 실행 환경(웹 브라우저, 서버, 모바일)과 무관하지만, 여기서 다룰 내용은 웹 브라우저와 관련되어 있습니다. 웹 브라우저에서 동작하는 프로젝트를 다룰 것이 아니라면 이번 아이템은 건너뛰어도 됩니다.

DOM 계층은 웹 브라우저에서 자바스크립트를 실행할 때 어디에서나 존재합니다. 엘리먼트를 얻기 위해 `document.getElementById`를 사용할 때나 엘리먼트를 생성하기 위해 document.createElement를 사용할 때, 두 경우의 차이가 무엇인지 모르더라도 결과가 엘리먼트라는 점은 분명합니다. 그리고 많은 부분에서 엘리먼트의 DOM과 관련된 메서드를 사용하고, 엘리먼트의 속성을 사용하게 됩니다.

타입스크립트에서는 DOM 엘리먼트의 계층 구조를 파악하기 용이합니다. Element와 EventTarget에 달린 Nodes의 구체적인 타입을 안다면 타입 오류를 디버깅할 수 있고, 언제 타입 단언을 사용해야 할지 알 수 있습니다. 그리고 대다수의 웹 브라우저 API가 DOM을 기반으로 하기 때문에 리액트나 D3 같은 프레임워크에도 DOM이 관련되어 있습니다.

<div>의 경계를 넘어서 마우스 커서를 움직이는 경우를 추적하고 싶다고 가정해 보겠습니다. 다음 예제는 언뜻 보기에 문제가 없는 자바스크립트 코드입니다.

```
function handleDrag(eDown) {
  const targetEl = eDown.currentTarget;
  targetEl.classList.add('dragging');
  const dragStart = [eDown.clientX, eDown.clientY];
  const handleUp = (eUp) => {
    targetEl.classList.remove('dragging');
    targetEl.removeEventListener('mouseup', handleUp);
    const dragEnd = [eUp.clientX, eUp.clientY];
    console.log('dx, dy = ', [0, 1].map(i => dragEnd[i] - dragStart[i]));
  }
  targetEl.addEventListener('mouseup', handleUp);
}
const surfaceEl = document.getElementById('surface');
surfaceEl.addEventListener('mousedown', handleDrag);
```

그러나 타입 정보를 추가하고 타입 체커를 가동하면 단 14줄의 코드에서 적어도 11개의 오류가 나타납니다.

```
function handleDrag(eDown: Event) {
  const targetEl = eDown.currentTarget;
  targetEl.classList.add('dragging');
  // ~~~~~           'targetEl'이 'null'인 것 같습니다.
  //        ~~~~~~~~~ 'EventTarget' 형식에 'classList' 속성이 없습니다.
  const dragStart = [
```

```
    eDown.clientX, eDown.clientY
    //    ~~~~~~~          ~~~~~~~ 'Event' 형식에 ... 속성이 없습니다.
  ];
  const handleUp = (eUp: Event) => {
    targetEl.classList.remove('dragging');
    // ~~~~           'targetEl'이 'null'인 것 같습니다.
    //       ~~~~~~~~~ 'EventTarget' 형식에 'classList' 속성이 없습니다.
    targetEl.removeEventListener('mouseup', handleUp);
    // ~~~~ 'targetEl'이 'null'인 것 같습니다.
    const dragEnd = [
      eUp.clientX, eUp.clientY
      //  ~~~~~~~      ~~~~~~~ 'Event' 형식에 ... 속성이 없습니다.
    ];
    console.log('dx, dy = ', [0, 1].map(i => dragEnd[i] - dragStart[i]));
  }
  targetEl.addEventListener('mouseup', handleUp);
  // ~~~~ 'targetEl'이 'null'인 것 같습니다.
}

const surfaceEl = document.getElementById('surface');
surfaceEl.addEventListener('mousedown', handleDrag);
// ~~~~~~ 'surfaceEl'이 'null'인 것 같습니다.
```

먼저 EventTarget 타입 관련된 오류를 살펴보겠습니다. EventTarget 오류를 이해하려면 DOM 계층 구조를 자세히 살펴봐야 합니다. 다음 HTML 코드를 보겠습니다.

```
<p id="quote">and <i>yet</i> it moves</p>
```

웹 브라우저에서 자바스크립트 콘솔을 열고 p 엘리먼트의 참조를 확인해 보면 HTMLParagraphElement 타입이라는 것을 알 수 있습니다.

```
const p = document.getElementsByTagName('p')[0];
p instanceof HTMLParagraphElement
// 참(true)
```

HTMLParagraphElement는 HTMLElement의 서브타입이고, HTMLElement는 Element의 서브타입입니다. 또한 Element는 Node의 서브타입이고, Node는 EventTarget의 서브타입입니다. 참고로 이 타입들은 모두 타입스크립트 타입일 뿐 아니라, 자바스크립트 런타임의 값이기도 합니다. 다음 표 9-1은 계층 구조에 따른 타입의 몇 가지 예시입니다.

표 9-1 DOM 계층의 타입들

타입	예시
EventTarget	window, XMLHttpRequest
Node	document, Text, Comment
Element	HTMLElements, SVGElements
HTMLElement	<i>, <b>
HTMLButtonElement	<button>

계층 구조별로 타입을 좀 더 자세히 알아보겠습니다. 첫 번째, EventTarget은 DOM 타입 중 가장 추상화된 타입입니다. 이벤트 리스너를 추가하거나 제거하고, 이벤트를 보내는 것밖에 할 수 없습니다. 오류가 발생한 부분을 다시 살펴보겠습니다.

```
function handleDrag(eDown: Event) {
  const targetEl = eDown.currentTarget;
  targetEl.classList.add('dragging');
  // ~~~~           'targetEl'이 'null'인 것 같습니다.
  //       ~~~~~~~~~ 'EventTarget' 형식에 'classList' 속성이 없습니다.
  // ...
}
```

Event의 currentTarget 속성의 타입은 EventTarget | null입니다. 그렇기 때문에 null일 가능성이 오류로 표시되었고, 또한 EventTarget 타입에 classList 속성이 없기 때문에 오류가 되었습니다. 한편, eDown.currentTarget은 실제로 HTMLElement 타입이지만, 타입 관점에서는 window나 XMLHttpRequest가 될 수도 있다는 것에 주의하기 바랍니다(currentTarget은 리스너를 등록한 엘리먼트인 반면, target은 이벤트가 발생한 엘리먼트이며 다른 타입일 수도 있습니다).

두 번째, Node 타입을 알아보겠습니다. Element가 아닌 Node인 경우의 몇 가지 예로, 텍스트 조각과 주석을 들 수 있습니다. 다음 HTML 코드를 보겠습니다.

```
<p>
  And <i>yet</i> it moves
```

```
  <!-- quote from Galileo -->
</p>
```

가장 바깥쪽의 엘리먼트는 HTMLParagraphElement입니다. 그리고 children과 childNodes 속성을 가지고 있습니다.

```
> p.children
HTMLCollection [i]
> p.childNodes
NodeList(5) [text, i, text, comment, text]
```

children은 자식 엘리먼트(<i>yet</i>)를 포함하는 배열과 유사한 구조인 HTMLCollection입니다. 반면, childNodes는 배열과 유사한 Node의 컬렉션인 NodeList입니다. childNodes는 엘리먼트(<i>yet</i>)뿐 아니라 텍스트 조각("And", "it moves")과 주석("quote from Galileo")까지도 포함하고 있습니다. 필요한 경우 전개 연산자(spread operator)로 실제 배열을 얻을 수 있습니다('배열과 유사(array like)'의 의미는 아이템 17에서 확인할 수 있습니다).

세 번째, Element와 HTMLElement를 알아보겠습니다. SVG 태그의 전체 계층 구조를 포함하면서 HTML이 아닌 엘리먼트가 존재하는데, 바로 Element의 또 다른 종류인 SVGElement입니다. 예를 들어, <html>은 HTMLHtmlElement이고 <svg>는 SVGSvgElement입니다.

마지막으로 HTMLxxxElement를 알아보겠습니다. HTMLxxxElement 형태의 특정 엘리먼트는 자신만의 고유한 속성을 가지고 있습니다. 예를 들어 보겠습니다. HTMLImageElement에는 src 속성이 있고, HTMLInputElement에는 value 속성이 있습니다. 이러한 속성에 접근하려면 타입 정보 역시 실제 엘리먼트 타입이어야 하므로 상당히 구체적으로 타입을 지정해야 합니다.

보통은 HTML 태그 값에 해당하는 리터럴 타입을 사용해 DOM에 대한 정확한 타입을 얻을 수 있습니다. 예를 들면 다음과 같습니다.

```
const p = document.getElementsByTagName('p')[0];
//    ^? const p: HTMLParagraphElement
const button = document.createElement('button');
//    ^? const button: HTMLButtonElement
const div = document.querySelector('div');
//    ^? const div: HTMLDivElement | null
```

그러나 항상 정확한 타입을 얻을 수 있는 것은 아닙니다. 특히 document.getElementById에서 문제가 발생합니다.

```
const div = document.getElementById('my-div');
//    ^? const div: HTMLElement | null
```

일반적으로 타입 단언문은 지양해야 하지만(아이템 9 참고), DOM 관련해서는 타입스크립트보다 우리가 더 정확히 알고 있으므로 단언문을 사용해도 좋습니다. 즉, #my-div가 div 태그라는 것을 알고 있으므로 문제가 되지 않습니다.

```
document.getElementById('my-div') as HTMLDivElement;
```

런타임 체크를 통해서 해결할 수도 있습니다.

```
const div = document.getElementById('my-div');
if (div instanceof HTMLDivElement) {
  console.log(div);
  //          ^? const div: HTMLDivElement
}
```

참고로 HTMLElement의 더욱 정밀한 타입을 얻는 다른 방법은 아이템 54에서 설명한 바 있습니다.

strictNullChecks가 설정된 상태라면 document.getElementById가 null인 경우를 체크해야 합니다. 실제 코드에서 document.getElementById가 null일 가능성이 있다면 if 분기문을 추가해야 합니다.

```
const div = document.getElementById('my-div')!;
//    ^? const div: HTMLElement
```

이 타입은 엄밀히 따지면 타입스크립트의 타입은 아니고, DOM의 공식 사양에서 생성된 것입니다. 이는 아이템 42에서도 언급했던 대로, 가급적 공식 사양으로부터 타입을 생성하라는 조언의 예시라고 할 수 있습니다.

다음 코드에서 clientX와 clientY에 발생한 오류의 원인을 따져 보겠습니다.

```
function handleDrag(eDown: Event) {
  // ...
```

```
  const dragStart = [
    eDown.clientX, eDown.clientY
    //     ~~~~~~~         ~~~~~~~ 'Event'에 ... 속성이 없습니다.
  ];
  // ...
}
```

Node와 Element 타입의 계층 구조뿐 아니라 Event 타입의 계층 구조이기도 합니다. 타입스크립트의 *lib.dom.d.ts*를 보면 Event의 서브타입을 54개 이상 정의하고 있습니다.

Event는 가장 추상화된 이벤트입니다. 더 구체적인 타입은 다음과 같습니다.

- UIEvent: 사용자 인터페이스로부터 발생하는 모든 종류의 이벤트
- MouseEvent: 클릭처럼 마우스로부터 발생하는 이벤트
- TouchEvent: 모바일 기기에서 터치로부터 발생하는 이벤트
- WheelEvent: 스크롤 휠을 돌려서 발생하는 이벤트
- KeyboardEvent: 키보드 키를 누를 때 발생하는 이벤트

clientX와 clientY에서 발생한 오류의 원인은, handleDrag 함수의 매개변수는 Event로 선언된 반면, clientX와 clientY는 더욱 구체적인 MouseEvent 타입에 있기 때문입니다.

그렇다면 이 오류를 어떻게 고칠 수 있을까요? DOM에 대한 타입 추론은 문맥 정보를 폭넓게 활용합니다(아이템 24 참고). 따라서 'mousedown' 이벤트 핸들러를 인라인 함수로 만들면 타입스크립트는 더 많은 문맥 정보를 사용하게 되고, 대부분의 오류를 제거할 수 있습니다. 또한 매개변수 타입을 Event 대신 MouseEvent로 선언할 수 있습니다.

다음 예제는 방금 언급한 인라인 함수와 이벤트 타입 변경을 적용해서 오류를 제거한 코드입니다.

```
function addDragHandler(el: HTMLElement) {
  el.addEventListener('mousedown', eDown => {
    const dragStart = [eDown.clientX, eDown.clientY];
    const handleUp = (eUp: MouseEvent) => {
```

```
      el.classList.remove('dragging');
      el.removeEventListener('mouseup', handleUp);
      const dragEnd = [eUp.clientX, eUp.clientY];
      console.log('dx, dy = ', [0, 1].map(i => dragEnd[i] - dragStart[i]));
    }
    el.addEventListener('mouseup', handleUp);
  });
}

const surfaceEl = document.getElementById('surface');
if (surfaceEl) {
  addDragHandler(surfaceEl);
}
```

코드 마지막의 `if` 구문은 `#surface` 엘리먼트가 없는 경우를 체크합니다. 만약 해당 엘리먼트가 반드시 존재한다는 사실을 알고 있다면 `if` 구문 대신 단언문(`surfaceEl!`)을 사용할 수도 있습니다. `addDragHandler`는 `null` 값을 경계로 넣으라는 아이템 33의 조언에 따라 `null`이 아닌 `HTMLElement`를 필요로 합니다.

요약

- 자바스크립트를 사용할 때는 신경 쓰지 않았겠지만, DOM에는 타입 계층 구조가 있습니다. DOM 타입은 타입스크립트에서 중요한 정보이며, 브라우저 관련 프로젝트에서 타입스크립트를 사용할 때 유용합니다.
- `Node`, `Element`, `HTMLElement`, `EventTarget`의 차이점, `Event`와 `MouseEvent`의 차이점을 알아야 합니다.
- DOM 엘리먼트와 이벤트에는 충분히 구체적인 타입 정보를 사용하거나, 타입스크립트가 추론할 수 있도록 문맥 정보를 활용해야 합니다.

아이템 76 환경에 정확히 맞는 모델 만들기

아이템 3에서 설명한 대로 타입스크립트 코드는 결국 자바스크립트 코드로 변환된 후 실행됩니다. 조금 더 구체적으로 말하자면, 특정 환경(웹 브라우저의 웹 페이지, Node.js의 테스트 러너, 디노(Deno), 일렉트론(Electron) 등)의 특정 런타임(V8, JavaScriptCore, SpiderMonkey 등)에서 실행됩니다.

타입스크립트가 코드의 런타임 동작을 정적으로 모델링하려면 각 환경에 대한 모델이 필요합니다. 타입스크립트 프로젝트를 설정하는 중요한 목적 중 하나는, 이 모델이 최대한 정확한지 확인하는 것입니다. 런타임 환경을 정확히 모델링할수록 타입스크립트가 코드에서 오류를 더 효율적으로 찾아낼 수 있습니다.

예를 들어, 생성된 자바스크립트 코드가 HTML 페이지에 포함되어 웹 브라우저에서 실행될 수도 있습니다.

```
<script src="path/to/bundle.js"></script>
```

타입스크립트에서 이를 모델링하는 몇 가지 방법이 있습니다. 그중 한 가지 방법은 *tsconfig.json*에서 `lib` 설정을 하는 것입니다.

```
{
  "compilerOptions": {
    "lib": ["dom", "es2021"]
  }
}
```

`"lib"`에 `"dom"`을 포함함으로써 타입스크립트에게 웹 브라우저에 대한 타입 선언을 포함해야 한다고 알려 줍니다. `"es2021"`은 2021년부터 자바스크립트의 모든 표준 기능을 웹 브라우저가 내장 또는 폴리필(polyfill)을 통해서 지원해 주기를 바란다는 점을 알려 줍니다. 예를 들어, 최신 자바스크립트의 기능 중 하나인 `array.toSorted()`를 호출하면 타입 오류가 발생합니다. 개발자는 각 ECMAScript 버전에 어떠한 기능이 포함되었는지 일일이 기억할 수 없지만, 타입스크립트는 정확히 알고 있습니다. 환경에 대한 정확한 모델을 생성함으로써 이러한 특정한 실수를 방지할 수 있습니다.

`@types/web` 패키지를 설치함으로써 웹 브라우저에서 사용 가능한 타입을 모델링할 수 있고, 버전 관리를 더욱 세밀하게 할 수도 있습니다. 아이템 75에서 타입스크립트와 DOM의 관계에 관해 자세히 다룬 바 있습니다.

하나의 페이지에는 여러 개의 스크립트 태그가 존재할 수 있습니다. 실제 HTML은 다음과 같은 모습입니다.

```
<script type="text/javascript">
window.userInfo = { name: 'Jane Doe', accountId: '123-abc' };
</script>
<script src="https://code.jquery.com/jquery-3.7.1.min.js"></script>
<script type="text/javascript">
// Google Analytics 로드
</script>
<script src="path/to/bundle.js"></script>
```

각 `<script>` 태그는 각자의 방식으로 환경을 수정하고 전역 변수를 추가합니다. 정확한 타입 체크를 보장하려면 타입스크립트에게도 이를 알려 주어야 합니다. 타입 선언 파일로 `userInfo` 전역 변수를 모델링할 수 있습니다.

```
// user-info-global.d.ts
interface UserInfo {
  name: string;
  accountId: string;
}
declare global {
  interface Window {
    userInfo: UserInfo;
  }
}
```

`Window` 구문에 대한 자세한 설명은 아이템 47을 참고하기 바랍니다.

타입 선언을 설치해서 라이브러리를 모델링할 수도 있습니다.

```
$ npm install --save-dev @types/google.analytics @types/jquery
```

정확한 모델링을 위해서는 `@types` 패키지가 웹 페이지에서 사용되는 라이브러리의 버전과 반드시 일치해야 합니다. 더 자세한 방법은 아이템 66을 참고하기 바랍니다. 모델링이 정확하지 않다면, 타입스크립트가 잘못된 오류를 발생시키거나 실제 오류를 놓칠 수도 있습니다.

CSS와 이미지 파일을 직접 임포트하기 위해 웹팩을 사용해서 코드를 번들링하도록 되어 있을 수도 있습니다. 이러한 환경에서는 해당 파일도 환경의 일부이지만, 타입스크립트는 알지 못하기 때문에 오류를 발생시킵니다.

```
import sunrisePath from './images/beautiful-sunrise.jpg';
//                       ~~~~~~~~~~~~~~~~~~~~~~~~~~~~~~
// './images/beautiful-sunrise.jpg' 모듈 또는 해당 형식 선언을 찾을 수 없습니다.
```

오류를 해결하려면 이러한 종류의 임포트를 모델링해야 합니다.

```
// webpack-imports.d.ts
declare module '*.jpg' {
  const src: string;
  export default src;
}
```

웹팩은 CSS 모듈에서 특정한 CSS 규칙을 임포트할 수 있습니다. 이 기능을 사용한다면 해당 기능을 모델에 추가하거나, 같은 역할을 하는 npm 패키지 중 하나를 설치해야 합니다.

구축한 애플리케이션의 여러 부분이 각기 다른 환경에서 실행될 수 있습니다. 예를 들어, 애플리케이션에는 웹 브라우저에서 실행되는 클라이언트 코드가 들어 있을 수 있고, Node.js에서 실행되는 서버 코드가 들어 있을 수 있으며, 별도 환경에서 실행되는 테스트 코드도 들어 있을 수 있습니다. 이들은 각기 다른 환경에서 실행되므로 구분해서 모델링하는 것이 좋습니다. 이를 위한 일반적인 방법은 다수의 *tsconfig.json* 파일과 프로젝트 참조를 사용하는 것인데, 아이템 78에서 다루겠습니다.

웹 브라우저와 마찬가지로 Node.js 환경도 정확하게 모델링해야 합니다. Node.js 20 버전에서 코드를 실행한다면, 해당 버전의 `@types/node`를 설치했는지 확인해야 합니다. 그렇게 해야 런타임에 사용할 수 있는 라이브러리 기능을 정확하게 보장할 수 있습니다.

요약

- 작성된 코드는 특정 환경에서 실행됩니다. 해당 환경의 정확한 정적 모델을 생성한다면 타입스크립트가 타입 체크를 더욱 잘 수행할 수 있습니다.
- 작성한 코드 외에 웹 페이지에 로드되는 전역 변수와 라이브러리를 함께 모델링해야 합니다.

- 사용하는 런타임 환경과 라이브러리와 타입 선언 간 버전을 일치시켜야 합니다.
- 단일 프로젝트 내에서 클라이언트와 서버 같은 별도의 환경을 모델링하려면 다수의 *tsconfig.json* 파일과 프로젝트 참조를 사용해야 합니다.

아이템 77 타입 체크와 단위 테스트의 관계 이해하기

타입스크립트를 도입하면 대부분의 단위 테스트를 삭제해도 된다는 말을 가끔 듣게 됩니다. 반대로 생각해 보면 단위 테스트를 작성해야 하기 때문에 타입을 추가할 필요가 없다는 말이 됩니다.

두 가지 주장 모두 극단적이지만, 그 내면에는 상당히 흥미로운 차이점이 숨어 있습니다. 단위 테스트와 타입 체크 모두 프로그램 검증을 위한 것인데, 이제부터 두 가지는 무슨 관계인지, 언제 테스트를 작성해야 하는지, 언제 타입에 의존해야 하는지 알아보겠습니다.

우선, 두 숫자를 더하는 함수를 생각해 보겠습니다.

```
/** 두 숫자의 합을 반환 */
function add(a, b) {
  // 구현 생략
}
```

테스트하기 너무 간단해 보인다면, IEEE 754의 부동소수점 사양을 잠시 찾아보기 바랍니다. 실제로는 코너 케이스가 꽤 많지만, 먼저 간단한 단위 테스트를 몇 가지 작성해 보겠습니다.

```
test('add', () => {
  expect(add(0, 0)).toEqual(0);
  expect(add(123, 456)).toEqual(579);
  expect(add(-100, 90)).toEqual(-10);
});
```

세 가지 테스트가 통과한다고 가정했을 때, add 함수의 정확성에 대해서 얼마나 확신할 수 있을지 가늠하기는 어렵습니다. 실제 입력 가능한 수는 엄청나게 많습니다. 자바스크립트에서 number는 64비트 부동소수점이므로 각 매개변수에 대해 2^{64}개의 경우가 존재하며, 총 2^{128}개의 경우가 존재합니다. 2^{128}은 3으로 시작하는 38개 자릿수를 가진 엄청 큰 숫자입니다. 앞서 작성한 세 가지 테스트 케이스는 전체 가능성 중에서 극히 일부만을 다루고 있습니다.

이러한 간극은 버그가 발생할 여지를 만듭니다. 예를 들어, 다음과 같이 구현할 수도 있습니다.

```
function add(a, b) {
  if (isNaN(a) || isNaN(b)) {
    return 'Not a number!';
  }
  return (a|0) + (b|0);
}
```

세 가지 단위 테스트는 통과할 것입니다. 그러나 NaN의 값에 대해서는 사양이 불분명해 예상하지 않은 결과가 반환되고 있습니다(문서에서라도 확실히 언급하는 것이 좋습니다). 비트 연산의 효과는 두 수를 더하기 전에 0으로 반올림하는 것입니다. add 함수는 정수가 아닌 경우에도 사용될 가능성이 있습니다. 이러한 경우를 단위 테스트로 작성하지 않는다면 버그를 잡을 수 없습니다.

이제 타입을 추가하면 어떠한 일이 발생하는지 살펴보겠습니다.

```
function add(a: number, b: number): number {
  if (isNaN(a) || isNaN(b)) {
    return 'Not a number!';
    // ~~~ 'string' 형식은 'number' 형식에 할당할 수 없습니다.
  }
  return (a|0) + (b|0);
}
```

타입 구문 덕분에 버그 중 하나를 발견할 수 있었습니다. 방지할 수 있는 오류의 종류는 잘못된 타입을 반환하거나 입력에 대해 무효한 연산을 수행하는 경우입니다. add 함수가 숫자를 반환하는지 확인하기 위해 단위 테스트를 작성할 수는 있지만, 2^{128}개의 모든 입력에 대해 테스트를 수행할 수 없는 반면, 타입 체크 관점에서는 가능한 일입니다.

물론 타입 체커가 잡지 못하는 버그도 많이 있습니다. 예를 들어, 타입 체커는 소수와 정수의 문제를 잡지 못합니다. 실제로 타입 체커를 통과하지만, 명백히 잘못된 구현도 존재합니다.

```
function add(a: number, b: number): number {
  return a - b;  // 실수!
}
```

b가 0이 아닌 어떠한 단위 테스트로도 이 버그를 발견할 수 있지만, 타입 체커에서는 알 수 없습니다.

단위 테스트와 타입 체크는 상호보완적 절차입니다. 단위 테스트는 최소한 특정 상황에서 코드가 정상 동작함을 보여 줍니다. 다시 말해서, 정확성에 대한 하한선을 만들어 줍니다. 타입 체커는 잘못된 타입을 반환하는 등의 특정한 오류를 방지할 수 있게 해 줍니다. 즉, 부정확성에 대한 상한선을 만들어 줍니다. 상호보완적 절차라는 말은 작성한 코드가 충분히 잘 동작한다고 만족할 때까지 두 가지 절차가 양쪽 끝에서부터 버그를 줄여 나가는 것이라는 뜻으로 생각할 수 있습니다.

문서나 타입 정보와 관계없이, 자바스크립트의 함수는 매개변수의 타입에 상관없이 호출 가능합니다. 간단한 add 함수(return a+b)는 숫자를 더하는 것 외에도 다음과 같은 동작을 합니다.

```
> add(null, null)
0
> add(null, 12)
12
> add(undefined, null)
NaN
> add('ab', 'cd')
'abcd'
```

이러한 케이스를 테스트해야 할지 생각해 보겠습니다. 타입스크립트에서는 다음과 같은 오류가 발생합니다.

```
test('out-of-domain add', () => {
  expect(add(null, null)).toEqual(0);
  //         ~~~~ 'null' 형식의 인수는 'number' 형식의 매개변수에 할당될 수 없습니다.
  expect(add(null, 12)).toEqual(12);
  //         ~~~~ 'null' 형식의 인수는 'number' 형식의 매개변수에 할당될 수 없습니다.
```

```
  expect(add(undefined, null)).toBe(NaN);
  //         ~~~~~~~~~ 'undefined' 형식의 인수는 'number' 형식의 매개변수에
  //                   할당될 수 없습니다.
  expect(add('ab', 'cd')).toEqual('abcd');
  //         ~~~~ 'string' 형식의 인수는 'number' 형식의 매개변수에
  //              할당될 수 없습니다.
});
```

단위 테스트는 예상되는 동작을 보여 주므로 이러한 테스트 케이스가 말이 되기는 합니다. 그러나 무효한 입력의 경우는, 예상되는 동작이 논리적으로 존재하지 않습니다. 이러한 무효한 호출을 방지하려면 타입 체커에 의존하는 것이 좋으며, 이러한 종류의 단위 테스트를 작성할 필요는 없습니다.

함수에는 잠재적으로 위험한 부작용을 초래하는 중요한 취약점이 있습니다. 데이터베이스의 사용자 레코드를 업데이트하는 함수를 가정해 보겠습니다.

```
interface User {
  id: string;
  name: string;
  memberSince: string;
}

declare function updateUserById(
  id: string,
  update: Partial<Omit<User, 'id'>> & {id?: never}
): Promise<User>;
```

`update` 매개변수에 사용된 정교한 타입을 사용한 이유는, 이 함수가 실제로 사용자의 ID를 변경하지 않기를 바라기 때문입니다(아이템 63의 '선택적 never 기법' 참고). 그러나 이는 타입 수준에서 강제하는 것이기 때문에 실제로는 사용자 간 충돌이 발생하거나, 심지어 다른 사용자로 위장하는 보안 이슈가 발생할 수도 있습니다. 이 함수를 자바스크립트에서 신뢰할 수 없는 사용자 입력으로 호출해 보면 업데이트 매개변수에 `id` 속성이 있을 가능성이 매우 높습니다. 이러한 경우는 데이터베이스를 호출하지 않고 예외를 발생(또는 `Promise.reject`)시키는 것이 더 나을 것입니다.

무엇보다 타입 수준에서 허용되지 않지만, 테스트 코드에서 명시하는 것이 더욱 바람직합니다. 테스트에서는 `@ts-expect-error` 지시자를 사용해 타입 오

류가 의도한 바임을 단언할 수 있습니다.

```
test('invalid update', () => {
  // @ts-expect-error ID를 변경하기 위해 updateUserById를 호출할 수 없음
  expect(() => updateUserById('123', {id: '234'})).toReject();
});
```

소프트웨어 품질 보증(QA)의 주요 목표 중 하나는, 해결 비용이 낮을 때 가급적 빨리 문제를 찾아내는 것입니다. 버그를 발견하는 최악의 경우는, 실제 사용자나 보안 연구자가 상용 환경에서 발생한 버그를 리포트할 때입니다. 최악은 아니지만, 여전히 비용이 많이 드는 방법은 수동 QA 단계에서 버그를 발견하는 것입니다. 조금 더 나은 방법은 통합 테스트라고도 부르는 자동화된 QA 단계에서 버그를 발견하는 것입니다. 단위 테스트를 사용하면 이른 시점에 버그를 잡을 수 있습니다. 그러나 타입 체커를 사용하면 그보다 더 빠른 시점에 버그를 잡을 수 있습니다. 편집기상에서 실수가 발생한 정확한 곳의 버그를 바로 찾아내기 때문입니다.

가급적 빠른 시점에 버그를 잡기 위해서는 가능한 한 타입 체커를 적극적으로 활용해야 합니다. 타입스크립트는 많은 오류를 잡아낼 수 있지만, 개발자가 도와주어야 하는 경우도 있습니다. 아이템 59, 61, 64에서 새로운 종류의 오류를 잡을 수 있게 타입 체커를 도울 수 있는 모든 기법을 소개한 바 있습니다. 그러나 타입 체커에 의존할 수 없는 경우, 차선책은 동작을 테스트하는 단위 테스트를 수행하는 것입니다.

작성한 타입에 로직이 포함된 경우(6장에서 다룬 내용)라면, 반드시 해당 로직을 위한 테스트를 작성해야 합니다. 타입 테스트는 단위 테스트 같은 종류와는 다른 개념의 테스트입니다. 타입 테스트에 대한 흥미로운 내용은 아이템 55에서 다룬 적이 있습니다.

마지막으로, 타입 정의와 단위 테스트 모두 리팩터링할 때의 버그를 잡는 데 도움이 되지만, 특히 타입 정의는 언어 서비스를 강화해 프로그래밍 경험을 더욱 즐겁게 만들어 줍니다. 아이템 6에서 설명했지만, 타입 정의는 리팩터링 자동화에도 도움이 됩니다.

단위 테스트와 타입 체크 모두 프로그램 검증의 형태이지만, 서로 다르게 동

작하며 상호보완적인 관계이므로 보통은 두 가지 모두 사용하게 됩니다. 각자의 역할과 영역을 명확하게 이해하고 서로 중복된 체크를 하지 않도록 주의해야 합니다.

요약

- 타입 체크와 단위 테스트는 서로 다른 방식으로 동작하며, 프로그램의 정확성을 보장하는 상호보완적 기법이므로 둘 다 사용해야 합니다.
- 단위 테스트는 특정 입력에 대한 정확한 동작을 보장하는 반면, 타입 체커는 잘못된 동작의 종류를 방지합니다.
- 타입을 체크하기 위해서는 타입 체커를 사용해야 합니다. 타입으로 체크하지 못하는 동작은 단위 테스트를 작성해서 확인해야 합니다.
- 보안이나 데이터 손상에 문제가 없다면 타입 오류가 발생하는 테스트 입력은 피해야 합니다.

아이템 78 컴파일러 성능 살펴보기

아이템 3에서 설명한 대로 타입스크립트의 타입 정보는 코드를 자바스크립트로 컴파일하는 순간 사라집니다. 따라서 일반적으로 타입스크립트는 런타임 성능에 영향을 미치지 않습니다.

그러나 타입스크립트는 개발 도구의 성능에 영향을 미칠 수 있습니다. 타입스크립트는 tsc와 tsserver(아이템 6 참고) 두 가지 형태로 실행됩니다. 이번 장에서는 두 가지 모두의 성능에 대해 다루겠습니다.

- tsc, 타입스크립트 컴파일러

  성능이 느리다는 말은 일괄 처리 과정(아마도 CI 시스템)에서 타입 체크의 시간이 오래 걸리고, 빌드 산출물(*.js*와 *.d.ts* 파일)을 생성하는 데 긴 시간이 필요하다는 뜻으로 풀이됩니다.

- tsserver, 타입스크립트 언어 서비스

  성능이 느리다는 말은 편집기가 느리게 반응하거나 반응이 없다고 느껴진다는 뜻으로 풀이됩니다. 코드를 작성한 후 오류가 나타나거나 사라지는 데에 시간이 오래 걸릴 수도 있습니다.

프로젝트에서 빌드나 편집기의 성능에 문제가 있을 때, 이를 개선하는 다양한 기법이 존재합니다. 이번 아이템에서는 가장 파급력이 큰 몇 가지를 살펴보며, 각각의 기법이 어떠한 식으로 성능에 영향을 미치는지 알아보겠습니다.

타입 체크와 빌드 분리

이 기법은 빌드(tsc) 성능에만 영향을 미치며, 편집기(tsserver)에는 영향을 미치지 않습니다.

고수준에서 바라보면 타입스크립트는 크게 두 가지 작업을 수행합니다. 코드의 타입 오류를 체크하고, 자바스크립트 코드를 생성하는 일입니다. 두 가지 작업 중 일반적으로 CPU를 더 많이 사용하는 것은 타입 체크입니다. 만약 타입 체크가 필요하지 않다면, 타입 체크를 건너뜀으로써 많은 시간을 절약할 수 있습니다.

언뜻 듣기에는 이상한 소리처럼 느껴질 것입니다. 자바스크립트 대신 타입스크립트를 사용하는 주요한 이유가 타입 체크에 있기 때문입니다. 그러나 실제로는 웹팩, 비트 같은 번들러나 ts-node 같은 도구를 통해 간접적으로 타입스크립트를 실행할 수 있습니다. 이러한 도구는 기본적으로 타입 체크를 수행하고, 자바스크립트로 번들링하거나 실행합니다. 타입 체크를 건너뛰려면 '트랜스파일만(transpile only)' 모드에서 실행하도록 설정할 수 있습니다. 간단한 프로그램에서도 성능 차이를 체감할 수 있습니다.

```
// hello.ts
console.log('Hello World!');
```

타입 체크 없이 ts-node를 실행했을 때 얼마나 시간이 소요되는지 측정할 수 있습니다.

```
$ time ts-node --transpileOnly hello.ts
Hello World!
ts-node --transpileOnly hello.ts 0.12s user 0.02s system 110% cpu 0.123 total
```

```
$ time ts-node hello.ts
Hello World!
ts-node hello.ts 1.60s user 0.08s system 255% cpu 0.656 total
```

이 간단한 프로그램은 타입 체크를 거쳐서 실행하는 데 1.6초가 걸렸지만, 타입 체크를 건너뜀으로써 0.12초 만에 끝났습니다. ts-node 또는 번들러가 툴체인의 일부라면 타입 체크를 건너뜀으로써 실행 반복 주기를 크게 줄일 수 있고, 개발자 경험을 향상할 수 있습니다. 더 큰 개선을 원한다면 swc 같은 대체 컴파일러를 사용할 수도 있습니다.

물론 타입 체크는 중요한 요소입니다. 여전히 tsserver를 통해 편집기에서 코드에 대한 타입 오류가 체크되어야 하며, CI 시스템에서는 tsc를 통해 타입 체크가 통과된 코드만 커밋될 수 있도록 해야 합니다.

사용되지 않는 의존성과 죽은 코드 제거

이 기법은 빌드와 편집기 성능 모두에 영향을 미칩니다. 코드의 양이 적을수록 타입스크립트 처리 속도도 빨라집니다. 즉, 타입과 심벌의 수가 적을수록 tsserver의 RAM 사용량이 적어지고, 편집기의 반응 속도가 빨라집니다.

프로젝트의 코드양을 줄이는 한 가지 방법은 죽은 코드(dead code)를 제거하는 것입니다. 타입스크립트 설정에서 noUnusedLocals 플래그를 활성화하면 타입스크립트는 사용되지 않는 일부 코드와 타입을 감지합니다.

```
function foo() {}
//       ~~~ 'foo'이(가) 선언은 되었지만 해당 값이 읽히지는 않았습니다.

export function bar() {}
```

주로 외부로 노출하지 않은 심벌이 대상이 됩니다. 그러나 외부로 노출했지만, 실제로는 사용되지 않는 심벌도 있습니다. 이를 감지하기 위해서는 knip 같은 복잡한 도구를 도입해야 합니다. 이러한 도구는 사용되지 않은 서드 파티 의존성(예: node_modules)도 감지할 수 있습니다. 어떠한 모듈은 타입 선언이 수천 줄인 경우도 있기 때문에 이를 제거함으로써 매우 큰 개선을 이룰 수도 있습니다.

실제로 프로젝트에서 사용되는 타입 정보 대부분은 서드 파티인 경우가 많습니다. tsc --listFiles를 실행해 타입스크립트 프로젝트에 포함되는 모든 소스 파일의 목록을 얻을 수 있습니다.

```
$ tsc --listFiles
.../lib/node_modules/typescript/lib/lib.es5.d.ts
.../lib/node_modules/typescript/lib/lib.es2015.d.ts
.../lib/node_modules/typescript/lib/lib.es2016.d.ts
.../lib/node_modules/typescript/lib/lib.es2017.d.ts
...
```

결과를 보고 놀랄 수도 있습니다. 하나의 의존성이 수백수천 개의 다른 의존성으로 연결되기도 합니다(아이템 70에서 이를 우회하는 방법을 설명했습니다). 이를 살펴보기 쉽게 시각화하는 좋은 방법은 트리맵을 구성하는 것입니다. tsc는 작은 파일보다 큰 파일에서 수행 시간이 길기 때문에 컴파일되는 각 파일의 바이트 수를 시각화해서 보는 것이 좋습니다.

다음 커맨드를 실행해 보기 바랍니다(통계 커맨드는 플랫폼별로 다를 수 있습니다).

```
$ tsc --noEmit --listFiles | xargs stat -f "%z %N" | npx webtreemap-cli
```

저자가 만들었던 한 프로젝트에 대한 실행 결과는 그림 9-8과 같습니다.

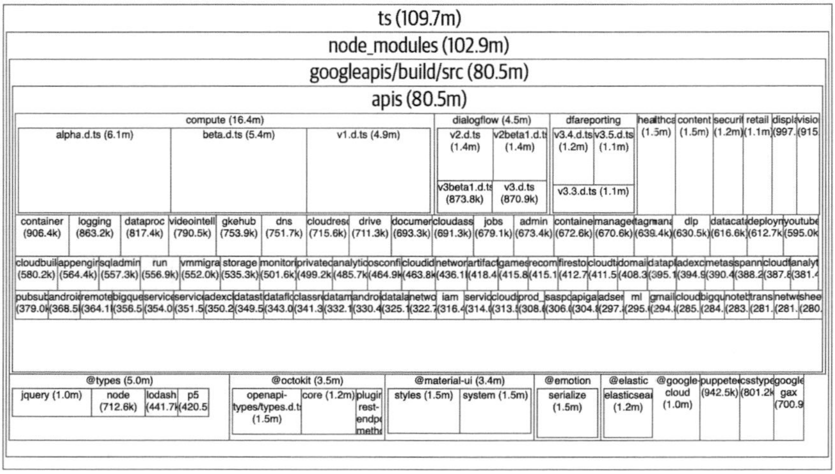

그림 9-8 파일 크기에 따라 가중치가 부여된 트리맵

거의 110MB에 가까울 정도로 코드가 너무 많고, 대부분은 googleapis로 보입니다. 이 중 대부분은 프로젝트 내에서 사용되지 않는 API(compute, dialogflow, dfareporting, healthcare)입니다. googleapis는 300개 이상의 API를 단일 패키지로 번들링했으며, 그 크기는 무려 80.5MB에 육박하는 것으로 판명되었습니다. 해당 프로젝트에는 한두 개의 API만 필요하지만, 프로젝트 설정에서 300여개의 API를 모두 가져온 것을 알 수 있습니다.

이 경우는 단 하나의 API 의존성만 추가되도록 googleapis를 최신 버전으로 업데이트하는 것만으로도 문제를 해결할 수 있습니다. 만약 의존성이 거대한 경우라면 대안을 찾아보는 것이 좋습니다. 또는 같은 라이브러리의 여러 버전을 가져오는 경우를 발견할 수도 있습니다. 해결책은 의존성이 하나로 맞춰질 때(아이템 66 참고)까지 버전을 업데이트하는 것입니다.

어떠한 조치를 취하든, 트리맵 시각화는 현재 빌드 중인 산출물의 구성을 이해하고 잠재적인 문제를 파악할 수 있게 해 줍니다. 예상보다 많은 부분이 사용되지 않는 것을 발견할 수 있고, 성능 문제 외적으로도 프로젝트 구성을 다시 돌아볼 수 있습니다.

증분 빌드와 프로젝트 참조

증분 빌드 기법은 빌드(`tsc`) 성능에만 영향을 미칩니다. 만약 `tsc`를 두 번 연속해서 실행한다면 두 번째 실행에서도 모든 과정이 그대로 반복됩니다. 이때 조금 더 영리하게 동작하도록 만드는 방법이 있습니다. 바로 `incremental` 옵션을 설정하는 것입니다. 첫 번째 실행에서는 `.tsbuildinfo` 파일에 완료된 작업의 일부 정보를 저장합니다. 두 번째 실행에서는 해당 파일을 읽어 들여 타입 체크를 더 빠르게 수행합니다.

타입스크립트에 이러한 '프로젝트 참조'를 적용해 점진적 접근 방식을 더욱 개선할 수 있습니다. 코드 베이스가 독립된 부분(예: `client`/`server` 또는 `source`/`test`)으로 구성되어 있고, 한 부분에서 발생한 변경이 다른 부분에 영향을 주지 않는다는 개념에 기반합니다. 특히 소스 코드에서 함수의 구현을 변경했지만, 타입 시그니처에는 변경이 없다면 타입스크립트는 해당 함수에 대한 타입 체크를 다시 수행할 필요가 없습니다. 그리고 테스트 코드를 변경하더라도 타입스크립트가 소스 코드에 대한 타입 체크를 다시 수행할 필요도 없습니다.

프로젝트 참조를 설정하려면 각 독립된 부분에 대한 *tsconfig.json* 파일을 생성하면 됩니다. 각 파일은 코드 내에서 참조할 수 있는 다른 부분을 지정합니다. 테스트 코드는 소스 코드를 참조하지만, 그 반대는 아닙니다. 공통 설정을 위한 최상위 *tsconfig.json*이 존재하는데, 보통 다음과 같은 모습을 이룹니다.

```
root
├── src
│   ├── fib.ts
│   └── tsconfig.json
├── test
│   ├── fib.test.ts
│   └── tsconfig.json
├── tsconfig-base.json
└── tsconfig.json
```

각 파일은 다음과 같은 모습을 이룹니다.

```
// tsconfig-base.json
{
  "compilerOptions": {
    // 다른 설정
    "declaration": true,
    "composite": true
  }
}

// tsconfig.json
{
  "files": [],
  "references": [
    { "path": "./src" },
    { "path": "./test" }
  ]
}

// src/tsconfig.json
{
  "extends": "../tsconfig-base.json",
  "compilerOptions": {
    "outDir": "../dist/src",
    "rootDir": "."
```

```
  }
}

// src/fib.ts
export function fib(n: number): number {
  if (n < 2) {
    return n;
  }
  return fib(n - 1) + fib(n - 2);
}

// test/tsconfig.json
{
  "extends": "../tsconfig-base.json",
  "compilerOptions": {
    "outDir": "../dist/test",
    "rootDir": "."
  },
  "references": [
    { "path": "../src" }
  ]
}

// test/fib.test.ts
import {fib} from '../src/fib';

describe('fib', () => {
  it('should handle base cases', () => {
    expect(fib(0)).toEqual(0);
    expect(fib(1)).toEqual(1);
  })
  it('should handle larger numbers', () => {
    expect(fib(2)).toEqual(1);
    expect(fib(3)).toEqual(2);
    expect(fib(4)).toEqual(3);
    expect(fib(5)).toEqual(5);
    expect(fib(16)).toEqual(987);
  });
});
```

꽤 많은 설정 내용이 들어 있음을 확인할 수 있습니다. 눈여겨볼 부분은 다음과 같습니다.

- src와 test의 *tsconfig.json*은 declaration과 composite 설정(*.d.ts* 파일 출력

용)이 들어 있는 *tsconfig-base.json*을 상속합니다.

- 최상위 *tsconfig.json*은 하위 프로젝트를 위한 참조 목록으로만 구성됩니다.
- test의 *tsconfig.json*은 src를 참조하지만, 그 반대는 아닙니다.

이 설정 파일 구성을 사용하면 -b / --build 플래그로 tsc를 실행해 빌드 코디네이터 역할을 하게 만들 수 있습니다. 첫 번째 실행 후에 API에 영향을 주지 않는 *src/fib.ts* 파일을 변경하면 다음과 같은 내용이 표시됩니다.

```
$ tsc -b -v
Project 'src/tsconfig.json' is out of date because output
  'dist/src/tsconfig.tsbuildinfo' is older than input 'src/fib.ts'
Building project 'src/tsconfig.json'...
Project 'test/tsconfig.json' is up to date with .d.ts files from its
        dependencies
```

마지막 줄에 주목하기 바랍니다. 변경 사항은 *.d.ts* 파일에 영향을 미치지 않았기 때문에(구현만 변경되고 API 사양은 변하지 않음) 테스트 프로젝트를 다시 빌드할 필요가 없습니다.

프로젝트 참조에 대해서 알아야 할 몇 가지 주의 사항이 있습니다.

- tsc의 산출물인 *.d.ts* 파일이 디스크에 저장되도록 declaration 설정을 할 필요가 있습니다. noEmit을 설정하거나 웹팩, 비트 같은 다른 도구를 사용해 tsc를 실행한다면 프로젝트 참조가 동작하지 않습니다.
- 프로젝트 참조는 대규모 모노리포(monorepo)에 매우 유용합니다. 일반적으로는 퍼스트 파티 코드가 서드 파티 코드보다 많은 경우(자체 코드가 node_modules보다 많은 경우)에 유용합니다. 중소 규모 프로젝트에서는 흔치 않지만, 대기업 프로젝트에서는 흔히 발생합니다.
- 적은 수의 프로젝트에서는 타입스크립트와의 상호작용이 쾌적하지만, 프로젝트를 너무 잘게 쪼개면 역효과가 발생할 수도 있습니다. 프로젝트의 스코프를 큰 코드 덩어리로 지정하는 것이 좋습니다. 큰 애플리케이션에서 src와 test를 분리하거나, client와 server를 분리하는 것이 도움됩니다. 그러나 수천 개의 UI 컴포넌트 각각에 프로젝트를 분리하면 구성에 대한 오버헤드가 발생하고, 타입스크립트 성능이 개선될 가능성은 작아집니다.

타입 단순화

이 기법은 빌드와 편집기 성능 모두에 영향을 미칩니다. 연도를 표현하는 타입을 만든다고 가정하겠습니다. 아이템 29에서 설명한 대로 유효한 상태만 표현할 수 있으면서, 앞으로 천 년 동안 사용될 타입을 만들어 보겠습니다.

```
type Digit = '0' | '1' | '2' | '3' | '4' | '5' | '6' | '7' | '8' | '9';
type Year = `2${Digit}${Digit}${Digit}`;
const validYear: Year = '2024';
const invalidYear: Year = '1999';
//    ~~~~~~~~~~~ '"1999"' 형식은 '"2000" | "2001" | "2002" | ...
//                ... | "2999"' 형식에 할당할 수 없습니다.
```

타입스크립트 타입 시스템을 응용해 이렇게 표현할 수 있다는 것이 흥미롭지만, 현명한 방법은 아닐 수도 있습니다. 오류에서 그 이유를 찾을 수 있는데, Year 타입은 무려 천 개의 요소로 구성된 유니온입니다. 타입스크립트가 이 타입을 다룰 때마다 유니온 내의 모든 요소를 확인해야 하므로 tsc와 tsserver가 느려질 수도 있습니다. 조금 더 명확하게 모델링하려면 문자열이나 숫자 또는 상표 타입(아이템 64 참고) 같은 간단한 것을 활용하는 편이 좋습니다.

이번 예시가 극단적이긴 하지만, 실제로도 가끔 거대한 유니온이 생겨나기도 하며, 이러한 경우 성능 문제를 야기할 수 있다는 사실을 꼭 기억해야 합니다. 끝으로 타입을 더욱 효율적으로 만드는 몇 가지 다른 방법을 설명합니다.

- 타입 별칭을 조합하는 대신, 인터페이스를 확장합니다. 아이템 13에서 타입과 인터페이스의 유사점과 차이점을 자세히 설명했습니다. 일반적으로 서로 바꿔서 사용할 수 있지만, 서브타입의 경우는 인터페이스 확장이 더욱 효율적입니다.
- 반환 타입을 명시합니다. 아이템 18에서 타입 어노테이션의 장단점을 설명했지만, 함수의 반환 타입을 명시적으로 지정하는 것은 타입 추론 작업을 확실히 줄어들게 합니다.

복잡한 재귀 타입을 작성하는 경우라면 특히 조심해야 합니다. 재귀 타입에서 성능 문제가 발생하는 경우는 아이템 57에서 자세히 다룬 바 있습니다.

요약

- 타입스크립트의 성능 문제는 빌드 성능(tsc)과 편집기 반응(tsserver), 크게 두 가지로 나눌 수 있습니다. 각각의 현상을 이해하고 현상에 맞는 최적화를 진행해야 합니다.
- 빌드 설정과 별도로 타입 체크 단계를 유지해야 합니다.
- 죽은 코드와 사용되지 않는 의존성을 제거하고, 타입 의존성으로 인해 코드가 불어나는 것을 경계해야 합니다. 타입스크립트가 컴파일하는 내용을 트리맵을 통해 시각화하면 도움이 됩니다.
- 증분 빌드와 프로젝트 참조를 활용해 반복되는 빌드에서 tsc의 작업을 줄여야 합니다.
- 타입을 단순하게 만들어야 합니다. 거대한 유니온을 피하고, 타입 조합보다 인터페이스 확장을 사용하고, 함수의 반환 타입을 명시하는 것이 좋습니다.

10장

Effective TypeScript Second Edition

모던화와 마이그레이션

타입스크립트가 훌륭한 언어라는 말을 많이 들어 보았을 것입니다. 그리고 15년 이상 오래된, 10만 줄이 넘는 자바스크립트 라이브러리를 유지보수하는 일이 고통스러운 일이라는 사실도 알고 있을 것입니다. 가급적 많은 라이브러리가 타입스크립트로 되어 있는 편이 이상적입니다.

이번 장에서는 자바스크립트 프로젝트를 타입스크립트로 마이그레이션하는데 필요한 몇 가지 조언을 제공합니다. 너무 어렵거나 노력이 많이 들어가는 조언은 아닙니다.

코드의 양이 적을수록 마이그레이션하기 수월합니다. 그러므로 본격적으로 마이그레이션을 시작하기에 앞서, 폐기된 기능과 죽은 코드를 제거하는 것이 좋습니다. 그러나 현재 작업 중인 프로젝트에서 또 다른 모던화 작업이나 마이그레이션은 보류하는 편이 좋습니다. 실제로 타입스크립트를 적용한 후 제이쿼리 웹 앱을 리액트로 변환하는 것이 더욱 쉽습니다.

코드베이스가 아주 작은 프로젝트만 한 번에 마이그레이션할 수 있습니다. 큰 프로젝트는 점진적으로 마이그레이션할 수밖에 없습니다. 이에 대한 내용은 아이템 81에서 다룹니다. 장기간에 걸친 마이그레이션 과정에서는 진척 상황을 추적하고 뒷걸음치지 않도록 하는 것이 중요합니다. 그래야 마이그레이션의 필요성을 인지하고, 동기를 유지할 수 있습니다. 이에 대한 내용은 아이템 82에서 다룹니다.

큰 프로젝트를 타입스크립트로 마이그레이션하는 작업은 어렵지만, 프로젝트 품질을 크게 개선할 수 있는 가능성을 열어 줍니다. 2017년의 한 조사에 따르면 깃허브(GitHub)에 있는 자바스크립트 프로젝트에서 발견된 버그의 15%는 타입스크립트를 사용했다면 컴파일 시점에서 미리 방지했을 수 있었을 것이라고 합니다.[1] 또한 에어비앤비(Airbnb)에서 진행된 프로젝트들의 사후 분석(post mortem) 6개월 치를 조사했을 때, 발견된 버그의 38%가 역시 타입스크립트에서는 방지할 수 있었던 것들이라고 합니다.[2] 여러분의 조직에 타입스크립트를 도입하려고 설득할 때 깃허브와 에어비앤비의 통계가 도움이 될 것입니다. 소식을 접한 조직에서는 타입스크립트 도입 실험을 할 것이고, 그중에서 얼리어답터를 찾을 수 있을 것입니다. 아이템 80에서는 본격적인 마이그레이션에 앞서 타입스크립트 도입을 실험하는 방법을 설명합니다.

이번 장에서는 자바스크립트에 대한 내용을 주로 다룹니다. 그리고 사용된 예제 대부분은 타입 체커를 통과하지 못하거나, 느슨한 설정에서만 동작하는 (예: `noImplicitAny` 설정 해제) 순수 자바스크립트 코드입니다. 또한 가끔 모던화와 마이그레이션을 위한 레거시 코드의 예시로, 저자의 차트 라이브러리인 `dygraphs`를 참조합니다. `dygraphs`는 2009년부터 2016년 사이에 활발히 개발되었던 오래된 자바스크립트 라이브러리입니다.

아이템 79 모던 자바스크립트로 작성하기

타입스크립트는 타입 체크 기능 외에 타입스크립트 코드를 특정 버전의 자바스크립트로 컴파일하는 기능도 가지고 있습니다. 심지어 1999년에 나온 ES3 버전의 자바스크립트 코드로 컴파일할 수도 있습니다. 즉, 타입스크립트 컴파일러를 자바스크립트 **트랜스파일러**(transpiler)로 사용할 수 있습니다. 타입스크립트는 자바스크립트의 상위집합이기 때문에 최신 버전의 자바스크립트 코드를 옛날 버전의 자바스크립트 코드로 변환할 수 있습니다.

1 Z. Gao, C. Bird, and E. T. Barr, "To Type or Not to Type: Quantifying Detectable Bugs in JavaScript"(*https://earlbarr.com/publications/typestudy.pdf*), ICSE, 2017.

2 Brie Bunge, "Adopting TypeScript at Scale", JSConf Hawaii, 2019.

옛날 버전의 자바스크립트 코드를 타입스크립트 컴파일러에서 동작하게 만들면 이후에 최신 버전의 자바스크립트 기능을 코드에 추가해도 문제가 없습니다. 옛날 버전의 자바스크립트 코드를 최신 버전의 자바스크립트로 바꾸는 작업은 타입스크립트로 전환하는 작업의 일부라고 생각할 수 있습니다. 따라서 마이그레이션을 어디서부터 시작해야 할지 몰라 막막하다면 옛날 버전의 자바스크립트 코드를 최신 버전의 자바스크립트로 바꾸는 작업부터 시작해 보기 바랍니다.

타입스크립트는 자바스크립트의 상위집합이기 때문에 코드를 최신버전으로 바꾸다 보면 타입스크립트의 일부 요소를 자연스럽게 익히게 될 것입니다.
이번 아이템에서는 모던 자바스크립트[3]의 주요 기능 몇 가지를 간략히 다룹니다. 여기서 소개하는 기능은 모두 ES2015(일명 ES6) 버전부터 도입된 것이며, 다른 책과 인터넷상에서 매우 자세히 다루고 있기 때문에 잘 모르는 부분이 있다면 쉽게 찾아볼 수 있을 것입니다. 이번 아이템에서 다루는 것은 자바스크립트지만, 타입스크립트 컴파일러를 사용하면 `async`/`await` 같은 새로운 기능을 배울 때 매우 유용합니다. 최신 자바스크립트 기능도 모두 체크되기 때문에 코드 작성 시에 도움을 받을 수 있고, 새로운 기능의 제대로 된 사용법을 배울 수 있습니다.

모던 자바스크립트의 새로운 기능은 모두 배울 만한 가치가 있지만, 타입스크립트를 도입할 때 가장 중요한 기능은 ES 모듈과 ES2015 클래스입니다. 이 둘을 먼저 빠르게 짚어 보고 다른 주요 내용을 살펴보겠습니다. 이미 두 기능을 사용 중이라면 마이그레이션이 훨씬 쉬워질 것입니다.

ECMAScript 모듈 사용하기

ES2015 이전에는 코드를 개별 모듈로 분할하는 표준 방법이 없었지만, 지금은 개별 모듈로 분할하는 방법이 많아졌습니다. 여러 개의 `<script>` 태그 사용하기, 직접 갖다 붙이기(manual concatenation), Makefile 기법, Node.js 스타일

3 (옮긴이) 모던 자바스크립트는 최신 버전의 자바스크립트를 의미합니다. 2025년 기준으로 ES2015(ES6) 버전부터 모던 자바스크립트라고 부르고 있습니다. 5년, 10년 후에는 모던 자바스크립트의 기준이 달라질 수 있습니다.

의 `require` 구문, AMD 스타일의 `define` 콜백까지 그 방법은 매우 다양합니다. 심지어 타입스크립트에도 자체 모듈 시스템(아이템 72 참고)이 있습니다.

ES2015부터는 임포트(`import`)와 익스포트(`export`)를 사용하는 ECMAScript 모듈이 표준이 되었습니다. 만약 마이그레이션 대상인 자바스크립트 코드가 단일 파일이거나 비표준 모듈 시스템을 사용 중이라면 ES 모듈로 전환하는 것이 좋습니다. 그리고 ES 모듈 시스템을 사용하기 위해서 프로젝트 종류에 따라 웹팩이나 `ts-node` 같은 도구가 필요할 수도 있습니다. ES 모듈 시스템은 타입스크립트에서도 잘 동작하며, 모듈 단위로 전환할 수 있게 해 주기 때문에 점진적 마이그레이션이 원활해집니다(관련해서는 이 아이템 82에서 자세히 다룹니다).

CommonJS 모듈 시스템을 사용한 전형적인 예제는 다음과 같습니다.

```
// CommonJS
// a.js
const b = require('./b');
console.log(b.name);

// b.js
const name = 'Module B';
module.exports = {name};
```

동일한 기능을 하는 코드를 ES 모듈로 표현하면 다음과 같습니다.

```
// ECMAScript module
// a.ts
import * as b from './b';
console.log(b.name);

// b.ts
export const name = 'Module B';
```

생성된 자바스크립트 코드에 ES 모듈을 적용하는 것 대신 타입스크립트 단에서 ES 모듈을 적용할 수도 있지만, 그렇게 하는 것이 더 어려울 것입니다. 예를 들어, *tsconfig.json*에 모듈 옵션을 `"commonjs"`로 설정한다고 가정해 보겠습니다. 이러면 타입스크립트는 두 번째 코드 샘플을 첫 번째처럼 컴파일합니다.

프로토타입 대신 클래스 사용하기

과거에는 자바스크립트에서 프로토타입 기반의 객체 모델을 사용했습니다. 그러나 많은 개발자가 사용하기 애매한 프로토타입 모델보다는 견고하게 설계된 클래스 기반 모델을 선호했기 때문에, 결국 ES2015에 `class` 키워드를 사용하는 클래스 기반 모델이 도입되었습니다.

마이그레이션하려는 코드에서 단순한 객체를 다룰 때 프로토타입을 사용하고 있었다면 클래스로 바꾸는 것이 좋습니다. 다음은 단순 객체를 프로토타입으로 구현한 예제입니다.

```
function Person(first, last)  {
  this.first = first;
  this.last = last;
}

Person.prototype.getName = function() {
  return this.first + ' ' + this.last;
}

const marie = new Person('Marie', 'Curie');
console.log(marie.getName());
```

프로토타입 기반 객체를 클래스 기반 객체로 바꾸면 다음과 같습니다.

```
class Person {
  constructor(first, last) {
    this.first = first;
    this.last = last;
  }

  getName() {
    return this.first + ' ' + this.last;
  }
}

const marie = new Person('Marie', 'Curie');
console.log(marie.getName());
```

프로토타입으로 구현한 `Person` 객체보다 클래스로 구현한 `Person` 객체의 문법이 더 간결하고 직관적입니다. 클래스 문법에 익숙하지 않더라도 타입스크립트 언어 서비스를 활용하면 클래스를 간단히 작성할 수 있습니다.

다음 그림과 같이 편집기에서 프로토타입 객체에 마우스 커서를 올려, 타입스크립트 언어 서비스인 'Convert function to an ES2015 class(함수를 ES2015 클래스로 변환)'를 선택하면 간단히 클래스 객체로 변환할 수 있습니다(그림 10-1 참고).

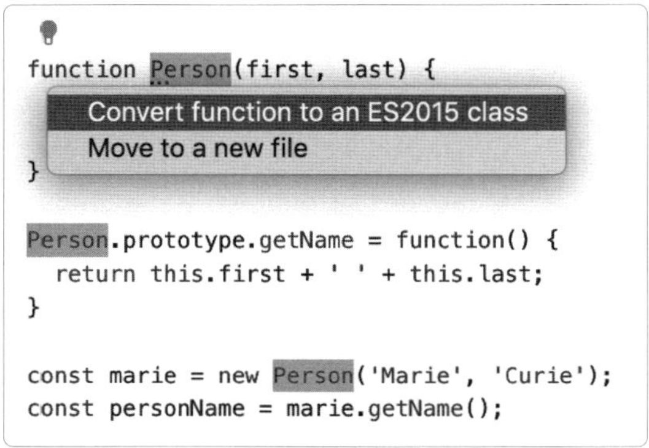

그림 10-1 타입스크립트 언어 서비스를 사용하면 프로토타입 객체를 ES2015 클래스로 변환할 수 있습니다.

기타 기능

ES2015 모듈과 클래스가 코드를 타입스크립트로 마이그레이션하는 데 가장 큰 영향을 미치는 요소입니다. 그러나 자바스크립트에도 매년 새로운 버전이 등장할 때마다 많은 신규 기능이 추가되고 있습니다. 신규 기능에 대해서 조금이라도 익숙해진다면 더욱 간결하면서도 관례에 들어 맞는 자바스크립트와 타입스크립트 작성에 도움이 될 것입니다. 다음 목록 중에서 익숙하지 않은 기능이 있다면 인터넷 검색을 통해서 학습하기 바랍니다. 단지 이름만 알아 두는 것만으로도 도움이 될 것입니다.

- 변수 선언에 `var` 대신 `let`과 `const`를 사용합니다. 그 이유는 `var`에는 조금 난해한 스코핑 규칙이 있기 때문입니다. 자세한 내용이 궁금하다면 《이펙티브 자바스크립트》를 읽어 보기 바랍니다. 그러므로 차라리 `var`를 쓰지 않고 잊어버리는 편이 더욱 좋습니다.
- C 스타일 `for(;;)` 루프 대신 `for-of` 루프나 `map` 같은 배열 메서드를 사용합

니다. 세 개 구문으로 구성된 C 스타일 루프는 불필요한 인덱스 변수를 만들거나, 실수를 유발하기 쉽고, 반복자(순회와 관련한 내용은 아이템 17에서 설명했습니다)와 잘 맞지 않습니다. 타입스크립트에서 객체를 순회하는 방법은 아이템 60에서 설명했습니다.

- 비동기 함수에는 콜백이나 저수준 프로미스 대신 `async`와 `await`를 사용합니다. 자세한 내용은 아이템 27에서 설명했습니다.
- 함수 표현식 대신 화살표 함수를 사용합니다. 그 이유는 더 간결하고 맥락에 따라 `this` 값을 유지하기 때문입니다. `this` 바인딩에 대한 내용은 아이템 69에서 설명했습니다.
- 기본 매개변수 값을 사용합니다. 과거에는 구현체에서 함수 매개변수의 기본값을 설정했지만, 모던 자바스크립트에서는 함수 선언부에서 직접 기본값을 지정(`function foo(param=123) {}`)할 수 있습니다. 타입스크립트에는 기본값으로부터 매개변수 타입을 추론할 수 있다는 부가 효과도 있습니다.
- 간결한 객체 리터럴과 구조 분해 할당을 사용합니다. 변수명을 일관되게 유지할 수 있기 때문에 `{x: x}` 대신 `{x}`만 쓰면 됩니다. 반대로 `[x, y] = pair`를 사용해 배열이나 객체에서 값을 꺼낼 수 있습니다. 특히 타입스크립트의 튜플 타입과 잘 맞습니다.
- 연관 배열을 위한 객체 대신 `Map`과 `Set`을 사용합니다. 객체에서 `"constructor"` 또는 `"prototype"`이라는 문자열을 찾으려고 시도해 본 사람이라면 그 이유를 이미 알고 있을 것입니다. ES2015의 컨테이너는 자바스크립트의 객체와 연관 배열의 결합으로 인해 발생하는 많은 문제를 해결합니다.
- `null` 허용 값을 다루기 위해 옵셔널 체이닝을 사용합니다. `x && x.y` 대신 `x?.y`를 사용하면 됩니다. `undefined`의 가능성이 있는 함수를 조건부로 호출하기 위해서 `fn.?()`처럼 사용할 수도 있습니다. 그러나 아이템 33과 37에서 설명한 대로 `null` 값은 가급적 피하는 것이 좋습니다.
- 기본값을 채우기 위해 `||` 대신 null 병합 연산자 `??`를 사용합니다. `x`가 `0`이면, `x || 10`은 `10`이 되는 반면, `x ?? 10`은 `0`이 됩니다. `null`과 `0`을 혼동하는 것은 버그를 발생시키는 흔한 원인입니다. 따라서 일반적으로 `null`을 체크하려면 `??`를 사용하면 됩니다.

- "use strict"에 신경 쓰지 않습니다. 원래 이는 오류를 줄이기 위한 옵션으로 ES5(2009년)에서 도입되었던 엄격 모드(strict mode)를 활성화하는 규칙입니다. 그러나 타입스크립트가 엄격 모드보다 더 엄격합니다. 런타임에 엄격 모드를 유지하기 위해, 모듈(import와 export가 들어 있는 코드)이 자바스크립트 코드로 생성될 때 "use strict"가 추가됩니다. 다시 말해, 타입스크립트 코드에 "use strict"를 추가해도 아무런 효과가 없습니다.

모던 자바스크립트에는 수많은 기능이 존재하며, 타입스크립트에서도 사용 가능합니다. 자바스크립트 표준 단체 TC39는 매년 새로운 기능을 발표하고 있습니다. 한편 타입스크립트 개발팀은 자바스크립트 표준화 4단계 중 3단계 이상의 기능을 타입스크립트 내에 구현하고 있습니다. 그러므로 표준화 완성 여부에 상관없이 자바스크립트 표준화 3단계 이상의 기능은 타입스크립트 내에서 사용할 수 있습니다. TC39의 깃허브 저장소(*https://github.com/tc39/proposals*)에서 표준화와 관련된 최신 정보를 확인할 수 있습니다. 특히 파이프라인, 레코드, 튜플 기능은 타입스크립트에 영향을 줄 수 있는 큰 잠재력을 지니고 있습니다.

요약

- 타입스크립트 개발 환경은 모던 자바스크립트도 실행할 수 있으므로 모던 자바스크립트의 최신 기능을 적극적으로 사용하기 바랍니다. 코드 품질을 향상시킬 수 있고, 타입스크립트의 타입 추론도 더 나아집니다.
- ES 모듈(import/export)과 클래스를 적용해 타입스크립트 마이그레이션을 용이하게 합니다.
- 타입스크립트 개발 환경에서는 컴파일러와 언어 서비스를 통해 클래스, 구조 분해, async/await 같은 기능을 쉽게 배울 수 있습니다.
- TC39의 깃허브 저장소와 타입스크립트의 릴리스 노트를 통해 최신 기능을 확인할 수 있습니다.

아이템 80 타입스크립트 도입 전에 @ts-check와 JSDoc으로 시험해 보기

아이템 81에서 본격적으로 자바스크립트를 타입스크립트로 전환하기에 앞서 @ts-check 지시자를 사용하면 타입스크립트 전환 시 어떠한 문제가 발생하는지 미리 시험해 보겠습니다. @ts-check 지시자를 사용해 타입 체커가 파일을 분석하고, 발견된 오류를 보고하도록 지시할 수 있습니다. 그러나 @ts-check 지시자는 매우 느슨한 수준으로 타입 체크를 수행하는데 noImplicitAny 설정을 해제한 것보다 헐겁게 체크한다는 점에 주의해야 합니다.

@ts-check 지시자 사용법은 다음과 같습니다.

```
// @ts-check
const person = {first: 'Grace', last: 'Hopper'};
2 * person.first
// ~~~~~~~~~~~~ 산술 연산 오른쪽은 'any', 'number', 'bigint'
//              또는 열거형 형식이어야 합니다.
```

person.first의 타입은 string으로 추론되었고, 2 * person.first는 타입 불일치 오류가 되었습니다. @ts-check 지시자 덕분에 자바스크립트임에도 불구하고 타입 체크가 동작한 것입니다.

@ts-check 지시자를 사용하면 타입 불일치나 함수의 매개변수 개수 불일치 같은 간단한 오류 외에도 다음에 소개하는 몇 가지 의미 있는 오류를 찾아낼 수 있습니다.

선언되지 않은 전역 변수

변수를 선언할 때 보통 let이나 const를 사용합니다. 그러나 어딘가에 '숨어 있는' 변수(예: HTML 파일 내의 <script> 태그)라면 변수를 제대로 인식할 수 있게 별도의 타입 선언 파일을 만들어야 합니다. 다음과 같은 자바스크립트 코드가 있다고 가정해 보겠습니다.

```
// @ts-check
console.log(user.firstName);
//          ~~~~ 'user' 이름을 찾을 수 없습니다.
```

user 선언을 위해 *types.d.ts* 파일을 만들어 보겠습니다.

```
interface UserData {
  firstName: string;
  lastName: string;
}
declare let user: UserData;
```

타입스크립트가 이 파일을 인식하도록 *tsconfig.json* 파일을 설정해야 할 수도 있습니다. 설정에 문제가 없다면 오류는 사라집니다.

앞에서 작성한 *types.d.ts* 파일은 코드가 실행되는 환경을 도델링하기 때문에 중요한 산출물(아이템 76 참고)이며, 프로젝트 타입 선언의 초석이 됩니다.

알 수 없는 라이브러리

서드 파티 라이브러리를 사용하는 경우, 서드 파티 라이브러리의 타입 정보를 알아야 합니다. 예를 들어, 제이쿼리를 사용해 HTML 엘리먼트의 크기를 설정하는 코드에서 @ts-check 지시자를 사용하면 제이쿼리를 사용한 부분에서 오류가 발생합니다.

```
// @ts-check
$('#graph').style({'width': '100px', 'height': '100px'});
// Error: '$' 이름을 찾을 수 없습니다.
```

제이쿼리 타입 선언을 설치하면 제이쿼리의 사양 정보를 참조하게 됩니다.

```
$ npm install --save-dev @types/jquery
```

이제 오류가 제이쿼리의 사양과 관련된 내용으로 바뀝니다.

```
// @ts-check
$('#graph').style({'width': '100px', 'height': '100px'});
//          ~~~~~ 'JQuery<HTMLElement>' 형식에 'style' 속성이 없습니다.
```

마지막으로 .style 메서드를 .css로 바꾸면 오류가 사라집니다. 앞의 제이쿼리 예제처럼 @ts-check를 사용하면 타입스크립트로 마이그레이션하기 전에 서드 파티 라이브러리들의 타입 선언을 활용해 타입 체크를 시험해 볼 수 있습니다. 현재 사용 중인 라이브러리 버전에 맞는 타입을 설치했는지 확인하기 바랍니다. 아이템 66에서 이에 관한 내용을 다루며, 버전이 맞지 않을 경우 발생할 수 있는 문제도 설명합니다.

DOM 문제

웹 브라우저에서 동작하는 코드라면 타입스크립트는 DOM 엘리먼트 관련된 부분에 수많은 오류를 표시할 것입니다.

```
// @ts-check
const ageEl = document.getElementById('age');
ageEl.value = '12';
//    ~~~~~ 'HTMLElement' 형식에 'value' 속성이 없습니다.
```

HTMLInputElement 타입에는 value 속성이 있지만, document.getElementById는 더 상위 개념인 HTMLElement 타입을 반환하는 것이 오류의 원인입니다(아이템 75에서 다룬 바 있습니다).

만약 #age 엘리먼트가 확실히 input 엘리먼트임을 알고 있다면 타입 단언문을 사용해야 합니다. 그러나 앞의 코드는 자바스크립트 파일이므로 타입스크립트 단언문 as HTMLInputElement를 쓸 수 없습니다. 대신 JSDoc을 사용해 타입 단언을 대체할 수 있습니다.

```
// @ts-check
const ageEl = /** @type {HTMLInputElement} */(document.getElementById('age'));
ageEl.value = '12';  // 정상
```

편집기에서 ageEl에 마우스 커서를 올리면, 이제 HTMLInputElement 타입으로 인식하는 것을 볼 수 있습니다. JSDoc의 @type 구문을 사용할 때는 타입을 감싸는 중괄호가 필요하다는 것에 주의하기 바랍니다.

한편 @ts-check를 활성화하면 이미 존재하던 JSDoc에서 부작용이 발생하기도 합니다. 바로 이어서 다루게 될 부정확한 JSDoc 문제입니다.

부정확한 JSDoc

프로젝트에 이미 JSDoc 스타일의 주석을 사용 중이었다면, @ts-check 지시자를 설정하는 순간부터 기존 주석에 타입 체크가 동작하게 되고 갑자기 수많은 오류가 발생하게 됩니다. 이때는 당황하지 말고 타입 정보를 차근차근 추가해 나가면 됩니다. 다음 예제에서는 @ts-check 지시자를 설정하는 순간 두 개의 오류가 발생합니다.

```
// @ts-check
/**
 * 엘리먼트의 크기(픽셀 단위)를 가져 옵니다.
 * @param {Node} el 해당 엘리먼트
 * @return {{w: number, h: number}} 크기
 */
function getSize(el) {
  const bounds = el.getBoundingClientRect();
  //                 ~~~~~~~~~~~~~~~~~~~~~
  // 'Node' 형식에 'getBoundingClientRect' 속성이 없습니다.
  return {width: bounds.width, height: bounds.height};
  //      ~~~~~ '{ width: any; height: any; }' 형식은
  //            '{ w: number; h: number; }'에 할당할 수 없습니다.
}
```

첫 번째 오류는 DOM 타입 불일치로 발생했습니다. getBoundingClientRect()는 Node가 아니라 Element에 정의되어 있기 때문에 @param 태그를 Node에서 Element로 수정해야 합니다. 두 번째 오류는 @return 태그에 명시된 타입과 실제 반환 타입이 맞지 않아서 발생했습니다. 코드만 봐서는 @return 태그와 반환 타입 중 어디가 잘못된 것인지 확신할 수 없지만, 프로젝트 전체를 예상해 보면 width와 height가 일반적으로 사용되는 이름이기 때문에 @return 태그를 수정하는 것이 올바른 방향일 것입니다. 타입스크립트가 반환 타입을 추론할 수 있다면 태그를 삭제할 수도 있습니다.

JSDoc 관련된 오류를 모두 수정했다면 다음 차례로 JSDoc을 활용해 타입 정보를 점진적으로 추가할 수 있습니다. 타입스크립트 언어 서비스는 타입을 추론해서 JSDoc을 자동으로 생성해 줍니다. 다음 코드와 그림 10-2에서 그 예시를 확인할 수 있습니다.

```
function double(val) {
  return 2 * val;
}
```

편집기에서 val 아래에 점선으로 된 밑줄이 보여야 합니다. 이를 클릭하면 그림 10-2와 같이 'Quick Fix(빠른 수정)'이 제공됩니다.

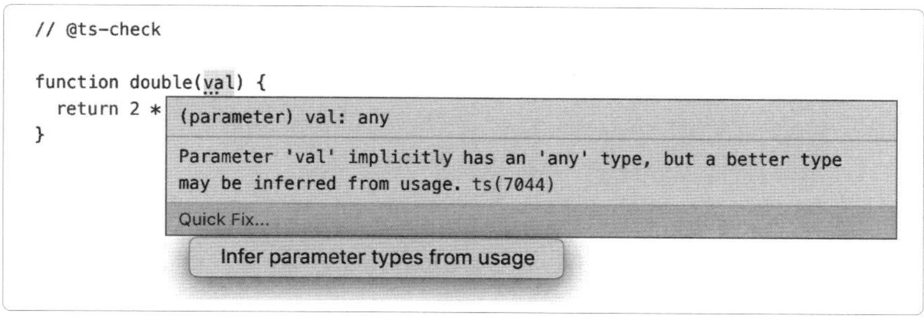

그림 10-2 타입스크립트 언어 서비스는 타입을 추론해 타입 정보를 자동으로 생성해 줍니다.

빠른 수정을 실행하면 다음처럼 타입 정보가 JSDoc 주석으로 생성됩니다.

```
// @ts-check
/**
 * @param {number} val
 */
function double(val) {
  return 2 * val;
}
```

자동생성 기능은 타입 정보를 빠르게 추가할 수 있기 때문에 유용하지만, 잘 동작하지 않는 경우도 있습니다. 다음 코드를 보겠습니다.

```
function loadData(data) {
  data.files.forEach(async file => {
    // ...
  });
}
```

data 타입 정보를 자동생성하면 좋지 않은 결과를 얻게 됩니다.

```
/**
 * @param {{
 *  files: { forEach: (arg0: (file: any) => Promise<void>) => void; };
 * }} data
 */
function loadData(data) {
  // ...
}
```

구조적 타이핑이 엉뚱하게 적용되었습니다(아이템 4 참고). `files.forEach` 메서드를 가지는 어떠한 객체라도 동작이 가능하겠지만, 원래 `loadData` 함수가 의도한 시그니처는 `{files: string[]}`였을 것입니다.

자바스크립트 환경에서도 `@ts-check` 지시자와 JSDoc 주석이라면 타입스크립트와 비슷한 경험으로 작업이 가능합니다. 특별한 작업이 필요 없기 때문에 점진적 마이그레이션 과정에 유용하지만, `@ts-check` 지시자와 JSDoc 주석을 너무 장기간 사용하는 것은 좋지 않습니다. 주석이 코드 분량을 늘려서 로직을 해석하는 데 방해가 될 수 있기 때문입니다. 타입스크립트는 *.ts* 파일에서 가장 잘 동작하며, 마이그레이션의 궁극적인 목표는 자바스크립트에 JSDoc 주석이 있는 형태가 아니라 모든 코드가 타입스크립트 기반으로 전환되는 것임을 잊지 말아야 합니다

`@ts-check`의 진정한 가치는 다른 곳에 있습니다. 기존 코드에 타입을 실험할 수 있고, 막히는 부분이 어디인지 찾을 수 있으며, 마이그레이션이 얼마나 어려울지 얼마나 시간이 걸릴지 동료에게 묻기 전에 미리 파악할 때 유용하게 사용할 수 있습니다.

요약

- 파일 상단에 `// @ts-check`를 추가하면 자바스크립트에서도 타입 체크를 수행할 수 있습니다.
- 전역 선언과 서드 파티 라이브러리의 타입 선언을 추가하는 방법을 익힙시다.
- JSDoc 주석을 잘 활용하면 자바스크립트 상태에서도 타입 단언과 타입 추론을 할 수 있습니다.

- JSDoc 주석은 중간 단계이기 때문에 너무 공들일 필요는 없습니다. 최종 목표는 *.ts*로 된 타입스크립트 코드임을 명심합시다.

아이템 81 allowJs로 타입스크립트와 자바스크립트 같이 사용하기

소규모 프로젝트는 한꺼번에 타입스크립트로 전환할 수 있습니다. 그러나 대규모 프로젝트는 한꺼번에 작업하는 것이 불가능하므로 점진적으로 전환해야 합니다. 그러려면 마이그레이션 기간 중에 자바스크립트와 타입스크립트가 동시에 동작할 수 있도록 조치해야 합니다.

타입스크립트와 자바스크립트가 공존하는 방법의 핵심은 `allowJs` 컴파일러 옵션인데, 타입스크립트 파일과 자바스크립트 파일을 서로 임포트할 수 있게 해 줍니다. 자바스크립트 파일은 특별히 건드릴 것이 없습니다. `@ts-check` 지시자(아이템 80 참고)를 추가하기 전까지는 문법 오류 이외에 다른 오류가 발생하지 않습니다. '타입스크립트는 자바스크립트의 상위집합이다'라는 명제를 떠올려 보면 이를 쉽게 이해할 수 있습니다.

타입 체크와 관련이 없지만, 기존 빌드 과정에 타입스크립트 컴파일러를 추가하기 위해서 `allowJs` 옵션이 필요합니다. 또한 모듈 단위로 타입스크립트로 전환(아이템 82 참고)하는 과정에서 테스트를 수행해야 하기 때문에 `allowJs` 옵션이 필요합니다.

번들러에 타입스크립트가 통합되어 있거나, 플러그인 방식으로 통합이 가능하다면 `allowJs`를 간단히 적용할 수 있습니다. 예제를 보겠습니다. 우선 웹팩에 적용하기 위해 `ts-loader`를 설치합니다.

```
$ npm install --save-dev ts-loader
```

그다음 *webpack.config.js*에 설정을 추가합니다.

```
module.exports = {
  module: {
    rules: [
```

```
      {
        test: /\.tsx?$/,
        use: 'ts-loader',
        exclude: /node_modules/,
      },
    ],
  },
  // ...
};
```

대부분의 유닛 테스트 도구에는 이와 동일한 역할을 하는 옵션이 있습니다. 예를 들어, jest를 사용할 때 ts-jest를 설치한 후 *jest.config.js*에 전달할 타입스크립트 소스를 지정할 수 있습니다.

```
module.exports = {
  transform: {
    '^.+\\.tsx?$': 'ts-jest',
  },
};
```

Node.js에서 코드를 실행할 때 적용할 수 있는 가장 간단한 방법은 ts-node를 설치하는 것입니다. node 명령어 대신 ts-node를 실행하거나, 타입스크립트를 이해할 수 있도록 node에 등록하면 됩니다.

```
$ node -r ts-node/register main.ts
```

만약 프레임워크 없이 빌드 체인을 직접 구성했다면 복잡한 작업을 수행해야 합니다. 한 가지 방책으로 outDir 옵션을 사용할 수 있습니다. outDir 옵션을 사용하면 타입스크립트가 outDir에 지정된 디렉터리에 소스 디렉터리와 비슷한 구조로 자바스크립트 코드를 생성하는데, 이때 outDir로 지정된 디렉터리를 대상으로 기존 빌드 체인을 실행하면 됩니다. 참고로 기존 자바스크립트 코드에 특별한 규칙이 있다면, 타입스크립트가 생성한 코드가 기존 자바스크립트 코드의 규칙을 따르도록 출력 옵션을 조정해야 할 수도 있습니다(예: target과 module 옵션).

타입스크립트로 마이그레이션하는 동시에 빌드와 테스트가 동작하게 하는 작업은 힘들기는 하지만, 제대로 된 점진적 마이그레이션을 시작하기 위해 반드시 필요합니다.

요약

- 점진적 마이그레이션을 위해 자바스크립트와 타입스크립트를 동시에 사용할 수 있게 `allowJs` 컴파일러 옵션을 사용합시다.
- 대규모 마이그레이션 작업을 시작하기 전에 테스트와 빌드 체인에 타입스크립트를 적용해야 합니다.

아이템 82 의존성 관계에 따라 모듈 단위로 전환하기

아이템 79에서 모던 자바스크립트로 전환하는 방법을 알아보았습니다. 그리고 아이템 81에서 빌드 과정에 타입스크립트를 통합하고 테스트까지 수행하는 방법을 다루었습니다. 이제부터는 본격적으로 자바스크립트 코드를 타입스크립트로 전환하는 방법을 알아보겠습니다.

점진적 마이그레이션을 할 때는 모듈 단위로 각개격파하는 것이 이상적입니다. 그런데 한 모듈을 골라서 타입 정보를 추가하면, 해당 모듈이 의존(임포트)하는 모듈에서 비롯되는 타입 오류가 발생합니다. 의존성과 관련된 오류 없이 작업하려면, 다른 모듈에 의존하지 않는 최하단 모듈부터 작업을 시작해서 의존성의 최상단에 있는 모듈을 마지막으로 완성해야 합니다.

프로젝트 내에 존재하는 모듈은 서드 파티 라이브러리에 의존하지만, 서드 파티 라이브러리는 해당 모듈에 의존하지 않기 때문에 서드 파티 라이브러리 타입 정보를 가장 먼저 해결해야 합니다. 일반적으로 `@types` 모듈을 설치하면 됩니다. `lodash` 라이브러리를 사용한다면 `@types/lodash`를 설치하면 됩니다.

```
$ npm install --save-dev @types/lodash
```

`@types/lodash`는 `lodash`의 타입 정보를 담고 있으며, 타입 정보는 `lodash` 라이브러리를 사용하는 모든 부분에 적용됩니다. 패키지 버전과 타입 버전이 일치

하는지 확인하기 바랍니다(아이템 66 참고). 서드 파티 라이브러리가 타입 정보를 자체적으로 번들링하고 있는 경우도 있습니다. 그러한 경우는 타입 정보 설치를 건너뛸 수 있으며, 타입스크립트가 알아서 정보를 찾아냅니다.

외부 API를 호출하는 경우도 있기 때문에 외부 API의 타입 정보도 추가해야 합니다. 서드 파티 라이브러리와 마찬가지로 프로젝트 내의 모듈은 API에 의존하지만, API는 해당 모듈에 의존하지 않기 때문에 먼저 해결하는 것이 좋습니다. 외부 API의 타입 정보는 특별한 맥락 정보가 없기 때문에 타입스크립트가 추론하기 어렵습니다. 예를 들어, 다음 코드를 보겠습니다.

```
async function fetchTable() {
  const response = await fetch('/data');
  if (!response.ok) throw new Error('Failed to fetch!');
  return response.json();
}
```

다음처럼 바꿀 수 있습니다.

```
interface TabularData {
  columns: string[];
  rows: number[][];
}
async function fetchTable(): Promise<TabularData> {
  const response = await fetch('/data');
  if (!response.ok) throw new Error('Failed to fetch!');
  return response.json();
}
```

이제 `fetchTable`에 대한 모든 호출에 타입 정보가 적용됩니다. 아이템 42에서도 설명했지만, 이미 존재하는 소스 코드에서 사양에 대한 정보나 데이터베이스 스키마를 찾을 수 있다면 타입 정보를 밑바닥부터 작성하지 않는 것이 좋습니다.

모듈 단위로 마이그레이션을 시작하기 전에 모듈 간 의존성 관계를 시각화해 보면 많은 도움이 됩니다. 예를 들어, 중간 규모인 `dygraph`라는 프로젝트에 `madge`라는 도구를 적용해 시각화하면 그림 10-3과 같은 의존성 관계도를 얻을 수 있습니다.

의존성 관계도의 가장 아래쪽을 보면 유틸리티 모듈인 *util.js*와 *ticker.js*가 순

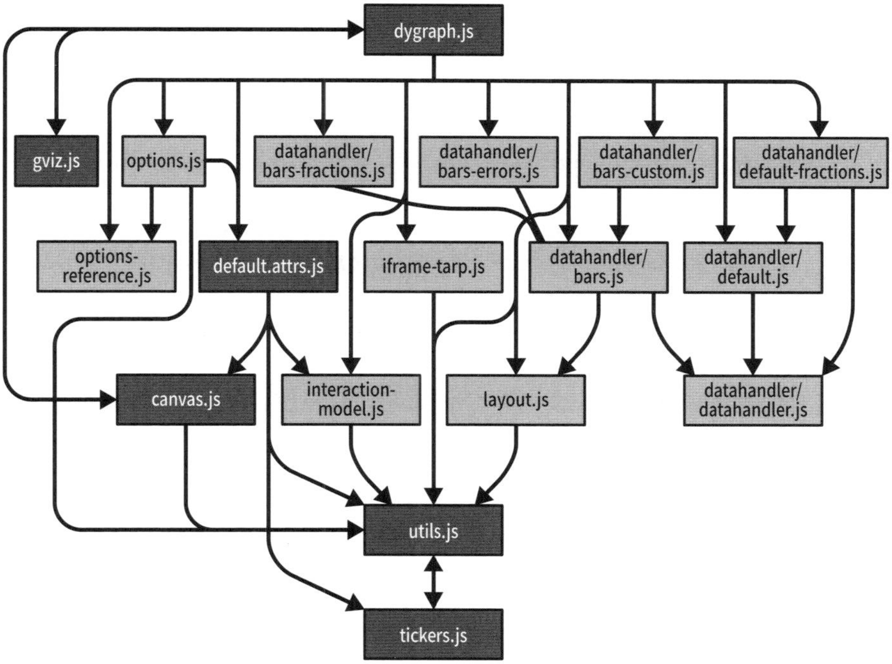

그림 10-3 중간 규모 프로젝트의 의존성 관계도(dependencygraph). 화살표는 의존성을 나타냅니다. 짙은 색의 상자는 모듈이 순환 의존성(circulardependency)에 포함되어 있음을 나타냅니다.

환(circular) 의존성을 가지고 있고, 많은 모듈이 *util.js*에 의존하고 있음을 알 수 있습니다. 대부분의 프로젝트에서 의존성의 최하단에 유틸리티 종류의 모듈이 위치하는 패턴을 발견할 수 있으며, 이는 일반적인 현상입니다.

어떠한 것을 먼저 작업해야 할지 순서를 정하기 어렵다면 의존성 그래프를 토폴로지 기준 정렬(topological sort)을 하면 됩니다. 그리고 스프레드시트에 각 파일의 줄 수와 함께 기록해 두면, 현재까지 진행한 작업량과 앞으로 남은 작업량을 쉽게 파악할 수 있습니다.

마이그레이션할 때는 타입 정보 추가만 하고, 리팩터링을 해서는 안 됩니다. 오래된 프로젝트일수록 개선이 필요한 부분을 자주 마주치겠지만, 당장의 목표는 코드 개선이 아니라 타입스크립트로 전환하는 것임을 명심해야 합니다. 목표를 벗어나 리팩터링을 시작하면 작업 속도가 느려지고, 코드 리뷰가 어려워지고, 버그가 발생할 위험이 높아집니다. 개선이 필요한 부분을 찾게 된다면 나중에 리팩터링할 수 있도록 목록을 만들어 두면 됩니다. 지금은 버그를 기록해 두기만 하고 나중에 고쳐야 합니다. 빌드가 성공할 수 있도록 any를 추가하거나 @ts-expect-error를 사용하는 것은 괜찮습니다.

타입스크립트로 변환하면서 마주치게 되는 몇 가지 일반적인 오류가 존재합니다. 이들 중 일부는 아이템 80에서 다루었지만, 선언되지 않은 클래스 멤버나 타입이 바뀌는 값 같은 새로운 것들도 있습니다. 각 오류와 그 해결 방법을 살펴보겠습니다.

선언되지 않은 클래스 멤버

자바스크립트는 클래스 멤버 변수를 선언할 필요가 없지만, 타입스크립트에서는 명시적으로 선언해야 합니다. 멤버 변수를 선언하지 않은 클래스가 있는 *.js* 파일을 *.ts*로 바꾸면 참조하는 속성마다 오류가 발생합니다.

```
class Greeting {
  constructor(name) {
    this.greeting = 'Hello';
    //   ~~~~~~~~ 'Greeting' 형식에 'greeting' 속성이 없습니다.
    this.name = name;
    //   ~~~~ 'Greeting' 형식에 'name' 속성이 없습니다.
  }
  greet() {
    return `${this.greeting} ${this.name}`;
    //            ~~~~~~~~         ~~~~ ... 속성이 없습니다.
  }
}
```

그림 10-4처럼 '빠른 수정' 기능으로 간단히 해결할 수 있습니다.

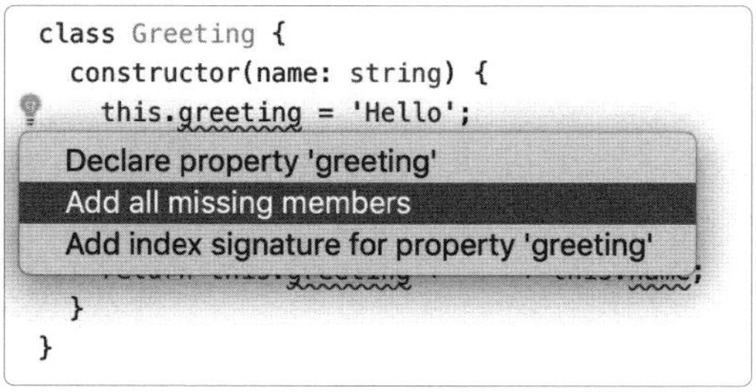

그림 10-4 클래스를 타입스크립트로 전환할 때 누락된 멤버 변수의 선언을 추가하기 위해 빠른 수정 기능을 사용하면 편리합니다.

'Add all missing members(누락된 모든 멤버 추가)'를 선택하면 추론된 타입으로 선언문이 추가됩니다.

```
class Greeting {
  greeting: string;
  name: any;
  constructor(name) {
    this.greeting = 'Hello';
    this.name = name;
  }
  greet() {
    return `${this.greeting} ${this.name}`;
  }
}
```

greeting에 대한 타입은 string으로 정확히 추론되었지만, name 타입의 경우는 any로 채워졌습니다. 빠른 수정을 적용한 후에 속성을 훑어보고 any로 추론된 부분을 직접 수정해야 합니다.

타입스크립트로 전환하려는 클래스가 너무 많은 속성을 가지고 있어서 충격 받을지도 모릅니다. 그림 10-3에 있는 *dygraph.js*의 메인 클래스에도 45개 이상의 멤버 변수가 있습니다. 자바스크립트 코드를 타입스크립트로 전환하다 보면, 잘못된 설계를 발견하는 효과가 있습니다. 잘못된 설계를 발견했을 때, 잘못된 설계 그대로 타입스크립트로 전환하는 것은 납득하기 어려운 일입니다. 그러나 다시 한번 언급하지만, 지금 리팩터링을 하면 안 됩니다. 개선할 부분을 기록해 두고, 리팩터링은 타입스크립트 전환 작업이 완료된 후에 생각해야 합니다.

타입이 바뀌는 값

다음 코드는 자바스크립트일 때는 문제가 없지만, 타입스크립트로 전환되는 순간 오류가 발생합니다.

```
const state = {};
state.name = 'New York';
//    ~~~~ '{}' 형식에 'name' 속성이 없습니다.
state.capital = 'Albany';
//    ~~~~~~~ '{}' 형식에 'capital' 속성이 없습니다.
```

한꺼번에 객체를 생성하면 간단히 오류를 해결할 수 있습니다. 자세한 내용은 아이템 21에서 다루었습니다.

```
const state = {
  name: 'New York',
  capital: 'Albany',
}; // 정상
```

한꺼번에 생성하기 곤란한 경우에는 임시 방편으로 타입 단언문을 사용할 수도 있습니다.

```
interface State {
  name: string;
  capital: string;
}
const state = {} as State;
state.name = 'New York';   // 정상
state.capital = 'Albany';  // 정상
```

당장은 마이그레이션이 중요하기 때문에 타입 단언문을 사용한 것이며, 마이그레이션이 완료된 후에는 아이템 9를 참고해 문제를 제대로 해결해야 합니다. TODO 주석을 남겨 두거나 별도로 버그 목록에 기록해 두기 바랍니다.

한편, 자바스크립트 상태에서 JSDoc과 @ts-check를 사용해 타입 정보를 추가한 상태라면(아이템 80 참고), 타입스크립트로 전환하는 순간 타입 정보가 '무효화'된다는 점에 주의해야 합니다. 예시로 다음 코드를 살펴보겠습니다. 자바스크립트 상태에서는 제대로 오류를 표시하고 있습니다.

```
// @ts-check
/**
 * @param {number} num
 */
function double(num) {
  return 2 * num;
}

double('trouble');
//     ~~~~~~~~~
// 'string' 형식의 인수는 'number' 형식의 매개변수에 할당될 수 없습니다.
```

그러나 타입스크립트로 전환하게 되면 `@ts-check`와 JSDoc은 작동하지 않습니다. 즉, `double` 함수의 매개변수 `num`의 타입은 `any`로 추론되고 오류가 사라집니다.

```
/**
 * @param {number} num
 */
function double(num) {
  return 2 * num;
}

double('trouble');  // 정상
```

다행히 JSDoc 타입 정보를 타입스크립트 타입으로 전환해 주는 빠른 수정 기능이 있습니다. 그림 10-5처럼 사용하면 됩니다.

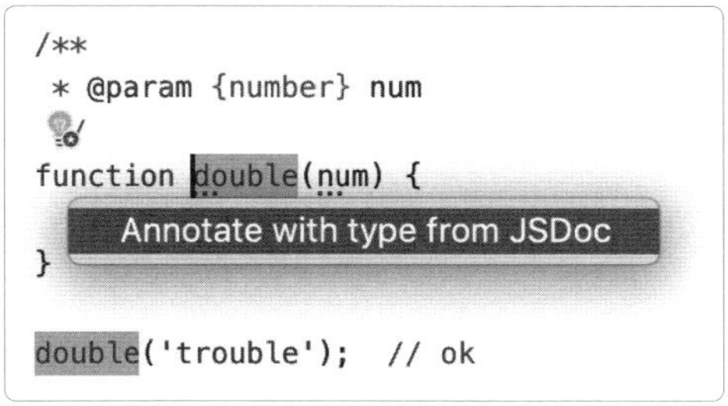

그림 10-5 JSDoc 주석을 타입스크립트 타입 구문으로 생성해 주는 빠른 수정 기능

빠른 수정 기능을 사용할 수 있다면 사용하면 됩니다. 타입 정보가 생성된 후에는 불필요해진 JSDoc을 제거하면 됩니다(아이템 31 참고).

```
function double(num: number) {
  return 2 * num;
}

double('trouble');
//     ~~~~~~~~~
// 'string' 형식의 인수는 'number' 형식의 매개변수에 할당될 수 없습니다.
```

이제 정상적으로 오류가 표시됩니다. 해당 오류는 `noImplicitAny` 설정을 해서 잡을 수도 있지만, 이미 존재하는 JSDoc의 타입 정보를 활용하는 것이 더 낫습니다.

마지막 단계로, 테스트 코드를 타입스크립트로 전환하면 됩니다. 로직 코드가 테스트 코드에 의존하지 않기 때문에 테스트 코드는 항상 의존성 관계도의 최상단에 위치하며, 마이그레이션의 마지막 단계가 되는 것은 자연스러운 일입니다. 그리고 최하단의 모듈부터 타입스크립트로 전환하는 와중에도 테스트 코드는 변경되지 않았고, 테스트를 수행할 수 있었을 것입니다. 마이그레이션 기간 중에 테스트를 수행할 수 있다는 것은 엄청난 이점입니다. 타입스크립트 마이그레이션은 순수 리팩터링 활동입니다. 런타임 동작이나 테스트를 변경해서는 안 됩니다.

요약

- 마이그레이션의 첫 단계는 서드 파티 모듈과 외부 API 호출에 대한 @types를 추가하기입니다.
- 의존성 관계도의 아래에서부터 위로 올라가며 마이그레이션을 하면 됩니다. 첫 번째 모듈은 보통 유틸리티 모듈입니다. 의존성 관계도를 시각화해 진행 과정을 추적하는 것이 좋습니다.
- 이상한 설계를 발견하더라도 리팩터링을 하면 안 됩니다. 마이그레이션 작업 중에는 타입스크립트 전환에 집중해야 하며, 나중에 리팩터링 작업을 하기 위해 목록을 만들어 두는 것이 좋습니다.
- 타입스크립트로 전환하며 발견하게 되는 일반적인 오류를 놓치지 않아야 합니다. 타입 정보를 유지하기 위해 필요에 따라 JSDoc 주석을 활용해야 할 수도 있습니다.

아이템 83 마이그레이션의 완성을 위해 noImplicitAny 설정하기

프로젝트 전체를 *.ts*로 전환했다면 매우 큰 진척을 이룬 것이지만, 마지막 단계가 남아 있습니다. 바로 `noImplicitAny`를 설정하는 것입니다. `noImplicitAny`가 설정되지 않은 상태에서는 타입 선언에서 비롯되는 실제 오류가 숨어 있기 때문에 마이그레이션이 완료되었다고 할 수 없습니다.

예를 들어 보겠습니다. Chart 클래스에 속성 타입 선언을 추가할 때 'Add all missing members(누락된 모든 멤버 추가)'라는 빠른 수정 기능을 사용했는데(아이템 82 참고), 문맥 정보가 부족해서 indices는 any 타입으로 추론되었습니다.

```
class Chart {
  indices: any;

  // ...
}
```

이때 indices는 숫자의 배열인 것처럼 보이므로 number[] 타입으로 수정해 보겠습니다.

```
class Chart {
  indices: number[];

  // ...
}
```

오류는 사라졌고 문제가 없는 것처럼 보입니다. 하지만, 사실 number[]는 잘못된 타입입니다. 다음은 클래스의 다른 부분에 있는 함수입니다.

```
getRanges() {
  for (const r of this.indices) {
    const low = r[0];
    //    ^? const low: any
    const high = r[1];
    //    ^? const high: any
    // ...
  }
}
```

number[][] 또는 [number, number][]가 정확한 타입입니다. 그러나 지금같은 경우 indices가 number[]로 선언되어 있기 때문에 r은 number 타입으로 추론됩니다. r이 number 타입인데 배열 인덱스 접근에 오류가 없다는 것에 주목합시다. 이처럼 noImplicitAny 설정을 하지 않으면 타입 체크는 매우 허술해집니다.

noImplicitAny를 설정하면 다음과 같은 오류가 발생합니다.

```
getRanges() {
  for (const r of this.indices) {
    const low = r[0];
    //          ~~~~ 'Number' 형식에 인덱스 시그니처가 없으므로
    //                  요소에 암시적으로 'any' 형식이 있습니다.
    const high = r[1];
    //           ~~~~ 'Number' 형식에 인덱스 시그니처가 없으므로
    //                  요소에 암시적으로 'any' 형식이 있습니다.
    // ...
  }
}
```

처음에는 noImplicitAny를 로컬에만 설정하고 작업하는 것이 좋습니다. 왜냐하면 원격에서는 설정에 변화가 없기 때문에 빌드가 실패하지 않기 때문입니다. 로컬에서만 오류로 인식되기 때문에 수정된 부분만 커밋할 수 있어서 점진적 마이그레이션이 가능합니다. 한편, 타입 체커가 발생시키는 오류의 개수는 noImplicitAny와 관련된 작업의 진척도를 나타내는 지표로 활용할 수 있습니다. 타입 커버리지(아이템 49 참고)를 추적하면 마이그레이션 진행 상황을 파악할 수 있습니다.

코드를 변경할 때마다 테스트를 수행하고 자주 커밋하는 것이 좋습니다. 그래야만 작업 중 발생하는 실수를 즉시 인지할 수 있습니다. 아이템 82에서 설명한 것처럼 '그래프를 아래에서 위로 타고 올라가며' noImplicitAny 오류를 수정하는 것이 도움이 됩니다. 이러면 *tsconfig.json*을 변경하지 않고도 오류의 개수가 0이 될 때까지 작업할 수 있습니다.

또한 단위 테스트를 수행하기 전에 프로덕션 코드 일부분의 noImplicitAny 오류를 수정해 코드 베이스의 일부분에 먼저 타입 안전성을 추구할 수도 있습니다. 프로젝트 참조(아이템 78 참고)을 사용하는 경우, 부분마다 다른 엄격도를 설정한 *tsconfig.json*을 가질 수도 있습니다.

타입 체크의 강도를 높이는 설정에는 여러 가지가 있습니다. 이번 아이템에서 설명하고 있는 noImplicitAny는 상당히 엄격한 설정이며, strictNullChecks 같은 설정을 적용하지 않더라도 대부분의 타입 체크를 적용한 것과 같다고 할 수 있습니다. 그리고 최종적으로 가장 강력한 설정은 "strict": true입니다.

타입 체크의 강도는 팀 내의 모든 사람이 타입스크립트에 익숙해진 다음에 조금씩 높이는 것이 좋습니다.

요약

- noImplicitAny 설정을 활성화해 마이그레이션의 마지막 단계를 진행해야 합니다. noImplicitAny 설정이 없다면 타입 선언과 관련된 실제 오류가 드러나지 않습니다.
- noImplicitAny를 전면 적용하기 전에 로컬에서부터 타입 오류를 점진적으로 수정해야 합니다. 엄격한 타입 체크를 적용하기 전에 팀원들이 타입스크립트에 익숙해질 수 있도록 시간을 줍시다.

부록

Effective TypeScript Second Edition

초판과 2판의 아이템 대응표

초판의 아이템 중 하나만 제외하고 나머지는 모두 2판에 포함되어 있습니다. 하지만, 몇몇 아이템의 경우, 중요한 변경 사항이 있습니다. 유일하게 제외된 아이템은 타입스크립트의 `private` 필드 접근 제한자입니다. 대신 아이템 72에서 새로운 내용을 다루는데, 이는 ECMAScript 표준의 `#private` 필드를 사용하는 것입니다.

2판에는 두 개의 새로운 장과, 책 전반에 흩어져 있는 다수의 새로운 아이템이 포함되어 있습니다. 다시 말해서 초판과 2판은 아이템 번호가 일치하지 않는다는 뜻입니다. 인터넷상에서 아이템 번호와 완전히 다른 내용을 다루고 있는 글을 발견한다면 아마도 초판의 아이템 번호를 표기하고 있어서 그런 것일 수 있습니다. 그럴 때는 다음 표 A-1을 살펴보기 바랍니다. 번호를 쉽게 추적할 수 있도록 도와줄 것입니다.

표 A-1 초판과 2판의 아이템 대응표

초판	2판의 아이템 번호와 제목
1	아이템 1: 타입스크립트와 자바스크립트의 관계 이해하기
2	아이템 2: 타입스크립트 설정 이해하기
3	아이템 3: 코드 생성과 타입이 관계없음을 이해하기
4	아이템 4: 구조적 타이핑에 익숙해지기

5	아이템 5: any 타입 지양하기
6	아이템 6: 편집기를 사용해 타입 시스템 탐색하기
7	아이템 7: 타입을 값의 집합이라고 생각하기
8	아이템 8: 타입 공간과 값 공간의 심벌 구분하기
9	아이템 9: 타입 단언 대신 타입 선언 사용하기
10	아이템 10: 객체 래퍼 타입 피하기
11	아이템 11: 타입 체크와 잉여 속성 체크 구분해서 사용하기
12	아이템 12: 함수 표현식에 타입 적용하기
13	아이템 13: 타입과 인터페이스의 차이점 이해하기
14	아이템 15: 타입 연산과 제네릭 사용으로 반복 줄이기
15	아이템 16: 인덱스 시그니처보다 정확한 타입 사용하기
16	아이템 17: 숫자 인덱스 시그니처 지양하기
17	아이템 14: 변경 관련 오류 방지를 위해 readonly 사용하기
18	아이템 61: 레코드 타입을 사용해 값 동기화하기
19	아이템 18: 추론 가능한 타입을 사용해 장황한 코드 방지하기
20	아이템 19: 다른 타입에는 다른 변수 사용하기
21	아이템 20: 변수의 타입이 결정되는 원리 이해하기
22	아이템 22: 타입 좁히기
23	아이템 21: 한꺼번에 객체 생성하기
24	아이템 23: 일관성 있는 별칭 사용하기
25	아이템 27: 비동기 코드에는 콜백 대신 async 함수 사용하기
26	아이템 24: 타입 추론에 문맥이 어떻게 사용되는지 이해하기
27	아이템 26: 함수형 기법과 라이브러리로 타입 흐름 유지하기
28	아이템 29: 유효한 상태만 타입으로 표현하기
29	아이템 30: 엄격하게 생성하고, 너그럽게 사용하기
30	아이템 31: 문서에 타입 정보 쓰지 않기
31	아이템 33: 타입 주변에 null 값 배치하기
32	아이템 34: 유니온의 인터페이스보다는 인터페이스의 유니온을 사용하기
33	아이템 35: string 타입보다 더 구체적인 타입 사용하기
34	아이템 40: 부정확한 타입보다는 미완성 타입 사용하기
35	아이템 42: 데이터 형태를 추측해서 타입 만들지 않기
36	아이템 41: 해당 분야의 용어로 타입명 짓기

37	아이템 64: 공식 명칭에는 상표 붙이기
38	아이템 43: any 타입은 가능한 한 좁은 스코프에서만 사용하기
39	아이템 44: any를 구체적으로 변형해서 사용하기
40	아이템 45: 함수 안으로 타입 단언문 감추기
41	아이템 25: 타입의 진화 이해하기
42	아이템 46: 타입을 모르는 경우 any 대신 unknown 사용하기
43	아이템 47: 몽키 패치보다는 안전한 타입 사용하기
44	아이템 49: 타입 커버리지를 추적해 타입 안전성 유지하기
45	아이템 65: devDependencies에 typescript와 @types 추가하기
46	아이템 66: 타입 선언과 관련된 세 가지 버전 이해하기
47	아이템 67: 공개 API에 등장하는 모든 타입 익스포트하기
48	아이템 68: API 주석에 TSDoc 사용하기
49	아이템 69: 콜백 함수에서 this에 대한 타입 제공하기
50	아이템 52: 오버로딩 타입보다는 조건부 타입 사용하기
51	아이템 70: 의존성 분리를 위해 미러 타입 사용하기
52	아이템 55: 타입을 위한 테스트 작성하기
53	아이템 72: 타입스크립트 기능보다는 ECMAScript 기능을 사용하기
54	아이템 60: 객체를 순회하는 노하우 이해하기
55	아이템 75: DOM 계층 구조 이해하기
56	아이템 72: 타입스크립트 기능보다 ECMAScript 기능 사용하기
57	아이템 73: 소스맵을 사용해 타입스크립트 디버깅하기
58	아이템 79: 모던 자바스크립트로 작성하기
59	아이템 80: 타입스크립트 도입 전에 @ts-check와 JSDoc으로 시험해 보기
60	아이템 81: allowJs로 타입스크립트와 자바스크립트 같이 사용하기
61	아이템 82: 의존성 관계에 따라 모듈 단위로 전환하기
62	아이템 83: 마이그레이션의 완성을 위해 noImplicitAny 설정하기

찾아보기

ㅍ, ㅎ